Sibylle Moser (Hrsg.)

Konstruktivistisch forschen

Sibylle Moser (Hrsg.)

# Konstruktivistisch forschen

Methodologie, Methoden, Beispiele

2. Auflage

VS VERLAG

Bibliografische Information der Deutschen Nationalbibliothek
Die Deutsche Nationalbibliothek verzeichnet diese Publikation in der
Deutschen Nationalbibliografie; detaillierte bibliografische Daten sind im Internet über
http://dnb.d-nb.de abrufbar.

1. Auflage 2004
2. Auflage 2011

Alle Rechte vorbehalten
© VS Verlag für Sozialwissenschaften | Springer Fachmedien Wiesbaden GmbH 2011

Lektorat: Katrin Emmerich

VS Verlag für Sozialwissenschaften ist eine Marke von Springer Fachmedien.
Springer Fachmedien ist Teil der Fachverlagsgruppe Springer Science+Business Media.
www.vs-verlag.de

Das Werk einschließlich aller seiner Teile ist urheberrechtlich geschützt. Jede
Verwertung außerhalb der engen Grenzen des Urheberrechtsgesetzes ist
ohne Zustimmung des Verlags unzulässig und strafbar. Das gilt insbesondere
für Vervielfältigungen, Übersetzungen, Mikroverfilmungen und die Einspei-
cherung und Verarbeitung in elektronischen Systemen.

Die Wiedergabe von Gebrauchsnamen, Handelsnamen, Warenbezeichnungen usw. in diesem
Werk berechtigt auch ohne besondere Kennzeichnung nicht zu der Annahme, dass solche
Namen im Sinne der Warenzeichen- und Markenschutz-Gesetzgebung als frei zu betrachten
wären und daher von jedermann benutzt werden dürften.

Umschlaggestaltung: KünkelLopka Medienentwicklung, Heidelberg
Gedruckt auf säurefreiem und chlorfrei gebleichtem Papier
Printed in Germany

ISBN 978-3-531-18322-0

# Inhalt

# Vorwort zur 2. Auflage

Der systemtheoretische Konstruktivismus im Umkreis des Radikalen Konstruktivismus und der soziologischen Systemtheorie stellt nach wie vor einen Diskurs dar, der in vielfältiger Weise mit anderen Argumentationszusammenhängen vernetzt ist. Als Brennpunkt unterschiedlicher Theoreme zur Konstruktivität von Beobachtung und Erkenntnis weist systemisches Denken ein beträchtliches Kommunikationspotenzial auf und hat innovative Theoriedebatten in den Sozial-, Human- und Kulturwissenschaften ausgelöst. SympathisantInnen konstruktivistischer Denkansätze sind heute in den unterschiedlichsten Disziplinen aktiv und diskutieren methodologische und methodische Grundsatzfragen im Kontext ihrer konkreten Forschungspraxis. So zeigt etwa ein Blick in die aktuellen Publikationen von Wiebke Loosen (S. 249), dass konstruktivistisches Forschen ein *Hot Topic* in der aktuellen Kommunikationswissenschaft darstellt. Der vorliegende Band greift die Konstruktivismusdebatte unter forschungspraktischen Gesichtspunkten auf und bietet eine Momentaufnahme aus dem Jahr 2004. Welche methodischen Ansätze setzten die konstruktivistische Beobachtertheorie damals praktisch um, welche Erfahrungen lagen mit diesen Methoden vor?

Die Beiträge sind heute so informativ wie bei ihrem Erscheinen. Sie illustrieren, dass die Interpretation und die methodische Umsetzung der Kernannahme, dass soziale Wirklichkeiten in der Beobachtung hervorgebracht werden, variieren. Einige der vorgestellten Forschungsstrategien spiegeln die Differenzen zwischen geistes- und naturwissenschaftlichen Ansätzen wider, markieren aber auch Schnittstellen zwischen der philosophischen Hermeneutik und der Kybernetik. Einige AutorInnen stellen methodische Umsetzungen des kognitionswissenschaftlichen Konstruktivismus vor *(Stichwort: Soft Computing)*, während andere auf methodische Konsequenzen der geisteswissenschaftlich orientierten Differenzsoziologie Luhmanns *(Stichwort: Kontingenzbewusstsein)* fokussieren. Beide Richtungen leisten einen spezifischen Beitrag zur Beobachtung von Kommunikation und sollten keinesfalls als sich wechselseitig ausschließende Optionen interpretiert werden. Trotz der disziplinären und methodologischen Bandbreite treffen sich die AutorInnen in zwei entscheidenden Punkten: Sie alle sind mit der Komplexität menschlicher Kommunikation befasst und arbeiten an der Vermittlung akteurs- und systemorientierter Beobachtungspraktiken; und sie alle stellen sich der Zeitlichkeit und Dynamik ihrer Beobachtungsgegenstände.

Nicht zuletzt werden durch das aufgezeigte Methodenspektrum auch mögliche Verbindungen zwischen qualitativen und quantitativen Methodologien im

Rahmen systemtheoretischer Modelle erkennbar. Gerade im methodischen Bereich zeigt sich die funktionale Differenzierung wissenschaftlicher Kommunikation entlang einzelner Forschungstraditionen. Wissenschaftliche „Sonder-BeobachterInnen" (Maturana) sind zumeist auf einzelne Forschungsbereiche spezialisiert und können kaum das gesamte Methodenspektrum der Natur- und Sozialwissenschaften beherrschen. Gleichzeitig verschärft sich gerade im Kontext systemtheoretischer Diskurse das Bewusstsein um die Vernetztheit von Problemlagen und die Komplexität wissenschaftlicher Beobachtungsfelder. Kaum jemand, der mit der Beobachtung von Kommunikation zu tun hat, kann heute noch kognitionswissenschaftliche, soziologische oder medienwissenschaftliche Forschungen ignorieren. Umso wichtiger wird es, unterschiedliche Beobachtungsoptionen zu kennen, um im transdisziplinären Austausch entscheiden zu können, welche methodischen Fertigkeiten und Wissensbestände im Rahmen eines Forschungsprojekts für eine problemorientierte Zusammenarbeit fruchtbar gemacht werden können. Der Band forciert deshalb die Kooperation und Kommunikation zwischen konstruktivistisch interessierten ForscherInnen und dient als Orientierung für die Disziplinen überschreitende Vernetzung unterschiedlicher Wissensbestände. Die BeiträgerInnen waren eingeladen, zentrale methodologische und methodische Aspekte ihrer Arbeit vorzustellen und dabei folgende Gesichtspunkte zu berücksichtigen: 1) die *transdisziplinäre* Verständigung durch eine leicht verständliche Vorstellung der jeweiligen Methode, 2) die *theoretische Einbettung* der Methode in das konstruktivistische Diskursspektrum sowie 3) die *forschungspraktische Gewichtung* durch illustrative Beispiele.

An dieser Stelle sei den AutorInnen nochmals für die kritische Auseinandersetzung und die Bereitschaft, ihre detaillierte Expertise manchmal zugunsten der skizzierten transdisziplinären Vernetzung hintanzustellen, herzlich gedankt. Die Tatsache, dass der Band nun in die zweite Auflage geht, lässt hoffen, dass einige der im Jahr 2004 formulierten Ziele erreicht wurden. So zeigt ein Web-Check mit einschlägigen Suchmaschinen, dass das methodische Know-how und die methodologischen Reflexionen der versammelten ExpertInnen einem breiteren Publikum zugänglich wurden und Feedbackschleifen quer durch die Disziplinen ausgelöst haben. Es bleibt zu hoffen, dass interdisziplinäre Expertise und transdisziplinäre Erkenntnisweisen in Zukunft vermehrt Eingang in die universitären Organisations- und Forschungsstrukturen finden. Leider stehen der wachsenden Anzahl Fächer übergreifender Initiativen und Forschungsplattformen bis heute meist starre Förderstrukturen und konventionelle disziplinäre Karrieremuster gegenüber.

*Wien, Juli 2011*                                                                    *Sibylle Moser*

*Sibylle Moser*

# Konstruktivistisch Forschen? Prämissen und Probleme einer konstruktivistischen Methodologie

Die Beiträge im vorliegenden Band sind von der Frage geleitet, was der Diskurs des Konstruktivismus sowie das ihn prägende aktuelle systemtheoretische Denken für das epistemologische Selbstverständnis, die wissenschaftliche Methodologie und die Methodenentwicklung in verschiedenen Forschungsdesigns leisten. Zur Kontextualisierung dieser Frage werde ich im Folgenden auf die Begriffe der Konstruktion und der Methodologie eingehen und im Anschluss daran drei für die wissenschaftliche Methodologie zentrale Unterscheidungen beziehungsweise Relationen, *Epistemologie/Methodologie, Beschreiben/Erklären* und *Theoretisieren/Empirisieren,* aus konstruktivistischer Sicht beleuchten. Dabei kristallisieren sich Methoden als operative Schnittstellen heraus, die an den Grenzen dieser Unterscheidungen angesiedelt sind, und begründen damit den *Methodenfokus* des vorliegenden Bandes. Anschließend werde ich die vorgestellten Reflexionen für die Beobachtung und Vernetzung der einzelnen Beiträge fruchtbar machen.

## Was bedeutet ,Konstruktion' in der konstruktivistischen Methodologie?

*Konstruktion als generative Systemdynamik*

Angesichts der inflationären Verwendung des Konstruktionsbegriff, die in Binsenweisheiten á la „Alles ist relativ" mündet, empfiehlt es sich, die Diskussion zu einer konstruktivistischen Methodologie mit einer tentativen Klärung des Konstruktionsbegriffs zu beginnen. Diese Klärung gestaltet sich komplex, da der Konstruktionsbegriff sowohl epistemologische als auch methodologische und objekttheoretische Implikationen aufweist. ,Konstruktion' bezieht sich in den zeitgenössischen Konstruktivismusdebatten auf Fragen nach der Realität und Repräsentation von Erfahrungen, auf Geltungs- und Verfahrensfragen wissenschaftlicher Erkenntnis sowie auf die empirische Beobachtung von unterschiedlichen Phänomenbereichen wie die Dynamik des Gehirns, organische Lebensprozesse, kognitive Ordnungsbildung, soziale Organisation und kulturelle ‚Programmierung'. Wie können wissenschaftliche Konstruktionen aus der Perspektive empirischer Modelle beschrieben werden?

Ausgangspunkt des systemtheoretischen Konstruktivismus ist, wie der einführende Beitrag von Jürgen Kriz verdeutlicht, die Beobachtung konstruktiver Prozesse im Kontext von Theorien der Selbstorganisation. Diese werden sowohl epistemologisch gedeutet als auch auf die Beschreibung wissenschaftlicher Tätigkeit angewandt.[1] Konstruktionen werden als spontane Ordnungsbildungen interpretiert, die endogenen Konstitutionsregeln folgen und nicht auf einzelne externe Ursachen rückführbar sind. Diese selbstorganisierten Ordnungszusammenhänge werden als *dynamische Systeme* aufgefasst, die in Relation zu Umwelten ihre Wirkungspotenziale entfalten und Wirklichkeiten als Verhaltensspielräume hervorbringen. Konstruktionen entsprechen in diesem Sinn *generativen Dynamiken,* die Gegenstände beziehungsweise Systeme allererst konstituieren. Komplementär zu diesem Fokus auf Ordnungsprozesse ergeben sich Fragen nach den Ungleichgewichtszuständen, Instabilitäten, der historischen Entwicklung und der Lernfähigkeit von Systemen. Die Einbettung konstruktiver Organisationsdynamiken in konkrete Umgebungen verknüpft den Konstruktionsbegriff zudem mit Fragen nach der Funktionalität und der Intentionalität von dynamischen Systemen, wobei Intentionalität sowohl im weiten Sinn als „Bedeutungshaltigkeit" (Semantizität) als auch im engen Sinn als „Absichtlichkeit" von Konstruktionen aufgefasst wird (vgl. Groeben 1986, Kurthen/Linke 1995, Graumann 1995). Diese Differenzierung von Funktionalität, weiter und enger Intentionalität schließt das Missverständnis aus, dass Konstruieren allein in der absichtlichen Herstellung konkreter Gegenstände oder Sachverhalte besteht. Es wirft aber auch die Frage nach dem Stellenwert mentaler und symbolischer Phänomene im funktionalistischen Kontext von Selbstorganisationstheorien auf (vgl. Kurthen/Linke 1995: 304) und wirkt sich auf gegenstandsphilosophische Vorannahmen wie Menschenbilder aus. Aus kognitionsbiologischer Sicht sind wissenschaftliche Konstruktionen *funktionale* Verhaltensweisen im Prozess systemischer Selbsterhaltung (vgl. Maturana 1991).

Aus der Perspektive des kognitionswissenschaftlichen Konstruktivismus wie ihn etwa Ernst von Glasersfeld, Humberto R. Maturana oder Gerhard Roth entwickelt haben, sind kognitive Prozesse nicht notwendig bewusst. Wir können eine Menge sinnvoller und intelligenter Dinge, wie etwa Tanzen oder Sprechen, tun, ohne ständig daran zu denken, dass wir sie tun. Kognitive Konstruktionen können sich allerdings auf sich selbst beziehen und dadurch – bis heute

---

[1] Exemplarisch für diese genuin *transdisziplinäre* Fundierung konstruktivistischer Modelle durch Selbstorganisationstheorien sind die interdisziplinären Beiträge in Krohn/Küppers 1992.

weitgehend rätselhafte – Phänomene wie etwa Selbstbewusstsein hervorbringen. Konstruktionen werden zu Handlungen, wenn man sie als Fremd- oder SelbstbeobachterIn *beobachtet* – eine Einsicht, die Hans Lenk bereits in den 1970er Jahren mit der Bestimmung von Handlungen als „Interpretationskonstrukten" auf den Punkt gebracht hat (vgl. Lenk 1978a). Um als Handlung akzeptiert zu werden, muss das Verhalten eines Systems Beobachtungskriterien wie „Intentionalität, Willkürlichkeit Planung, Sinnhaftigkeit, Ziel- (und) Normen-Orientiertheit" (Groeben 1986: 71) genügen. Alle diese Kriterien werden in Form von praktischen *Handlungsresultaten* erfahren (vgl. Schmidt 1998: 60). Aus kognitionspsychologischer Sicht sind wissenschaftliche Konstruktionen damit *effektive* Handlungszusammenhänge.

Entscheidend für die soziokulturelle Interpretation des Konstruktionsbegriffs, wie sie etwa in der soziologischen Systemtheorie ausgearbeitet wurde, ist, dass Handlungen und damit Intentionalitäten (in weiten Sinn) gekoppelt sind. Niklas Luhmann kommt das Verdienst zu, diese Komplexität sozialer Beobachtungsdynamiken unter dem Stichwort der „doppelten Kontingenz" entfaltet zu haben. Soziale Konstruktionen basieren nicht auf der reflexiven Selbstbestimmtheit solitärer Handlungssubjekte, sondern sind mit reflexiver Intentionalität, d.h. mit wechselseitiger Bezugnahme befasst. Es ist diese Differenz von Beobachtungspositionen, welche soziale Konstruktionen mit einer unvermeidbaren *Perspektivität* ausstattet und zur Entwicklung spezifischer sozialer Organisationsweisen führt. Soziale Konstruktionen werden durch vielfältige Mechanismen wie etwa Konventionen („Erwartungserwartungen") kontrolliert, was im Fall der wissenschaftlichen Kommunikation evident ist. Handlungsbeobachtungen resultieren in erster Linie aus der Zuschreibung sozialer Kriterien wie etwa der Verantwortbarkeit von Handlungskonsequenzen (vgl. Schneider 1994). Von Willkür oder von bewusstem Herstellen von sozialer Wirklichkeit kann also auch hier nicht die Rede sein. Aus soziologischer Sicht sind wissenschaftliche Konstruktionen eine spezielle Form gesellschaftlicher Kommunikation (vgl. Luhmann 1990), die spezifischen Kommunikationsregeln folgt und häufig in selbstorganisierten Forschungsgruppen verwirklicht wird (vgl. Krohn / Küppers 1989).

Als Zwischenergebnis lässt sich festhalten: Wissenschaftliche Konstruktionen sind *selbstorganisierte Dynamiken*, die auf der Basis und dem Zusammenspiel biologischer, kognitiver und sozialer Systeme wissenschaftliche Wirklichkeiten hervorbringen. Folgt man den interdisziplinären Beschreibungsangeboten des systemtheoretischen Konstruktivismus, so können wissenschaftliche Konstruktionen unter den Gesichtspunkten ihrer *Funktionalität (Konstitutionszusammenhang)*, ihrer *Effektivität (Zielorientierung)* und ihrer *Perspektivität (So-*

*zialität)* beobachtet werden. Zu klären bleibt, wie sich diese empirischen Beschreibungen zur Epistemologie und Methodologie wissenschaftlicher Wissensproduktion verhalten. Zuvor sei jedoch noch eine Notiz zum Stichwort Methodologie festgehalten.

## Methodologie als Selbstbeobachtung wissenschaftlicher Konstruktion

Ernst von Glasersfeld charakterisierte 1994 in einem Gespräch mit den „Siegener Konstruktivisten" die Spezifik einer konstruktivistischen Methodologie schlicht als „Interpretation dessen, was man macht, das heißt Interpretation eigener Handlungen und eigener mentaler Operationen. Und das ist konstruktivistisch auch nur, weil wir es so nennen." (Glasersfeld 1997: 360)

Eine konstruktivistische Methodologie formuliert in diesem Sinn keine genuin ‚neuen' Einsichten oder eine neue „Konzeptualisierung empirischer Forschung" (vgl. Flick 2000: 155), sondern zeichnet sich durch die Reflexivierung operativer Momente des Erkenntnisprozesses bei der Entwicklung theoretischer und methodischer Verfahren aus. Entsprechend lassen sich bei der Bestimmung einer „konstruktivistischen Methodologie" zwei Strategien unterscheiden: Einerseits können traditionelle methodologische Konzepte, wie sie etwa der Kritische Rationalismus bietet, im Kontext des Konstruktivismus empirisch interpretiert und epistemologisch reflektiert werden. Diese Strategie bietet sich für eine Veränderung des wissenschaftlichen Selbstverständnisses an, bleibt für viele KritikerInnen mit dem Argument, dass sich dadurch methodologisch nichts ändere, aber fragwürdig (vgl. Nüse et al. 1991: 237f.). Andererseits können im Rahmen einer konstruktivistischen Methodologie etablierte methodologische Konzepte im Allgemeinen und spezielle Methoden im Besonderen auf ihre Eignung für die Umsetzung konstruktivistischer Modellannahmen überprüft werden. Diese Strategie birgt die Möglichkeit zur Weiterentwicklung des Methodenrepertoires und damit zur Innovation der Forschungspraxis.

Aus der Sicht der soziologischen Systemtheorie stellt Methodologie prinzipiell eine Selbstbeobachtung der Wissenschaft dar (vgl. Luhmann 1990). Als wissenschaftliche Methodologie im weiten Sinn beschäftigt sie sich mit der Beobachtung von Unterscheidungen wie Beschreibung/Erklärung oder Theorie/Empirie und versucht Kriterien für deren Anwendung zu erarbeiten. Die Frage wird im Folgenden sein, wie sich die skizzierte objekttheoretische Bestimmung wissenschaftlicher Konstruktionen auf die Beobachtung solcher zentraler methodologischer Konzepte auswirkt.

Die Einschätzung, was wissenschaftliche Selbstbeobachtung leisten kann, hängt direkt von der Auffassung, was wissenschaftliche Erkenntnis ist, ab. So macht es einen Unterschied, ob man Wissenschaft als kontextlose Ausführung korrekter Verfahren, d.h. als „Begründungszusammenhang" auffasst, oder ob man sie als kontextuell bedingte Operation in ihren „Entstehungs- und Anwendungszusammenhang" einbettet. Der vorgestellte Konstruktionsbegriff legt es nahe, dass sich eine konstruktivistische Methodologie für die *prozessuale* und *relationale* Auffassung wissenschaftlicher Tätigkeit entscheidet. Der dynamische Fokus führt dazu, methodologische Schlüsselkonzepte als *Operationen* (Beobachten, Theoretisieren, Erklären, etc.) zu konzipieren. Die relationale Zugangsweise zeigt sich in der *Kontextualisierung* dieser methodischen Operationen durch konkrete Umwelten beziehungsweise Problemhorizonte. Andererseits werfen spezielle Methodologien, wie sie etwa für verschiedene Wissenschaftszweige vorliegen, die Frage nach dem Verhältnis von Gegenstand und Methode auf und führen zur Reflexion konkreter einzelwissenschaftlicher Methoden.[2] Die Wechselwirkung von Methode und Gegenstand, oder besser: Problemstellung, verdeutlicht, dass die Wahl eines objekttheoretischen Beschreibungsrahmens wie etwa die Theorie kognitiver Selbstorganisation oder die soziologische Systemtheorie ein spezifisches Gegenstandsverständnis impliziert, das die Frage nach *problemadäquaten Methoden* aufwirft.

## Zentrale Unterscheidungen einer konstruktivistischen Methodologie

*Unterscheidung Methodologie/Epistemologie*

Historisch betrachtet ist der systemtheoretische Konstruktivismus eine genuin erkenntnistheoretische Position, welche die kantsche Frage nach der Bedingung der Möglichkeit von Erkenntnis aufgreift und epistemologische Schlüsselkonzepte wie Beobachtung, Wissen, Erkenntnis, Wahrnehmung und Subjekt anhand des skizzierten Konstruktionsbegriffs reinterpretiert. Er reiht sich damit, wie Theo Hug in seinem Beitrag in diesem Band ausführlich belegt, in eine mehr als 2000jährige Tradition skeptischer Ansätze in der westlichen Philosophie ein.

Die skeptische Grundannahme, dass man im Erkenntnisprozess nicht hinter die Beobachtung zurück kann, wird von Proponenten des Radikalen Konstruktivismus wie von Glasersfeld, Maturana oder Roth bis heute durch Theoreme und Forschungsergebnisse aus kognitionswissenschaftlichen Disziplinen wie Biolo-

---

2 Prominente Beispiele für die, häufig sich wechselseitig ausschließende, Bestimmung spezieller Methodologien sind die Debatte zur Unterscheidung von Verstehen und Erklären (vgl. Schurz 1988) oder die Differenz zwischen qualitativen und quantitativen Methoden in der empirischen Sozialforschung (vgl. Fielding/Schreier 2001).

*vgl. Foucault*

gie, Neurologie und Kognitionspsychologie gestützt. Sie reihen sich damit in die Tradition naturalisierter Erkenntnistheorie ein. Eine unkritische Gleichsetzung von empirischer Kognitionsforschung und Erkenntnistheorie beruht jedoch auf einem naturalistischen Fehlschluss und wurde vielfach kritisiert (vgl. etwa Nüse et al. 1991: 251f., Kurthen/Linke 1995: 292, Janich 1992: 34ff.). Erkenntnistheoretische Prämissen können nicht empirisch begründet werden, da empirische Forschungen ihrerseits auf erkenntnistheoretischen Prämissen beruhen. Rusch hat entsprechend die „Illustration" erkenntnistheoretischer Prämissen durch Ergebnisse empirischer Forschungen, die sich mit Wahrnehmung und Wissen beschäftigen, vorgeschlagen (Rusch 1996: 329).

Andere ProponentInnen des Konstruktivismus treten die Flucht in die entgegengesetzte Richtung an und betonen heute im Dialog mit unterschiedlichen sozialen Konstruktivismen die unhintergehbare historische, kulturelle und gesellschaftliche Bedingtheit der Erkenntnis.[3] Die Problematik einer ‚kulturalisierten' Erkenntnistheorie bleibt jedoch dieselbe: auch empirische Sozial- und Kulturforschungen können epistemologische Annahmen nicht begründen, sondern bestenfalls illustrieren. Wenn der blinde Fleck jeder naturalisierten Erkenntnistheorie ihre empirische Fundierung ist, so gilt dies ebenso für empirische Forschungen zur sozialen, gesellschaftlichen und kulturellen Konstruktion von Erkenntnis.

Historisch betrachtet ist die Kritik an der Naturalisierung der Erkenntnis aufgrund der Hegemonie szientistischer Verfahren nachvollziehbar und wird spätestens seit den 1970er Jahren etwa von modernekritischen beziehungsweise postmodernen Ansätzen der feministischen Wissenschafts- und Erkenntniskritik geleistet (vergleiche exemplarisch Harding 1986, Haraway 1988). Die Konsequenz einer *Gegenüberstellung* von Naturalismus und Kulturalismus ist jedoch nur ein Dualismus mit anderen Vorzeichen und fällt hinter die Reflexionspotenziale der Theorieangebote im Umkreis des systemtheoretischen Konstruktivismus zurück. Die aktuelle konstruktivistische Erkenntnistheorie entwickelt sich im Dialog mit interdisziplinären Forschungen zum Erkenntnisprozess, sie wird aber auch, besonders im Umkreis der Systemtheorie Luhmanns, durch philosophische Überlegungen getragen, die auf eine *protologische, nicht-dualistische* Explikation des Beobachtungskonzepts abzielen. Ein Formulierungsangebot wurde mit George Spencer Browns Bestimmung von Beobachtung als „Unterscheidung und Kennzeichnung" gemacht (vgl. Luhmann 1990: 68ff.). Beobach-

---

3  So etwa Siegfried J. Schmidt seit den 1990er Jahren (Schmidt 1994) mit Hinweis auf die Arbeiten des Erlanger Konstruktivisten Peter Janich und aktuell auch in der Auseinandersetzung mit traditionell poststrukturalistischen Domänen wie etwa der wechselseitigen Durchdringung von Macht, Diskurs & Moral (Schmidt 2003).

tungen entsprechen Differenzsetzungen, die Umgebungen für „markierte Formen" schaffen und ihrerseits ad infinitum unterschieden werden können. Konstruktivismus als Reflexionstheorie weist demnach die Selektivität und Differenzialität der Beobachtung als epistemologische Voraussetzung aus. Aktuellere Diskussionsbeiträge kritisieren hier die Einheit beziehungsweise Ununterschiedenheit des Differenztheorems in Luhmanns Theorie selbst. Sie fordern, häufig in Anschluss an Gotthard Günthers polykontexturale Logik, die Überwindung der binären Distinktionslogik durch einen dritten Reflexionswert, der Unterscheidungen enthierarchisiert und die „Vielheit von Gleichursprünglichkeiten (von Unterscheidungen zwischen Unterscheidendem und Unterschiedenem)" ermöglicht (Ort 1998). Konstruktivistische Epistemologie im Umfeld dieses Diskursstrangs vermeidet traditionelle ontologische Prämissen wie die Annahme von Identität von Gegenständen und charakterisiert Wirklichkeit simultan sowohl als Prozess als auch als Prozessresultat. Diese Verzeitlichung der Beobachtung „de-zentriert" das epistemologische Erkenntnissubjekt und orientiert Subjektivität auf *Relationalität* um.[4]

Für die Methodologie bedeutet dieser epistemische Hinweis auf die „Endgültigkeit der Vorläufigkeit" der Erkenntnis (Schmidt 2003: 26) zum einen die Reflexion der Voraussetzungen von Unterscheidungsstrategien durch „Latenzbeobachtung". So werden Unterscheidungen in der empirischen Praxis etwa durch konkrete Technologien prozessiert, die Beobachtung und Umwelt zueinander in Beziehung setzen, was die Frage nach der jeweiligen *Medialisierung* von Forschungserfahrungen aufwirft. Zum anderen erscheint die De-Zentrierung des Erkenntnissubjekts im Forschungsprozess konkret als Differenz und Wechsel zwischen verschiedenen Beobachtungsperspektiven: „An *I* writing or telling research must always be understood as a participant in a conversation, and hence is a relational *I*." (Steier 1991: 177, kursiv im Original) Thomas Pfeffers Beitrag zum „zirkulären Fragen" illustriert, dass es eine zentrale Frage der konstruktivistischen Methodologie ist, wie mit dieser *Polyperspektivität* von Beobachtungsdifferenzen – etwa zwischen WissenschafterIn und beforschten Personen – forschungspraktisch umgegangen wird.

Die Beiträge im vorliegenden Band variieren in ihrer Interpretation des Verhältnisses von konstruktivistischer Epistemologie und wissenschaftlicher Methodologie. Manche AutorInnen konzipieren Epistemologie und Methode eher

---

4  Diese De-Zentrierung des epistemischen Subjekts findet sich auch im kognitionswissenschaftlichen Zweig des Konstruktivismus, etwa schon bei Piaget (1971: 170) und später bei Varela (1994: 41). Von diesem *philosophischen Erkenntnissubjekt* müssen *soziologische Individuen* als empirische „Orte der Sinnkonstruktion" beziehungsweise als Referenzpunkte („Adressen") der Beobachtung von Wirklichkeitskonstruktion unterschieden werden (vgl. Schmidt 1998: 31f.).

unabhängig voneinander. So kann etwa, wie die Beiträge von Wiebke Loosen oder Thomas Ohlemacher zur Inhalts- und Netzwerkanalyse demonstrieren, eine Methode durchaus mit unterschiedlichen epistemologischen Vorannahmen angewandt werden. Die konstruktivistische Epistemologie wirkt sich dann auf die Neuperspektivierung der eigenen Vorgangsweise aus, beispielsweise indem sie die interpretativen Dimensionen quantitativer Verfahren aufzeigt.[5] Andere AutorInnen, wie etwa Christina Klüver und Claudia Schmid wenden die epistemologische Prämisse der Temporalität der Beobachtung unmittelbarer auf ihre Forschungstätigkeit an und arbeiten mit Methoden, welche die Prozessualität ihrer Problembereiche direkt reflektieren. Die Selbstanwendung epistemologischer Annahmen auf die Forschungsmethodologie führt dort zur bewussten Implementierung von Rekursivität in die Forschungsmethoden selbst. Auch hier ist entscheidend, dass die Wahl empirischer Methoden, wie sie etwa in Anlehnung an Selbstorganisationstheorien entwickelt werden, weder mit empirischen Argumenten noch durch epistemologische Prämissen begründet werden kann. Die methodologische Begründung wissenschaftlicher Praxis erfolgt in der kommunikativen Auseinandersetzung zur Geltung und Validität von Theorien und Methoden und nicht primär in deren epistemologischer Reflexion.

*Unterscheidung Beschreiben/Erklären*

Viele konstruktivistische TheoretikerInnen betonen vor dem Hintergrund ihrer prozessualen Wirklichkeitsauffassung, dass die konstruktivistische Epistemologie die wissenschaftliche Arbeit von *Was-* auf *Wie-Fragen* umorientiert. Kybernetische Beschreibungen der Interdependenz von Systemen und Umwelten beantworten die Frage, *auf welche Weise* ein Sachverhalt möglich ist und welche Probleme er löst (vgl. Luhmann 1990: 424). Gregory Bateson hat in den 1960er Jahren entsprechend darauf aufmerksam gemacht, dass kybernetische Erklärungen prinzipiell *ex negativo* argumentieren, da sie die Existenz eines Systems durch den Ausschluss anderer Möglichkeiten bestimmen (vgl. Bateson 1988/72: 515). Wie wirkt sich diese systemische Sichtweise wissenschaftlicher Gegenstände auf das Verhältnis von Beschreibung und Erklärung aus?

---

5   Ähnliches lässt sich auch für die systemtheoretische Beobachtung qualitativer Methoden feststellen. So mündet etwa Nassehis und Saakes (Nassehi/Saake 2002) pointierte Reflexion der Kontingenz biografischer Selbstdarstellungen im Rahmen narrativer Interviews forschungspraktisch in eine differenzgeleitete Interpretation von Interviewtranskripten, die sich methodisch nicht von anderen monologhermeneutischen Verfahren unterscheidet, da sie die Reflexivität der Interviewten – und mit ihr die Kontingenz sozialer Bedeutungskonstruktion – qua Methode ausschließt. Zum Begriff der Monologhermeneutik vgl. Groeben 1986: 148f.

Wissenschaftstheoretisch betrachtet sind Systemtheorien keine empirischen Theorien per se. Sie sind *Modelle,* die zur Formulierung von empirischen Theorien über komplexe Gegenstände verwendet werden (vgl. Lenk 1978b: 246, Schlosser 1993: 63). Von Glasersfeld weist hier darauf hin, dass Modelle in der Kybernetik „eine physikalische oder begriffliche Struktur (...) bezeichnen, die erfunden wurde, um das Verhalten eines ‚schwarzen Kastens' (blackbox) zu simulieren." (1997: 63) Systembeschreibungen zielen also auf die sprachliche und handlungspraktische Simulation von ‚undurchschauten' komplexen Erfahrungsbereichen ab. Dieser Modellcharakter der Systemtheorie weist den Systembegriff als *transdisziplinäres* Konzept aus, das quer durch die Disziplinen anwendbar ist (vgl. Mainzer 1993: 31). Systembeobachtung ermöglicht eine modellhafte Rekonstruktion komplexer Organisationszusammenhänge, die anhand unterschiedlicher empirischer Sachverhalte, wie etwa neuronalen und kognitiven Mustern, Handlungsprozessen oder sozialen Strukturen semantisch interpretiert werden kann.

Viele ForscherInnen im vorliegenden Band beobachten entsprechend in ihrem Phänomenbereich die Entstehung „emergenter" Ordnungen aus der Wechselwirkung einfacher Elemente oder Systemkomponenten. Methodologisch ist interessant, dass die Beschreibung komplexer Ordnungsbildungen durch die Komponenteninteraktion direkt mit explanativen Komponenten angereichert ist. Systemtheoretische Beschreibungen demonstrieren, wie Gebhard Rusch im Anschluss an Humbert R. Maturana (1991) in seinem Beitrag argumentiert, dass wissenschaftliche Erklärungen *generativen Mechanismen* entsprechen, welche die zu erklärenden Phänomene „im Medium der Theorie" neu hervorbringen. Gerhard Schlosser hat hier den interessanten Hinweis gegeben, dass Systembeschreibungen „Bedeutungsanalysen" sind, die Ähnlichkeiten mit der hermeneutischen Gegenstandsexplikation (dem „Vorverständnis") aufweisen. Systembeschreibungen thematisieren die „Geschichte und Organisation spezifischer Systeme" (Schlosser 1993: 40) und betten explanative Aussagen in Kontexte oder „semantisch höhere Ebenen" ein. Beschreibende Gegenstandskonstitution und erklärende Gegenstandsanalyse sind im Rahmen systemtheoretischer Modelle demnach intrinsisch miteinander verbunden. Eine konstruktivistisch interpretierte Methodologie liefert damit modelltheoretische Fundamente für die aktuell zumindest im Rahmen der analytischen Wissenschaftstheorie akzeptierte Annahme (vgl. etwa Schurz 1988: 12), dass Verstehen und Erklären „zwei Seiten derselben Medaille" (Schlosser 1993: 214) sind.

Innerhalb dieses ‚erklärenden Verstehensprozesses' konstruktivistischer Denkansätze lassen sich unterschiedliche Erklärungsformen und Ursachentypen unterscheiden. Der konstitutionslogische Aspekt des Systemmodells bringt zum einen ein funktionales Moment in die jeweilige Beschreibung ein. Bestimmte Interaktionseigenschaften von Komponenten werden als notwendig für die Konstitution eines als Einheit wahrgenommenen komplexen Sachverhalts oder Systems erachtet. Luhmann weist hier auf die *funktionale Äquivalenz* verschiedener Strukturen hin,[6] eine Annahme die jedoch außerhalb des ‚Luhmannlagers' umstritten bleibt. So argumentiert etwa Schlosser, dass Lösungen nur funktional *für jeweils spezifische Systeme* sein können. Lungen funktionieren für Säugetiere, sie können aber beispielsweise die Amubulakralfüßchen von Seesternen nicht ersetzen: „Was für das eine System recht ist, kann dem anderen nicht billig sein." (ebd.: 225) Das Beispiel verdeutlicht auch, dass im interdisziplinären Spektrum konstruktivistischer Beobachtungen diskutierbar bleibt, ob es sinnvoll ist, die Annahme organischer zyklischer Selbsterhaltung (Autopoiese) auf intentionale Bereiche wie etwa kommunikative Handlungen anzuwenden.

Zum anderen lassen sich innerhalb funktionaler Einheiten beziehungsweise Systeme Wechselwirkungen beobachten, die häufig als Feedbackschleifen oder *Kreiskausalitäten* beschrieben werden. Effekte eines spezifischen Sachverhalts werden zu einem späteren Zeitpunkt zur Ursache desselben Sachverhalts. Prominentes Beispiel hierfür sind selbsterfüllende Prophezeiungen, welche die Voraussetzung für ihr eigenes Eintreten darstellen. So kann etwa die Nachricht von einem Engpass in der Benzinversorgung einen Sturm auf Tankstellen auslösen und damit zum vorhergesagten Versorgungsengpass führen (vgl. Watzlawick 1985: 91f.). In Fällen mit vieldimensionalen Rückkopplungen führen lokale Wechselwirkungen zu globalen, „emergenten" Konsequenzen.

Für die wissenschaftliche Methodologie werfen die skizzierten Implikationen des konstruktivistischen Systemmodells eine Reihe von Fragen auf. Auf der *Makroebene* der Gegenstandskonstitution geht es um die Beschreibung dynamischer Grenzziehungsprozesse: Auf welche Weise sind komplexe Wechselwirkungen ‚identitätsstiftend', welche Faktoren verändern Systemgrenzen? Auf der *Mikroebene* der Systemkomponenten geht es darum, Verfahren zu entwickeln, die komplexe Wechselwirkungen und Feedbackprozesse operational abbilden. Ein dritter Problembereich ist die Frage, auf welche Weise unterschiedliche emergente Beobachtungsebenen zusammenhängen. Prominentes Diskussionsfeld ist hier die Differenz von intentionalen, funktionalen und soziologischen Erklärungen im Rahmen der Handlungsbeobachtung (vgl. Moser 2001: 215ff.). Folgt man Schlossers Interpretation der Systemanalyse, so kann die funktionale Erklärung eines kognitiven Prozesses etwa den systemischen Kon-

---

6  Vgl. dazu programmatisch schon Luhmann (1962), der Hempels Kritik an funktionalen Erklärungen mit dem Hinweis zurückweist, dass auch Kausalität eine *funktionale Bezie*hung markiert, eine Position, die auch v. Glasersfeld (1987: 196f) und v. Foerster (1994a: 360) vertreten.

text für eine intentionale Handlungserklärung abgeben. Als methodologische Prämisse lässt sich festhalten: Konstruktivistisch Forschen bedeutet Forschungsgegenstände *komplex zu beschreiben* und *kontextuell zu erklären*.

## Unterscheidung Theoretisieren/Empirisieren

Beschreiben und Erklären hängen direkt mit der zentralen methodologischen Problematik zusammen, wie mithilfe theoretischer Beobachtungen empirisches Wissen gewonnen werden kann. Die konstruktivistische Methodologie sieht sich hier mit einer langen Tradition wissenschaftstheoretischer Diskussionen konfrontiert. Im Joseph D. Sneeds strukturalistischem „Non-Statement-View" etwa erscheinen Theorien als komplexe Netzwerke von Begriffen („Modellen"), die durch Ausschnitte der Wirklichkeit interpretiert werden (vgl. Stegmüller 1987: 468ff.). Entscheidend in der strukturalistischen Theorienkonzeption ist, dass Begriffe nicht wahr oder falsch sein können, sondern nur die Aussagen und Hypothesen, die mit ihrer Hilfe formuliert werden. Als begriffliche Strukturen werden Theorien gewissermaßen erfunden beziehungsweise ‚gesetzt'. Diese Sichtweise ist an die unterscheidungstheoretischen Überlegungen des Konstruktivismus anschließbar. Sie weist die Gegenüberstellung von Theorie/Empirie beziehungsweise von Theorie/Beobachtung als obsolet aus und ersetzt sie durch die Beziehung von t-theoretischen und nicht-t-theoretischen Unterscheidungen: Empirische Beobachtungen erfolgen immer relativ zu einer Theorie.

Abbildung 1 illustriert diese operationale Schließung wissenschaftlicher Konstruktionen anhand von Wolfgang Krohns und Günter Küppers Modell der Selbstorganisation von Wissenschaft. Die Autologik empirischer Forschung erscheint hier in der strukturellen Kopplung von theoretischen und methodischen Operationen. Auf der einen Seite bringen Theorien Argumentationsmuster hervor, aus denen Aussagen abgeleitet werden, die sich relativ zu den Erwartungen der Theorie als wahr oder falsch herausstellen. Auf der anderen Seite werden diese theoriegeleiteten Erwartungen durch methodische Verfahren überprüft. Wissenschaftlichen Methoden kommt hier sozusagen die Rolle *operativer Schnittstellen* zu, welche anhand von Messoperationen einen selektiven Kontakt mit den theoretisch definierten Gegenständen ermöglichen und die Komplexität theoretischer Beschreibungen auf einfachere Beschreibungen („Indikatoren") reduzieren. Die Ergebnisse dieses methodisch kontrollierten Umgangs mit der Wirklichkeit werden im Kontext des theoretischen Begriffsnetzes („Informationsmusters") interpretiert. Der operationale Forschungskreislauf kommt dann zum Stillstand, wenn sich im Vergleich von theoretischer Erwartung und

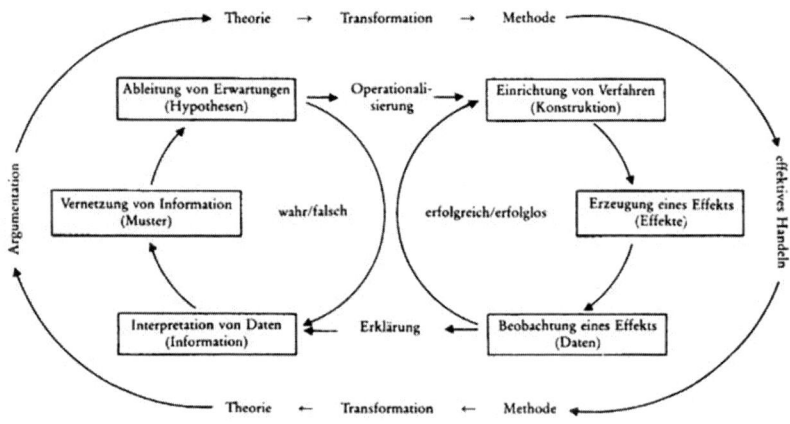

Abb. 1: Selbstorganisation wissenschaftlicher Erkenntnis nach Krohn/Küppers 1989: 58.

methodischem Feedback keine gravierenden Differenzen mehr zeigen, wenn Daten im Licht der Theorie als konzis und „stabil" erscheinen:

> „‚Empirisch forschen' kann dementsprechend allgemein bestimmt werden als praktisches Herstellen logischer, pragmatischer und sozialer Stabilitäten (sensu Kruse), mit denen Wissenschafter wie mit unabhängigen Gegenständen kommunikativ umgehen. Alles, war zu dieser Stabilitätskonstruktion argumentativ erfolgreich herangezogen werden kann, fungiert – je nach Kriterium und Kontext – als Plausibilisierung oder Beleg. Empirisches Forschen kann mithin als eine spezifische Art und Weise der Wirklichkeitskonstruktion bezeichnet werden." (Schmidt 1998: 125)

Stabilität korrespondiert mit dem Konzept des „Eigenwerts", das etwa im Rahmen von Heinz von Foersters Kybernetik zweiter Ordnung Eingang in den Konstruktivismusdiskurs gefunden hat (vgl. Foerster 1994a), und verknüpft die Empirieproblematik mit den konstitutionslogischen Aspekten des Modells der Selbstorganisation. Forschungsoperationen werden rekursiv solange auf ihre Resultate angewandt, bis sich diese auf einen stabilen Wert einpendeln. Daten sind rekursive „Eigenwerte", die aus der Selbstorganisation wissenschaftlicher Operationen „ermergieren".

Wann sind solche Eigenwerte in der Forschung erreicht? Die Stabilität wissenschaftlicher Konstruktionen zeigt sich in verschiedenen Dimensionen. Logische Stabilität entspricht der Widerspruchsfreiheit von Begriffssystemen, als spezifischer Form kognitiver *Funktionalität* (vgl. Piaget 1992/70: 20f.); pragmatische Stabilität entspricht der *Effektivität* wissenschaftlicher Handlungszusammenhänge; soziale Stabilität schließlich zeigt sich in der diskursiven Koordination unterschiedlicher *Interpretationsperspektiven* in der wissenschaftlichen Kommunikation. Jürgen Klüver hat im Zusammenhang mit dieser interpretativen Dimension des Forschungsprozesses auf die Ähnlichkeit von hermeneutischem Zirkel und rekursiver Eigenwertbildung hingewiesen; beide können endlos fortgesetzt werden, brechen aber ab, wenn ein Gleichgewicht (eine kohärente Interpretation) erreicht wird (vgl. Klüver 1995: 38). In diesem Sinne kann man die konstruktivistische Methodologie auch als „hermeneutische Kybernetik" interpretieren, die hermeneutische und kybernetische Denk- und Wissenstraditionen integriert (vgl. Moser 2001: 79ff.).

Zentral für die konstruktivistische Interpretation empirischen Forschens ist die *Effektivität* beziehungsweise die *Operationalität* der Methode. WissenschafterInnen tun immer etwas, wenn sie forschen: Sie messen, stellen Fragen, experimentieren und interagieren mit beforschten Personen und Kontexten. Rusch weist darauf hin, dass Theorien nicht nur logische Strukturen sind, sondern auch „pragmatische Formen". Theorien sind spezialisierte Handlungspraktiken, die es ermöglichen die Effizienz von Beschreibungsformen zu testen (vgl. Rusch 2001: 113f.). Die Güte eine Theorie erweist sich dadurch, ob mit ihrer Hilfe spezifische Beschreibungs- und Erklärungsbedürfnisse befriedigt werden. Diese Nachfrage nach befriedigenden Lösungen verknüpft theoretisches Räsonnieren untrennbar mit Fragen nach dem praktischen *Know-how,* das durch die theoretische ‚Simulation' eines Gegenstands ermöglicht wird. Die konstruktivistische Methodologie trifft sich hier auch mit dem methodischen Konstruktivismus der Erlanger Schule, demzufolge theoretische Unterscheidungen in konkreten Zeigehandlungen gründen, die Unterschiede in Lebenswelten markieren: „Alles Denken ist eine Hochstilisierung dessen, was man im praktischen Leben immer schon tut." (Lorenzen 1988/74: 26) Begriffliche Operationen werden in der Tradition von Piagets genetischer Erkenntnistheorie mit vorbegrifflichen, lebenspraktischen Dimensionen vermittelt. Die Art und Weise, wie Wirklichkeitsausschnitte benannt und erklärt werden, ist deshalb direkt mit soziokulturellen Repräsentationspraktiken verbunden, die jeweils spezifische lebenspraktische Bedürfnisse, Interessen und Handlungsmöglichkeiten zum Ausdruck bringen. Arne Raeithel weist hier auf die Schnittstellen zwischen konstruktivistischen Kognitionsmodellen und materialistischen Handlungstheorien hin, ein Hinweis, den zu verfolgen es sich sicher lohnt (vgl. Raeithel 1998: 162ff.). Zusammengefasst sei festgehalten: Theorien sind Problemlösungsstrategien im Kontext soziokultureller Umwelten.

Daten sind valide und theoretische Erklärungen zutreffend, wenn mit ihnen einschlägige Probleme gelöst werden können beziehungsweise wenn sie in irgendeiner Weise „nützlich" sind. In diesem Zusammenhang wurden dem Radikalen Konstruktivismus ein unreflektierter Instrumentalismus und die Reduktion ethischer Überlegungen auf krude Zweckrationalität vorgeworfen (vgl. Nüse et al. 1991: 305). Dieser Eindruck entsteht aufgrund der undifferenzierten Verwendung des Nutzenbegriffs in den kognitionswissenschaftlichen Beiträgen des Konstruktivismusdiskurses, die häufig nur die autopoietische Selbsterhaltung als einziges und oberstes Ziel des Erkenntnisprozesses explizieren. Die unterschiedlichen Dimensionen des Konstruktionsbegriffs legen es demgegenüber nahe, „Operationalität" weiter zu fassen und einen Begriff des Know-hows zu entwickeln, der im Rahmen der skizzierten Emergenzproblematik die vorbewusste Funktionalität von Wissen mit intentionalen und sozialen Dimensionen vermittelt. Ropohl hat hier schon Anfang der 1980er Jahre auf die kontraproduktive Gegenüberstellung von technischem und kommunikativem Handeln hingewiesen und betont, dass beide immer auch Aspekte ihres hypostasierten Gegenteils beinhalten (vgl. Ropohl 1980: 323). So muss etwa das traditionelle Verständnis von Technologie als Naturbeherrschung ebenso durch reflexive soziale Dimensionen erweitert werden, wie das Verständnis sozialer Zusammenhänge durch die Einsicht, dass kommunikative und soziokulturelle Strukturen direkt von Techniken und Technologien abhängen. Entsprechend hat sich konstruktivistisches Denken besonders bei der Beobachtung von Mediensystemen sowie bei der Entwicklung reflexiver Techniken der Selbstbeobachtung im Kontext integrativer Therapie- und Managementansätze bewährt.

*Fazit: Methoden als operative Schnittstellen*

Wissenschaftliches Know-how besteht im Kern in der methodischen Praxis, die das ‚Handwerk' empirischer ForscherInnen darstellt. Folgt man der kybernetischen Argumentation des Konstruktivismus, so erscheinen Methoden als „Unterscheidungsprogramme" (Luhmann 1990: 413ff.), die Regeln zur Stabilisierung von Erfahrungszusammenhängen formulieren. Dabei zeichnet sich methodisches Vorgehen idealerweise durch die Oszillation zwischen faktischer und reflexiver Beobachtung aus. Als *Beobachtung erster Ordnung* entparadoxieren Methoden theoretische Unterscheidungen und reduzieren sie auf empirische Evidenzen (Daten). Besonders deutlich wird dieses ‚Trivialisierungspotenzial' bei der Anwendung quantitativer Methoden. So aggregieren etwa statistische Auswertungsverfahren wie Cluster- oder Faktorenanalysen Daten zu „emergenten Mustern" (vgl. Loosen/Scholl/Woelke 2002: 40). Aber auch Verfahren wie die computergestützte qualitative Inhaltsanalyse zielen auf Generalisierung oder Typenbildungen ab und reduzieren systematisch Komplexität (vgl. Kelle 1997). Methoden sind in diesem Sinn *Wahrnehmungs- und Kommunikationstechniken*, die menschliche Sinnesorgane, Kognitionsprozesse und Gedächtniskapazitäten erweitern, was heute durch die vielfältigen Einsatzmöglichkeiten digitaler Medien im Forschungsprozess evident wird.

Andererseits können diese Evidenzen in der Methodendiskussion durch *Beobachtungen zweiter Ordnung* thematisiert werden. Gegebenenfalls besteht hier die Möglichkeit Reflexivität in den Forschungszusammenhang rückzuvermitteln, etwa indem die Perspektive der beteiligten Personen, das Forschungsmedium oder die Forschungssituation selbst systematisch zum Thema gemacht werden. Methodische Strategien hierfür finden sich vor allem in der qualitativen Methodologiediskussion (vgl. Breuer 2003). Aus konstruktivistischer Perspektive schließen sich verschiedene Beobachtungsstrategien weder aus, noch begründen sie eine substanzielle Verschiedenheit von Forschungsgegenständen; wissenschaftliche Verfahren stellen schlicht verschiedene Erkenntnisstrategien dar, die relativ zur Forschungsfrage und zum Problemhorizont eingesetzt werden. Je nachdem, auf welche Weise man mit der Forschungsumwelt in Kontakt tritt, erscheinen die jeweiligen Effekte als erfolgreich oder erfolglos: „Es gibt keine Methode ‚an und für sich', sondern nur eine Methode in Bezug auf die Erreichung eines konkreten Ziels." (Meinefeld 1995: 47) So bestimmen etwa auch operationale Kriterien die Validität einer Methode. Wenn man etwa auf die systematische technische Kontrolle eines Gegenstandsbereichs abzielt, empfiehlt sich die „Trivialisierung" von Systemkomponenten durch die Beobachtung von Kausalität in einem experimentellen Design. Die Isolation einzelner Variablen verwirklicht dann das Bedürfnis nach Wiederholbarkeit beziehungsweise Reliabilität und lässt systematische Eingriffe in den Gegenstandsbereich zu:

> „Für von Menschen gemachte triviale Systeme bleibt die Verursachung jedoch ein operatives Hilfsmittel. Warum? Weil wir beim Bau trivialer oder nicht-trivialer Systeme einen theoretischen Rahmen bestimmt haben, innerhalb dessen alle Fragen der Beziehung ‚Warum dieses, wenn jenes?' entscheidbar sind." (Foerster 1994b: 360)

Wenn man hingegen keine genaue Vorstellung von möglichen Eigenschaften und Wirkungsweisen eines Zusammenhangs hat, bietet sich möglicherweise eine Komplexitätssteigerung durch eine „dichte Beschreibung" (Geertz) in offenen Interviews an, die anschließend etwa mithilfe einer Konversations- oder einer Inhaltsanalyse reduziert werden kann.

Entscheidend scheint mir vor dem Hintergrund medientheoretischer Überlegungen, dass wissenschaftliche Methoden immer auch eine kommunikative

Dimension aufweisen. Wissenschaftliche Verfahren ermöglichen Verständigung sowohl innerhalb von Forschungsgruppen (vgl. Krohn/Küppers 1989) als auch zwischen beforschten Personen und WissenschafterInnen, sie entsprechen medialen Prozessen, die systematisch sozialen Konsens herstellen. Als kommunikative und kognitive Muster der Koorientierung weisen sie ebenjene Merkmale auf, die im Rahmen der konstruktivistischen Medienkulturtheorie als *Medienschemata* beschrieben worden sind (vgl. Schmidt 1994: 164ff.). Medienschemata sind kognitive Invarianten, die zur Typisierung kommunikativer Prozesse eingesetzt werden. Sie bündeln eine Reihe sozialer Erwartungserwartungen und machen die thematische Orientierung, die Referenzialisierung sowie die funktionale Interpretation von Medienangeboten (hier: Daten) erwartbar. So verwirklicht ein Tiefeninterview einen anderen sozialen Erfahrungs- und Interaktionsraum als etwa ein standardisierter Fragebogen oder eine Computersimulation. Da die Funktion von Medienschemata in der Regelung von Referenzbereichen und Aussagemodalitäten besteht, ermöglichen sie nach Schmidt die „Bewältigung der ontologischen Frage", d.h. der Frage danach, was im jeweiligen Kontext als wirklich gilt. Und genau das leisten wissenschaftliche Methoden: Sie geben operational Aufschluss darüber, was ‚in welcher Weise der Fall' sein kann. Nicht zuletzt koppelt die Wahl der jeweiligen Forschungsmedien den wissenschaftlichen Erkenntnisprozess an politische und ökonomische Umwelten zurück. Je komplexer eine Methode im Hinblick auf ihre technische und kommunikative Umsetzung ist, desto mehr soziales und praktisches Know-how verlangt ihre Anwendung und desto kostspieliger wird das jeweilige Forschungsprojekt.

## Beobachtungen zu den Beiträgen

Was kann man also tun beziehungsweise wie kann man Wirklichkeiten beobachten, wenn man im Rahmen des vorgestellten Konstruktivismusdiskurses ‚operiert'? Alle acht AutorInnen nehmen diese Frage zum Anlass, am Beispiel eigener Forschungsprojekte konkrete Methoden vorzustellen und koppeln damit konstruktivistische Modellannahmen, epistemologische Reflexion und methodologische Selbstbeobachtung an ihre wissenschaftliche Praxis zurück.

*Jürgen Kriz'* Ausgangspunkt bei der Vorstellung der *seriellen Reproduktion* ist die Reflexion des Begriffs der *Ordnung* wie er im Rahmen von Theorien der Selbstorganisation zentral ist. Anhand von Beispielen aus Physik, Biologie und Psychologie führt er in zentrale Konzepte des Konstruktivismusdiskurses, wie etwa Attraktor, Rekursion und Emergenz ein. Die Rekonstruktion des Konzepts der Selbstorganisation im Kontext von Chaostheorie und allgemeiner Systemtheorie verdeutlicht die transdisziplinäre Ausrichtung konstruktivistischer Denkfiguren und schlägt die Brücke zu unterschiedlichen Disziplinen. Anhand eines Briefwechsels zwischen dem Physiker Wolfgang Pauli und dem Psychologen C.G. Jung illustriert Kriz, dass die systemtheoretische Idee der Ordnungsbildung seit ihren Anfängen jenseits der traditionellen Gegenüberstellung von Natur- und Humanwissenschaften angesiedelt ist. In diesem Sinn kann die Systemanalyse als nicht-reduktionistischer Versuch gelten, die monistische Idee der Einheitswissenschaft wieder aufzugreifen (vgl. Schlossser 1993).

Aus Kriz' Sicht sind Ordnungsbildungen Konstruktionen, die im Bereich des Lebens ebenso wie im kognitiven und im sozialen Bereich der Reduktion von Komplexität dienen und komplexe Wirklichkeiten lebbar machen. Zentrale kognitive Operationen, wie sie auch bei der wissenschaftlichen Theoriebildung zum Einsatz kommen, wie etwa Kategorisieren und induktives Verallgemeinern, illustrieren, dass die Konstruktion von Ordnung die Kontingenz des Erlebens bewältigt, indem sie diese durch Regelmäßigkeiten und Wiederholbarkeit, kurz: durch *Schemabildung* strukturiert (vgl. Glasersfeld 1987: 196f.). Hier schlägt Kriz die Brücke zu Frederick Barletts Methode der *seriellen Reproduktion,* und weist darauf hin, dass diese eine der ersten Methoden war, welche die Idee kognitiver Schemabildung systematisch operationalisierte. Im Kontext der vorgestellten Terminologie der Selbstorganisation erscheint die serielle Reproduktion als eine methodische Umsetzung der Idee rekursiver Eigenwertbildung. Operationen wie etwa Gedächtnisleistungen werden solange auf ihr Ergebnis angewandt, bis dieses sich auf einen stabilen Wert, eine kognitive Struktur oder einen „Sinnattraktor" einpendelt. Weiters verwirklicht die (Re-)Produktion rekursiv verknüpfter Stadien die Idee der Temporalisierung von Wirklichkeit, da sie Prozesse und Dynamiken sichtbar macht .

Kriz demonstriert die Anwendung der seriellen Reproduktion in einem Bereich, der auch für die Erforschung sozialer Wirklichkeitskonstruktion zentral ist, nämlich den Bereich der *personalen Fremdwahrnehmung.* Welche Bilder machen wir uns aufgrund weniger Informationen und wie formieren sich diese im Prozess kognitiver Selbstorganisation zu fixen Vorstellungen über den Charakter oder die Handlungsfähigkeit einer sozialen Ko-AkteurIn? Der Beitrag skizziert ein mögliches Forschungsdesign für die Beforschung solcher Konstruktionsprozesse: Versuchspersonen schätzen eine fiktive Person, Herrn K., der anhand von Merkmalen des Freiburger Persönlichkeitsinventars charakterisiert wurde, mithilfe ebendieses Inventars ein. Die Tendenzen bei der Charakterisierung des Herrn K. verdeutlichen, dass die Personenwahrnehmung bei den meisten der befragten ‚normalen' (d.h. nicht als schizophren eingestuften) Personen in verschiedenen Dimensionen auf Persönlichkeitsprofile hin attrahieren. Die

Typisierungen hängen maßgeblich von der persönlichen Lebensgeschichte der jeweiligen VersuchspartnerInnen ab und erscheinen als Strategie der kognitiven Alltagsbewältigung bei so genannten ‚normalen' Personen. So finden sich etwa bei einer Vergleichsgruppe von als schizophren eingestuften Personen kaum Tendenzen zu einer Ordnungsbildung bei der Einschätzung des Herrn K. Kriz weist hier auf die kommunikativen Schwierigkeiten hin, die aus diesem Fehlen sozialer Regelmäßigkeiten resultieren. Der Vergleich von psychisch kranken und gesunden Personen in der vorgestellten Studie demonstriert, dass die Beobachtung kognitiver Ordnungsbildungen auch mit der Unterscheidung von Normalitäten und Normierungen befasst ist. So kann etwa umgekehrt das Fehlen schnell auftretender Vereindeutigungen auch als Indiz für kognitive Flexibilität interpretiert werden.

Serielle Reproduktionen beziehungsweise *Bartlett-Szenarios* könnten in vielfältigen Bereichen zur Beobachtung von Schemabildungen eingesetzt werden. Die Beobachtung der Tendenz stabile Bilder vom sozialen Anderen zu konstruieren geht weit über psychologische Forschungen hinaus und ist etwa an die kulturwissenschaftliche Diskussion zur Konstruktion sozialer Identitäten in komplexen Medienumwelten anschließbar. Der Hinweis auf die Komplexitätsreduktion sozialer Unterscheidungen und die Instabilität kognitiver Schemabildungen verweist nicht zuletzt auf die Rolle, die normative Typisierungen menschlichen Verhaltens in wissenschaftlichen Konstruktionen spielen. Sie wirft auch die Frage auf, in welchen Phänomenbereichen wissenschaftliche BeobachterInnen ihre „Angst vor dem Chaos" überwinden und sich vermehrt Kontingenzerfahrungen aussetzen sollten.

*Thomas Pfeffers* Beitrag zur Methode des *‚zirkulären Fragens'* nimmt das therapeutische Potenzial systemtheoretischer Modelle zum Ausgangspunkt für die Beobachtung der sozialwissenschaftlichen Kommunikation in Interviews. Vor dem Hintergrund der systemischen Familientherapie argumentiert er, dass es „in Bezug auf erkenntnistheoretische Prämissen (...) keinen Unterschied zwischen Therapie und Forschung (gibt)." Sozialwissenschaftliche Konversationen werfen ebenso wie Therapiegespräche die Frage auf, wie professionelle BeobachterInnen in Systemen, die sie beobachten, „systemtheoretisch aufgeklärt" intervenieren können. Damit sind bereits die zentralen Unterscheidungen von Pfeffers Zugangsweise markiert. Pfeffer interpretiert sozialwissenschaftliche Interviews als einfache Kommunikationssysteme, in denen sich InterviewerIn und InterviewpartnerInnen als BeobachterInnen unter den Bedingungen doppelter Kontingenz – beide Seiten können nicht in den Kopf des jeweils anderen schauen – strukturell koppeln. Während die Interviewten durch gezielte Fragen zu Selbstbeobachtungen stimuliert werden sollen, unterliegen auch die Interviewer-

Innen strukturellen Bedingungen des „Systems der Beobachtung", wie etwa den Erwartungserwartungen, die sie in Bezug auf ihre soziale Rolle bei ihren GesprächspartnerInnen auslösen. Als Mechanismen sozialer Wirklichkeitskonstruktion sind Interviews also mit der „Kommunikation über Kommunikation" befasst. Die Einbettung der Interviewproblematik in die soziologische Systemtheorie Luhmanns zeigt damit Konsequenzen der Unterscheidung von psychischen und sozialen Systemen für die sozialwissenschaftliche Methodologie auf.

Pfeffer differenziert George Spencer Browns Logik der Beobachtung durch die Unterscheidung der Operationen Beschreiben, Erklären und Bewerten und weist darauf hin, dass diese sowohl aufseiten der InterviewerInnen als auch der Befragten angewandt werden. So kann es etwa ein Interesse der InterviewerIn sein, hypothesengeleitet die Erklärungsperspektiven ihrer GesprächspartnerInnen zu erheben. Das Problem der doppelten Kontingenz erscheint in der wissenschaftlichen Beobachtung damit konkret als Aufgabe, die Polyperspektivität sozialer Phänomene methodisch umzusetzen. Dies wird von Pfeffer durch konkrete Beispiele für *zirkuläre Fragestrategien* illustriert, die GesprächspartnerInnen dazu anhalten, unterschiedliche Standpunkte zu ihren Beobachtungen einzunehmen. So wird die Differenz von Alter und Ego etwa in der Differenz von Fragen nach der Selbstbeschreibung und Fragen nach der Wahrnehmung und Beschreibung sozialer Ko-AkteurInnen deutlich. Während viele SystemtheoretikerInnen häufig ausschließlich auf die Zirkularität ihrer Phänomene fokussieren, betont Pfeffer hier auch die Möglichkeit, denselben Sachverhalt sowohl linear als auch zirkulär zu beobachten. So kann das vielzitierte Beispiel „A geht in die Kneipe" / B nörgelt", aus der Perspektive der Beteiligten linear und unidirektional, aus der Perspektive der wissenschaftlichen Beobachterin jedoch zirkulär beschrieben werden. Der Hinweis auf die Komplementarität von Linealität und Zirkularität trifft sich mit Schlossers Sichtweise, dass Systembeobachtung sowohl die funktionale Beschreibung als auch die kausale Analyse von Beobachtungsgegenständen erlaubt.

Konkret wird das ‚methodische Handwerk' des zirkulären Fragens in Pfeffers tabellarischen Übersichten zu den Dimensionen und Kriterien systemischer Interviews. Konstruktivistisches Fragen sollte sich demnach an folgenden Gesichtspunkten orientieren: 1) die Beobachtung von Beobachtern, 2) die rekursive Verknüpfung von Beobachtern (Beziehungen), 3) Unterscheiden und Bezeichnen (Operation der Beobachtung), 4) Zirkularität und Linealität, 5) (Re-)Konstruktion von Handlungssystemen, 6) (Re-)Konstruktion von Kommunikationssystemen. Pfeffers anschauliche Beispiele für konkrete Interventionen weisen Interviews als Medienschemata aus, die auf vielfältigen *Fragerhetoriken* basieren. Zirkuläre Fragestrategien eröffnen sowohl InterviewerInnen als auch den Interviewten jeweils einschlägige Möglichkeiten, die Differenz von Fremd- und Selbstbeobachtung kommunikativ zu entfalten. Der abschließende Hinweis, dass zirkuläres Fragen letztlich „die Intention der Interviewerin" verwirklicht, kann auch als Anschlussstelle für handlungstheoretisch orientierte KollegInnen gelesen werden. Als Beobachtung erster Ordnung, die Daten produziert, sind Interviews damit befasst, Kommunikationen durch handlungstheoretische Operationalisierungen zu entparadoxieren.

Interviews sind Medienschemata, die zumeist vielfältigen medialen Trans- formationen unterworfen sind und als Transkripte wissenschaftliche Medienan- gebote darstellen, die ihrerseits ausgewertet werden müssen. Kaum ein empiri- sches Forschungsdesign, das mit Interviews arbeitet, kommt deshalb ohne in- haltsanalytische Verfahren aus. *Wiebke Loosen* stellt im Kontext der systemthe- oretischen Journalismusforschung eine *konstruktivistische Reinterpretation der Inhaltsanalyse* vor. Ihr Beitrag demonstriert, dass die systemtheoretische Me- thodologiediskussion in den Kommunikations- und Medienwissenschaften bis jetzt eher auf die Reflexion wissenschaftlicher Operationen, wie sie im Rahmen des Kritischen Rationalismus expliziert wurden, beschränkt bleibt (vgl. Loo- sen/Scholl/Woelke 2002: 39). Loosens Anliegen ist es einerseits, die konstruk- tivistisch reinterpretierte quantitative Inhaltsanalyse mit der qualitativen Inhalts- analyse zu vermitteln; andererseits wirft sie die Frage auf, ob diese Vermittlung es erlaubt, eine Brücke zwischen inhaltsanalytischen Verfahren und hermeneuti- schen Forschungstraditionen und -methoden zu schlagen.

Die methodologische Interpretation inhaltsanalytischer Operationen hängt direkt von der zugrunde gelegten Kommunikations- und Bedeutungstheorie ab. Aus der Sicht der konstruktivistischen Medientheorie Schmidts (1994) bestimmt Loosen die inhaltsanalytische Kodierung als Rezeptionsprozess, der auf der konstruktiven Verarbeitung hochgradig konventionalisierter Medienangebote basiert. Pointiert weist sie darauf hin, dass das Herzstück der Inhaltsanalyse, die Entwicklung der inhaltsanalytischen Kategorien, ein Interpretationsakt ist: In- haltsanalyse „ist bereits in ihrer gesamten Anlage hochgradig konstruiert, und damit selbst ein Konstrukt". Aus konstruktivistischer Perspektive weisen quanti- tative und qualitative Inhaltsanalyse demnach fließende Übergänge auf. Die Kategorienbildung hängt einerseits konstitutiv von der zugrunde gelegten *Theo- riebildung* ab, und wird andererseits in der empirischen Auseinandersetzung mit dem Analysematerial entwickelt. Dichotomien wie Deduktion/Induktion er- scheinen damit ebenso obsolet wie die Gegenüberstellung Erklären/Verstehen. In Anschluss an Merten betont Loosen hier auch die *Reaktivität*, die sich aus der Anwendung der Analysekategorien durch die KodiererInnen ergeben und macht deutlich, dass Kodiererschulung auf die soziale Stabilisierung von Verstehensoperationen abzielt. Nicht zuletzt basieren die Gegenstände ihrer Analyse, die journalistischen Medienangebote, auf Medienschemata, die als typisierte Kommunikationsmuster Indikatoren für den "Rückschluss vom Inhalt auf die soziale Wirklichkeit" darstellen (Inferenzen).[7] Hier demonstriert Loosen an einer Beispielstudie zur Interdependenz verschiedener Medienmarken im trimedialen Redaktionsverbund, dass die systemtheoretische Modellierung des Journalismus als sozialem System unterscheidungstheoretische Interpretationen beziehungsweise inhaltsanalytische *Vergleiche* forciert.

Loosens Diskussion verdeutlicht, dass die Schnittstelle zwischen qualitativer und quantitativer Forschungstradition in der *Subjekt- beziehungsweise Beobachtungsabhängigkeit* der wissenschaftlichen Erkenntnisoperationen begründet ist. Im Gegensatz zur qualitativen Forschungsmethodologie begründet die Selektivität der Beobachtung, wie sie paradigmatisch durch die Festlegung des Kategoriensystems gegeben ist, jedoch nicht die tendenzielle Ablehnung von Reliabilität und deduktiver Hypothesenbildung, sondern erweist sich im Gegenteil als deren Basis: Als entscheidendes Merkmal der Beobachtung ermöglicht Selektivität die strukturelle Analyse und Theoriebildung ebenso wie die Standardisierung operationaler Verfahren. Loosens Befund zur Vermittelbarkeit der Inhaltsanalyse mit hermeneutischen Verfahren fällt entsprechend negativ aus. So produzieren hermeneutische Verfahren zumeist neue umfangreichere Texte, die von den Interpretationskünsten einzelner InterpretInnen abhängen und demnach nicht zur Komplexitätsreduktion in der wissenschaftlichen Kommunikation beitragen. Am Beispiel der Forschungskonzeption der Objektiven Hermeneutik illustriert Loosen zudem den latenten Positivismus, der mit der Annahme objektiver Sinnstrukturen in Texten und der Ausblendung der interpretativen Operationen der BeobachterIn einhergeht.[8] Hier weist sie darauf hin, dass das System/Umwelt-Paradigma der konstruktivistischen Journalismusforschung die inhaltsanalytische Kategorienbildung notwendig kontextuell ausrichtet und damit die werkimmanente Analyse von Texten in Frage stellt.

Insgesamt illustriert Loosens Beitrag ein interessantes Spannungsfeld innerhalb der konstruktivistischen Methodologiediskussion. Einerseits weist er die antirepräsentationalistische Einschätzung von Daten, die durch die Erkenntnistheorie des Konstruktivismus nahe gelegt wird, als sekundär für wissenschaftli-

---

7 Der Schluss bleibt jedoch auf die mit dem jeweiligen Medienschema verbundenen soziokulturellen Erwartungen im Hinblick auf Thema und Form beschränkt. So ist der Schluss von Texten auf individuelle Wirkungen angesichts der Konstruktivität interpretativer Prozesse konsequenterweise nur in empirischen Rezeptionsforschungen zulässig (vgl. etwa Rustemeyer 1992: 15ff).
8 Eine Kritik, die Loosen etwa mit Groeben teilt (vgl. Groeben 1986: 157ff und die als Impuls für die Diskussion mit VertreterInnen der objektiven Hermeneutik im Rahmen der luhmannschen Soziologie (vgl. Schneider 1994: 170f) fungieren könnte.

che Gütekriterien und Verfahren aus. Quantitative Verfahren werden trotz der realistischen Erkenntnistheorie des Kritischen Rationalismus aus „verfahrenstechnisch-pragmatischen Gründen" gewählt und mit qualitativen verknüpft. Andererseits betont dieser Pragmatismus die *Operationalität* wissenschaftlicher Erkenntnis und motiviert die Vermittlung qualitativer und quantitativer Forschungstraditionen – die konstruktivistische Methodologiediskussion nimmt damit an einem Integrationsprojekt teil, das aktuell von einer Reihe sozialwissenschaftlicher Forschungsrichtungen verfolgt wird (vgl. Fielding/Schreier 2001).

*Theo Hug* nimmt diese vielfältigen Anschlussmöglichkeiten des Konstruktivismusdiskurses zum Ausgangspunkt für seine Auseinandersetzung mit *qualitativen Forschungsstrategien* und diskutiert diese am Beispiel von *Fokusgruppen* im Rahmen des internationalen Projekts *Global Media Generations*. Startbeobachtung seines Beitrags sind die Funktionen, die Fronten- und Lagerbildungen der wissenschaftlichen Kommunikation wie die Trivialisierung und pauschale Ablehnung konstruktivistischer Forschungsansätze bei der Verteilung von symbolischem und finanziellem Kapital erfüllen. Mit einer *Mind Map* verdeutlicht er demgegenüber die Differenziertheit und Diversität, aber auch, berücksichtigt man die Vernetztheit der einzelnen Stränge, die diskursive ‚systemische' Verflochtenheit konstruktivistischer Denkmodelle. So finden sich etwa im medienwissenschaftlichen Konstruktivismus systemtheoretische und kybernetische Modelle ebenso wie Rückgriffe auf kognitions- und sozialpsychologische Konstruktivismen. Hug wirft damit die Frage nach den Parallelen und Berührungspunkten zwischen den einzelnen Diskurssträngen auf. Im Rahmen des systemtheoretischen Konstruktivismus wäre es etwa eine interessante Option, disziplinäre, methodische und theoretische Abgrenzungen zugunsten einer *operationalen Problemorientierung* aufzugeben.

Als kleinsten gemeinsamen Nenner der unterschiedlichen Konstruktivismen nennt Hug die *Perspektivität* und den *Verzicht auf Aussagen über ‚Wirklichkeit an sich'*. Die Konsequenzen dieser Einsicht in die Standpunktgebundenheit der Beobachtung fasst er in vier Thesen zusammen: 1) „Vom Streben nach Subjektunabhängigkeit zur Subjekt- und Kontextgebundenheit", eine Einsicht, die auch die Kritik am „Landkarten-Modell" emanzipatorischer Erkenntniskritiken umfasst. 2) „Von der Methodengebundenheit zur Perspektivengebundenheit der Erkenntnisse": Hier betont auch Hug, dass wissenschaftliche Methoden Forschungsgegenstände operational hervorbringen. 3) „Überwindung fruchtloser Frontstellungen und Dichotomien": Diese These zielt auf die Auflösung der Gegenüberstellung von qualitativen und quantitativen Forschungsmethoden sowie der kontraproduktiven Differenz von Natur- und Geisteswissenschaften.

4) „Konstruktivistische als qualitative Forschung – qualitative als konstruktivistische Forschung?": Ähnlich wie Loosen kritisiert Hug mit dieser Frage die unreflektierten epistemologischen Voraussetzungen einzelner qualitativer Ansätze. Er illustriert diese anhand von Soeffners sozialwissenschaftlicher Hermeneutik und betont, dass „zwischen qualitativer Forschung und konstruktivistischer Epistemologie unterschieden werden (muss)." Erstere setzt nicht notwendig letztere voraus. Fazit von Hugs Auseinandersetzung ist, dass eine detaillierte Auseinandersetzung der einzelnen Konstruktivismen mit qualitativen Schulen und Methoden noch aussteht, es aber ein „Ergänzungsverhältnis und mannigfaltige Optionen der Verständigung gibt."

Hug veranschaulicht die forschungspraktischen Implikationen seiner vier Thesen an dem Medienforschungsprojekt *Global Media Generations*, das anhand von Erinnerungen an prägnante Medienereignisse das Weltwissen unterschiedlicher Generationen in 11 Ländern untersucht. Die konstruktivistischen Prämissen wirken sich in diesem Projekt sowohl auf die objekttheoretische Beschreibung als auch auf die Forschungsmethodologie und -organisation aus. So wird das Verständnis der zentralen Problematiken des Projekts, Erinnerung und Weltwissen, maßgeblich von konstruktivistischen Überlegungen geprägt. Weltwissen hängt von dynamischen Erinnerungs- und Gedächtnisprozessen ab und wird durch unterschiedliche Medien verwirklicht. In Anlehnung an die Unterscheidung Figur/Grund beschreibt Hug das „Instantwissen" spontaner Medienerinnerung als kognitive Form, die vor dem Hintergrund der konzeptionellen Wissensbestände einer Generation ihre Kontur gewinnt.

Diese Einsicht in die mediale Vermitteltheit von Erfahrung wirkt sich auch auf die Forschungspraxis des Projekts aus, dessen Forschungsorganisation verdeutlicht, dass komplexe Forschungsdesigns Kommunikationsformen erfordern, die globale und lokale Forschungsstrategien integrieren. Im Rahmen des internationalen Projekts wird eine offene, „kooperative und entwicklungsorientierte" Forschungsstrategie erprobt, die in rekursiven Rückkopplungen „wechselseitige Lern- und Abstimmungsprozesse" verwirklicht. So ermöglicht etwa das kontextspezifische Feedback von KooperationspartnerInnen aus unterschiedlichen kulturellen Umwelten die dynamische Anpassung des Designs an die je spezifischen Geschlechter- und Generationsunterschiede zwischen den TeilnehmerInnen. Hug betont, dass für die explorative Erkundung des Untersuchungsbereichs die Ausschaltung von Kontingenz durch die Standardisierung der Gruppendiskussionen kontraproduktiv wäre, die methodische Kontingenzreduktion also jeweils problemadäquat eingesetzt werden muss. Wer durch zu rigide methodische Kontrolle „die ‚wirkliche Wirklichkeit' erfassen will", so Hugs Resümee, „dem bleibt oft nichts mehr zum Anschauen übrig."

*Thomas Ohlemachers* Beitrag zur *Netzwerkanalyse* verdeutlicht komplementär, auf welche Weise eine systematische Reduktion von Komplexität bei der wissenschaftlichen Beobachtung sozialer Systeme methodisch hilfreich sein kann. Seine konstruktive Vermittlung der luhmannschen Soziologie mit den Methodenangeboten der strukturalen Analyse reagiert auf ein Defizit der aktuellen systemtheoretischen Empiriedebatten. So ist es in der Tat interessant, dass SystemtheoretikerInnen, die sich vorwiegend an Luhmann orientieren, bis dato wenig von komplexitätsreduzierenden quantitativen Verfahren Gebrauch machen, ein Befund, den Klüver auch für die Computersoziologie formuliert hat (Klüver 1995: 5).

Ohlemacher teilt Luhmanns Prämisse, dass Gesellschaft das ist, was primär ‚zwischen' und nicht in den AkteurInnen stattfindet. Er bestimmt Netzwerke in Anlehnung an Berkowitz als „relations between and among social actors and institutions." In einem kurzen Überblick stellt er die theoretische Interpretation dieser Relationen im Rahmen verschiedener Positionen der strukturalen Analyse vor. Die fruchtbarste Vermittlungsmöglichkeit stellt seiner Ansicht nach die Position des „sozialen Konstruktionismus" dar, demzufolge soziale Relationen durch interpretative Prozesse („Deutungsmuster") auf den Ebenen von Wahrnehmung und Kommunikation ermöglicht werden. Die entscheidende Schnittstelle zwischen den beiden Richtungen sieht Ohlemacher im *Schemabegriff,* ein Begriff der in Luhmanns Theoriegebäude ebenso prominent ist wie im kognitionswissenschaftlichen Zweig des Konstruktivismus. Schemata sind nach Luhmann gedächtnisbildend und eröffnen durch die strukturelle Kopplung unterschiedlicher Sinnsysteme kommunikative Anschlussmöglichkeiten.

In Ohlemachers Beispiel zu Untersuchung von Bürgerinitiativen gegen militärische Tiefflüge wird deutlich, wie die wissenschaftliche Beobachtung sozialer Bewegung mithilfe von Netzwerkanalysen Hypothesen über Zusammenhänge zwischen sozialen Relationen und Deutungsmustern stimulieren kann. Ausgangspunkt seiner Studie ist die empirische Beobachtung, dass zwei Bürgerinitiativen, die in etwa dieselben demografischen Startbedingungen aufweisen, sich in ihrem Mobilisierungserfolg signifikant voneinander unterscheiden. So weist die Organisation mit hoher Mobilisierung 125 Mitglieder auf, während es die mit niedriger Mobilisierung nur zu 50 ProtestiererInnen bringt. Auch die Form, die gesellschaftliche Akzeptanz und die Effizienz der Prostaktionen verteilen sich ungleich, wie qualitative Interviews mit lokalen ExpertInnen deutlich machen.

Im Kontext von Forschungen zur Protestbewegungen geht Ohlemacher davon aus, dass soziale Netzwerke eine entscheidende Rolle beim Übergang von Handlungsbereitschaft zu konkreten Handlungen spielen. Er unterscheidet zwischen persönlichen Face-to-Face-Netzwerken und Protestnetzwerken, die als soziale Relais fungieren. Besonders letztere spielen in der vorgestellten Studie eine prominente Rolle. Als beziehungsstiftende Kontexte beziehungsweise „Netzwerkgeneratoren" dienen soziale Relais als Treffpunkte und schlagen Brücken zwischen den Protestinitiativen und dem Rest der Gesellschaft. Interessant ist demnach nicht nur die direkte Relation zwischen den AkteurInnen einer Initiative, sondern vor allem die Überschneidung ihrer Mitgliedschaften in verschiedenen Organisationen (interpersonelle Netzwerke). Ohlemachers systematische Vorstellung möglicher ‚Hypervernetzungen' verdeutlicht, wie im Rahmen der Netzwerkanalyse mathematische Operationen beobachtungskonstitutiv werden. So wird die interorganisatorische Verbindung zwischen Organisationen durch Personen in der Netzwerkanalyse ebenso formal darstellbar – und damit forschungspraktisch handhabbar – wie etwa die interpersonelle Verbindung von Personen durch Organisationen. Die Netzwerkanalyse zeigt, dass die Initiative mit hoher Mobilisierung deutlich mehr mit Organisationen vernetzt ist, die interpersonelle Verbindungen stiften, als der Vergleichsfall der Niedrigmobilisierung. Die netzwerkanalytischen Auswertungsverfahren machen demnach *Vernetzungsmuster* sichtbar, die im Rahmen einfacher qualitativer Befragungen nur schwer erkennbar wären. In einer abschließenden Clusteranalyse analysiert Ohlemacher, dass es vorwiegend ‚neutrale' Organisationen wie etwa Sporteinrichtungen sind, die als soziale Relais die allgemeine Akzeptanz der erfolgreichen Protestinitiative in einem weiteren sozialen Umfeld sichern.

Die Netzwerkanalyse bietet der wissenschaftlichen Beobachterin demnach eine Wahrnehmungshilfe bei der Formulierung und Demarkierung ‚sozialer Formen'. Die soziokulturelle Interpretation dieser Formen leistet Ohlemacher anhand von Luhmanns Beobachtung der Semantik gesellschaftlichen Protests, welche die Kontingenz kommunikativer Proteststrukturen systemtheoretisch deutet. Die entscheidende Differenz zwischen den beiden Theorietraditionen liegt Ohlemacher zufolge in ihrer Interpretation des Strukturbegriffs. Während die strukturale Analyse nach statischen Konstruktionsmerkmalen sucht, begreift die soziologische Systemtheorie Strukturen mehr als Regeln denn als Regelmäßigkeiten und fokussiert deshalb auf Konstruktionen. Entsprechend fehlt der Netzwerkanalyse die evolutionäre Dimension des System/Umwelt-Paradigmas, ein Manko, das theoretische und methodologische Anschlussprobleme aufwirft. Gleichzeitig macht Ohlemachers engagierte Auseinandersetzung aber auch ein entscheidendes Defizit der luhmannschen Systemtheorie deutlich. Sein Hinweis, dass diese primär eine deduktiv geschlossene Theoriebildung ist, die sich kaum der Irritation durch empirische Erfahrungen (Beobachtungen erster Ordnung) aussetzt, verweist auf die Gefahr, durch die ideengeschichtliche Deutung einzelner Dokumente („Kommunikationen") letztlich den methodischen Konservativismus der philologischen Texthermeneutik zu reproduzieren (vergleiche auch Schmidt 1994: 79, Loosen/Scholl/Woelke 2002: 41).

*Gebhard Rusch* würde sich dieser Kritik vermutlich anschließen. Er lehnt Luhmanns differenztheoretische Beobachtungsangebote vollständig ab, was ihn von vielen der hier versammelten AutorInnen unterscheidet und ein zentrales Spannungsfeld in der Interpretation des Systemkonzepts markiert. Ruschs Beitrag zur *Systemanalyse* orientiert sich an Techniken der *Organisationsbeobachtung* und stellt Verfahren vor, die in der Tradition und Weiterentwicklung der Kybernetik erster Ordnung stehen. Er situiert die Systemanalyse entsprechend in der Tradition naturwissenschaftlicher Denkweisen der Neuzeit, die durch mechanistische Modellbildungen bestimmt sind. Dabei mutet das Prädikat „mechanistisch" im konstruktivistischen Kontext kontraintuitiv an, ist mit ihm doch Newtons deterministische Vorstellung der Welt als reversibles Uhrwerk assoziiert, ein Modell, gegen das etwa die in der Biologie verwurzelte allgemeine Systemtheorie Bertalanffys vehement angetreten war. Bei der Explikation Ruschs wird jedoch deutlich, in welcher Hinsicht Systemmodelle als mechanistisch bezeichnet werden können. Seiner Ansicht nach verbinden die verschiedenen konstruktivistischen Theorie- und Denktraditionen drei Aspekte: Sie alle fragen nach dem Zustandekommen oder dem *„Wie"* von Sachverhalten; sie beschreiben Sachverhalte als genetische oder generative Prozesse der Entstehung oder *Erzeugung*; und sie bemessen ihre Beschreibungen an der Fähigkeit, diese Prozesse entweder praktisch oder begrifflich nachzubilden („zu simulieren"). Aus theoriehistorischer Perspektive stellen Selbstorganisationskonzepte demnach eine Erweiterung – und damit auch eine diskursinterne Kritik – mechanistischen Denkens durch Kontingenzparameter dar. Sie erlauben auf der Basis dieser Relativierung die Beobachtung der „komplexe(n) ‚Mechanik' der Genese und des Funktionierens eigenwertiger, nicht-trivialer und verzeitlichter Systeme."[9]

Ruschs Positionierung als ehemaliger „Siegener" und nunmehr „empirischer" Konstruktivist verweist auf die Argumentationslasten, die InsiderInnen der in die Jahre gekommenen Konstruktivismusdebatte zu tragen haben. Den „Empirischen Konstruktivismus" bestimmt Rusch als „Forschungsprogramm", das sich durch eine „empirische Theorie kognitiv-sozialer Wirklichkeitskonstruktion" selbst expliziert, eine Annahme, die er in der Zusammenfassung seiner Arbeiten zum Erkenntnis- und Theoriebegriff des kognitionswissenschaftlichen Konstruktivismus detailliert ausführt und programmatisch in dem

---

9  In diesem Sinn kennzeichnet auch Heinz v. Foersters Kybernetik zweiter Ordnung beobachtende Systeme als nicht-triviale „Maschinen" (1994a) und Maturana spricht in Bezug auf Erklärungen von generativen „Mechanismen" (1991).

methodologischen Axiom „Kognition ermöglicht Erfahrung als und durch Selbstbeobachtung" zusammenführt. Sein Fazit lautet, dass konstruktivistisch Forschen darin besteht mit der Beschreibung, Erklärung und Gestaltung komplexer Wirklichkeit Erfahrungen zu machen. Welche Möglichkeiten eröffnet aber nun die Methode der Systemanalyse forschungspraktisch, um komplexe Sachverhalte zu beschreiben, zu erklären und zu gestalten?

Rusch stellt unter diesem Sammelbegriff eine Reihe von Ansätzen vor, so etwa Jay W. Forresters *System Dynamics,* die den legendären Publikationen des Club of Rome zu den Grenzen des Wachstums Pate stand. Sie besteht im Wesentlichen darin, Strukturbeschreibungen anzufertigen, die Systemkomponenten mit unterschiedlichen operativen Kapazitäten (Bestands- und Flussgrößen, Hilfsgrößen und Konstanten) erfassen und durch grafische Hilfsmittel wie *Flussdiagramme, Ereignis-Reaktions-Modelle* oder *Kontext-Diagramme* in ihrer wechselseitigen Abhängigkeit sowie in Relation zur jeweiligen Umgebung darstellen. Systemanalyse erstellt demnach *operationale Strukturbeschreibungen,* die im Rahmen von Computersimulationen die Grundlage von *Prozessbeobachtungen* bilden. Die Struktur- und Prozessdaten, die bei der semantischen Interpretation dieser Modelle zum Einsatz kommen, können mit dem gesamten Spektrum des sozialwissenschaftlichen Methodeninventars erhoben werden. Aufgrund der beobachtungsrelativen Unterscheidung von Elementen, Subsystemen und Systemgrenzen eröffnet Systemanalyse die Möglichkeit, die Mikro-(Meso-)-Makro-Problematik im Rahmen einer *Mehrebenenanalyse* zu handhaben und verschiedene Beschreibungsebenen durch „Hineindetaillierung" der niederen Ebenen in höhere zu integrieren.

Ruschs Überblicksdiagramm zu den verschiedenen Phasen, die bei seinen Forschungen zur Unternehmenskommunikation zum Einsatz kommen, verdeutlicht, dass die Spezifik einer *„vollständigen Systemanalyse"* in der komplexen Modellbildung im Rahmen eines „selbstreflexiven Lernzusammenhangs" zu suchen ist. In Anlehnung an Richmond charakterisiert er das systemische Denken *(Systems Thinking)* durch Eigenschaften wie etwa „nicht-linear, operational, empraktisch, rückgekoppelt in Kreiskausalitäten und disziplinübergreifende problemorientierte Kooperation". Dabei ist die Vorgangsweise insofern ‚unbestechlich', als mit der kybernetischen Zielsetzung, *Steuerungskonzepte* zu entwickeln, auch operationale Validitätskriterien formuliert werden, an welche die Ergebnisse der Systemanalyse evaluativ rückgekoppelt werden. Rusch rundet sein systemanalytisches Panorama durch Beobachtungsempfehlungen der St. Gallener Arbeiten zum *Systemischen Management* ab, die versuchen, diese Entwicklung von Steuerungsmöglichkeiten mit Überlegungen aus der Kybernetik zweiter Ordnung zu integrieren.

*Christina Klüver* geht in ihrem Beitrag zur sozialen Konstruktion von Wirklichkeit in *Computermodellen* methodisch einen Schritt weiter und zeigt auf, wie die evolutionär-dynamische Dimension von System- und Netzwerktheorien konkret umgesetzt werden können. Ausgangspunkt ihrer Überlegungen ist die Einsicht Kants, dass Existenzannahmen immer mit konkreten Operationen im Erkenntnisprozess einhergehen. Ein Objekt wissenschaftlich zu beobachten bedeutet demnach, seine Konstruktionsweise nachzubilden. Im Geiste von Vicos operationaler Wissensauffassung betont sie, „dass wir (...) soziale und kognitive Prozesse erst verstehen können, wenn wir sie wissenschaftlich konstruieren können." Sie plädiert dafür, die operationale Entwicklung sozialwissenschaftlicher Paradigmen als schrittweise Komplexitätserhöhung der Theoriebildung anzulegen, die von einfachen Modellen ausgeht und diese je nach Forschungsfrage sukzessive differenziert.

Die Forderung nach Einfachheit wird in Klüvers Forschungskontext, der Gruppe COBASC („Computer Based Analysis of Social Complexity"), durch den in der Selbstorganisationsforschung prominenten *„Bottom-up-Ansatz"* verwirklicht; einfache lokale Regeln führen zu komplexen Ordnungen auf höherer „emergenter" Ebene. Während Top-down-Ansätze soziale Systeme als Makroeinheiten modellieren, deren Verhalten aus dem kollektiven Verhalten sozialer Akteure besteht, setzten Bottom-up-Modelle bei den konkreten Wechselwirkungen auf der Komponentenebene an. Einfache soziale Interaktionsregeln werden formal dargestellt und bilden die Basis für die Simulation komplexer sozialer Prozesse mit unbestimmtem Resultat (vgl. Klüver/Stoica/Schmidt 2003). Ein besonderes Verdienst von Klüvers Beitrag ist es hier, gängige Begriffe des Konstruktivismusdiskurses wie etwa den Attraktorbegriff in verständlicher Weise auch formal zu explizieren. So weist sie Systeme als Gefüge von zeitlich relationierten Zuständen beziehungsweise *Zustandsmengen* aus, die in *„Trajektorien"* (Zustandsverläufen) jeweils aufeinander abgebildet werden. Den Begriff des *Attraktors* konkretisiert Klüver dadurch, dass sich die „Folge der Zustände von einem Zeitpunkt ab immer in einem beschränkten Raum bewegt oder sich regelmäßig wiederholt." Attraktoren bezeichnen demnach temporär stabile Zustandskonstellationen im Zustandsraum eines Systems.

Entscheidend an Klüvers Explikation des Strukturbegriffs als „soziale Topologie", als einem sozialen Raum möglicher Relationen, ist, dass Strukturen adaptiv sein können, d.h. dass lokale Wechselwirkungen sich je nach den vorherrschenden Konstellationen ändern können. Diese Annahme demonstriert sie am Beispiel des Programms KOMMUNIKATOR, in dem die soziometrische Abbildung der Gruppe, die soziale Struktur, durch den Zeitfaktor eines sozial induzierten *Lernprozesses* erweitert wird. Grundannahme ist, dass kommunikatives Lernen in Abhängigkeit von sozialen Hierarchien stattfindet. AkteurInnen assoziieren Begriffe nicht nur je nach Gewichtung ihrer Vernetzung, sondern integrieren und gewichten neue Begriffe relativ zu ihrer sozialen Stellung in ihr Wissensnetz. Die semantischen Netzwerke der einzelnen AkteurInnen werden demnach in Abhängigkeit von ihrer sozialen Stellung verändert und umgekehrt, die soziale Struktur kann sich durch kognitive Anpassungsprozesse verändern. Anhand verschiedener sozialer Ausgangskonstellationen, wie etwa einer „radikal demokratischen" und einer „militärischen" Gruppenstruktur, demonstriert Klüver in verschiedenen Simulationen diese Wechselwirkung von kognitiver und sozialer Dynamik und weist besonders auch auf das Auftauchen unerwarteter Ergebnisse hin: So zeigt sich etwa, dass die Übereinstimmung semantischer Netzwerke nicht beliebig steigerbar ist, was darauf hindeutet, dass soziale Gruppen die Tendenz haben, sich auf bestimmte Themen einzupendeln. Unerwartete Simulationsverläufe motivieren entsprechend die Beobachtung sozialer Dynamiken außerhalb der simulierten Wirklichkeit.

Erweiterungen des KOMMUNIKATORS umfassen die Strukturierung der Begriffsnetze in Themenkomplexen und die Erweiterung der Gruppenmatrix um die Logik eines *zellulären Automaten*, der Gruppendynamiken simuliert. Im Rahmen des Bottom-up-Ansatzes werden dort AkteurInnen als Zellen in einem Gitter gedeutet, deren Zustände jeweils durch die Zustände der Nachbarzellen bestimmt werden. Soziale Dynamiken ergeben sich aus der Simulation der Wechselwirkungen der Zustände „Sympathie" (1), „Antipathie" (-1) und „Gleichgültigkeit" (0), wobei die Annahme vorausgesetzt wird, dass AkteurInnen jeweils positive, von wechselseitigen Sympathien geprägte Umgebungen anstreben. Diese basale Gruppendynamik bildet die Ausgangsstruktur für Lernprozesse des KOMMUNIKATORS. Als weitere Erweiterung stellt Klüver den Programmtyp eines selbstorganisierenden *Neuronalen Netzes*, die *Selforganizing Map* vor. Die Simulation neuronaler Selbstorganisation versieht den KOMMUNIKATOR mit einem Gedächtnis und bringt in Anlehnung an Piagets Kognitionstheorie die aktiv-konstruktive Natur von Lernprozessen in die Modellbildung ein.

Konstruktivistische Prämissen sieht Klüver in den vorgestellten Computersimulationen in zweifacher Weise verwirklicht. Einerseits stellen diese einen operationalen Erfahrungsmodus im Medium virtueller Realität dar, dessen Resultate in der Wechselwirkung mit empirischen Erfahrungen ständig rekursiv modifiziert werden. Simulationen machen die theoretischen Implikationen konstruktivistischer Modellannahmen nachvollziehbar und bei Bedarf auch korrigierbar. Sie sind in diesem Sinn Beobachtungen zweiter Ordnung par excellence, welche die kreative Entwicklung von Hypothesen stimulieren und da-

durch „Latenzbeobachtung" forcieren (Schiepeck 2000: 37).[10] Andererseits
werden die simulierten sozialen Dynamiken selbst als emergentes Resultat konstruktiver Prozesse der jeweiligen künstlichen AkteurInnen beobachtbar. Die
vorgestellten Programme demonstrieren somit nicht zuletzt eine *experimentelle*
Umgangsweise mit der auch in der Konstruktivismusdebatte zentralen Mikro-
(Meso-)-Makro-Problematik der Sozialwissenschaften.

*Claudia Schmids* abschließender Beitrag zum *Raumdesign mit Autonomen
Agenten* macht dieses experimentelle Potenzial konstruktiver Simulationsme-
thoden für architektonische Entwurfsprozesse fruchtbar. Sie markiert digitale
Modellbildungen im Umkreis der Selbstorganisationsforschung als einen spezifischen „Erfahrungsraum", der neue Möglichkeiten bei Gestaltungsprozessen
eröffnet. Schmids einleitende Unterscheidung von computerunterstütztem versus computergeneriertem Entwurf lässt sich auf Forschungsprozesse allgemein
übertragen. So können Computer oder allgemein kognitive Techniken und
Technologien einerseits als Hilfsmittel verstanden werden, um Ideen zu verwirklichen, wobei das Medium unsichtbar bleibt und der Prozess des Entwerfens oder Forschens selbst kein Thema ist. Die DesignerIn oder ForscherIn operiert in diesem Fall in dem Sinn realistisch, dass sie von den spezifischen Bedingungen beziehungsweise der Medialität ihrer Beobachtungstätigkeit absieht.
Bei einem konstruktivistisch orientierten *generativen Design* hingegen sind es
bewusste Entscheidungen für spezifische Operationen (Programmierungen),
welche die Gestaltbildung beziehungsweise das Forschungsresultat prägen.

Den theoretischen Hintergrund dieser Operationen bilden bei Schmids De-
signtools evolutions- und systemtheoretische Überlegungen aus der *Artificial
Life-Forschung*, wie sie etwa auch Klüvers zellulären Automaten zugrunde liegen. Auch in der generativen Architektur werden „bottom up" aus den einfachen
lokalen Regeln adaptiver Programmstrukturen, aus *Netzwerken „Autonomer
Agenten"*, globale emergente Gestaltungsresultate erzeugt. Diese Resultate interpretiert Schmid in Anlehnung an Luhmann als komplexe Formen, die im Medium der Architektur als „der Mannigfaltigkeit aller möglichen Abschirmungen" hervorgebracht werden.

Mit dem Architekturtheoretiker Greg Lynn, der Descartes' Raumkonzept
dem von Leibniz gegenüberstellt, verdeutlicht Schmid, dass es sich bei Formen
nicht um statische Einheiten, sondern um komplexe Prozesse handelt. Während
Descartes als Altvater mechanistischen Denkens bei der Definition von

---

10 Schiepeck formuliert für die Psychiatrie: „Simulationen machen also das Hypothetische, Hinfäl-
lige, Filigrane und Unsichere psychiatrischer Modelle deutlich; sie zeigen, wie dünn das Eis ist, auf
dem wir unsere (z.b. nichtlinearen) Pirouetten drehen. Allein dies betrachte ich als einen Wert solcher Computersimulationen: Sie entschleiern und desillusionieren." (Schiepeck 2000: 38)

geometrischen Körpern Zeit und Kraft eliminierte, um sie als statische Elemente des Universums zu erfassen, bestimmte Leibniz diese als durch Vektoren bestimmte „Monaden", die sich in Relation zu ihrer Umgebung auf einem zeitlichen Kontinuum formieren und potenziell „die ganze Welt" in sich bergen – eine in der Tat konstruktivistische Sichtweise von Materie, welche die „Trägheit und Statik" herkömmlicher Architekturauffassungen – und, so möchte man hinzufügen: von Wirklichkeitskonzepten allgemein – in Frage stellt.

Die Umsetzung dieses operationalen Raumkonzepts demonstriert Schmid anhand der *„Nurb-Surfaces"*, flexiblen dreidimensionalen Oberflächen, die durch Vektoren definiert sind und die Grundlage der vorgestellten Gestaltungsprozesse bilden. In Simulationen werden diese Oberflächen durch Autonome Agentennetzwerke verformt. Die Formgebung erfolgt nach Interaktionsregeln, die sich einerseits an der Gestaltpsychologie Rudolf Arnheims, andererseits an Überlegungen zur sozialen Organisation orientieren. Jeder Agent weist bestimmte Eigenschaften, wie etwa die Fähigkeit zur Wahrnehmung von ‚Abschirmungsunterschieden' im Rahmen eines Blickfelds auf, die seinen Interaktionsspielraum definieren. Treffen zwei Agenten aufeinander, so verändert dies wiederum ihre Interaktionseigenschaften und verformt die Oberfläche gemäß spezifischer Resultanten. Schmid demonstriert damit im sinnlich fassbaren Experiment, was es bedeutet, in der sozialen Interaktion buchstäblich einen Lebensraum hervorzubringen. Die lokalen Interaktionsregeln in ihren Bottom-up-Programmierungen erscheinen als *beobachtungsrelative Wahrnehmungs- und Handlungsspielräume* intelligenter Agenten. Die Interaktionen resultieren aus der Konfrontation mit der simulierten Umwelt und bringen diese gleichzeitig hervor. In verschiedenen Stationen einer Simulation nimmt Schmid uns auf eine faszinierende Reise der Formentstehung eines virtuellen Gebäudekomplexes mit, dessen „Raumhüllen" sich in Relation zu den Agenten zu einer komplexen „Landschaft" formieren. Die architektonischen Einheiten dieser Morphogenese werden direkt aus der Bewegung der Agenten heraus wahrgenommen und operational zu kognitiven Schemata integriert.

Die sinnliche Dimension von Schmids ästhetischer Forschung – eine Momentaufnahme findet sich auch auf dem Cover des vorliegenden Bandes – demonstriert anschaulich, dass Konstruieren immer mit Wahrnehmung, Kommunikation und Medialisierung zu tun hat. Ihr Beitrag illustriert die fundamental ästhetische Dimension konstruktivistischen Forschens im doppelter Weise: einerseits erscheint Konstruktivität in der Festlegung von Regeln als *bewusstes aktives Gestalten.* Andererseits besteht diese Gestaltung in der *Aktivierung von Eigendynamiken,* deren temporäre Resultate sich der unmittelbaren Festlegung entziehen. Schmid lotet damit das Paradox einer ‚Programmierung des Unprognostizierbaren' aus und demonstriert, dass konstruktivistisches Forschen nicht in der Vorgabe fertiger Resultate durch ein singuläres (Forschungs-)Subjekt, sondern in der transparenten Festlegung von Bedingungen für mögliche Interaktionen besteht. So macht sie im Gegensatz zur herkömmlichen Genieästhetik ihrer Disziplin die Regeln ihres Entwurfs explizit und fundiert ihre Modellbildung mit empirischen Forschungen, die verschiedene Beobachtungsperspektiven integrieren. Schmid gibt damit die Leitlinien für ein konstruktivistisches Forschen vor, dass sich als *generatives Gestalten von sozialen Wirklichkeiten* begreift, deren Komplexität immer nur bruchstückhaft und in der aktuellen Beobachtungspraxis erfahrbar ist.

## Literatur

Bateson, Gregory (1988/72): Kybernetische Erklärung. In: ders.: Ökologie des Geistes. Anthropologische, psychologische, biologische und epistemologische Perspektiven. Frankfurt/M.: Suhrkamp, 515-529.

Breuer, Franz (2003): Subjekthaftigkeit der sozial-/wissenschaftlichen Erkenntnistätigkeit und ihre Reflexion: Epistemologische Fenster, methodische Umsetzungen [44 Absätze], Forum Qualitative Sozialforschung / Forum: Qualitative Social Research [On-line Journal] 4, H. 2), <http://www.qualitative-research.net/fqs-texte/2-03/2-03intro-3-d.htm> (18.3.2004).

Fielding, Nigel/Schreier, Margrit (2001): Introduction: On the Compatibility between Qualitative and Quantitative Methods [54 paragraphs], Forum Qualitative Sozialforschung / Forum Qualitative Research [On-line Journal] 2, H. 1, <http://qualitative-research.net/fqs/fqs-eng.htm> (31.7.2001).

Fischer, Hans Rudi (Hrsg.) (1995): Die Wirklichkeit des Konstruktivismus. Zur Auseinandersetzung um ein neues Paradigma. Heidelberg: Carl Auer Verlag.

Flick, Uwe (2000): Konstruktivismus. In: ders./Kardoff, Ernst von/Steinke, Ines (Hrsg.): Qualitative Sozialforschung. Ein Handbuch. Reinbek bei Hamburg. Rowohlt, 150-163.

Foerster, Heinz von (1994a): Gegenstände: greifbare Symbole für (Eigen-)Verhalten. In: ders.: Wissen und Gewissen. Versuch einer Brücke. Frankfurt/M.: Suhrkamp, 103-115.

Foerster, Heinz von (1994b): Mit den Augen der anderen. In: ders.: Wissen und Gewissen. Versuch einer Brücke. Frankfurt/M.: Suhrkamp, 350-363.

Glasersfeld, Ernst von (1987): Wissen, Sprache, Wirklichkeit. Arbeiten zum radikalen Konstruktivismus. Braunschweig/Wiesbaden: Vieweg.

Glasersfeld, Ernst von (1997): Radikaler Konstruktivismus. Ideen, Ergebnisse, Probleme. Frankfurt/M.: Suhrkamp.

Graumann, Carl Friedrich (1995): Intentionalität. Zwischen Rezeption und Konstruktion. In: Fischer, Hans Rudi (Hrsg.), 161-175.

Groeben, Norbert (1986): Handeln, Tun, Verhalten als Einheiten einer verstehend-erklärenden Psychologie. Wissenschaftstheoretischer Überblick und Programmentwurf zur Integration von Hermeneutik und Empirismus. Tübingen: franke Verlag.

Haraway, Donna (1988): Situated Knowledges: The Science Question in Feminism and the Priviledge of Partial Perspective, Feminist Studies 14, H. 3, 575-599.

Harding, Sandra (1986): The Science Question in Feminism. Milton Keynes: Open University Press.

Janich, Peter (1992): Die methodische Ordnung von Konstruktionen. Der Radikale Konstruktivismus aus der Sicht des Erlanger Konstruktivismus. In: Schmidt, Siegfried J. (Hrsg.): Kognition und Gesellschaft. Der Diskurs des Radikalen Konstruktivismus 2. Frankfurt/M.: Suhrkamp, 24-41.

Kelle, Uwe (1997): Theory Building in Qualitative Research and Computer Programs for the Management of Textual Data, Sociological Research Online 2, H. 2, <http://www.socresonline.org.uk/socresonline/2/2/1.html> (2.4.2004).

Klüver, Jürgen (1995): Soziologie als Computerexperiment. Modellierung soziologischer Theorien durch KI- und KL-Programmierung. Braunschweig/Wiesbaden: Vieweg.

Klüver, Jürgen/Stoica, Christina/Schmidt, Jörn (2003): Formal Models, Social Theory and Computer Simulations: Some Methodical Reflections, Journal of Artificial Societies and Social Simulation 6, H. 2, <http://jasss.soc.surrey.ac.uk/6/2/8.html> (9.4.2004).

Krohn, Wolfgang/Küppers, Günter (1989): Die Selbstorganisation der Wissenschaft. Frankfurt/M.: Suhrkamp.

Krohn, Wolfgang/Küppers, Günter (Hrsg.) (1992): Emergenz. Die Entstehung von Ordnung, Organisation und Bedeutung. Frankfurt/M.: Suhrkamp.

Kurthen, Martin/Linke, Detlef B. (1995): Kognitivität – konstruktivistisch und anders. In: Fischer, Hans Rudi (Hrsg.): 291-307.

Lenk, Hans (1978a): Handlung als Interpretationskonstrukt. Entwurf einer Konstituenten- und beschreibungstheoretischen Handlungsphilosophie. In: ders. (Hrsg.): Handlungstheorien interdisziplinär – Bd. 2.1: Handlungserklärungen und philosophische Handlungsinterpretation. München: Wilhelm Fink Verlag, 279-350.

Lenk, Hans (1978b): Wissenschaftstheorie und Systemtheorie. 10 Thesen zu Paradigma und Wissenschaftsprogramm des Systemansatzes. In: ders./Ropohl, Günter (Hrsg.): Systemtheorie als Wissenschaftsprogramm. Frankfurt/M./Königstein: Athenäum, 239-269.

Loosen, Wiebke, Scholl, Arnim/Woelke, Jens (2002): Systemtheoretische und konstruktivistische Methodologie. In: Scholl, Armin (Hrsg.): Systemtheorie und Konstruktivismus in der Kommunikationswissenschaft. Konstanz: UVK, 37-65.

Lorenzen, Paul (1988/74): Methodisches Denken. Frankfurt/M.: Suhrkamp.

Luhmann, Niklas (1962): Funktion und Kausalität. Kölner Zeitschrift für Soziologie und Sozialpsychologie 14, 617-644.

Luhmann, Niklas (1990): Die Wissenschaft der Gesellschaft, Frankfurt/M.: Suhrkamp.

Mainzer, Klaus (1993): Erkenntnis- und wissenschaftstheoretische Grundlagen der Inter- und Transdisziplinarität. In: Arber, Werner (Hrsg.): Inter- und Transdisziplinarität. Warum? – Wie? Bern u.a.: Verlag Paul Haupt, 17-53.

Maturana, Humberto R. (1991): Wissenschaft und Alltag. Die Ontologie wissenschaftlicher Erklärungen. In: Watzlawick, Paul/Krieg, Peter (Hrsg.): Das Auge des Betrachters. Beiträge zum Konstruktivismus. Eine Festschrift für Heinz von Foerster, München/Zürich: Piper, 167-208.

Meinefeld, Werner (1995): Realität und Konstruktion. Erkenntnistheoretische Grundlagen einer Methodologie der empirischen Sozialforschung. Opladen: Leske + Budrich.

Moser, Sibylle (2001): Komplexe Konstruktionen. Systemtheorie, Konstruktivismus und empirische Literaturwissenschaft. Wiesbaden: Deutscher Universitätsverlag.

Nüse, Ralf et al. (1991): Über die Erfindungen des Radikalen Konstruktivismus. Kritische Gegenargumente aus psychologischer Sicht. Weinheim: Deutscher Studien Verlag.

Ort, Nina (1998): Kommunikation – Proömium zu einem Begriff, IASL Diskussionsforum online. <http://iasl.uni-muenchen.de/> (22.7. 2002).

Piaget, Jean (1971): Structuralism. London: Routledge and Kegan Paul.

Piaget, Jean (1992/70): Einführung in die genetische Erkenntnistheorie. Frankfurt/M.: Suhrkamp.

Raeithel, Arne (1998): Selbstorganisation, Kooperation, Zeichenprozeß. Arbeiten zu einer kulturwissenschaftlichen anwendungsbezogenen Psychologie. Opladen: Westdeutscher Verlag.

Ropohl, Günter (1980): Ein systemtheoretisches Beschreibungsmodell des Handelns. In: Lenk, Hans (Hrsg.): Handlungstheorien interdisziplinär – Bd. 1: Handlungslogik, formale und sprachwissenschaftliche Handlungstheorien. München: Wilhelm Fink Verlag, 323-360.

Rusch, Gebhard (1996): Konstruktivismus – Ein epistemologisches Selbstbild, Deutsche Vierteljahresschrift für Literaturwissenschaft und Geistesgeschichte 70, H. 2, 322-345.

Rusch, Gebhard (2001): Was sind eigentlich Theorien? In: Hug, Theo (Hrsg.): Wie kommt Wissenschaft zu Wissen. Bd. 4. Baltmannsweiler: Schneider Verlag Hohengehren, 93-116.

Rustemeyer, Ruth (1992): Praktisch-methodische Schritte der Inhaltsanalyse. Eine Einführung am Beispiel der Analyse von Interviewtexten, Münster: Aschendorff Verlag.

Schiepeck, Günter (2000): Konstruktivistisches Wirklichkeitsverständnis – ein empirisches Projekt. Konsequenzen für die Psychiatrie. In: Rusch, Gebhard/Schmidt, Siegfried J. (Hrsg.): Konstruktivismus in Psychiatrie und Psychologie. DELFIN 1998/1999, Frankfurt/M.: Suhrkamp.

Schlosser, Gerhard (1993): Einheit der Welt und Einheitswissenschaft. Grundlegung einer allgemeinen Systemtheorie, Braunschweig/Wiesbaden: Vieweg.

Schmidt, Siegfried J. (1994): Kognitive Autonomie und soziale Orientierung. Konstruktivistische Bemerkungen zum Zusammenhang von Kognition, Kommunikation, Medien und Kultur. Frankfurt/M.: Suhrkamp.

Schmidt, Siegfried J. (1998): Die Zähmung des Blicks. Konstruktivismus – Empirie – Wissenschaft, Frankfurt/M.: Suhrkamp.

Schmidt, Siegfried J. (2003): Geschichten & Diskurse. Abschied vom Konstruktivismus. Reinbek bei Hamburg: Rowohlt.

Schneider, Wolfgang Ludwig (1994): Die Beobachtung von Kommunikation. Zur kommunikativen Konstruktion sozialen Handelns. Opladen: Westdeutscher Verlag.

Schurz, Gerhard (1988): Einleitung: 40 Jahre nach Hempel-Oppenheim. In: Schurz, Gerhard (Hrsg.): Erklären und Verstehen in der Wissenschaft. München: Oldenburg, 11-30.

Stegmüller, Wolfgang (1987): Hauptströmungen der Gegenwartsphilosophie. Eine kritische Einführung. Band II. Stuttgart: Kröner.

Steier, Fredrick (1991): Reflexivity and Methodology: An Ecological Constructionism. In: ders. (Hrsg.): Research and Reflexivity. London u.a.: Sage, 163-185.

Varela, Francisco J. (1994): Ethisches Können, Frankfurt/Main: Campus.

Watzlawick, Paul (1985): Selbsterfüllende Prophezeiungen. In: Watzlawick, Paul (Hrsg.): Die erfundene Wirklichkeit. Wie wissen wir, was wir zu wissen glauben? Beiträge zum Konstruktivismus. München: Piper, 91-110.

*Jürgen Kriz*

# Beobachtung von Ordnungsbildungen in der Psychologie: Sinnattraktoren in der Seriellen Reproduktion

„Nichts in der Natur ist zufällig ... Etwas erscheint nur zufällig aufgrund der Unvollständigkeit unseres Wissens." Dieser Satz von Spinoza, der seine Korrespondenz noch im 20. Jahrhundert in Albert Einsteins „Gott würfelt nicht!" findet, zeugt davon, wie groß die Sehnsucht des Menschen ist, sich die Welt als ein geordnetes Ganzes vorzustellen. Allerdings sind ontologische Aussagen – d.h. Aussagen darüber, wie die Welt ‚wirklich‘, jenseits menschlicher Erfahrung, ‚ist‘ – heute obsolet und werden bestenfalls als Glaubensbekenntnisse akzeptiert. Wir können nicht hinter eine Realität zurückgehen, die immer schon an die spezifische Art und Weise sowie an die spezifischen Grenzen menschlicher Erfahrung gebunden ist. Zwar werden in unterschiedlichen Subsystemen der Gesellschaft, etwa in den einzelnen Wissenschaftsdisziplinen oder in Meditationskreisen, jeweils unterschiedliche Aspekte von Realität erfahren und thematisiert. Gleichwohl sind diese spezifischen Realitäten ebenso wie die von allen geteilte Lebenswelt durch die Suche nach Ordnung strukturiert.

Es ist daher ein wesentliches Kennzeichen der Lebenswelt des Menschen, dass sie von Sinn und Bedeutung erfüllt ist. Denn als Mensch zu leben heißt, in der Welt, in den Handlungen der Mitmenschen und in seinen eigenen Lebensäußerungen Sinn zu finden, diese Welt als soziales Wesen mit anderen zu teilen, indem man sich mitteilt, sich der Ordnung von Vergangenheit, Gegenwart und Zukunft gegenwärtig zu sein und seine eigenen Lebensentwürfe in den Kontext dieser Sinnhaftigkeit und Zeitlichkeit zu stellen.

Im Gegensatz dazu stellt die moderne Naturbeschreibung, besonders die Chaos- und Systemtheorie, in Übereinstimmung mit Weisheitslehren in unterschiedlichen Kulturen und zu unterschiedlichen Zeiten die Welt als einen unendlich komplexen *Prozess* dar, der quasi aus einer Abfolge von Einmaligkeiten besteht. „Man kann nicht zweimal in denselben Fluss steigen" thematisierte bereits Heraklit diese dynamische, prozessuale Sicht der Welt. Ein Prozess, in den wir eingebunden sind und zu dem wir beitragen, der für uns, als nur ein kleiner Teil des Ganzen, aber letztlich unfassbar bleiben muss. Sinn und Ordnung können uns nicht mehr selbstverständlich erscheinen. Vielmehr erleben wir zunehmend häufiger, dass wir uns diese immer wieder erst mühsam verständlich machen müssen. Allein schon die Prozesshaftigkeit der Welt überfordert unser

Fassungsvermögen. Denn innerhalb einer Welt, die nicht *‚ist'*, sondern die *geschieht*, gibt es nichts Festes, auf das ewig Verlass wäre, das wir als ‚ewig' ansehen könnten. Als Wissenschaftler erkennen wir somit zunehmend, dass unsere Ordnungen bestenfalls Inseln im reißenden Meer des Chaos sind.

Doch wenn dies in letzter Konsequenz auch die Struktur unserer Lebenswelt wäre, könnten wir darin nicht leben. Wir hätten panische Angst in einer Welt, in der wir ausschließlich die Einmaligkeit jeden Augenblicks und jeder Raum-Zeit-Konstellation erfahren würden. Nur ansatzweise begegnet uns in Alpträumen und psychotischen Einbrüchen eine Welt, in der nichts Wiederkehrendes und damit Vertrautes erfahrbar ist. In einer solchen Welt ließe sich vermutlich nicht einmal physisch überleben. Es ist daher notwendig, das Chaos zu bannen und eine gewisse Ordnung, Regelmäßigkeit und Zuverlässigkeit in der Welt zu etablieren (vgl. Kriz 1997).

Die Fragen, denen dieser Beitrag nachgeht, lauten daher: Wie können wir Prozesse der Ordnungsbildung verstehen, welche Rolle spielen sie in der Psychologie (in Beziehung zum interdisziplinären Diskurs) und wie lassen sich diese Prozesse empirisch untersuchen? Wie sich zeigen wird, eignet sich für die Untersuchung von psychischen Ordnungsbildungen die Methode der seriellen Reproduktion hervorragend. Bevor diese näher erläutert wird, sollen zunächst die psychologischen und methodischen Grundlagen für das Verständnis von Ordnungsbildung erarbeitet werden.

## Chaosvermeidung durch Reduktion

Für den weiteren Gang der Argumentation ist es zunächst wichtig zu verstehen, dass sich Ordnung für uns immer in einer Reduktion von Komplexität ergibt – eine Einsicht, die nicht zuletzt auch in der modernen Systemtheorie betont wird. Diese Reduktion bewerkstelligen wir dadurch, dass wir den einmaligen, unfassbar komplexen Prozess der Weltevolution – eben das Chaos – quasi in Stücke zerschneiden, diesen Stücken Kategorien zuordnen und so Gleiches und Wiederkehrendes erfinden. Durch diese zerstückelnden Erfindungen wird das Unfassbare dann für uns zumindest in Teilaspekten fassbar.

Dieser wichtige Aspekt soll am Beispiel der Kategorien ‚Abend' und ‚Morgen' erläutert werden: Wir sprechen von den Kategorien ‚Abend' und ‚Morgen' meist so, als gäbe es sie einfach irgendwie – als wären es keine Konstruktionen, sondern unhinterfragbare Bestandteile der Wirklichkeit. Genau genommen aber war kein ‚Abend' in der Geschichte des Universums einem anderen völlig gleich, und kein ‚Morgen' war mit einem anderen wirklich identisch. Und dennoch macht es nicht nur Sinn, von ‚Abend' und ‚Morgen' zu reden. Sondern es ist wesentlich für Leben, die Abfolge dieser erfundenen Kategorien als Regel auszumachen. Denn erst die Wiederholung ermöglicht zugleich Voraussagbarkeit und Planbarkeit, und verringert somit Unsicherheit im Umgang mit der Welt. Wir hätten fast keine der am heutigen Tag durchgeführten Handlungen und Tätigkeiten ausführen können, wenn wir solche Regelmäßigkeiten nicht erfunden hätten.

Es sei betont, dass diese Reduktion und kategorielle Abstraktion keineswegs an Begriffe und Sprache gebunden ist – und somit das Erfinden von Regelmäßigkeiten primär eine menschliche Eigenschaft wäre. Vielmehr ist diese Art der Erkenntnisgewinnung offenbar so grundlegend und wichtig für Leben überhaupt, dass dieses sich schon in ‚niederster' Form an diese (fiktive und abstrahierte) Abfolge von Morgen und Abenden evolutionär angepasst hat: Dort, wo Leben aus dem unendlich komplexen Prozess beispielsweise ‚Licht' abstrahiert, wird die Unvergleichbarkeit der Morgen auf die einzige Variable: ‚Wiedererscheinen von Licht' reduziert – und hinsichtlich dieses Aspektes sind eben tatsächlich alle Morgen einander gleich.

Neben der Reduktion auf ‚Licht' – und damit der Abfolge und Vorhersagbarkeit von Tag und Nacht – finden wir evolutionär natürlich die Konstruktion vieler weiterer Regelmäßigkeiten – Ebbe und Flut, Frühling, Sommer, Herbst und Winter, und vieles andere, was zum Beispiel unter Konzepten wie „angeborene auslösende Mechanismen", „Instinktverhalten" usw. thematisiert wird. Leben, in der Form, in der wir es kennen, ist daher dem Chaos abgerungen. Und das Programm des Lebens beinhaltet wesentlich, der unendlichen Komplexität einer einmalig ablaufenden Weltevolution, dem Chaos, dadurch Ordnung abzuringen, dass Regelmäßigkeiten ge- und erfunden werden. Mit dieser These befinde ich mich in guter Gesellschaft mit Forschern wie Friedrich Cramer, dem langjährigen Direktor des Göttinger Max-Planck-Instituts für experimentelle Medizin: Er spricht bei Prozessen des Lebens wie der Proteinbiosynthese bis hinauf zu komplexen biologischen Vorgängen, ja, sogar bis hin zu den kognitiven Schöpfungen wie Kunst und Ästhetik, von „Chaosvermeidungsstrategien", und er betont: „Ordnung, Formenbildung, Schöpferkraft sind das Resultat einer inhärenten Chaosvermeidung, im Kosmos wie auch im Leben des einzelnen." (Cramer 1988: 268) Der Vorteil, in einem einmaligen Prozess die Abfolge von Kategorien und somit Regelhaftigkeit auszumachen, liegt darin, dass dabei zugleich Voraussagbarkeit und Planbarkeit ermöglicht und somit Unsicherheit im Umgang mit der Welt verringert wird.

Auch beim Menschen gibt es längst vor jeder Begrifflichkeit und Sprache evolutionäre Programme zur Chaosvermeidung durch Reduktion. So hat zum

Beispiel die Gestaltpsychologie herausgearbeitet, wie stark unsere Erfahrung der Welt bereits auf unterster Wahrnehmungsebene aktiv organisiert ist, indem Reize zu Gestalten strukturiert werden: Punkte auf dem Papier werden ‚automatisch' zu Mustern und Bildern geordnet, eine Abfolge von Tönen wird, wenn irgend möglich, als eine ‚Melodie' wahrgenommen, und die Einzelteile (Punkte oder Töne) erhalten innerhalb dieser Ordnungen oft eine neue und spezifische Bedeutung – zum Beispiel ergibt sich so das Phänomen des ‚Leittons' einer Melodie. Auch zur Erfindung von komplexeren Ordnungsstrukturen gibt es Befunde in zahlreichen Varianten. So können zum Beispiel bewegte geometrische Figuren unter bestimmten Bedingungen den zwingenden Eindruck von typischen ‚sozialen Beziehungen' beziehungsweise ‚kausalen Verursachungen' hervorrufen.

Beim Menschen ist allerdings bedeutsam, dass er die evolutionär-biologisch erworbene Erkenntnis von Regeln individuell beziehungsweise sozial überformen und zudem völlig neue Regelbereiche erfinden kann. Diese dienen besonders der individuellen Anpassung an die persönlichen Lebensverhältnisse im engeren Sinne. Die Notwendigkeit dieser Ordnungsvorgänge zur Etablierung unserer Lebenswelt habe ich in „Chaos, Angst und Ordnung" (Kriz 1997) ausgeführt. Es geht dort unter anderem darum zu zeigen, wie ein evolutionär erworbenes Angstbewältigungsprogramm, das diese Ordnungstendenzen hervorbringt, dem Menschen einerseits das Leben erleichtert und daher gewürdigt werden muss, andererseits aber auch in der Übertreibung und Einseitigkeit unnötig leidvolle Sinnstrukturen vorgibt, welche dem Menschen die gewonnene Freiheit teilweise wieder beschneiden.

Im Kontext der vorliegenden Arbeit geht es allerdings nun primär um die Frage, wie wir die Konstruktion einer hinreichend stabilen Ordnung aus einem hochkomplexen, dynamischen Prozess verstehen können. Hierzu liefert die moderne naturwissenschaftlich fundierte Systemtheorie mit ihren Konzepten hilfreiche Modelle und stellt gleichzeitig Werkzeuge für die präzisere Analyse bereit.

**Der Attraktor als teleologisches Prinzip**

Das meines Erachtens bedeutsamste Konzept, um Prozesse der Ordnungsbildung zu verstehen, ist der „Attraktor". Damit wird thematisiert, dass manche Prozesse auf eine (zumindest für einen gewissen Zeitraum) feste Struktur hinauslaufen, die sogar gegenüber nicht allzu großen Störungen stabil bleibt.

Bevor wir uns einigen Details dieses Konzepts zuwenden, soll kurz innege-
halten werden, um sich der Bedeutung des vorangegangenen Satzes bewusst zu
werden: Zunächst ist ausgesagt, dass nur *manche* Prozesse attrahierend sind,
andere nicht – und offenbar, sofern *Zeit* eine Rolle spielt (also bei realen Prozessen im Gegensatz zur Mathematik), gilt dies jeweils auch nur für ein bestimmtes Zeitfenster. Mit *„fester Struktur"* wird betont, dass es sich um ein interessantes Phänomen handelt, das Veränderlichkeit und Unveränderlichkeit
gleichermaßen in sich vereinigt: Die Veränderlichkeit ist schon dadurch gegeben, dass es sich um einen Prozess handelt: ständig geschieht etwas. Doch
dieses Geschehen hat eine bestimmte Struktur (beziehungsweise es bildet eine
solche aus), die im Zeitfenster stabil bleibt. Im Gegensatz zu einer statischen
Ordnung – etwa einem gelegten Mosaik – geht es also nicht um die materielle
Stabilität der einzelnen Elemente sondern um die strukturelle Stabilität der
Dynamik.

Der Unterschied lässt sich leicht anhand einer Kerze erläutern: Der Stummel
besteht aus Wachsteilen (letztlich: Molekülen), deren Anordnung der Kerze eine
bestimmte Form geben – etwa die übliche Stangenform oder aber eine Wachsfi-
gur. Und wenn man diese nicht verändert (verformt), bleibt sie so. Allerdings
gilt auch dies nur in einem angemessenen Zeitfenster: Die Kerze existierte weder
bereits vor tausend Jahren, noch wird sie, selbst wenn kein Mensch etwas damit
macht, in Millionen Jahren noch so sein (d.h. genau genommen handelt es sich
auch hier um einen Prozess, aber in einem für die Fragestellung irrelevant großen Zeitfenster). Die Kerzenflamme hingegen ist dadurch gekennzeichnet, dass
zu jedem (nicht zu kleinen) Zeitintervall jeweils andere Moleküle aus dem Ker-
zenstummel oxidieren und dann in den umgebenden Raum diffundieren. Dieser
Prozess hat eine gewisse Ordnung, sonst würden wir gar nicht von ‚der Flamme' reden können. Man kann nun leicht in die Flamme blasen (was eine *nicht
allzu große Störung* wäre): sie wird etwas ihre Form verändern – hört man aber
auf zu blasen, so nimmt sie unter sonst gleichen Umständen ihre Form wieder
ein.

Die Stabilität der Flamme ist somit nicht in der Stabilität der Elemente begründet (wie beim Stummel), sondern in der Struktur eines dynamischen Prozesses. Dies gilt analog für Organisationen: Eine bestimmte Tradition einer
Schule, die seit Jahrhunderten ‚besteht', meint eben genau eine bestimmte
Struktur (Name, Umgangsregeln, Ziele und/oder ähnliche Aspekte), auch wenn
längst alle gegenwärtigen Lehrer und Schüler nach Jahrzehnten diese Schule ver-
lassen haben. Vielleicht ist sogar das Gebäude abgebrannt und woanders neu
errichtet worden: Dennoch kann diese Tradition weiter bestehen, wenn wesentliche Regeln, Zielvorstellungen etc. überdauern.

Letztlich ist auch das Wort ‚hinauslaufen' überaus bedeutsam: Es geht hier ganz offensichtlich um das teleologisches Prinzip, dass ein Prozess nicht (nur) durch die Vergangenheit und deren Kräfte bestimmt ist, sondern durch etwas, das sich erst in der Zukunft zeigt. Teleologische Erklärungen waren lange Zeit in der abendländischen Wissenschaft verpönt. Zu Recht brandmarkte man typische ‚Erklärungen' wie: „Der Vogel hat Flügel damit er fliegen kann" als überaus dürftig und letztlich für alles passend und damit eben nichts erklärend. Nun kommen teleologische Betrachtungsweisen mit der naturwissenschaftlichen Systemtheorie durch die Hintertür wieder in den ‚Raum der Wissenschaft' und werden salonfähig – allerdings im angemessenen Gewande sehr differenzieller Spezifität.

Teleologische Aspekte sind aber ganz besonders für menschliche Prozesse wesentlich – also auch für Phänomene, die Organisationen betreffen. Denn wie wir noch sehen werden, ist eine bedeutsame attrahierende Kraft im Bereich des Menschlichen die Fantasie oder Imagination. Wenn man einen Studenten, der gerade die Treppe zu einem Hörsaal hinaufgeht, fragt, warum er dies tut, so wird er selten Gründe aus der Vergangenheit bemühen – etwa weil er Abitur gemacht habe, oder weil er unten losgegangen sei und so viel Schwung hatte. Sondern man wird eher teleologische Erklärungen finden – etwa um eine Vorlesung zu hören und dies (auf Nachfragen: ‚warum?'), weil er Prüfung machen will oder muss, und dies wiederum, weil er den Beruf ‚X' ergreifen will. Dass menschliches Handeln in wesentlichen Anteilen zielgerichtet ist, ist eigentlich so selbstverständlich, dass es geradezu absurd erscheint, dass teleologische Erklärungen lange Zeit auch in der Psychologie verpönt waren und man versuchte, alles einseitig aus den ‚Kräften der Vergangenheit' heraus zu erklären.

Um uns den Details des Konzepts „Attraktor" zu nähern, soll mit zwei Beispielen für Attraktoren aus sehr unterschiedlichen Phänomenbereichen begonnen werden, um die interdisziplinäre Bedeutung dieses Konzepts zu unterstreichen – nämlich anhand eines Beispiels aus der Physik und einem aus der menschlichen Interaktion.

*a) Physik*

Das erste Beispiel, die Bénard-Instabilität, wurde als Phänomen bereits vor rund hundert Jahren beschrieben. Die Erklärung dieses Phänomens konnte aber erst im Rahmen der Systemtheorie in der zweiten Hälfte des 20. Jahrhunderts erfolgen: Eine von unten erhitzte Flüssigkeit gleicht die Temperaturunterschiede zur (gekühlten) Oberfläche durch Konvektionsströmung aus. Bei kontinuierlicher Erhöhung dieser Temperaturdifferenz geschieht ab einem kritischen Wert plötzlich ein qualitativer Sprung: Eine makroskopisch geordnete Bewegung setzt ein, wobei große Bewegungsrollen entstehen, an denen jeweils Myriaden von Molekülen kooperativ beteiligt sind. Die „Emergenz" meint hier, dass sich aus dem Chaos der unglaublichen Vielfalt molekularer Bewegungsrichtungen ein klares Bewegungsmuster bildet, das den Attraktor dieser Bewegungsdynamik darstellt. Die geordnete Rollenbewegung nimmt dabei komplizierte Formen an – zum Beispiel die Form eines Bienenwabenmusters (von oben gesehen), wie dies in Abbildung 1b (beziehungsweise in Abbildung 1a stark schematisiert von der Seite) dargestellt ist.

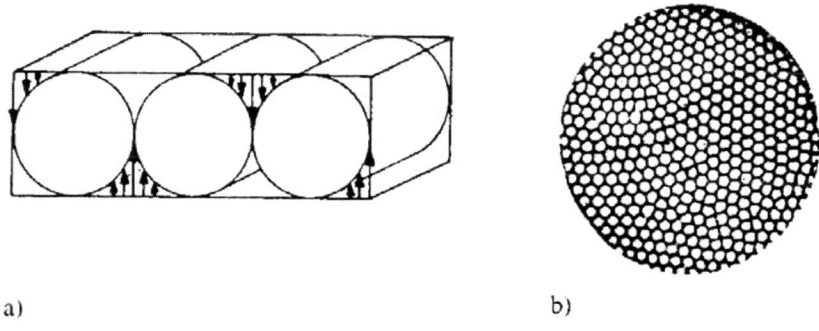

a)                     b)

Abb. 1: Bénard-Instabilität als Beispiel materieller Selbstorganisation.

Wesentlich ist, dass die Flüssigkeit diese makroskopische Struktur selbstorganisiert bildet: Denn die Struktur wird eben gerade nicht von außen als ‚Ordnung' eingeführt (etwa indem jemand in der Flüssigkeit in Form der Bewegungsrollen herumrührt). Vielmehr führt die kontinuierliche Änderung relativ undifferenzierter (aber keineswegs beliebiger!) Randbedingungen (hier: Temperaturdifferenz) in diskontinuierlichen Sprüngen zu dieser hochdifferenzierten Struktur. Und jedes Teilsystem beziehungsweise ‚Element' trägt zirkulär-kausal einerseits zur Gesamtdynamik bei, wird aber andererseits durch diese in seiner Dynamik bestimmt (so genanntes „Slaving"-Prinzip der Synergetik).

    Wesentlich ist auch die Nichtlinearität des Zusammenhanges zwischen der Veränderung der Umgebungsbedingungen und der des Systems: Je nach Systemzustand (d.h. der bisherigen ‚Geschichte' des Systems) können große Umgebungsveränderungen gegebenenfalls überhaupt nichts bewirken, während andererseits minimalste Einflüsse große Veränderungen auslösen können. Die ‚klassische' Regel, dass große Wirkungen auf große Ursachen zurückgehen müssen, gilt für solche Systeme also nicht.

Ein dritter zentraler Aspekt ist die Tatsache, dass dem System keine beliebigen Strukturen aufgezwungen werden können, vielmehr ist es nur möglich, das System zur Bildung ihm *inhärenter* Ordnungsmöglichkeiten zu veranlassen. Da das System dabei grundsätzlich eine Phase (chaotischer) Instabilität durchläuft, hat es in der Regel mehrere ‚Wahlmöglichkeiten', auf welchen Attraktor hin es sich zubewegt, d.h. welche der ihm inhärenten Lösungsmöglichkeiten (= stabile Strukturen) es aufsucht. Da hier Zufallsschwankungen eine Rolle spielen können, ist die ‚gewählte' Lösung nicht deterministisch vorhersagbar.

*b) Menschliche Interaktion*

Ein einfaches aber eindrucksvolles Beispiel im Bereich menschlicher Interaktion ist ein selbstorganisierter Klatsch-Rhythmus: Nach Beendigung einer Vorführung, etwa eines Konzerts, entsteht aus dem Chaos der vielfältigen Klatsch-Rhythmen (nur als chaotisches Klatsch-Rauschen wahrnehmbar) oft plötzlich ein gemeinsamer Rhythmus. Dieser ließe sich zwar auch erzeugen, wenn jemand auf der Bühne springen und die Anweisung geben würde: „Jetzt klatschen wir mal alle gemeinsam!" und mit großen Bewegungen den Rhythmus vorgäbe: „Jetzt! – jetzt! – jetzt!...". Dies wäre aber eine von außen eingeführte Fremdorganisation und gerade dies geschieht meist nicht. Trotz der immer noch in vielen Köpfen verankerten Vorstellung, Ordnung könne nur durch ordnenden Eingriff erzeugt werden, entsteht der gemeinsame Rhythmus hier selbstorganisiert – und dies in präziser Übereinstimmung mit den Selbstorganisationsvorgängen zum Beispiel der oben ausgeführten Bénard-Instabilität: Aus dem Chaos der Rhythmenvielfalt emergiert eine einfache Ordnung, wobei der sich stabilisierende Gesamtrhythmus (für eine gewisse Zeit) den Attraktor des Prozesses darstellt.

Ein zweites, ebenso einfaches wie häufig verwendetes Beispiel ist die folgende Interaktionsstruktur in einer Paardynamik mit den beiden Verhaltensweisen A: „Mann geht in Kneipe" und B: „Frau nörgelt":

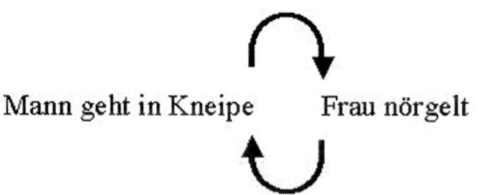

Mann geht in Kneipe    Frau nörgelt

Abb. 2

Üblicherweise liegt der Fokus in der Beschreibung darauf, wie sich beide Verhaltensweisen, A und B, im Rahmen dieses einfachen Interaktionssystems gegenseitig stabilisieren. Im Hinblick auf „Attraktoren" ist aber zusätzlich bedeutsam, dass die Beteiligten solche Verhaltensweisen oft nicht einfach in die Beziehung einbringen, sondern dass sich dieses Muster erst in kleinen Schritten entwickelt: A und B kommen dann zunächst schwach oder selten vor – wie auch in zahlreichen anderen Beziehungen, die *kein* solches Muster entwickeln. Wenn der Mann auf B aber verstärkt mit A reagiert und die Frau auf A verstärkt mit B, so differenziert sich dieses Muster als ein Attraktor heraus – ein Muster, das sich so weit radikalisiert, wie es die Randbedingungen zulassen (zum Beispiel kann ‚Mann' nicht ewig in der Kneipe bleiben, und ‚nörgeln' geht nur in Anwesenheit des Partners). Weder dieses Muster selbst noch die konkrete Frequenz sind vorgegeben oder von einem der beiden (in der Regel) intendiert, sondern eben selbstorganisiert.

**Attraktoren bei iterativen Prozessen**

Nach diesen Beispielen für Ordnungsbildung müssen wir einen etwas präziseren Blick auf die Entwicklungsdynamik attrahierender Prozesse werfen. Dazu findet man im Rahmen der naturwissenschaftlichen Systemtheorie sehr präzise Antworten (vgl. Kriz 1992; Kriz 1999a) – deren Kern im Kontext dieses Beitrags aber nur veranschaulicht werden soll. Die bedeutsamen Aspekte lassen sich nämlich mit der notwendigen Präzision auch ohne Mathematik – durch die geometrische Version der mathematischen Beschreibung – bildlich-intuitiv vermitteln:

Zunächst sei hervorgehoben, dass all den Phänomen der Systemtheorie – also insbesondere auch der Ordnungsbildung – das Prinzip der Rückkopplung zugrunde liegt. Diese kann mit sehr geringen Anteilen oder auch, wie bei Prozessen lebender Systeme typisch, mit großen Zeitverzögerungen wirksam werden. Gleichwohl lässt sich ohne Verlust der Allgemeinheit das Prinzip so vereinfachen, dass dabei eine Operation immer wieder auf ihr eigenes Ergebnis angewendet wird.[1] Dies ist in Abbildung 3 schematisiert dargestellt.

---

[1] Hier soll nicht weiter darauf eingegangen werden, dass kontinuierliche Änderungen eher durch Differenzialgleichungen dargestellt werden – die Betrachtung in diskreten Schritten somit *eine* bestimmte Sicht darstellt. Es sei aber schon darauf hingewiesen, dass die serielle Reproduktion faktisch eine spezifische Form der iterativen Abbildung ist.

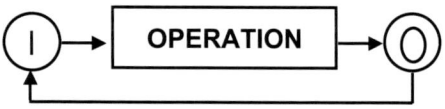

Rückkopplung / Iteration

Abb. 3

Die Bedeutung dieser Rückkopplung oder auch „iterativen Abbildung" (beziehungsweise Operation) lässt sich anhand einer einfachen geometrischen Operation demonstrieren. Für Abbildung 4 ließe sie sich beispielsweise wie folgt verbal formulieren: *„Entferne aus einer Strecke das mittlere Drittel und ersetze es durch eine Spitze von 60°"*. Übt man diese Operation nun immer wieder auf das Ergebnis aus – eine so genannte „iterative Abbildung" – so erhält man am Ende ein überaus kompliziertes Gebilde, das man ein „Fraktal" nennt. Auf dessen interessante Eigenschaften, auch wenn diese die gesamten Grundlagen der klassischen Vorstellungen über ‚Dimensionalität' ausheben, kann hier nicht weiter eingegangen werden.[2]

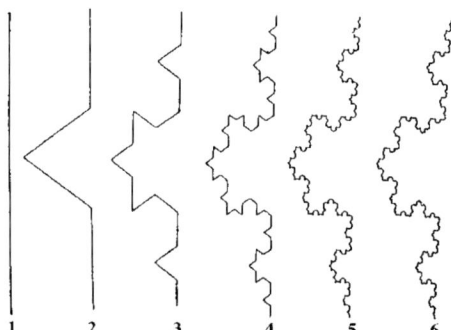

Abb. 4: Erste Schritte einer rückgekoppelten geometrischen Operation.

---

[2] Eine detailliertere Darstellung von Fraktalen und ihren Eigenschaften findet sich zum Beispiel in Kriz 1992.

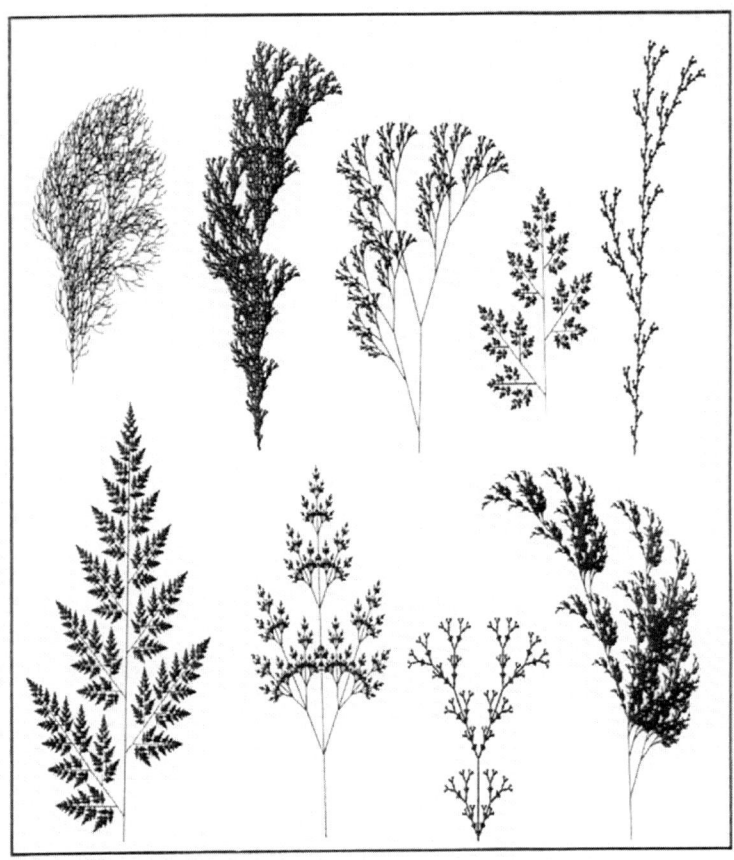

Abb. 5: Ergebnisse einiger sehr einfacher rekursiver Operationen (aus Kriz 1992).

Das Gebilde in Abbildung 4 ist für Nicht-Mathematiker wenig beeindruckend. Dafür sind die nächsten Bilder wohl um so eindrucksvoller – jedenfalls dann, wenn man sich klar macht, dass den Gebilden in Abbildung 5 jeweils nur *eine* (beziehungsweise bei den letzten beiden: *wenige*) genauso einfache Operation(en) wie in Abbildung 4 zugrunde liegt (liegen), die anfangs auf eine Strecke unnd dann mehrfach nur immer wieder auf das Ergebnis angewendet wurde(n).

Obwohl hier nicht der Ort ist, auf die tiefsinnigen Bedeutungen einzugehen, die mit solchen Gebilden zusammenhängen, sei zumindest erwähnt, dass diese uns nicht zufällig an Formen in der Natur erinnern: Wenn man sich klar macht, dass alle Formen der belebten Welt sich evolutionär als hinreichend stabile Strukturen in der Abfolge: *Kinder von Kindern von Kindern von ...* herausgebildet haben, ahnt man die Bedeutung solcher rekursiven Operationen für reale Prozesse.

Darüber hinaus ist in diesem Kontext der Hinweise interessant, dass bereits fast zwei Jahrzehnte vor der (Wieder)-Entdeckung der mathematisch-naturwissenschaftlichen Zusammenhänge, die auch der Chaosforschung und der Systemtheorie zugrunde liegen, in längeren Briefwechseln zwischen dem Physiker Wolfgang Pauli und dem Psychologen C. G. Jung zwischen 1946 und 1958 diese iterative Abbildung eine zentrale Rolle spielt (vgl. Meier 1992). Einer der Kernpunkte, um den es in dem Briefwechsel geht, ist der Versuch einer einheitlichen Weltbeschreibung. Für beide, Pauli und Jung, war klar, dass hierfür nur eine Konzeption möglich ist, die jenseits der üblichen Beschreibungen von Physik einerseits und Psychologie andererseits liegt (ansonsten würde ja eine der beiden Wissenschaftsdisziplinen die andere umfassen). Und es ist interessant, dass Pauli in der Sichtweise, die der modernen Systemtheorie zugrunde liegt, die Basis für ein solches gemeinsames Modell erblickte, mit dem sich Physik und Psychologie verbinden lassen. Dieses Modell steht nicht nur in engster Verbindung zur modernen System- und Chaostheorie, sondern auch zur Konzeption der Archetypen:

In einem Brief von Pauli an Jung vom 27.2.1952 heißt es:

„Im Frühjahr 1951 flog mir in einem Traum das (der Mathematik entnommene) Wort ‚Automorphismus‘ zu. Es ist dies ein Wort für die Abbildung eines Systems auf sich selber, für einen Prozess also, in welchem sich die innere Symmetrie, der Beziehungsreichtum (Relationen) eines Systems offenbart. In der abstrakten Algebra gibt es auch ‚den Automorphismus erzeugende Elemente‘ (wie ich hier nicht weiter ausführen kann) und diesen entsprechen in der Analogie wohl die ‚Archetypen‘ als anordnende Faktoren, wie Sie diese 1946 definiert und aufgefaßt haben." (ebd.: 81)

„Automorphismus" ist nun aber genau das, was man heute „iterative Abbildung" nennt, deren Prinzip wir in den Abbildungen 3, 4 und 5 kennengelernt haben. Nachdem Pauli im Weiteren betont, dass „das Wort ‚Automorphismus‘ wie ein ‚Mantra‘ gewirkt" habe, fährt er fort:

„So erscheint mir mit dem Oberbegriff ‚Automorphismus‘ hier die Möglichkeit eines weiteren Fortschritts zu liegen, besonders da er einer (in Bezug auf Physis und Psyche) neutralen Sprache angehört und da er auch eine Komplementarität von Einheit und Vielheit (...) andeutet." (ebd.: 82)

Ebenso heißt es im Brief vom 27.2.1953 Paulis an Jung unter anderem:

> „Es wird die Verallgemeinerung eines Naturgesetzes vorgenommen durch die Idee einer
> sich selbst reproduzierenden ‚Gestalt' des psychischen oder psychophysischen Geschehens,
> auch ‚Archetypus' genannt. Die hierdurch zustande kommende Struktur des Geschehens
> kann als ‚Automorphismus' bezeichnet werden." (ebd.: 94)

Diese Zitate lassen ahnen, welche fundamentale Bedeutung der iterativen Abbildung zumindest von manchen Denkern beigemessen wird (vgl. Kriz 1999b). Auch im Kontext des vorliegenden Beitrags stellt sie in Verbindung mit dem Konzept des Attraktors ein Bindeglied dar zwischen natur- und sozial- beziehungsweise humanwissenschaftlichen Beschreibungen und Methodologien. Damit ist sie zugleich einem physikalischen Reduktionismus – wie ihn etwa der Wiener Kreis betrieben hat – diametral entgegengesetzt. So lassen sich beispielsweise gerade die Prinzipien einer Humanistischen Psychologie hervorragend mit diesem Ansatz verbinden (vgl. Kriz 1998).

## Kognitive Attraktoren

Bereits die Gestaltpsychologie der 20er und 30er Jahre des 20. Jahrhunderts hat in zahlreichen Forschungsarbeiten eindrucksvoll gezeigt, dass unsere Wahrnehmung in hohem Maße attrahierend verläuft. Sie untersuchte die Prinzipien, nach denen in kognitiven Prozessen Ordnung entsteht. Neben den vielfältigen Gestaltgesetzen ist besonders das Prägnanzprinzip allgemein bekannt. Weniger bekannt ist, dass zur Untersuchung solcher Prägnanztendenzen bereits in den 30er Jahren Frederic C. Bartlett unter anderem schon eben jene rekursiven Operationen anwandte, die in der aktuellen Diskussion um Chaos und Struktur in vielen Nachbardisziplinen untersucht werden. Eines der klassischen Bartlett-Experimente war dem ähnlich, was man in abgewandelter Form und spielerisch ‚stille Post' nennt: Man nimmt eine komplexe Information, zum Beispiel einen längeren Satz, flüstert ihn dem Nachbarn ins Ohr, der das, was er verstanden hat, seinerseits dem Nachbarn ins Ohr flüstert und so fort. Es handelt sich also um eine „iterative Abbildung" von (in diesem Fall) Gehörtem. Bekanntlich kommen dabei oft merkwürdige Aussagen heraus.

Bartlett nannte diese Prozedur die „Methode der seriellen Reproduktion". In präziserer Form untersuchte er die serielle Reproduktion von Geschichten (Bartlett 1932). Seine Frage war dabei einerseits, nach welchen Gesichtspunkten sich komplexe Geschichten in der seriellen Reproduktion verändern würden, und andererseits, ob sich der Inhalt bei der Reproduktion irgendwann hinreichend stabilisieren würde. Er präsentierte hierzu seinen Studenten Märchen oder Bilder von unbekannten Kulturen. Ein Student wurde dann aufgefordert, die Geschichte zu lesen, sie beiseite zu legen und sie in Gegenwart eines zweiten Studenten zu reproduzieren. Der zweite Student sollte nun in Anwesenheit eines dritten Studenten abermals diese ihm erzählte Geschichte reproduzieren usw. Bartlett beobachtete nun, dass sich die Geschichte bei jeder Reproduktion veränderte, allerdings auf systematische Art und Weise.

Der Prozess der Reproduktion wurde durch bestimmte Mechanismen beeinflusst, die im Folgenden kurz verdeutlicht werden: Unter „leveling" oder „flattening" wird das Phänomen verstanden, dass viele Details wie Eigennamen oder Titel vergessen werden. Bartlett schrieb diesen Verlust der Tatsache zu, dass die Studenten wenig Erfahrung mit solchen Geschichten hatten, wodurch sie das Material nicht an existierende Schemata oder Konzepte assimilieren konnten, so dass ihnen im wahrsten Sinne des Wortes ‚die Worte fehlten'.

> „Without some general setting or label as we have repeatedly seen, no material can be assimilated or remembered." (ebd.: 172)

„Sharpening" beschreibt den Vorgang, durch den wenige Details behalten und dann übertrieben dargestellt werden. Offensichtlich waren die Studenten in der Lage, ein Schema zu behalten und ausgewählte Details hierauf anzuwenden. Sie tendierten dazu, entsprechend ihren Erwartungen einige Passagen kompakter, kohärenter und konsistenter zu reproduzieren. Bartlett nannte diesen Prozess „rationalization" und betonte, dass der jeweilige Untersuchungsteilnehmer aktiv Bedeutung herzustellen versucht – ein Versuch, der die Geschichte passend zu den eigenen Erwartungen (de)formiert.

Nach jahrelanger Ignoranz seiner Arbeiten vor allem von Seiten behavioristisch orientierter Forscher wird Bartlett heute als einer der Vorläufer der modernen Kognitionspsychologie anerkannt, der auf zwei wichtige Prozesse in der menschlichen Informationsverarbeitung aufmerksam gemacht hat. Zum einen erfordert das Verständnis neuen Materials ein aktives Bemühen um die Herstellung von Bedeutung. Das Aufnehmen komplexen und neuen Materials erfordert die Assimilation dieser Informationen an existierende Schemata. Das Ergebnis eines solchen Prozesses ist nicht einzig und allein reizdeterminiert, sondern hängt sowohl von dem Reizmaterial als auch von dem Schema, an das das Material assimiliert wird, ab. Menschen verändern Informationen, um sie an existierende Schemata anzupassen. Zum anderen erfordert der Akt der Erinnerung einen aktiven „process of construction"; während einer solchen Erinnerung werden existierende Schemata genutzt, um Details zu konstruieren, die zu diesem Schema passen. Dass Bartlett damit ein Vorläufer der in der kognitiven

Psychologie bedeutsamen Schematheorie von Piaget war, sei nur am Rande vermerkt.

Im Kontext der interdisziplinären Diskussion, wie sie die Systemtheorie in hervorragender Weise eröffnet, können wir „Schema" weitgehend als Attraktor im kognitiven Bereich verstehen. Ich habe daher den Begriff „Sinnattraktor" eingeführt. Die Herausarbeitung von stabilen Mustern bei kognitiven Prozessen gilt natürlich nicht nur für die Reproduktion von Geschichten. Besonders einprägsam ist die Demonstration der Prägnanztendenz mittels serieller Reproduktion im Bereich der visuellen Wahrnehmung, wie sie in Abbildung 6 an einem Beispiel wiedergegeben ist: Ein komplexes Punktemuster (erstes Muster links oben) wird einer Person gezeigt, die es sich merken und dann reproduzieren soll (zweites Bild von links in der ersten Zeile). Dieses Bild wird nun einer weiteren Person gezeigt, die es sich ebenfalls merken und reproduzieren soll (drittes Bild) usw. Die Bilder in dieser seriellen Reproduktion verändern sich dabei solange bis das Ergebnis so einfach und prägnant ist, dass es perfekt reproduziert werden kann. Dabei muss natürlich keineswegs immer aus dem Muster links oben das ‚Quadrat' rechts unten folgen, sondern auch andere prägnante Formen als Attraktoren sind möglich – beispielsweise eine Raute, ein Kreuz usw. Aber die Veränderung strebt letztlich immer auf ein Muster hoher Prägnanz zu.

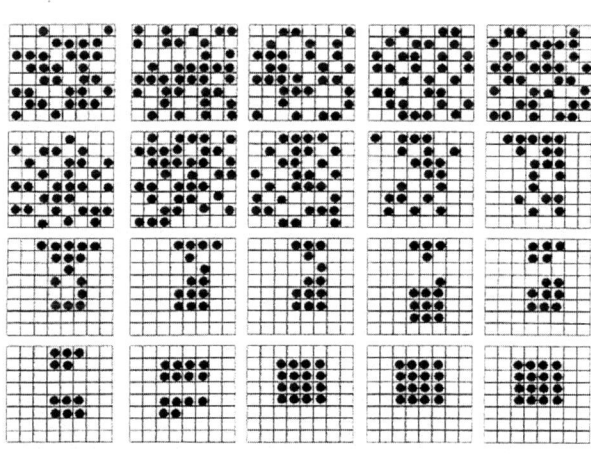

Abb. 6: Serielle Reproduktion eines komplexen Punktemusters bei 19 aufeinander folgenden Versuchspersonen (nach Stadler/Kruse 1990).

Es ist nun interessant, die Untersuchung solcher Attraktoren vom visuellen
Bereich auf andere kognitive Prozesse auszudehnen. Allerdings ist eine besondere Schwierigkeit, Ordnungsbildung im kognitiv-emotionellen Bereich mittels
der seriellen (Re-)Produktion zu untersuchen, mit dem Konzept der „Ordnung"
verbunden: In den obigen visuellen Experimenten ist klar, dass das Quadrat in
der Reproduktionsdynamik eine prägnantere Ordnung darstellt als die Punkte-
verteilung zu Beginn. Wie kann aber eine prägnante Ordnung im kognitiv-
emotionellen Bereich so belegt werden, dass die Ordnungsbildung der Versuchspersonen (Vpn) von der Ordnungsbildung des Beobachters beziehungsweise des Wissenschaftlers getrennt werden kann?

In einem Experiment (Kriz/Kessler/Runde 1992) bekamen Vpn zehn Aussa-
gen über die Persönlichkeit einer fiktiven Person „Herr K. aus S." vorgelegt.
Diese Aussagen entstammten zehn Dimensionen des „Freiburger Persönlich-
keits-Inventars" (FPI-R) von Fahrenberg, Hampel und Selg (1984). Von jeder
Dimension (vgl. Abbildung 6) wurde genau eine Aussage ausgewählt, so dass
die Information über die zehn Dimensionen gleichverteilt war – beispielsweise
„Oft rege ich mich rasch über jemanden auf", „Ich habe häufig das Gefühl im
Stress zu sein", „Es fällt mir schwer den richtigen Gesprächsstoff zu finden,
wenn ich jemand kennen lernen will" oder „Ich bin hin und wieder ein wenig
schadenfroh".

Daraufhin wurden jeder Vp weitere 200 Aussagen vorgelegt.[3] Bei jeder Aussage sollte die Vp ihrer ‚Vermutung' Ausdruck verleihen, ob „Herr K." dieser
Aussage über sich zustimmen oder sie ablehnen würde; ferner sollte angegeben
werden, wie sicher sich die Vp in ihrem Urteil ist (von +1 bis +5). Die 200
Aussagen entstammten ebenfalls dem FPI-R, wobei aus jeder der zehn Dimensionen in zufälliger Reihenfolge 20 Aussagen gewählt wurden.

Bei den erwarteten Ergebnissen gibt es nun zwei eher uninteressante Möglichkeiten:

a)  Sofern sich im Laufe der 200 Entscheidungen kein klares ‚Bild' über
    „Herrn K." auf einer bestimmten FPI-Dimension ergibt, müssten die
    Urteile zufällig auf „Zustimmung" (+1 bis +5) beziehungsweise „Ab-
    lehnung" (-1 bis -5) verteilt sein. Abbildung 7 a und 7b illustrieren
    diesen Fall (aus realen Daten).[4]

---

[3]  Da der FPI-R nicht so viele Items enthält, waren die letzten 50 mit den ersten 50 Items identisch.
[4]  Wobei in der Darstellung die Items jeweils so gedreht wurden, dass sie semantisch gleichsinnig
gepolt sind.

b) Sofern aufgrund des Ausgangsmaterials bereits ein klares ‚Bild' (für eine bestimmte FPI-Dimension) entsteht, müssten die Aussagen in den folgenden Zyklen alle in der gleichen Richtung liegen. Dies ist in den Abbildungen 7c und 7d illustriert (ebenfalls anhand realer Daten).

c) Interessant sind hingegen jene Fälle, in denen zu Beginn eine Zufallsschwankung zu finden ist, dann aber durch die Kognitionen über „Herrn K." beim Entscheiden plötzlich ein klares ‚Bild' entsteht – d.h. die Urteile über „Herrn K." attrahieren. Dies zeigen (anhand realer Daten) Abbildung 7e und 7f.

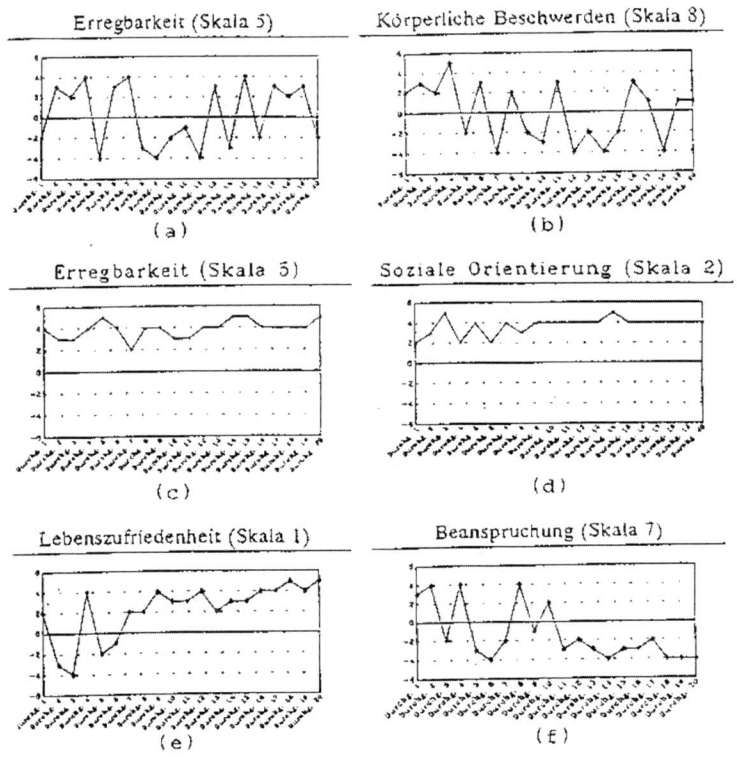

Abb. 7: Unterschiedliche Verläufe in den Antworten.

Bemerkenswert ist nun, dass alle von uns untersuchten ‚normalen' Vpn auf einigen Dimensionen attrahieren, auf anderen nicht. Abbildung 8 zeigt die Ergebnisse für eine typische nicht-klinische Vp, die zum Beispiel auf Skala 4, 6 oder 9 deutlich nach zufälligen Schwankungen richtungsstabile Antworten gibt, während sie zum Beispiel auf Skala 3, 5 oder 8 zumindest in den 20 Durchgängen keine solche stabile Antworttendenz zeigt.

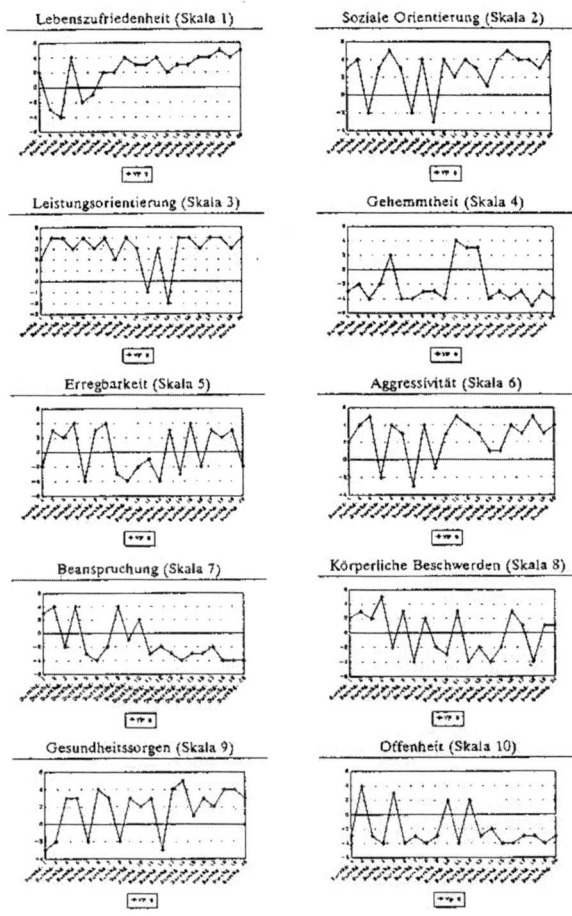

Abb. 8: Ergebnisse einer typischen nicht-klinischen Vp.

Eine genauere Analyse aller Ergebnisse zeigt, dass zwischen den Vpn große Unterschiede hinsichtlich der Wahl der attrahierenden Dimensionen bestehen – d.h. dass diese ‚Bilder‘ eher aufgrund persönlicher Lebensgeschichten als aufgrund allgemeiner sozialer Stereotype gebildet werden. Wobei sich diese Aussage natürlich nur auf die erfassten Dimensionen des FPI-R bezieht: Es ist recht wahrscheinlich, dass es Eigenschaften gibt, in denen soziale Stereotypien durchschlagen (zum Beispiel „männlich/weiblich").

Im Gegensatz zu den nicht-klinischen Ergebnissen zeigte sich bei als „schizophren" diagnostizierten Menschen (F 20.-, ICD 10 – jenseits einer akuten Periode), dass sie keine klaren beziehungsweise stabilen ‚Bilder‘ der Eigenschaften von „Herrn K." konstruierten. Vielmehr waren bei allen Vpn dieser Gruppe auf allen Skalen nur Zufallsschwankungen zu finden.

Daraus kann allerdings nicht geschlossen werden, dass die Personen der klinischen Gruppe keine Konzepte über Herrn K. bildeten. Nach ihren Vorstellungen über Herrn K. am Ende im freien Interview befragt, kamen Antworten wie zum Beispiel (sinngemäß) „Ja, ich kann mir den sehr gut vorstellen – ein fieser Typ, der einen roten Sportwagen fährt und seine Frau prügelt!" Diese Menschen entwickelten somit ebenfalls ‚Bilder‘ (deren Stabilität über die Zeit leider nicht untersucht wurde). Diese Bilder lassen sich aber nicht in die Kategorienschemata der so genannten ‚Normalen‘ einordnen – d.h. eine Kommunikation über Herrn K. zwischen Mitgliedern der nicht-klinischen und der klinischen Gruppe hätte schon allein aus diesem Grund etwas von jenen bizarren Formen, die uns aus der klinischen Literatur so vertraut sind.

Wie stark der konstruktive Anteil gegenüber vorgegebenen ‚Wirklichkeiten‘ ist, demonstriert ein anderes Experiment (Kriz/Kriz 1992, W. Kriz 1993): Hier wurden Vpn gebeten, in einem Polaritätsprofil mit 72 Eigenschaftspaaren („freundlich/unfreundlich", „begabt/unbegabt" etc.) wiederum eine fiktive Person einzuordnen. Die Vorinformation über diese Person bestand diesmal allerdings in einer verbalen Beschreibung der Person mittels jener 72 Eigenschaften (zum Beispiel „Diese Person ist sehr freundlich", „Sie ist ein wenig unbegabt" etc.). Rein theoretisch hätte sich also eine Vp einfach nur erinnern müssen – allerdings standen einer perfekten Reproduktion die Komplexität von 72 Eigenschaften sowie jeweils fünf Minuten mittelschwere Kopfrechenaufgaben zwischen den Durchgängen im Weg.

Während die Vp nach der Reproduktion beziehungsweise der Einschätzung erneut Rechenaufgaben lösen musste, wurde ihr Antwortprofil von einem Computer in neue verbale Aussagen übersetzt, die dann im nächsten Durchgang ge-

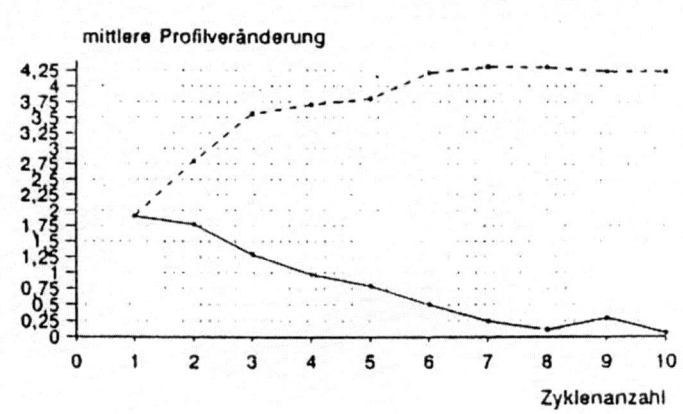

Abb. 9: Im Laufe des Beurteilungen werden die Abweichungen immer geringer beziehungsweise die Persönlichkeitsbilder immer stabiler (durchgezogene Linie) – entfernen sich aber beträchtlich von der vorgegebenen ‚Realität' (gestrichelte Linie).

nauso ‚erinnert' werden sollten. Insgesamt wurde dieses Experiment pro Vp mit 10 Zyklen durchgeführt (was jeweils rund 2,5 Stunden dauerte).

Abbildung 9 zeigt die Ergebnisse für eine typische Vp – dies entspricht 25 der 30 untersuchten Personen: Auf der y-Achse ist das Ausmaß der mittleren Veränderung von einem Zyklus zum nächsten angegeben: Bei perfekter Reproduktion wäre dies der Wert 0. Die maximale Änderung kann für einzelne Eigenschaften 8 betragen (von -4 nach +4), da aber natürlich nicht alle Eigenschaften extreme Werte annehmen, liegt eine maximal mögliche Änderung etwa bei 6. Tatsächlich aber zeigt sich (durchgezogene Linie in Abbildung 9), dass am Anfang relativ große Änderungen zu finden sind, die Antwortmuster dann zunehmend stabiler werden und schon nach 8 bis 10 Zyklen in der Nähe von 0 liegen. Es entsteht also im Verlauf der Zyklen ein recht stabiles ‚Bild' über die fiktive Person.

Allerdings ist dieses stabile Bild vornehmlich eine Konstruktion, die nur wenig mit der ‚Realität' – d.h. der ‚wahren', vorgegebenen Personenbeschreibung – zu tun hat: Die gestrichelte Linie zeigt nämlich die mittleren Abweichungen der Beurteilungen von der Anfangsbeschreibung. Man sieht: die Unähnlichkeit könnte kaum größer sein.

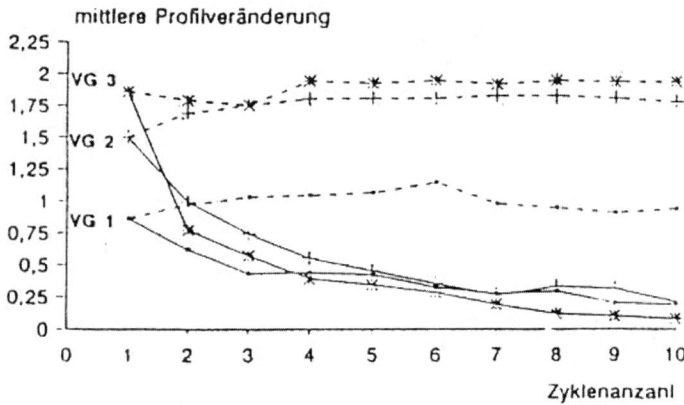

Abb. 10: Unterschiedlich schnelle und starke Attrahierung in der Anfangsphase in Abhängigkeit von der Konsistenz der Anfangsbeschreibung: Gruppe 1 sehr, Gruppe 2 mittel, Gruppe 3 wenig konsistente Beschreibung.

Auch in dieser Untersuchung zeigte sich übrigens, dass die endgültigen ‚Bilder' zwischen den Personen sehr stark variieren – d.h. dass auch hier die individuellen Lebensgeschichten offenbar wichtiger sind als soziale Stereotype. Die Tatsache, dass sich die Endprofile auch zwischen jenen Vpn stark unterschieden, die mit demselben Profil begonnen hatten, belegt zudem, dass nicht das Material selbst die Endstruktur bestimmte (zum Beispiel dass einzelne Attribute allgemein prägnanter oder leichter zu merken gewesen wären, oder dass bestimmte allgemeine Wechselwirkungen zwischen den Wörtern – so genannte „Halo-Effekte" – eine entscheidende Rolle gespielt hätten). Ein durchgeführter Merkfähigkeitstest (Subtest des IST-70 von Amthauer) korrelierte übrigens nicht mit der Schnelligkeit, mit der die serielle Reproduktion stabil wurde.

In diesem Experiment zeigten allerdings fünf der 30 Vpn in den zehn Durchgängen keine attrahierenden Persönlichkeitsbeschreibungen. Persönlichkeitstests wurden nicht durchgeführt, da es sich um nicht-klinische Personen handelte. Man darf aber vorsichtig sagen, dass diese Menschen offenbar eine ‚weichere' und ‚fluktuierendere' Verarbeitung von Information hatten als die anderen 25 Vpn.

In einer anderen Versuchsanordnung (vgl. Abbildung 10) gab es insgesamt drei unterschiedliche Anfangsprofile, die in dem Ausmaß der Konsistenz der Attribute differierten (zum Beispiel wenn eine Person als „sehr freundlich" und

„wenig zuvorkommend" bezeichnet wird, wäre das eine Inkonsistenz). Ohne hier auf Details eingehen zu können, zeigt Abbildung 10, dass der attrahierende Prozess auf eine stabile Personenbeschreibung hin um so schneller und radikaler, d.h. sich von der vorgegebenen Realität entfernend, vor sich ging, je uneinheitlicher und widersprüchlicher die Personenbeschreibungen am Anfang waren. Hier sind Menschen offenbar besonders geneigt, schnell für sich einfache, stabile und konsistente ‚Bilder' zu schaffen (wenn auch auf Kosten der ‚objektiven' Realität).

Insgesamt belegen die Untersuchungen, wie schnell und wie stark viele Menschen im Prozess aus Eindruck, Verarbeitung (Beurteilungen, Erinnerungen, Assoziation etc.) und Äußerung von Persönlichkeitseigenschaften attrahierende Muster bilden. Dabei ist davon auszugehen, dass die Strukturierungsprinzipien (d.h. die attrahierenden Dynamiken) sich in der Regel nicht erst in diesem Prozess bilden, sondern an diesem neuen Material manifest werden.[5] Dies ist vergleichbar mit dem Vorgang, bei dem man Eisenfeilspäne von oben auf ein Blatt Papier fallen lässt, unter dem sich ein Permanentmagnet befindet – die sich dabei ‚ergebenden' Feldlinien ordnen genau genommen nur das neue Material (Feilspäne) entsprechend den Kräften des Feldes, machen also nur die bereits bestehenden Kräfte in der Dynamik sichtbar.

Interessant ist, dass sich in den Versuchen zeigte, dass die Strukturen der Persönlichkeitsbeschreibungen mit der persönlichen Lebensgeschichte zusammenzuhängen scheinen, denn die Muster variierten über die Personen und waren somit keineswegs sozial, quasi als Stereotype, vorgegeben. Zumindest waren die attrahierenden ‚Kraftlinien' der persönlichen Biografie stärker als die ‚Kraftlinien' sozialer Stereotype. Dies kann bei anderen Fragestellungen selbstverständlich anders sein – beispielsweise wenn man stark genderspezifische Aspekte mit einbezieht.

Die Anwendbarkeit der seriellen Reproduktion zur Demonstration von Konstruktions- beziehungsweise Komplettierungsdynamiken wurde hier an jenen Experimenten demonstriert, die besonders klare Ergebnisse zeigten. Diese Vorgehensweise lässt sich aber auch auf ganz andere Fragen und in veränderten Formen anwenden – wobei dann gegebenenfalls aus der iterativen Reproduktion eine iterative Produktion wird. So wurden beispielsweise von uns Experimente ausgeführt, in denen nach und nach eine Geschichte erzählt wurde. Beispielsweise wird darin die Polizei zu einem Tatort gerufen, wo sie nur noch den Tod eines Mannes feststellen kann, der von seiner Frau mit einer Weinflasche er-

---

5  Hier liegt meines Erachtens übrigens auch die Bedeutung des „Wiederholungszwanges" in der Psychoanalyse – bei dem sich nicht Geschehenes ‚wiederholt', sondern neue Situationen gemäß früher erworbener Strukturierungsprinzipien gestaltet und neues Material so re-inszeniert wird.

schlagen wurde. Es folgen nun eine Reihe von Aussagen, die von Verwandten, Bekannten, Freunden, Arbeitskollegen etc. der Frau zu Protokoll gegeben worden sein sollen. Diese weisen entweder eher darauf hin, dass die Frau in einer psychischen Ausnahmesituation unter starkem Affekt gehandelt hat („mad"-Statements) oder aber geplant einen Mord beging („bad"-Statements). Die spezifische Sequenz dieser Aussagen wurde vom Computer gesteuert und nach jeder Aussage eine Reihe von Beurteilungen erhoben – insbesondere, ob man die Frau als „mad" einstufen (sie also eher in eine Psychiatrie einweisen lassen würde) oder aber als „bad" würde (sie also mit Gefängnis zu bestrafen sei). Je nach Beruf, Vorerfahrung und Reihenfolge der Aussagen ergeben sich starke Unterschiede in der Gesamtbeurteilung (trotz insgesamt gleicher Statements) – auf die aber wegen der Differenziertheit hier nicht eingegangen werden kann.

Die damit skizzierten Probleme, nämlich unter Unsicherheit und nur mit Teilinformation Entscheidungen treffen zu müssen und dabei dann hinreichend konsistente und plausible Konstruktionen der Realität zu erzeugen, begegnet uns alltäglich. Die „mad"/„bad"-Problematik lässt sich leicht auf Situationen übertragen, in denen entschieden werden muss, ob ein leistungsschwacher Schüler „faul" oder „dumm" ist, ob ein Kollege, der einen Schaden verursacht hat, „böswillig" oder „leichtsinnig" ist usw. Insgesamt, dies sollten die letzten Beispiele belegen, lässt sich mit iterativen Designs beziehungsweise serieller (Re-)Produktion meines Erachtens noch ein großer Bereich an psychologischen Fragestellungen untersuchen, bei dem es darum geht, wie aus Einzelinformationen ‚Felder' mit strukturierenden Operatoren erzeugt oder aufgerufen werden, die dann im weiteren Verlauf attrahierend zu einer klaren Ordnung im Sinne eines Bildes ‚der Realität' führen.

## Literatur

Bartlett, Frederic C. (1932): Remembering. Cambridge: Cambridge University Press.
Cramer, Friedrich (1988): Chaos und Ordnung. Die komplexe Struktur des Lebendigen. Stuttgart: DVA.
Fahrenberg, J./ Hampel, R./Selg, H. (1984): Das Freiburger Persönlichkeitsinventar. 4. revidierte Fassung FPI-R. Göttingen: Hogrefe.
Kriz, Jürgen (1992): Chaos und Struktur. Grundkonzepte der Systemtheorie. Band 1. München: Quintessenz.
Kriz, Jürgen (1997): Chaos, Angst und Ordnung. Wie wir unsere Lebenswelt gestalten. Göttingen: Vandenhoeck & Ruprecht.
Kriz, Jürgen (1998): Die Effektivität des Menschlichen. Argumente aus einer systemischen Perspektive. Gestalt Theory 20, 131-142.
Kriz, Jürgen (1999a): Systemtheorie für Psychotherapeuten, Psychologen und Mediziner. Eine Einführung. Wien: UTB/Facultas.

Kriz, Jürgen (1999b): Archetypische Ordnungen. Die Begegnung von Physik und Psychotherapie. In: Evangelische Akademie Mülheim (Hrsg.): Vom Sinn im Zufall. Zum Dialog zwischen Wolfgang Pauli und C. G. Jung. Mülheim an der Ruhr: Evangelische Akademie, 36-51.

Kriz, Jürgen (2001): Self-Organization of Cognitive and Interactional Processes. In: Matthies, Michael/Malchow, Horst / Kriz, Jürgen (Hrsg.): Integrative Systems Approaches to Natural and Social Dynamics. Heidelberg: Springer, 517-537.

Kriz, Jürgen/ Kessler, Thomas/Runde, Bernd (1992): Dynamische Muster in der Fremdwahrnehmung. Forschungsbericht Nr. 87, FB Psychologie, Universität Osnabrück.

Kriz, Willy Christian/Kriz, Jürgen (1992): Attrahierende Prozesse bei der Personen-Wahrnehmung. Forschungsbericht Nr. 88, FB Psychologie, Universität Osnabrück.

Kriz, Willy Christian (1993): Attraktoren in der Dynamik von Sinnkonstitutionsprozessen. Unveröffentlichte Diplomarbeit, Universität Wien.

Meier, C.A. (Hrsg.) (1992): Wolfgang Pauli und C.G. Jung. Ein Briefwechsel. Heidelberg: Springer.

Stadler, Michael/Kruse, Peter (1990): The Self-Organisation Perspective in Cognition Research: Historical Remarks and New Experimental Approaches. In: Haken, Hermann/Stadler, Michael (Hrsg.): Synergetics of cognition. Berlin: Springer, 32-52.

*Thomas Pfeffer*

# Die (Re-)Konstruktion sozialer Phänomene durch ‚zirkuläres Fragen'

„Der Kopf ist rund, damit das Denken die Richtung wechseln kann." Francis Picabia

Obwohl in den letzten Jahren auch in der Soziologie zunehmend ein konstruktivistisches Wissenschaftsverständnis Verbreitung gefunden hat – ein Umstand, der vor allem auf den Erfolg der luhmannschen Systemtheorie zurückzuführen ist – besteht ein gewisses Defizit an konstruktivistischen Forschungsmethoden. Wenn überhaupt versucht wird, konstruktivistische Theorien mit Methoden der empirischen Sozialforschung in Verbindung zu bringen, beschränken sich die vorhandenen Ansätze meist darauf, Methoden, die in anderen Theoriezusammenhängen entwickelt wurden, zu adaptieren und nachträglich dem konstruktivistischen Paradigma anzupassen (vgl. Pfeffer 2001).

Im Gegensatz zur Soziologie verfügt die systemische Familientherapie mit dem ‚zirkulären Fragen' über ein Interviewverfahren, das genuin auf der Basis von konstruktivistischen Konzepten entwickelt wurde. Angeregt von den erkenntnistheoretischen Überlegungen Gregory Batesons experimentierte eine Gruppe Mailänder Familientherapeuten um Mara Selvini Palazzoli mit verschiedenen therapeutischen Interventionsformen. Ihre oft verblüffenden Erfolge und die große Resonanz in Fachkreisen veranlasste die Gruppe, ihr eigenes Vorgehen in familientherapeutischen Sitzungen expliziter zu machen und in Form eines kurzen Artikels darzustellen (vgl. Selvini Palazzoli et al. 1981). Die darin vorgestellten Richtlinien zur Gesprächsführung wurden von den AutorInnen zum Zeitpunkt der Veröffentlichung noch gar nicht als eigenständige Methode erkannt. Erst die rege Vortragstätigkeit des Teams (vor allem Luigi Boscolo und Gianfranco Cecchin) sorgte für die Verbreitung und Etablierung des Verfahrens. Wahrscheinlich ist auch in diesem Kontext von Workshops und Kongressen die Bezeichnung dieser Methode als ‚zirkuläres Fragen' entstanden.[1]

---

[1] Allein diese Entstehungsgeschichte ist schon ein spannendes Beispiel für die kommunikative Konstruktion sozialer Realität, beziehungsweise – spezifischer – für die kollektive Entwicklung wissenschaftlicher Tatsachen im Sinne Ludwig Flecks (Fleck 1980). Erwähnenswert ist auch der Umstand, dass die ihrer Meinung nach zu schnelle Popularisierung des Verfahrens von Selvini Pa-

Das damals neue Verfahren kann in seiner Bedeutung als Erkenntnis- und Interventionsinstrument kaum überschätzt werden. Nicht nur, dass es „das Herzstück der systemischen Familientherapie" darstellt (Deissler 1986: 4), man kann es auch als „die bedeutendste psychiatrische Errungenschaft der letzten 20 Jahre" (Stierlin 1988: 7) bezeichnen.

> „Will man die innere logische Organisation von individuellen epistemischen oder Interaktionssystemen rekonstruieren, so gibt es gegenwärtig wohl kein besseres Verfahren als die ‚zirkuläres Fragen' genannte Interviewmethode (...)." (Simon 1993: 273)

Wenn diese Aussage zutrifft, dann verfügt das zirkuläre Fragen als konstruktivistisches Forschungsinstrument über ein Potenzial, das weit über therapeutische Zusammenhänge hinausgeht und die Anwendung auch in anderen Sozialwissenschaften nahe legt. Um diesen Zweck erfüllen zu können, muss es aber aus seinem therapeutischen Verwendungszusammenhang gelöst und mit Hilfe der luhmannschen Begrifflichkeit in einen allgemeineren sozialwissenschaftlichen Zusammenhang übergeführt werden.

**Theoretischer Hintergrund**

*Der Konstruktivismus als Bruch mit zwei soziologischen Traditionen*

Folgt man der Darstellung Luhmanns, dann war die Soziologie als Disziplin lange Zeit vom Spannungsverhältnis zweier entgegengesetzter wissenschaftlicher Positionen geprägt, einer positivistischen und einer kritischen. Demnach geht eine positivistische Position im Wesentlichen davon aus, dass soziale Tatsachen objektiv gegeben wären und aus ihnen quasi naturwissenschaftliche Gesetzmäßigkeiten abgeleitet werden könnten. Im Gegensatz dazu glaubt eine kritische Position, dass die Wahrnehmung sozialer Tatsachen vor allem von Ideologie bestimmt wäre und versucht deshalb, die hinter den sozialen Tatsachen vermuteten Interessen kritisch zu hinterfragen und aufzudecken. Luhmann spitzt diese beiden soziologischen Positionen auf zwei Fragen zu: „Was ist der Fall?" und „Was steckt dahinter?" (Luhmann 1993) Er argumentiert, dass in der Vergangenheit die Einheit der Soziologie in der paradoxen Differenz dieser beiden Fragen gelegen hat. Trotz etwaiger Präferenz für eine der beiden wissenschaftlichen Positionen musste die jeweils andere Forschungsfrage mitbehandelt wer-

---

lazzoli selbst als reine Technikvermittlung kritisiert wurde. Diesbezügliche Unstimmigkeiten führten zur Auflösung des Mailänder Teams (vgl. Selvini (Hrsg.) 1992: 295f).

den. Dennoch blieb es bei der Konkurrenz der beiden Positionen, die im Positivismusstreit der 1960er Jahre kulminierte, ohne jedoch gelöst zu werden.

Den Kern dieser Problemlage sieht Luhmann darin angelegt, dass sowohl der Positivismus als auch die kritische Theorie einen wissenschaftlichen Beobachter voraussetzen, ohne ihn allerdings in ihre jeweilige Theorieanlage (und damit: in ihre wissenschaftliche Beobachtung der Welt) mit einzubauen. Beide Positionen sind daher gezwungen, eine Trennung von Subjekt und Objekt der Beobachtung durchzuführen und den Beobachter aus der Beobachtung auszublenden. So bemüht sich eine positivistische Haltung darum, ein möglichst getreues Abbild der Welt zu schaffen und sieht etwa in der Einflussnahme eines forschenden Beobachters auf dieses Abbild einen Fehler, der generell vermieden werden müsste und könnte. Auch ein kritisches Wissenschaftsverständnis nimmt einen Standort außerhalb des beobachteten Gegenstandes ein und zieht sich damit auf eine unangreifbare Position zurück, von der aus die Grundlage des eigenen Paradigmas unbeobachtbar bleibt.

Um dieses Problem zu lösen und die traditionelle Differenz von positivistischer und kritischer Soziologie zu überwinden, schlägt Luhmann deshalb vor, die Soziologie auf Basis der Erkenntnistheorie des ‚Radikalen Konstruktivismus' neu zu konstituieren. Unter der Prämisse, dass „alle Erkenntnis Konstruktion der Welt in der Welt ist" (ebd.: 251), wird ein wissenschaftliches Modell möglich, das den Beobachter systematisch und strukturell in die Beobachtung miteinbaut. Voraussetzung dafür ist die Umstellung auf eine operative Logik der Beobachtung, denn als Operation verweist die Beobachtung sowohl auf den bezeichneten Gegenstand als auch auf den Beobachter, der die notwendige Unterscheidung vornimmt.

*Methodologische Konsequenzen einer konstruktivistischen Position*

Luhmann selbst zieht mehrere methodologische Konsequenzen aus der vorgeschlagenen konstruktivistischen Position, die auch für die Durchführung von Interviews von Relevanz sind.

– Eigenbeteiligung am Objekt kontrollieren. Da Effekte auf das beobachtete Objekt aus prinzipiellen Gründen nicht verhindert werden können, wird es notwendig, sie möglichst bewusst zu steuern, um die „Eigenbeteiligung am Objekt methodologisch zu kontrollieren bzw. nach dem Beispiel der Physik in Theorie zu überführen." (ebd.: 253) Für die Interviewerin bedeutet das, die eigene Wirkung auf das Objekt

nicht zu vermeiden, sondern aktiv zu steuern und einer laufenden Er-
gebniskontrolle zu unterziehen.
-   Beobachtung von sich selbst beschreibenden Systemen. Soziologische
    Beobachtung kann nur auf der Grundlage von Kommunikation stattfin-
    den, gerade auch im Interview. Für die Entstehung von Kommunikati-
    on und damit für die Entstehung sozialer Systeme ist aber die wechsel-
    seitige Beobachtung von Beobachtern die Voraussetzung. Und als Be-
    obachter kommen „sich selbst beschreibende Systeme" (ebd.: 255) in
    Frage, also solche, die in ihren Operationen zwischen Selbstreferenz
    und Fremdreferenz unterscheiden können. Das trifft nicht nur auf psy-
    chische, sondern auch auf soziale Systeme zu.
-   Eigene, selbstdisziplinierende Beobachtungsmöglichkeiten. So, wie die
    Soziologie nicht die Autorität einer außen stehenden ‚Metaposition'
    einnehmen kann, hat auch eine Interviewerin keine ‚bessere' Be-
    obachtungsposition als ihre Interviewpartner. Sie kann aber auf Basis
    der eigenen Beobachtungskonzepte „selbstdisziplinierende Beobach-
    tungsmöglichkeiten" (ebd.: 259) freisetzen, die nicht darauf abzielen,
    den Beobachtungsgegenstand möglichst naturgetreu abzubilden oder
    seine Selbstbeschreibung zu reproduzieren, sondern beides als kontin-
    gent und als kommunikativ konstruiert zu beschreiben, um so dem be-
    obachteten System Anregungen für Strukturvarianten bereitstellen zu
    können.

**Zirkuläres Fragen 1: Das beobachtete System**

Aus Gründen der Übersichtlichkeit ist es hilfreich, bei der Darstellung des zirkulären Fragens zwei Ebenen zu unterscheiden und sequenziell zu bearbeiten,
die im Prinzip ständig miteinander verbunden sind: das ‚beobachtete System'
und das ‚System der Beobachtung'. Im ersten Abschnitt geht es um die grundsätzliche Möglichkeit der Beobachtung im Interview unter konstruktivistischen
Gesichtspunkten, und darum, wie die wechselseitige Beobachtung von Beobachtern beobachtet werden kann. Er behandelt vor allem solche Fragen, die die
Interviewerin direkt an ihre Gesprächspartner stellt. Der zweite Abschnitt beschäftigt sich dagegen mit dem Management der Beobachtungssituation und mit
Fragen, die die Interviewerin vor allem an sich richtet, um ihren Eigenbeitrag
am beobachteten Gegenstand zu reflektieren. Beide Abschnitte werden jeweils
mit einer Übersichtstabelle zusammengefasst.

*Die Beobachtung von Beobachtern*

Eine der wichtigsten Grundaussagen des Konstruktivismus ist die These von der Beobachterabhängigkeit jeder Beobachtung.

> „Alles, was als Einheit identifiziert wird, muß dann beobachtet werden anhand der Frage, *wer* mit Hilfe *welcher* Unterscheidung beobachtet." (Luhmann 1994: 99; Hervorhebung im Original)

Wenn man also von keiner beobachterunabhängigen Welt mehr ausgehen kann, dann muss man auf der Suche nach empirischer Erkenntnis, gerade auch in den Sozialwissenschaften, von einer Beobachtung der Dinge auf eine Beobachtung der Beobachtungen umstellen. Und da Beobachtungen nicht von sich aus gegeben sind, sondern von jemand oder etwas erzeugt werden müssen, ergibt sich daraus die Anweisung „beobachte den Beobachter" (Luhmann 1994: 76).

Nicht nur Personen, sondern auch soziale Systeme kommen als Beobachter und Kommunikationsteilnehmer in Frage. Auch sie können als Adressaten von Kommunikation behandelt und beobachtet werden.

> „(...) Kommunikation, begriffen als autopoietische Einheit sozialer Systeme [ist genötigt], Zurechnungspunkte, Mitteilungsinstanzen, kurz: ‚Adressen' zu entwerfen." (Fuchs 1997: 57)

Adressaten der Kommunikation sind also kommunikative Konstruktionen. Nur als kommunikative Strukturen können Kommunikationsteilnehmer (Personen, soziale Systeme) in Kommunikation vorkommen.

Als Interviewerin muss man sich also von der Vorstellung verabschieden, im Interview ‚objektive' Daten generieren zu können. Was man allerdings bekommen kann, sind die Aussagen von Beobachtern. Dies kann und sollte notwendigerweise zwei praktische Konsequenzen haben. Zum einen können Gesprächspartner als Beobachter behandelt werden, was sich sowohl in der Haltung der Interviewerin als auch in ihren expliziten Fragen nach individuellen Beobachtungen („Was beobachten, sehen, erkennen *Sie?*") ausdrücken kann. Damit kann auch dem Gesprächspartner signalisiert werden, dass eher persönliche Eindrücke und weniger offizielle oder wissenschaftlich abgesicherte Aussagen gefragt sind. Zum anderen sollten auch verschiedene, an einem Phänomen beteiligte Beobachter zum selben Thema befragt werden mit dem Ziel, die prinzipielle Unterschiedlichkeit von Beobachterperspektiven als Informationsquelle zu nutzen.

Eine leichte Abwandlung und Weiterführung erfährt das Prinzip des Perspektivenwechsels, wenn man als Interviewerin seinen Gesprächspartner dazu

auffordert, sich in die Position eines Beobachters von Beobachtern zu begeben.
(„Was, glauben Sie, denkt XY über diese Angelegenheit?"; „Was, glauben Sie,
denkt XY, dass Sie in dieser Sache unternehmen wollen?"; „Wie, glauben Sie,
wird das Finanzamt die Situation bewerten?") Die inhaltliche Bedeutung dieser
Kategorie von Fragen besteht darin, dass sie die Erwartungen der Kommunikationspartner übereinander erheben. Sie zu erfragen bietet eine Möglichkeit, an
die Struktur eines sozialen Systems heranzukommen. Denn die Struktur eines
sozialen Systems besteht aus nichts anderem als aus Erwartungen und der reflexiven Erwartung von Erwartungen.

> „Soziale Relevanz und damit Eignung als Struktur sozialer Systeme gewinnen Erwartungen
> aber nur, wenn sie ihrerseits erwartet werden können." (Luhmann 1991: 411)

Die Unterscheidung verschiedener Beobachter kann aber noch einem weiteren
Zweck dienen, nämlich der Abgrenzung des Kontexts eines zu untersuchenden
sozialen Phänomens. Um die Größe und die Reichweite eines Kommunikationssystems beurteilen zu können, ist es hilfreich danach zu fragen, wer aller am
Zustandekommen des kommunikativen Phänomens beteiligt ist, wer davon betroffen ist beziehungsweise wer es aus anderen Gründen beobachten und über
diese Beobachtung Auskunft geben kann.

## Die Operation der Beobachtung: Unterscheiden und Bezeichnen

> „Was wir tatsächlich mit Information meinen – die elementare Informationseinheit –, ist ein
> *Unterschied, der einen Unterschied ausmacht.*" (Bateson 1996: 582; Hervorhebung im Origi-
> nal)

Selvini Palazzoli berief sich in der Entwicklung ihrer zirkulären Fragemethode
ausdrücklich auf die konstruktivistische Betrachtungsweise Gregory Batesons.
Dahinter stand die Vorstellung, „dass die Zirkularität eines Systems aus struktu-
rierten Kreisläufen bestehe und von informationsproduzierenden Unterschieden
bevölkert sei." Wie auch immer die jeweilige Einheit bezeichnet wurde, ob als
‚kybernetischer Regelkreis', als ‚gedankliche Einheit' oder als ‚System', sie
wurde als „Ereignisfolge mit Feedbackstruktur" gedacht, die nur „durch Informationen ‚angefeuert' wird" (Penn 1983: 204). Information existiert also auch
nur kontextbezogen, im Rahmen eines systemischen Zusammenhangs, in dem
sie einen Unterschied macht.
    Definiert man Information als einen Unterschied, dann muss man von einer
Logik der Identifikation auf eine Logik der Differenzierung umstellen. Eine
Logik der Identifikation geht von der statischen, beobachterunabhängigen

Existenz der beobachteten Phänomene aus, während eine Logik der Differenzierung davon ausgehen muss, dass Phänomene nur dann beobachtet werden können, wenn sie von einem Beobachter unterschieden werden.

Unter Bezugnahme auf die „Gesetze der Form" des Mathematikers Spencer Brown 1971 definiert Luhmann die Operation der Beobachtung als „die Einheit der zwei Komponenten Unterscheiden und Bezeichnen" (Luhmann 1994: 81). Demnach ist eine Beobachtung erst dann vollzogen, wenn zwei Seiten unterschieden und eine davon bezeichnet wurde. Beobachtet werden kann nur auf der Basis einer Unterscheidung von zwei Seiten, und zwar nur eine, die markierte Innenseite. Alles andere, wie die Außenseite der Unterscheidung oder die Operation der Beobachtung selbst, kann im Moment der ersten Beobachtung nicht gesehen werden. Um eine andere Beobachtung zu machen, ist eine neue Operation des Unterscheidens und Bezeichnens notwendig.

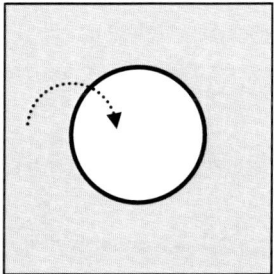

„Beim Beobachten werden also zwei Unterscheidungen vollzogen und miteinander korreliert, wobei die eine als Zeichen für die andere fungiert." (Simon 1995: 14)

Diese sehr formale Definition des Beobachtens als Unterscheiden und Bezeichnen genügt aber noch nicht, um die Konstruktion komplexerer Beobachtungen im Alltag verständlich zu machen.

„Wenn wir den Prozeß des Beobachtens unter funktionellen Gesichtspunkten betrachten und ihn in den Kontext seiner Überlebensfunktion für den Beobachter, d.h. eines lebenden Systems, stellen, dann empfiehlt es sich, den Begriff des Beobachtens weiter zu differenzieren und zwischen verschiedenen Arten des Unterscheidens und Bezeichnens zu unterscheiden: zwischen *Beschreiben, Erklären* und *Bewerten.*" (ebd.: 17; Hervorhebung im Original)

Beobachtungen werden also vor allem in ihrer pragmatischen Funktion für den Beobachter verständlich. Mit *Beschreibungen* sind Darstellungen von Phänomenen gemeint, die möglichst noch ohne Erklärung und Bewertung auskommen. Aus ihnen soll erkenntlich sein, was nach Ansicht des Befragten passiert, also wer wann was wie macht. Auf welche Phänomene aus der Fülle der möglichen lenkt der Interviewpartner seine Aufmerksamkeit? Welche Ereignisse und Verhaltensweisen werden unterschieden und bezeichnet? Welche Differenzschemata werden dabei verwendet, was grenzen sie aus, was lassen sie unbezeichnet?

Mit *Erklärungen* werden dagegen diejenigen Darstellungen bezeichnet, die Zusammenhänge zwischen den verschiedenen beobachteten Ereignissen herzustellen versuchen und sich mit dem Zustandekommen bestimmter Phänomene beschäftigen. Sie enthalten Vorstellungen des Interviewpartners darüber, welche Mechanismen zur Entstehung, Aufrechterhaltung und Veränderung der beobachteten Phänomene führen können.

Als dritter pragmatischer Aspekt des Beobachtens sind die *Bewertungen* anzuführen, die nach den verschiedensten Kriterien vorgenommen werden können. Bewertungen und die ihnen zugrundeliegenden Werte und Qualitätsstandards leiten die Selektion von Verhaltensweisen. Sie verweisen deshalb besonders stark auf mögliche Konsequenzen und Anschlusshandlungen.

In der Alltagssprache sind diese drei pragmatischen Aspekte des Beobachtens meist stark vermengt. Sie können von der Interviewerin aber schrittweise differenziert werden, indem sie ihre Gesprächspartner explizit nach deren Beschreibungen, Erklärungen und Bewertungen bestimmter Ereignisse befragt.

*Zirkularität und Linealität*

Lineale Beschreibungen sind solche, die mehrere Ereignisse in einer geradlinigen, sequenziellen Reihenfolge organisieren, während zirkuläre Beschreibungen Wechselbeziehungen zwischen verschiedenen Ereignissen unterstellen. Rückkopplungsschleifen, Feedback-Phänomene und alle Formen der Selbstbezüglichkeit lassen sich nur mit zirkulären Modellen erfassen. Lineale (geradlinige) und zirkuläre (kreisförmige) Konzepte schließen einander nicht aus, sondern sie verhalten sich komplementär zueinander. Es fällt auf,

„daß beide Aspekte der linealen wie der zirkulären Kausalität durch einen Abstraktionsprozeß erfaßt werden, der jeweils verschieden gerichtet ist: Die Linealität abstrahiert von der Wirksamkeit aktueller, d.h. synchroner, die Zirkularität dagegen von derjenigen diachroner, d.h. historischer Beziehungen. (...) Es handelt sich also bei zirkulärer und linealer Kausalität um zwei verschiedene Sichtweisen, die erst gemeinsam ein vollständiges Bild ergeben." (Simon/ Stierlin 1984: 215)

Ein klassisches Beispiel für die Komplementarität von linealer und zirkulärer
Kausalität ist die Henne-Ei-Problematik. Historisch betrachtet beziehungsweise
aus der Perspektive des Individuums gibt es natürlich eine unumkehrbare Sequenz der Ereignisse. Die einzelne Henne muss erst selber schlüpfen, bevor sie
ein Ei der *nächsten Generation* produzieren kann. Sie legt sich nicht selbst als
Ei. Anders sieht das Ergebnis aus, wenn man die Ebene wechselt, und den Zusammenhang zwischen den Entwicklungsstadien Henne-Ei der gemeinsamen
Gattung betrachtet. Dieser funktionale Zusammenhang ist zwangsläufig zirkulär, da sich kein Vorher/Nachher bestimmen lässt.

Weniger offensichtlich doch nicht minder relevant ist der Unterschied zwischen linealen und zirkulären Konzepten für die Analyse sozialer Beziehungen.
So kann beispielsweise die folgende, häufig beobachtbare Interaktionssequenz
sowohl geradlinig als auch kreisförmig beschrieben und erklärt werden (vgl.
Watzlawick/Beavin/Jackson 1990: 58f).

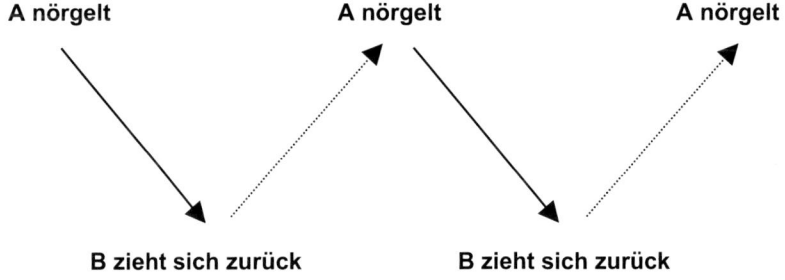

Eine geradlinige Beschreibung dieses wiederkehrenden Musters wäre die Behauptung, dass B sich zurückzieht, weil A nörgelt. Eine ebenso gute, aber in die
Gegenrichtung verlaufende Beschreibung wäre die Aussage, dass A nörgelt,
weil B sich zurückzieht. Beide Darstellungen sind für sich genommen geradlinig, da sie jeweils nur die Richtung von einer Ursache zu einer Wirkung berücksichtigen. Einem geradlinigen Modell entspricht auch der Versuch, die beiden
Darstellungen als Widerspruch gegeneinander zustellen („Wer hat angefangen:
A oder B?").

Zu einem kreisförmigen Modell gelangt man dagegen, wenn man die in eine
Richtung verlaufende Tendenz nimmt, und eine dazu passende Bewegung in die
Gegenrichtung sucht. Auf diese Weise lassen sich die beiden Aussagen mitein-
ander verbinden und die eine als Rückwirkung für die jeweils andere darstellen.

Zwei einander entgegengesetzte Bewegungen werden damit zu den komplementären Elementen eines gemeinsam erzeugten Interaktionsmusters, zum Beispiel Nörgeln und Zurückziehen für eine bestimmte Form von Streit. Das zirkuläre Phänomen ‚Streit‘ lässt sich nur durch diese aufeinander bezogene Unterscheidung zweier vorerst geradliniger Tendenzen beschreiben.

> „Ob es praktischer ist, von historischen oder aktuellen Beziehungen zu abstrahieren, hängt davon ab, wozu man eine Epistemologie braucht. Man konstruiert in jedem Fall ein Modell, in dem nur bestimmte Aspekte zu einem Bild der Realität zusammengefügt sind. Es gibt Formen der Interaktion, die in einem linealen Modell besser erfaßt werden können als in einem zirkulären." (Simon/Schmidt 1984: 177f)

Voraussetzung für die Möglichkeit, lineale und zirkuläre (selbstreferenzielle, kreisförmige, rückbezügliche, etc.) Aspekte zu beobachten, ist die Fähigkeit, zwischen Linealität und Zirkularität unterscheiden zu können. Ist diese Unterscheidung einmal gemacht, ist es die Entscheidung der Interviewerin, welchen der beiden Aspekte sie mit einer oder mehreren Fragen untersuchen möchte. Da im Verständnis des Alltags und der Umgangssprache eher geradlinige Beschreibungen und Erklärungen dominieren, sorgt die Beobachtung zirkulärer Zusammenhänge oft für die überraschenderen Ergebnisse.

### Beziehungen: Die rekursive Verknüpfung von Beobachtungen

> „(...) *Beziehung ist immer ein Produkt doppelter Beschreibung.* Es ist richtig (und eine große Verbesserung), wenn man anfängt, über die beiden Parteien einer Interaktion so nachzudenken wie über zwei Augen, von denen jedes eine monekulare Sicht des Geschehens gibt, beide zusammen aber ein binokulares und tiefes Bild entstehen lassen. Diese doppelte Sicht *ist* die Beziehung." (Bateson 1997: 165; Hervorhebung im Original)

Ähnlich wie Luhmann nimmt Bateson die rekursive Verknüpfung von Beobachtungsverhältnissen zum Ausgangspunkt seiner Theorie. Luhmann nennt die wechselseitige Beobachtung von Beobachtern „doppelte Kontingenz" und bezeichnet sie als die Grundvoraussetzung für die Entstehung sozialer (kommunikativer) Systeme.

Im Interview können diese Überlegungen dadurch operativ umgesetzt werden, dass man Phänomene in den Kontext von Beziehungen stellt und versucht, sie als Produkt der zwischen den Kommunikationsteilnehmern stattfindenden Interaktionen darzustellen. Hilfreich ist es in diesem Zusammenhang, nach Schlüsselwörtern zu suchen, die Rückschlüsse auf Beziehungen zulassen, etwa ‚Widerstand‘, ‚Verantwortung‘, etc. Will man die angesprochenen Beziehungen näher untersuchen, dann muss man als Interviewerin diese Schlüsselwörter in

Aussagen über Beziehungen, Beziehungsveränderungen und Beziehungsunterschiede übersetzen („Wem bereitet der Widerstand von XY die meisten Probleme?"; „Wer übernimmt lieber Verantwortung für ...?", etc.).

Für Bateson stellt die einseitige Zuschreibung eines Beziehungsphänomens auf einen Kommunikationspartner eine unzulässige Verkürzung dar. Sie besteht in der „Verschiebung der Aufmerksamkeit von der Beziehung auf *einen ihrer Pole, auf die Objekte oder Personen, die in Beziehung stehen.*" (Bateson 1997: 176; Hervorhebung im Original) Trotz dieses Primats der Beziehung, mit dem der Gefahr einseitiger Zuschreibung entgegengewirkt werden soll, bedarf es aber der Pole einer Beziehung, die als wechselseitige Beobachter fungieren und zwischen denen es zur Kommunikation kommen kann. Sie werden als soziale Adressaten verwendet, denen kommunikative Akte zugeschrieben und auf die Erwartungen projiziert werden. Als solche Adressaten können Personen dienen, aber auch soziale Systeme.

Eine Zweierbeziehung kann eine einfache Form eines sozialen Systems darstellen, einen ersten Erklärungsrahmen, der über das Individuum hinausgeht. Sie stellt aber bei weitem nicht die einzige Variante sozialer Systeme dar. Viele soziale Phänomene setzen eine größere Anzahl an Kommunikationsteilnehmern voraus, etwa ‚Intrige', ‚Fußball', ‚Weltmarkt'. Wesentliche Aufmerksamkeit gilt im zirkulären Fragen deshalb Allianzen, Koalitionen und anderen Arten von Subsystemen. Auch Subsysteme können, ähnlich wie Personen, zueinander in Beziehung gesetzt und miteinander verglichen werden („Welche Abteilung hat mehr an der gemeinsamen Leitbildentwicklung Interesse, der Verkauf oder die Verwaltung?"; „Auf einer Skala von 1-10, wie würden Sie das Maß der Besorgnis eines jeden Ihrer Kollegen um die Einhaltung der Hygienestandards einschätzen?"). Charakteristisch an diesen Quantifizierungen ist der Umstand, dass sie nur innerhalb einer bestimmten Beziehungskonstellation relevant und gültig sind.

> „Man kann Maturanas These ‚alles, was gesagt wird, wird von einem Beobachter gesagt', wie folgt ergänzen: (...) ‚und es wirkt auf ihn selbst zurück'." (Deissler 1988: 348)

Gerade weil die Selbstbezüglichkeit von Beobachtungen aus prinzipiellen Gründen nie vollständig ausgeschlossen werden kann, ist es wichtig, verschiedene Beziehungen zum beobachteten Phänomen und damit verschiedene Formen der Selbstbezüglichkeit unterscheiden zu können. Nur unter diesen Voraussetzungen ist es möglich, „durch eine spezifische Auswahl von Fragen und Befragten den epistemologischen Fallen der Selbstbezüglichkeit zu entgehen." (Simon 1993: 273) Ziel dieser spezifischen Auswahl ist es, jeweils bestimmte

Formen der Selbstbezüglichkeit zu unterbrechen. Die folgenden Beispiele machen deutlich, wie ein Phänomen aus mindestens drei Positionen mit unterschiedlicher Beziehung zu diesem Phänomen beschrieben werden kann.

- „Warum sind Sie wütend? Was ist in Ihnen los?" Diese Fragen zielen tendenziell auf die inneren Prozesse (Gedanken, Gefühle) einer Person ab. Es sind Fragen nach dem ‚Selbst' der Person, die Selbstbeobachtungen und Selbstdarstellungen anregen.
- „Welche Wirkung, glauben Sie, hat Ihr Wutausbruch auf Ihren Chef?" Diese Frage zielt auf das ‚Selbst' einer Beziehung ab, in der die befragte Person steht, und unterbricht dabei wirkungsvoll die vorangegangene, personenbezogene Selbstreferenz.
- „Wie, glauben Sie, dass Ihr Chef auf den Wutausbruch Ihres Kollegen reagiert?" Diese Frage an einen außenstehenden Dritten umgeht die vorangegangenen Formen der Selbstbezüglichkeit, da sie auf eine Beziehung abzielt, an der der Beobachter nicht direkt beteiligt ist. Trotzdem können seine Aussagen Rückwirkung auf ihn haben, zum Beispiel im Kontext der Firma oder in seiner Beziehung zu seinem Kollegen/Chef.

Durch Variationen der gleichen Frage und durch Wechsel der Beobachterperspektiven nutzt das zirkuläre Fragen Wirkungsunterschiede zwischen verschiedenen Formen der Selbstbezüglichkeit. Das ermöglicht eine Entscheidung darüber, welche Selbstbezüglichkeiten man in Kauf nehmen möchte, um andere dafür umgehen zu können.

*Die (Re-)Konstruktion von Handlungssystemen*

> „Die Anfertigung einer Beschreibung, die das soziale System auf einen Handlungszusammenhang reduziert, ist mithin die Voraussetzung jeder Beobachtung, die die Differenz von System und Umwelt ins Spiel bringt, also zum Beispiel dem System Merkmale zuschreibt, durch die es sich von seiner Umwelt unterscheidet." (Luhmann 1991: 247)

Herkömmliche wie etwa positivistische oder kritische Heuristiken und auch die darauf aufbauenden Interviewverfahren neigen dazu, Handlungen dem einzelnen Handelnden zuzurechnen und das Handlungssystem zu vernachlässigen. Ein solches Vorgehen verleitet dazu, soziale Einzelwesen zu konstruieren und Handlungen (oder auch Unterlassungen, etwa das Nicht-Bezahlen einer Rechnung) auf die inneren Prozesse oder stabile Eigenschaften von Personen zurückzuführen. Um zu erreichen, dass Handlungen zirkulär auf andere Handlungen bezogen werden, muss man als Interviewerin die Handlungen einer Person mit den Handlungen *anderer* Personen in Beziehungen setzen. Durch dieses konsequente aufeinander Beziehen von Verhaltensweisen verschiedener Akteure und ihrer Darstellung in Verhaltensmustern oder Handlungsabläufen wird es möglich, Handlungssysteme und in weiterer Folge auch Kommunikationssysteme als selbsttragende, sich selbst erzeugende Konstruktionen zu beschreiben.

> „Sieht man (...) Handlungen (...) im Kontext des organisatorischen Musters, durch welches die antagonistischen Tendenzen des Systems organisiert werden, so kann man sie, losgelöst von individuumbezogenen Erklärungen, durch das jeweilige Interaktionsmuster erklären – als Mitspielen gemäß spezifischen Spielregeln." (Simon 1993: 257)

Stellt man Handlungen im Kontext von Handlungssystemen als *aufeinander bezogene Handlungen* dar, dann impliziert das häufig die Notwendigkeit, sie im Kontext der Beziehung zwischen Kommunikationsteilnehmern zu betrachten. Um zu geradlinige Ereignisabfolgen und damit verbundene einseitige Beziehungsbeschreibungen (etwa Schuldzuweisungen) zu vermeiden, kann es hilfreich sein, die wechselseitige Bedingtheit von Verhaltensmustern durch doppelte Beschreibungen hervorzuheben. Als Interviewerin kann man die Tendenz einer gerichteten Beschreibung aufgreifen und nach der komplementären oder antagonistischen Tendenz suchen („Was können Sie dazu beitragen, dass Studierende auch in Hinkunft Ihrem Seminar fernbleiben?").

Der besonderen Betonung der Verhaltensebene wird im zirkulären Fragen dadurch Rechnung getragen, dass alle sozialen Phänomene als sozial erzeugte Phänomene betrachtet werden. Dies gilt nicht nur für Phänomene der Veränderung, sondern auch für Phänomene der Stabilität, wie etwa ,Zustände', ,Eigenschaften', etc. Als Interviewerin kann man sich darum bemühen, Phänomene der Stabilität in Verhaltensweisen übersetzen zu lassen („Woran erkennen Sie den Erfolg/Misserfolg der Abteilung X?"; „Was muss Y tun, um weiterhin als kompetent/inkompetent angesehen zu werden?").

*Die (Re-)Konstruktion von Kommunikationssystemen*

Die Beschreibung eines Handlungszusammenhanges ist die grundlegende Voraussetzung für die Beobachtung eines sozialen Systems. Aber zur Kommunikation gehören mehr Selektionen, als nur die Wahl von Handlungen. Eine Handlung wird erst dann zu Kommunikation, wenn ein (anderer) Beobachter sie beobachtet und als die Mitteilung einer Information versteht.

Während man zwei Computer mit einem Kabel kurzschließen kann, damit sie auf die gleichen Impulse synchron reagieren, gibt es zwischen autopoietischen Systemen keine derartige Übertragung, keinen direkten Austausch von Informationen, Bildern oder Ähnlichem. Man kann die inneren Operationen seiner Kooperationspartner nicht beobachten, man kann die Gedanken von anderen nicht selbst denken, die Gefühle von anderen nicht selbst fühlen. Es gibt keinen Zugang zu einer Wirklichkeit außerhalb der eigenen Wirklichkeitskonstruktion. Alle Vorstellungen einer unvermittelten Informationsübertragung von A zu B sind grobe Vereinfachungen und deshalb verfehlt.

Wenn Kommunikation zustande kommen soll, dann ist es praktisch notwendig, dass ein Kommunikationsteilnehmer seinen möglichen Kommunikationspartnern Selbstbezüglichkeit und eine eigene, autonome Operationsweise unterstellt. Diese Unterstellung benötigt keine besonders differenzierte Sicht des anderen. Es reicht davon auszugehen, dass jemand anderer mit seinem Verhalten etwas gemeint hat. Wichtig ist dabei, dass man in der Kommunikation nicht auf das reagiert, was der andere gemeint, sondern nur auf das, was man selbst verstanden hat.

Diese Ausführungen illustrieren Luhmanns These, dass Kommunikation nicht direkt beobachtet, sondern nur erschlossen werden kann (Luhmann 1991: 226). Das zirkuläre Fragen zeigt aber Möglichkeiten, wie die Auslegung von Kommunikation angereichert und unterstützt werden kann: durch Kommunikation über Kommunikation. Auch das schafft zwar keine Letztgewissheit, denn auch in der Kommunikation über Kommunikation sind Missverständnisse und Täuschungen möglich. Aber sie ermöglicht die Kommunikation über die individuellen Deutungen und Wirklichkeitskonstruktionen der beteiligten Kommunikationspartner. Besondere Aufmerksamkeit gilt dabei den auf ein Handlungssystem bezogenen, wechselseitig aneinander gerichteten Erwartungen und Erwartungserwartungen.

Die einfachste Möglichkeit, um ein Handlungssystem und die dazugehörigen Bedeutungszuweisungen auseinander zu halten, besteht darin, zwischen der möglichst uninterpretierten Beschreibung eines Handlungszusammenhanges auf der einen Seite und den dazu gehörenden Erklärungen und Bewertungen auf der anderen Seite zu unterscheiden. Da es sich bei Erklärungen um Modellvorstellungen eines Beobachters und nicht um überprüfbare Wahrheiten handelt, ist man als Interviewerin vom Druck entlastet, die ‚richtige‘, einzig gültige Erklärung finden zu müssen. Stattdessen wird es wichtiger herauszufinden, *welche* Erklärung *für wen* wirksam ist. Denn jede Erklärung enthält Vorstellungen eines Beobachters darüber, wie bestimmte Phänomene beeinflusst werden und welche Handlungsmöglichkeiten die Beteiligten haben könnten. Sprachlich ist es deshalb wichtig, nicht nach allgemeingültigen Gesetzlichkeiten („Wie kommt es, dass ...?“) zu fragen, sondern nach solchen Erklärungen, die bestimmten Beobachtern zugerechnet werden können („Wie erklären *Sie* sich, dass ...?", „Wie, glauben Sie, erklärt sich *Ihr Kollege* ...?").

Eine wichtige Sonderform von Erklärungsfragen sind Fragen nach der Vergangenheit, Gegenwart und Zukunft sozialer Phänomene. Da sich Kommunikationssysteme nur in der Gegenwart reproduzieren können, handelt es sich bei der Gegenwart auch sicher um die wichtigste Zeitebene. Doch Vergangenheit und Zukunft sind einem Kommunikationssystem als gegenwärtige Vergangenheit und gegenwärtige Zukunft zugänglich. („Wann haben Sie begonnen, zusammenzuarbeiten?", „Wie gelingt es der Abteilung auch nach drei Jahren noch ohne formellen Leiter auszukommen?", „Wie lange werden Ihre Eltern noch ohne Internetanschluss auskommen?").

Eng verwandt mit Zukunftsfragen sind hypothetische Fragen. Sie suchen nach kontingenten Verhaltensweisen, also nach solchen Handlungen, die zwar in der Situation auch möglich wären, aber bisher noch nicht realisiert wurden. Der Zweck hypothetischer Fragen liegt also darin, die Handlungsspielräume der Kommunikationspartner und die alternativen Wirklichkeiten der Kommunikationssysteme zu untersuchen. Die Interviewpartner werden von der Interviewerin zu Gedankenexperimenten eingeladen, etwa um die von ihnen erhofften oder abgewehrten Szenarien durchzuspielen („Gesetzt den Fall, Sie wollten X erreichen, was müssten Sie dafür tun?", „Angenommen, Y wäre eingetreten, welche Auswirkung hätte das für Ihre Kollegin?").

Selbst wenn Erklärungen über prinzipielle Wirkungszusammenhänge zwischen Ereignissen vorliegen, können Fragen nach Bewertungen noch zusätzliche Informationen über Gewichtungen zwischen Phänomenen oder über Präferenzen unterschiedlicher Akteure liefern („Was ist der Geschäftsführung wichtiger, Kosten zu vermeiden oder Investitionen zu tätigen?"; „Welchem Teammitglied ist Genauigkeit das größte Anliegen? Und wem Pünktlichkeit?").

| | Aufträge an die Interviewerin | Mögliche Fragen |
|---|---|---|
| *Beobachtung von Beobachtern* | • Identifiziere Beobachter<br>• Frage nach zurechenbaren Beobachtungen | Wer ist aller an dem Phänomen beteiligt? Wer ist davon betroffen? Wer kann es beobachten? Wie sieht das Phänomen aus Ihrer Sicht aus? Was können Sie beobachten? |
| *Beziehungen: Die rekursive Verknüpfung von Beobachtern* | • Lade ein zum Wechsel der Beobachterperspektive | Was, glauben Sie, denkt A, wenn Sie x tun? Was, glauben Sie, denkt A, dass Sie von ihm denken? Was, glauben Sie, will B bei C erreichen, wenn sie x tut/unterlässt? |
| *Die Operation der Beobachtung: Unterscheiden und Bezeichnen* | • Suche nach relevanten Unterschieden<br>• Suche nach der Relevanz (Wirkung) von Unterschieden | Welche Unterschiede sind im Kontext A wichtig? Wofür ist die Unterscheidung von x wichtig? Welchen Unterschied y macht der Unterschied x? |
| *Zirkularität und Linealität* | • Suche lineale Zusammenhänge<br>• Suche zirkuläre Zusammenhänge | In welcher Reihenfolge ist was passiert? Wie sieht die komplementäre, antagonistische Tendenz aus? Wie sieht die Außenseite der Unterscheidung aus? |
| *Die (Re-)Konstruktion von Handlungssystemen* | • Stelle Handlungen in den Kontext von Beziehungen<br>• Verbinde Handlungen eines Akteurs mit Handlungen anderer Akteure<br>• Übersetze stabile Zustände und Eigenschaften in Verhaltensweisen | Für wen ist A's Handlung x relevant? Wer kann sie beobachten? Wenn A x macht, was tun dann B, C, D? Und wie reagiert darauf A? Woran erkennen Sie, dass Zustand x eingetreten ist? Wie muss sich A verhalten, damit ihr die Eigenschaft x zugeschrieben wird? |
| *Die (Re-)Konstruktion von Kommunikationssystemen* | • Unterscheide zwischen<br> – Beschreibungen<br> – Erklärungen<br> – Bewertungen<br>• Suche nach kontingenten Handlungs- und Deutungsmöglichkeiten | Wie würden Sie die Beziehung zwischen A und B beschreiben? Was passiert? Wie erklären Sie sich, dass ...? Wie erklärt es sich B? Wie bewerten Sie, dass ...? Wer ist am stärksten für/gegen x? Auf einer Skala von 1-10, wie wichtig ist Ihnen y? Was wäre (anders), wenn ...? Was würde diese Veränderung auslösen? |

## Zirkuläres Fragen 2: Das System der Beobachtung

Während bisher vor allem Fragen an das beobachtete Kommunikationssystem
Gegenstand unserer Untersuchung zum zirkulären Fragen war, rückt nun ein
bisher ausgesparter Aspekt in den Mittelpunkt der Betrachtung: die Beziehung
zwischen der Interviewerin und dem von ihr beobachteten System. Dieses rekursive Verhältnis kann als ‚System der Beobachtung' bezeichnet werden.

*Der Interventionscharakter von Beobachtung*

> „Soziale Systeme reproduzieren (...) eine laufende Differenz von autopoietischer Reproduktion
> und Selbstbeobachtung. In Situationen mit doppelter Kontingenz sind für *jeden* Beteiligten
> *beide* Operationsweisen zugänglich. Jeder fungiert – wenn nicht zugleich, so doch im raschen
> Wechsel – als Handelnder und als Beobachter und gibt beide Positionen in den Kommunikati-
> onsprozeß ein." (Luhmann 1991: 468; Hervorhebung im Original)

Auch das System der Beobachtung ist ein Kommunikationssystem und unter-
liegt strukturell den gleichen Bedingungen. Jeder Teilnehmer an einem Kommunikationssystem beeinflusst deshalb alles, was innerhalb dieses Systems geschieht. Selbst wenn es also eine tendenzielle Betonung eines der beiden Aspekte möglich ist, wie etwa durch die Ausdifferenzierung von Beobachterrollen,
so gilt trotzdem: Wer handelt, benötigt dazu Beobachtungen, wer beobachtet,
der muss auch handeln.

> „Es gibt keine relevanten Forschungsstrategien im Bereich der Humanwissenschaften, die
> nicht den Charakter von Interventionen in soziale Systeme haben. In jeder sozialwissenschaft-
> lichen Vorgehensweise bleibt der das Untersuchungsergebnis im Sinne der ‚Unschärferelation'
> beeinträchtigende Einfluß des Beobachters spürbar." (Simon 1993: 286)

Dass man in einem Kommunikationssystem prinzipiell Veränderungen bewirkt
und dass einem Veränderungen auch zugerechnet werden, gilt natürlich auch für
jede Interviewerin im Kontakt mit dem von ihr untersuchten System. Schon die
Auswahl der Gesprächspartner, schon das Erscheinen in deren Wahrnehmungs-
feld sind erste Handlungen im System der Beobachtung und haben damit auch
Auswirkungen im beobachteten System. Das gleiche gilt für alle weiteren Akte
und Unterlassungen im Interview. Alle ihre Handlungen sind Aktivitäten innerhalb des Kommunikationssystems. Alles, was eine Interviewerin in einem Interview beobachten kann, sind deshalb Phänomene, an deren Erzeugung sie beteiligt ist. Die Phänomene, die sie beobachtet, existieren also weder unabhängig
von ihr, noch sind sie von ihr alleine erzeugt. Man kann vielmehr von einer
„Ko-Kreation sozialer Wirklichkeit" (Deissler 1988: 345) durch die Interviewe-

rin und ihren Interviewgegenstand sprechen. Für die Interviewerin gewinnt damit die Frage an Bedeutung, wie ihre eigenen Handlungen und Wirklichkeitskonstruktionen die Beziehung zum beobachteten System beeinflussen und welchen Beitrag sie zur Konstruktion der von ihr beobachteten Wirklichkeit leisten. In Bezug auf erkenntnistheoretische Prämissen gibt es also keinen Unterschied zwischen Therapie und Forschung. Beide müssen durch zielgerichtete Kommunikation Einfluss nehmen auf psychische und/oder soziale Systeme. In beiden Fällen können „systemtheoretisch aufgeklärte Interventionsstrategien" dazu beitragen,

> „das Risiko von Interventionen in autonome Systeme klarer [zu] bestimmen, stärker ein[zu]grenzen und deshalb wohl eher tragbar [zu] machen (...)" (Königswieser/Exner/Pelikan 1999: 17).

Worin sich Therapie und Forschung aber sehr wohl unterscheiden, das sind die Zielsetzungen der jeweiligen Interventionen. Vorrangiges Ziel des Kommunikationssystems zwischen Therapeuten und Klienten ist es, Veränderungen im beobachteten Klientensystem anzuregen, und zwar mit dessen Einverständnis.

Forscherinnen, die keinen Auftrag zur Veränderung des von ihnen beobachteten Systems haben, verfolgen dagegen eine andere Zielsetzung. In diesem Fall dient die Kommunikation im System der Beobachtung vorrangig dazu, Veränderungen beim beobachtenden System, den Forscherinnen, zu bewirken. Rückmeldungen von Gesprächspartnern im Interview können zu Veränderungen an drei präzise zu benennenden Stellen führen:

- den Handlungen der Interviewerin (etwa durch die Generierung neuer Fragen),
- den Erwartungen der Interviewerin (etwa durch Variation der Hypothesen),
- dem Zusammenspiel von Handlungen und Erwartungen (etwa durch Veränderung der eigenen Grundhaltung).

Wenn diese Überlegungen zutreffen, dann kann die Selbstbeobachtung des beobachtenden Systems (der einzelnen Forscherin oder einer Gruppe) nicht mehr nur sporadisch stattfinden. Vielmehr muss die Selbstbeobachtung der Forscherin beim Beobachten als methodologisches Prinzip institutionalisiert werden, damit sie systematisch den gesamten Beobachtungsprozess begleiten kann.

## Die Steuerung des Beobachtungskontexts

Für Veränderungsexperten, wie Therapeuten oder Organisationsberater, ist die Herstellung einer tragfähigen Arbeitsbeziehung eine zentrale Fragestellung im Rahmen ihrer Tätigkeit. Ähnliches gilt auch für forschende Interviewerinnen. Auch für sie ist die Gestaltung der Beziehung zu ihren Gesprächspartnern von großer Wichtigkeit. Denn diese Beziehung, das ‚System der Beobachtung', bildet den Kontext, in dem die Aussagen der Gesprächspartner gedeutet werden können und müssen. So macht es beispielsweise einen großen Unterschied für das Ausmaß und den Inhalt der Antworten, ob die Interviewerin etwa als ‚Kontrollorin' oder als akademische ‚Forscherin' wahrgenommen wird. Diese unterschiedlichen Typisierungen führen zu jeweils anderen Handlungs- und Verstehensmöglichkeiten im Verlauf eines Gesprächs oder einer größer angelegten Untersuchung.[2]

Wie kann eine Forscherin zur Steuerung des Beobachtungskontexts beitragen? In einem ersten Schritt muss sie die ihr zur Verfügung stehenden Informationen über den Beobachtungsgegenstand und die beteiligten Akteure analysieren sowie erste Vorstellungen über die Wechselwirkungen im Beobachtungsfeld entwickeln. Darauf aufbauend sollte sie eine Strategie ausarbeiten, wie sie sich in diesem Kontext am besten positionieren kann, um eine für ihre Forschungszwecke funktionale Beziehung zu den Akteuren aufzubauen. Ihre wichtigsten Interventionsinstrumente zur Kontextsteuerung und Etablierung dieser Beziehung sind, neben den eigenen Handlungen, die Informationen, die sie über sich und ihr Forschungsvorhaben in das System der Beobachtung einspeist. Welche Informationen das sind und wie sie platziert werden können hängt jeweils vom spezifischen Forschungszusammenhang ab. In meiner eigenen Praxis als Forscher im Bereich der Hochschulorganisation und der Hochschulpolitik haben sich Angaben zu den folgenden Arten von Information als nützlich herausgestellt:

- Auftraggeber
- Verwertungszusammenhang
- Institution
- Auswahlkontext
- Forschungsfrage
- Begriffe
- Procedere

---

2 Vergleiche dazu die exemplarische Darstellungen einer erfolgreichen Kontextsteuerung durch wissenschaftliche Beobachter in Selvini Palazzoli et al. 1995: 104ff.

Gerade in einem so sensiblen Forschungskontext wie dem der Hochschulforschung sind der *Auftraggeber* und seine Rolle im Forschungsprojekt von zentralem Interesse. So macht es für jeden Akteur im Feld einen großen Unterschied, ob ein Forschungsauftrag von einem Bundesministerium, der Europäischen Union oder einer anderen Hochschule ausgeschrieben wurde, denn mit jedem dieser Akteure werden jeweils andere Erwartungen verbunden.

Der Auftraggeber, seine Interessen und Zielsetzungen haben wesentlichen Einfluss auf den *Verwertungszusammenhang* eines Forschungsprojekts. Über diese Zielsetzungen von sich aus zu berichten reduziert für die Interviewerin die Gefahr, mit unausgesprochenen Vermutungen konfrontiert zu werden. Für die meisten Auskunftspersonen ist es aber auch wichtig zu erfahren, wer sonst noch welche Art von Material (wörtliche Zitate, Paraphrasen, Berichte) zu Gesicht bekommt. Diese Kenntnis des spezifischen ‚Publikums‘ hat oft Einfluss auf die Auskunftsbereitschaft der Gesprächspartner und trägt zur Klärung des Beobachtungskontexts bei. Hilfreich ist auch eine kurze Darstellung des Projektverlaufs mit Publikationsvorhaben („erscheint als Buch im Herbst“) und öffentlichen Präsentationsterminen („Tagung im Mai“).

Viele Gesprächspartner interessiert auch die Herkunft der Forscherin und hier vor allem ihr institutioneller Hintergrund. Die *Institution*, der man angehört, ist oft ein wesentlicheres Indiz für die Rolle, die man im Forschungsfeld einnehmen kann, als ein personenbezogener Steckbrief. Die Bezugnahme auf die Institution kann zusätzlich auch Verlässlichkeit und Reputation vermitteln. Aus diesem Grund hat sich auch die Mitnahme von Informationsmaterial (Folder, Link zur Homepage) zusätzlich zur persönlichen Visitkarte bewährt, da es Gesprächspartnern ermöglicht, sich über das persönliche Gespräch hinaus ein Bild von der Interviewerin und ihrer Herkunftsinstitution zu machen. Gerade auch dann, wenn man längerfristig in einem Forschungsfeld verweilen möchte, handelt es sich beim so gestalteten Aufbau und bei der sorgsamen Pflege der Beziehung zu den Akteuren im Feld um eine sinnvolle Maßnahme.

Auf welchen Überlegungen beruht die Auswahl der Gesprächspartner und/oder der untersuchten Institutionen? Wie ist der Kontakt zustande gekommen? Wer hat vermittelt und welche Vorinformationen bereitgestellt? Die Antworten auf diese Fragen beschreiben den *Auswahlkontext*.

An dieser Stelle wird deutlich, dass es notwendig und hilfreich sein kann, die eigene *Forschungsfrage* auch den Gesprächspartnern zu vermitteln. Schließlich ist es Teil der Rollendefinition im forschenden Interview, dass Gesprächspartner der Interviewerin dabei helfen mögen, ihre Forschungsfrage zu beantworten. Für Interviewte ist es deshalb interessant, zumindest in groben Umrissen zu erfahren, zur Beantwortung welcher Frage sie beitragen sollen.

Ein besonderes Kennzeichen meines eigenen Forschungsfeldes ist es, dass häufig schon im Feld mit *Begriffen* hantiert wird, die äußerst komplexe Sachverhalte beschreiben (bespielsweise „Internationalisierung der Hochschulen", „Universitätsgesetz 2002", etc.). Aus diesem Grund wäre es zeitraubend und ineffizient, von Gesprächspartnern ihre Definition dieser Begriffe abzuverlangen. In manchen Fällen hat es sich als zielführend herausgestellt, eigene Definitionsvorschläge schriftlich vorzubereiten und im Rahmen eines Interviewleitfadens zur Grundlage eines Interviews zu machen.

Nicht zuletzt sind Verfahrensvorschläge für den Ablauf eines Interviews oder eines Forschungsprozesses wesentlicher Bestandteil bei der Kontextsteuerung eines Beobachtungsprozesses. Die Verhandlung des *Procederes* kann sowohl das Interview selbst, wie zum Beispiel seine Länge zum Inhalt haben, als auch andere Aspekte im Forschungsprozess, wie etwa die Vereinbarung von Beobachtungssituationen, die Bereitstellung von Unterlagen, die Autorisierung von Interviewprotokollen, die Freigabe von Berichten, etc. Gesprächspartner werden auf diese Weise Mitgestalter im Forschungsprozess.

## Haltungen

Die Bestimmung eines Interviews als ‚zirkulär' ist in erster Linie nicht von der sprachlichen Form oder dem Inhalt einzelner Fragen abhängig, sondern von der Intention der Interviewerin, zirkuläre Zusammenhänge zu beobachten.

> „Eine erschöpfendere und präzisere Definition kann u.E. kaum gegeben werden, da ein zirkuläres, oder besser systemisches Interview nicht aus einer Aneinanderreihung vorher festgelegter zirkulärer Fragen besteht. Vielmehr ist es getragen von einer systemischen Grundhaltung, die in alle Fragen einfließt." (Rothermel/Feierfeil 2003: 335)

Die eigene Haltung ist eine Form der Selbstfestlegung eines Kommunikationsteilnehmers. Im Fall der Interviewerin stellt sie denjenigen Teil ihrer Vorannahmen, Werte und Überzeugungen dar, der in der kommunikativen Situation eines Interviews nicht zur Disposition stehen soll. Auf der Beziehungsebene stellt eine Haltung auch einen impliziten Beziehungsvorschlag der Interviewerin gegenüber ihren Gesprächspartnern dar. Aus den bisherigen Überlegungen und der Literatur lassen sich einige nützliche Haltungen für die Durchführung von Interviews destillieren.

Im Interview *Selbstverantwortung* wahrzunehmen bedeutet, dass die Interviewerin die Verantwortung für die eigenen Handlungen und Deutungen übernimmt. Die Interviewerin muss im Bewusstsein der eigenen Intentionen die möglichen Wirkungen ihrer Fragen im Interview reflektieren und überprüfen.

Auf der Ebene der Deutungen muss sie konsequent zwischen den eigenen und fremden unterscheiden.

Zur Verantwortung der Interviewerin gehört es, Fragen auszuwählen und sie in einer für die Interviewsituation angemessenen Form zu stellen. Damit strukturiert sie die Reaktionsmöglichkeiten ihrer Gesprächspartner und begrenzt deren Antwortmöglichkeiten. Es fällt aber in die Autonomie des beobachteten Systems zu beurteilen, wie es diese Fragen versteht und wie es sie beantwortet. Es erfordert den *Respekt* der Interviewerin gegenüber ihren Gesprächspartnern, diese Autonomie anzuerkennen.

Während die Haltung der Interviewerin, nur *hypothesengeleitet* vorzugehen und Fragen zu stellen, eine Selbstfestlegung ist, die während des gesamten Gesprächs beibehalten werden sollte, ist die einzelne Hypothese eine Mischung aus Festlegung und Veränderbarkeit. Die Festlegung einer Hypothese dient zur Bestimmung eines Ausgangspunkts und der daraus zu ermittelnden Richtung für das eigene Vorgehen. Gleichzeitig ist die Hypothese jener genau bestimmbare Bereich in der Wirklichkeitskonstruktion der Interviewerin, der zur Veränderung durch Kommunikation bereitgestellt wird. Durch die Formulierung einer Hypothese spitzt eine Beobachterin ihre Aufmerksamkeit soweit zu, dass Überraschungen erwartbar werden. Sowohl eine Bestätigung als auch die Widerlegung einer Hypothese trägt zur Informationsvermehrung der Interviewerin bei. Deshalb gilt:

„Die Hypothese ist weder richtig noch falsch, sondern viel eher *mehr oder weniger nützlich.*" (Selvini Palazzoli et al 1981: 126; Hervorhebung im Original)

Die Haltung der *Zirkularität* kann in einem doppelten Sinn verstanden werden. Zum einen kann damit, in Blickrichtung auf das beobachtete System, die Aufforderung zum häufigen Wechsel und aufeinander Beziehen unterschiedlicher Perspektiven gemeint sein. Zum anderen wird damit, mit Blick auf das System der Beobachtung, jene Grundhaltung der Interviewerin bezeichnet, die es ihr erlaubt, sich flexibel auf die Interaktion mit ihren Gesprächspartnern einzulassen.

„Unter Zirkularität verstehen wir die Fähigkeit des Therapeuten [Anm.: der Interviewerin], sich selbst in seinen Befragungen vom Feedback leiten zu lassen, das sich ihm aus dem Verhalten der Familie [Anm.: des beobachteten Systems] darbietet, wenn er um Informationen über ihr Verhältnis untereinander, d.h. über Unterschiede und Veränderungen bittet." (ebd.: 131)

Wenn die Zielsetzung einer Interviewerin darin besteht, ihre Gesprächspartner um Darstellungen ihrer Handlungen und Deutungen zu ersuchen, dann wäre es kontraproduktiv, die Inhalte dieser Darstellungen (positiv wie negativ) zu sanktionieren. Denn Zensur besteht nicht darin, nur bestimmte Fragen zu stellen, sondern darin, von den möglichen Antworten nur bestimmte zuzulassen. *Neutralität* als Haltung im Interview soll also nicht dazu führen, dass die Darstellung von Parteilichkeit und von Bewertungen unterbunden werden, sondern dass dort, wo Parteilichkeit im beobachteten System besteht, beide Seiten des Antagonismus beobachtet werden können.

Um zu vermeiden, dass man von Neutralität in Abwehr oder Desinteresse abgleitet, muss sich die Interviewerin das Gefühl der *Neugier* erhalten. Mit dieser Haltung ist die Aufmerksamkeit und Bereitschaft gemeint, weitere Beobachtungen zu machen und überraschende Erklärungen zu finden. Positive Konnotation, also die Kunst, als negativ wahrgenommenen Sachverhalten einen positiven Nebeneffekt abgewinnen zu können, ist eine Möglichkeit, eigenen Gefühlen von Langeweile und Ärger zu begegnen und neue Deutungsmöglichkeiten zu finden (vgl. O'Brian/Bruggen 1985).

Da jede Handlung im Interview als Intervention betrachtet werden kann, ist man als Interviewerin während des gesamten Interviews gefordert, zu planen und Entscheidungen zu treffen, vor allem auch dann, wenn man sich flexibel vom Feedback der Gesprächspartner leiten lassen möchte. Im Fall von Forschung und forschenden Interviews muss die *Strategie* darauf gerichtet sein, zur Umsetzung eines umfasseneren Forschungsvorhabens beizutragen. Eine strategische Haltung einzunehmen heißt dann, sich mit allen Verhaltensweisen im Interview an der Realisierung dieses längerfristigen Ziels auszurichten.

Was mit Hilfe des zirkulären Fragens beobachtet werden kann, steht unauflöslich in einem rekursiven Verhältnis zum Wie der Beobachtung. Damit zieht dieses Verfahren die notwendigen Konsequenzen aus seinen konstruktivistischen Grundlagen. Es ermöglicht die Beobachtung von sich selbst beschreibenden Systemen, indem es deren Selbstbeschreibungen ins Zentrum der Aufmerksamkeit rückt. Es überwindet die prinzipielle Trennung von Subjekt und Objekt der Beobachtung und erlaubt damit die Kontrolle der Eigenbeteiligung am Objekt. Gleichzeitig verlangt es nach einer Differenzierung der Perspektiven und eröffnet damit die Möglichkeit eigener, selbstdisziplinierender Beobachtungsperspektiven. Diese Möglichkeiten zu nutzen und systematisch weiter zu entwickeln, ist die Aufgabe jeder kreativen Interviewerin.

| | Aufträge an die Interviewerin | Mögliche Fragen zur Erzeugung dieser Haltung |
|---|---|---|
| *Hypothetisieren* | • Orientiere dich an deinen Hypothesen! | Wie lautet meine Hypothese? Welche Annahmen habe ich?<br>Wie kann meine Hypothese am ehesten widerlegt werden?<br>Wenn meine Hypothese durch Aussagen widerlegt wurde, wie kann eine neue Hypothese aussehen? |
| *Zirkularität* | • Wechsle die Perspektive! | Was wäre die gegenläufige Tendenz zur dargestellten?<br>Was denkt mein Gegenüber, dass A / B / C über diese Sache denken?<br>Was denke ich, dass mein Gegenüber über meine Fragen / das Interview denkt? |
| *Neutralität* | • Verhalte dich gegenüber Personen und wertenden Positionen neutral! | Welche Folgen haben unterschiedliche Meinungen im beobachteten Kontext?<br>Ist mit der Bewertung eine Aufforderung an mich als Interviewer verbunden?<br>Wie kann ich meinen Handlungsspielraum bei der Beobachtung erhalten? |
| *Strategisches Vorgehen* | • Orientiere dich an deiner generellen Zielsetzung! | Welches Ziel verfolge ich im Interview?<br>Welches Ziel verfolge ich mit dem Interview im größeren Kontext meines Forschungsprojekts?<br>Was muss ich tun, um mein Ziel zu erreichen? |
| *Selbstverant-wortung* | • Definiere dich als Interviewerin! | Wie kann ich eine geeignete Gesprächssituation herstellen?<br>Wie kann ich mit meinem Gegenüber Einverständnis über den Kontext der Beobachtung herstellen? Habe ich erklärt, woher ich komme und was ich mit meinen Fragen bezwecke? |
| *Respekt* | • Akzeptiere die Autonomie des beobachteten Systems! | Weshalb ist diese Sichtweise für mein Gegenüber wichtig? Welche Funktion hat sie im beobachteten Kontext? Belasse ich die Verantwortung für die Antworten beim beobachteten System? |
| *Neugier* | • Vermehre die Möglichkeiten! | Was ist das Neue an den Aussagen?<br>Welche Aussage würde mich am meisten überraschen?<br>Welche positiven Aspekte liegen in dieser Aussage? |

# Literatur

Bateson, Gregory (1996): Ökologie des Geistes. Anthropologische, psychologische, biologische und epistemologische Perspektiven. Frankfurt/M.: Suhrkamp. [Original: Steps to an Ecology of Mind, Collected Essays in Anthropology, Psychiatry, Evolution and Epistemology, 1972]

Bateson, Gregory (1997): Geist und Natur. Eine notwendige Einheit. Frankfurt/M.: Suhrkamp. [Original: Mind and Nature. A Necessary Unit, 1979]

Boscolo, Luigi et al. (1988): Familientherapie – Systemtherapie: Das Mailänder Modell. Dortmund: Verlag Modernes Lernen.

Deissler, Klaus G. (1986): Rekursive Informationsschöpfung. Zirkuläres Fragen als Erzeugung von Information. Marburg: Eigenverlag.

Deissler, Klaus G. (1988): Erfinderisches Interviewen. In: Familiendynamik 13, H. 4, 345-363.

Fleck, Ludwig (1980): Entstehung und Entwicklung einer wissenschaftlichen Tatsache. Einführung in die Lehre vom Denkstil und Denkkollektiv. Frankfurt/M.: Suhrkamp. [Original: Basel, 1935]

Fuchs, Peter (1997): Adressabilität als Grundbegriff der soziologischen Systemtheorie. In: Soziale Systeme 3, H. 1, 56-79.

Königswieser, Roswitha/Exner, Alexander/Pelikan, Jürgen (1999): Systemische Intervention in der Beratung. In: Königswieser, Roswitha/Exner, Alexander (Hrsg.): Systemische Intervention: Architektur und Designs für Berater und Veränderungsmanager. Stuttgart: Klett-Cotta, 15-43.

Luhmann, Niklas (1991): Soziale Systeme: Grundriß einer allgemeinen Theorie. Frankfurt/M.: Suhrkamp. [Original: 1984]

Luhmann, Niklas (1993): „Was ist der Fall?" und „Was steckt dahinter?" Die zwei Soziologien und die Gesellschaftstheorie. In: Zeitschrift für Soziologie 22, H. 4, 245-260.

Luhmann, Niklas (1994): Die Wissenschaft der Gesellschaft. Frankfurt/M.: Suhrkamp. [Original: 1990]

O'Brian, Charles/Bruggen, Peter (1985): Our Personal and Professional Lives: Learning Positive Connotation and Circular Questioning. In: Family Process 24, H. 3, 311-322.

Penn, Peggy (1983): Zirkuläres Fragen. In: Familiendynamik 8, H. 3, 198-220. [Original in: Family Process 21, H. 3, 1982, 267-280]

Pfeffer, Thomas (2001): Das ‚zirkuläre Fragen' als Forschungsmethode zur Luhmannschen Systemtheorie. Heidelberg: Carl-Auer-Systeme Verlag.

Rothermel, Anette/Feierfeil, Renate (1990): Zirkuläres Fragen als Methode der systemischen Therapie. Eine qualitative Untersuchung zu diesem Konzept. In: Familiendynamik 15, H. 4, 333-345.

Selvini Palazzoli, Mara et al. (1981): Hypothetisieren – Zirkularität – Neutralität: Drei Richtlinien für den Leiter einer Sitzung. In: Familiendynamik 6, H. 2, 123-139. [Original: Hypothesizing – Circularity – Neutrality: Three Guidelines for the conductor of the session. In: Family Process 19, H. 1, 1980, 3-12]

Selvini Palazzoli, Mara et al. (1995): Hinter den Kulissen der Organisation. Stuttgart: Klett-Cotta. [Original: Sul fronte dell'organisatione, 1981]

Selvini, Matteo (Hrsg.) (1992): Mara Selvinis Revolutionen: die Entstehung des Mailänder Modells. Heidelberg: Carl-Auer-Systeme Verlag. [Original: Cronaca Di Una Ricerca, 1985]

Simon, Fritz B. (1993): Unterschiede, die Unterschiede machen: Klinische Epistemologie: Grundlage einer systemischen Psychiatrie und Psychosomatik. Frankfurt/M.: Suhrkamp. [ungekürztes Original: 1988]

Simon, Fritz B. (1995): Die andere Seite der Gesundheit: Ansätze einer systemischen Krankheits- und Therapietheorie. Heidelberg: Carl-Auer Systeme Verlag.

Simon, Fritz B./Schmidt, Gunther (1984): Die Machtlosigkeit zirkulären Denkens. In: Familiendynamik 9, H. 2, 177-179.

Simon, Fritz B./Stierlin, Helm (1984): Die Sprache der Familientherapie. Ein Vokabular. Über-
    blick, Kritik und Integration systemtherapeutischer Begriffe, Konzepte und Methoden.
    Stuttgart: Klett-Cotta.
Spencer Brown, George (1971): Laws of Form. London: George Allen and Unwin Ltd. [Original:
    1969]
Watzlawick, Paul/ Beavin, Janet H./Jackson, Don D. (1990): Menschliche Kommunikation. For-
    men, Störungen und Paradoxien. Bern u.a.: Huber. [Original: Pragmatics of Human
    Communication. A Study of Interactional Patterns, Pathologies, and Paradoxes, 1967]

*Wiebke Loosen*

## Konstruktive Prozesse bei der Analyse von (Medien-)Inhalten

Inhaltsanalyse im Kontext qualitativer, quantitativer und hermeneutischer Verfahren

‚Konstruktivistisch Forschen' – das ist in weiten Teilen der Sozialwissenschaften *theoretisch* eine Selbstverständlichkeit. Auch in der Kommunikationswissenschaft finden sich zahlreiche Arbeiten, die sich an einer „konstruktivistischen Systemtheorie oder einem systemtheoretischen Konstruktivismus" (Scholl 2002: 7) orientieren oder diese zu erweitern versuchen.[1] In der Nachrichtenwerttheorie finden sich antirealistische Argumente noch sehr viel früher, bereits in den 1920er Jahren bei Walter Lippmann (1922) und in Fortführung bei Winfried Schulz (1976) in den 1970er Jahren.

Theoretisch eine Selbstverständlichkeit – das heißt aber bei weitem nicht immer, dass ‚konstruktivistisch Forschen' auch methodisch und noch viel weniger, dass es methodologisch eine Selbstverständlichkeit ist. Denn zwischen konsequent beobachterbezogener Theorie und dem Anspruch, objektive, d.h. subjektunabhängige, Methoden einzusetzen, gibt es auf den ersten Blick ein Kompatibilitätsproblem. Mit der konstruktivistisch-systemtheoretischen Um-beziehungsweise Reinterpretation der deduktiv-nomologischen Methoden liegt ein Vorschlag zu einer möglichen Lösung dieses Problems vor (vgl. Scholl/Weischenberg 1998: 51ff., Loosen/Scholl/Woelke 2002).

Die in diesem Kontext relevanten methodologischen und methodischen Implikationen sollen im vorliegenden Beitrag neben ihrer grundsätzlichen Diskussion auch auf eine empirische Studie rückbezogen werden. Das Untersuchungsdesign basiert auf einer quantitativen und qualitativen Inhaltsanalyse sowie auf einer qualitativen Befragung in Form von Leitfadeninterviews, wobei es an dieser Stelle nur um die inhaltsanalytischen Elemente gehen soll.[2] Im Mittelpunkt stehen dabei weniger die Produkte dieses empirischen Forschungs-

---

[1] Dazu zählen zum Beispiel die folgenden Arbeiten: Marcinkowski 1993, Blöbaum 1994, Merten/Schmidt/Weischenberg 1994, Schmidt 1996, Görke/Kohring 1997, Scholl/Weischenberg 1998, Kohring 2000, Weber 2000.
[2] Zu einer mit dem Konstruktivismus kompatiblen Reinterpretation der Befragung vgl. Loosen/Scholl/Woelke 2002: 41ff.

prozesses, sondern vielmehr die Regeln seines Ablaufs und die erkenntnistheoretischen und methodologischen Annahmen, die normalerweise im Rahmen
empirischer Untersuchungsdesigns nicht explizit offen gelegt und diskutiert
werden.

Der methodologische Hintergrund der Studie basiert wesentlich auf einer
konstruktivistischen Reinterpretation der Inhaltsanalyse (vgl. Loosen/Scholl/
Woelke 2002: 47), die auf der Prämisse aufbaut, dass

> „auch wenn die realistische Erkenntnistheorie des Kritischen Rationalismus in der empirischen
> Sozialforschung dominiert, (...) der Zusammenhang zwischen Erkenntnistheorie und Methodo-
> logie logisch nicht zwingend [ist]. Eine konstruktivistische (Re-)Interpretation dieses Verhält-
> nisses ist durchaus möglich (...)." (Scholl 2001: 13)

Bei dieser Reinterpretation hat sich gezeigt, dass die methodologischen Gütekriterien des Kritischen Rationalismus auch unter konstruktivistischen Vorzeichen nicht aufgegeben werden müssen. So ist zum Beispiel die gesamte Methodik der quantitativen Inhaltsanalyse auf die Kontrolle des Einflusses des Forscherindividuums hin angelegt und verweist damit implizit auf die Beobachterabhängigkeit ihrer Ergebnisse. Insgesamt lässt sich also „der empirische Forschungsprozess (...) konstruktivistisch interpretieren und somit erkenntnistheoretisch [auch] in die Systemtheorie integrieren" (ebd.: 6).

Auch wenn in der hier exemplarisch zugrunde gelegten Studie qualitative
und quantitative Verfahren miteinander kombiniert werden, hat diese doch eindeutig eine den Gütekriterien der deduktiv-nomologischen Sozialforschung
verpflichtete Anlage und unterscheidet sich deswegen auch nicht von vergleichbaren empirischen Studien. Der unter einer konstruktivistischen Perspektive
anfallende (Re-)Interpretationsbedarf fällt viel mehr am Anfang – zum Beispiel
bei grundlegenden methodologischen und methodischen Konzeptionsüberle-
gungen – und am Ende von empirischen Studien – etwa bei der Interpretation
der Ergebnisse – an. Ferner bilden gerade die Kombination quantitativer und
qualitativer Verfahren und die Ausgangsüberlegung, den empirischen Forschungsprozess konstruktivistisch zu interpretieren, weitere Ansatzpunkte, unter
neuen Vorzeichen über die Beziehung zwischen quantitativen, qualitativen und
nicht zuletzt hermeneutischen Verfahren der Inhalts- beziehungsweise Textanalyse nachzudenken. Beziehungen zwischen traditioneller Inhaltsanalyse und
hermeneutischer Textanalyse sind aus der erkenntnistheoretischen Perspektive
des Kritischen Rationalismus deutlich schwieriger – in Teilen sogar gar nicht –
zu finden. Vor diesem Hintergrund ist es an vielen Stellen erforderlich, über das
konkrete Beispiel der Studie hinauszugehen, um grundlegende methodologische
Fragestellungen zu diskutieren. Quasi im Wechselspiel zwischen methodologi-

scher und konkret methodischer Arbeit soll dabei insgesamt gezeigt werden, welche Effekte sich aus den angestellten Überlegungen für die Konzeption einer konkreten empirischen Studie ergeben. Dabei kommt es insgesamt weniger auf methodische Details des Untersuchungsdesigns als auf grundsätzliche ‚methodologische Kleinarbeit' an. Der konzeptionelle methodologische ‚Unterbau' muss dabei deutlich umfangreicher und umfassender angelegt werden als der Rückbezug auf die eigentliche methodische Arbeit, da sich im Prinzip – wie im Folgenden gezeigt werden soll – an der Erhebung von Daten auch unter konstruktivistischen Vorzeichen nicht viel ändert.

**Zum Verhältnis von (Erkenntnis-)Theorie und Methode**

Reflexivität und ‚Geschlossenheit' des empirischen Forschungsablaufs machen Methoden relativ unabhängig von (erkenntnis-)theoretischen Prämissen (vgl. Schmidt 1998: 122ff., Scholl/Loosen/Woelke 2002: 39). Die Inhaltsanalyse selbst bringt beispielsweise nichts mit sich, was etwas über das Verhältnis empirisch gewonnener Daten zur Wirklichkeit aussagen würde. Sie ist überwiegend am Anfang und am Ende des empirischen Forschungsprozesses – in der Phase der Operationalisierung der Problemstellung und in der Phase der Dateninterpretation – an eine Theorie gekoppelt. Dabei erweisen sich die Methoden der empirischen Sozialforschung insgesamt als hinreichend abstrakt und sind deshalb kompatibel mit vielfältigen Theorien. Andernfalls müssten für jede Theorieüberprüfung neue Methoden erfunden werden. Dafür, dass dies nicht erforderlich ist, sind auch die vergleichsweise seltenen echten Methodeninnovationen ein Indiz.[3] Unter diesen Bedingungen kann sich auch die vielfach geforderte konstruktivistische Umschreibung herkömmlicher Methoden (vgl. Weber 2000: 72)[4] *methodisch* im Rahmen halten. Sie ist eher *methodologisch* und im Hinblick auf den Zusammenhang zwischen Problemstellung und Methodeneinsatz sowie auf die inhaltliche Reichweite der gewonnenen Ergebnisse (Theoriebezug) erforderlich (vgl. Scholl/Weischenberg 1998: 51ff.) und weniger in Bezug auf konkrete methodische Arbeitsschritte und Vorgehensweisen. So muss sich

---

3   Sehr viel häufiger geht es um die Adaption von Methoden an neue Untersuchungsgegenstände wie das Beispiel der Online-Inhaltsanalysen zeigt (vgl. Rössler 1997, Heddergott/Loosen 2000).
4   Über eine solche ‚Umschreibung' hinaus wurde sogar die grundsätzliche Frage aufgeworfen, ob die Erkenntnistheorie des Konstruktivismus und die standardisierten Methoden der empirischen Sozialforschung überhaupt miteinander verträglich seien (vgl. Pasternack 1995 und als Entgegnung darauf Schmidt 1998: 138ff.).

methodisch nichts Grundlegendes ändern, was nicht mit den auf dem Kritischen
Rationalismus basierenden methodischen Arbeitsregeln vereinbar wäre.
Gerade durch diese Entkopplung kann das Wissenschaftssystem – (system-
theoretisch-)konstruktivistisch logisch konsistent und gleichzeitig methodolo-
giegerecht – über die Empirie mit der Umwelt in Kontakt treten, diesen mit
Hilfe wissenschaftlicher Programme nach systemimmanenten Kriterien aus-
werten (vgl. Loosen/Scholl/Woelke 2002: 38) und schließlich als Fremdreferenz
verarbeiten (vgl. Schmidt 1998: 141f.). Der gesamte Prozess der Datenkon-
struktion kommt ganz ohne einen Vergleich mit der Wirklichkeit aus. Weder
Theorien noch die Ergebnisse empirischer Forschung sind in diesem Sinne
wahrheits- beziehungsweise wirklichkeitsfähig, denn sie haben kein unmittelba-
res ‚reales' Korrelat. Empirische Methoden überprüfen Hypothesen und nicht
die Wirklichkeit, deren beobachtungsunabhängige Existenz deswegen auch
nicht vorausgesetzt werden muss – zumindest muss der Vergleich mit der Wirklichkeit methodologisch nicht zwingend in die Methoden hineingeholt werden.
Soziale Wirklichkeit ist nur mittelbar zugänglich und die Mittel sind im Falle
des empirischen Zugangs die (sozial-)wissenschaftlichen Methoden. Dabei ist
empirische Forschung immer mit Komplexitätsreduktion verbunden, d.h. auch
und vor allem mit der Reduktion theoretischer Komplexität, die durch die methodische Operationalisierung notwendigerweise geleistet wird.

**Beispiel: Journalistische Medien-Marken im trimedialen Redaktions-
verbund**

Auf der Basis einer empirischen Studie, die sich mit journalistischen Medien-
Marken im trimedialen Redaktionsverbund beschäftigt, soll im Folgenden gezeigt werden, wie sich die angesprochenen methodischen Aspekte und methodologischen Grundfragen auf die inhaltsanalytische Arbeit beziehen lassen.
Auch wenn sich dabei nicht zu allen Punkten Bezüge herstellen lassen, weil der
konkrete durch das Untersuchungsdesign abgesteckte Rahmen nicht alle thema-
tisierten Perspektiven abdeckt, lassen sich anhand des Beispiels doch eine Reihe
von Konkretisierungen erzielen.
    Die Untersuchung bezieht sich auf Crossmedia-Strategien klassischer Mas-
senmedien, für welche die Nutzung verschiedener Synergie- und Transfereffekte
zwischen Online- und Offline-Medien zur Zielvorgabe konzeptioneller Planung
und medialer Dachmarkenstrategien gemacht wird. Im Zentrum steht dabei die
Frage, wie sich diese auf ökonomischem Kalkül basierenden Formen medialer
Entgrenzungen auf die Beschaffenheit und auf die Kontextbedingungen der

Aussagenentstehung auswirken. Diese vielfach als „Crossmedia" bezeichnete Form der Ausdifferenzierung medialer Angebotsstrukturen im inter- und intramediären Rahmen wird am Beispiel der Dachmarken-Titel „Spiegel", „Stern" und „Focus" untersucht und bezieht sich jeweils auf das Print-, das TV(-Magazin)- und das Online-Produkt.

Die Untersuchung ist Teil eines größeren Forschungsprojekts, das insgesamt aus vier Modulen besteht und thematisch in der Journalismusforschung angesiedelt ist (vgl. Loosen/Scholl 2002).[5] Knapp umrissen ist das Erkenntnisinteresse des Projekts auf den ‚Journalismus im Übergang' gerichtet. Es schließt an Beobachtungen an, welche die aktuelle Medienkommunikation am Ende von Entwicklungsprozessen beziehungsweise am Beginn von neuen Trends und Phasen sehen. Die Beobachtung des Journalismus folgt dabei einer differenztheoretischen Perspektive, die maßgeblich durch das System/Umwelt-Paradigma der konstruktivistischen Systemtheorie bestimmt ist (vgl. Scholl/Weischenberg 1998: 15ff.). So wird Journalismus innerhalb des Projekts von anderen Medienaktivitäten funktional abgegrenzt und die Differenzierungen und Entdifferenzierungen seiner spezifischen Strukturen und Leistungen werden mit Hilfe von Unterscheidungen – Journalismus/PR, Information/Unterhaltung, klassische Medien/Online-Medien – beobachtet. Vor diesem Hintergrund werden

„Journalistinnen und Journalisten nicht mehr ernsthaft wahre Aussagen über die ‚wirkliche Realität' abverlangt, sondern ‚nur' noch subjektabhängige Wirklichkeitsentwürfe von Beobachtern zweiter Ordnung zugeordnet, die der Gesellschaft sozusagen permanent den Spiegel vorhalten, in dem sie sich selbst betrachten kann." (ebd.: 15)

Zwei zentrale Fragen stehen im Zentrum der Untersuchung:

– Welche Konturen nimmt der Journalismus angesichts nationaler, medialer, formaler/inhaltlicher und professioneller Entgrenzungen an?
– Bedrohen diese Entgrenzungen des Journalismus seine Identität als Funktionssystem?

---

5   Das Projekt wurde im Zeitraum vom 01.11.2000 bis zum 31.10.2002 von der Deutschen Forschungsgemeinschaft unter dem Titel „Konturen aktueller Medienkommunikation: Differenzierung und Entdifferenzierung medienspezifischer Strukturen und Leistungen von Journalismus in der Informationsgesellschaft" gefördert. Die Projektleitung lag bei Prof. Dr. Siegfried Weischenberg am Institut für Journalistik und Kommunikationswissenschaft der Universität Hamburg. Aus dem Projekt sind bereits verschiedene Publikationen entstanden: Loosen 2001, Weischenberg 2001a, Lauber 2002, Loosen/Scholl 2002, Beuthner 2003, Scholl 2003b; weitere befinden sich in Vorbereitung.

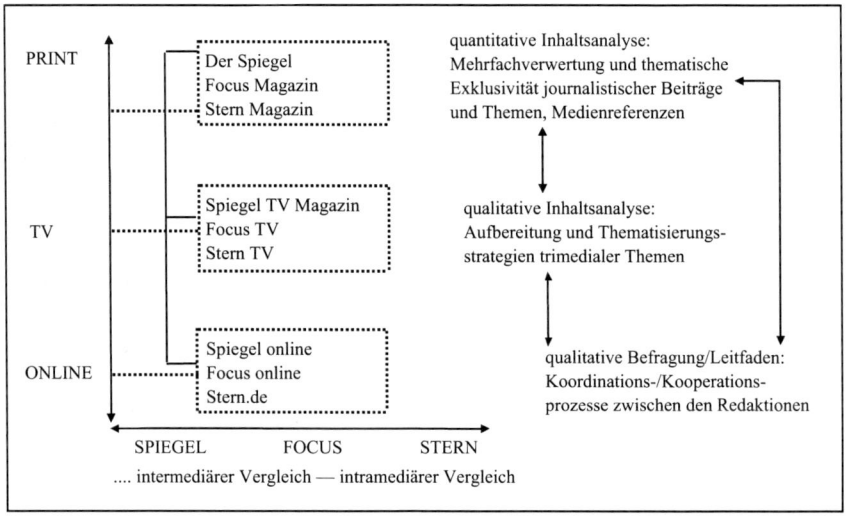

Abb. 1: Auswertungs- und Vergleichsebenen im Untersuchungsdesign.

In der hier behandelten Teilstudie geht es ausschließlich um die ‚medialen Entgrenzungen'. Die Abbildung 1 verdeutlicht die Anlage des Untersuchungsdesigns und die sich daraus ergebenden Vergleichs- und Auswertungsebenen: Für die in diesem Beitrag behandelten Fragestellungen sind vor allem die quantitative und die qualitative Inhaltsanalyse relevant. Die qualitative Befragung in Form von Leitfadeninterviews wird hier vernachlässigt.

Die Inhaltsanalysen beziehen sich auf verschiedene Untersuchungseinheiten: Formen gegenseitiger Referenzen der jeweiligen Print-, TV- und Online-Titel untereinander (Untersuchungseinheit Medienreferenz), Themenstrukturen aller Titel (Untersuchungseinheit Beitrag), Themen, die in mehr als einem Medium vorkommen (Untersuchungseinheit Thema) sowie trimediale Themen, die sowohl im Print-, TV- und Online-Produkt eines Titels vorkommen (Untersuchungseinheit trimediales Thema). Auf diese Weise sind vier Datensätze entstanden, von denen die drei themenbezogenen (Untersuchungseinheiten Beitrag, Thema, trimediales Thema) miteinander verknüpft sind und mit Hilfe von quantitativ-standardisierten Inhaltsanalysen ermittelt wurden. Der fünfte Datensatz schließlich basiert auf einer qualitativen Inhaltsanalyse, welche die ermittelten trimedialen Themen, die bei jedem Titel („Spiegel", „Focus", „Stern") und dort in jedem Medientyp (Print, TV, Online) vorkommen, miteinander vergleicht.

Das waren im zugrunde gelegten Untersuchungszeitraum (vier zeitliche Blöcke vom 2. März bis zum 29. Mai 2002) lediglich zwei Themen („Der Amoklauf von Erfurt" und der „Bombenanschlag auf der tunesischen Ferieninsel Djerba"), die für alle Titel und alle Medientypen qualitativ vor allem hinsichtlich des Themenfokus und der Themenaspekte sowie der journalistischen Thematisierungs- und Vermittlungsstrategien ausgewertet und verglichen wurden. Insgesamt bauen die inhaltsanalytischen Verfahren also aufeinander auf, wobei die quantitative Inhaltsanalyse unter anderem dazu dient, die für die qualitative Inhaltsanalyse notwendige Reduktion auf Themen, die in allen drei Medientypen vorkommen, zu ermöglichen.

Auch wenn die Ergebnisdarstellung im Rahmen dieses Beitrags keine zentrale Rolle spielen kann, können einige wenige zusammenfassende Befunde einen kurzen Einblick geben: Die Ergebnisse geben diverse Hinweise auf eine komplementäre Struktur unterschiedlicher medialer Erscheinungsweisen, die eine eigenständige Leistung erfüllen. Die medienspezifische Aufbereitung von Themen offenbart dabei einmal mehr den Konstruktionscharakter von journalistischen Medienangeboten. Insgesamt legen die Befunde aus Inhaltsanalyse und Befragung die Einschätzung nahe, dass überall dort, wo es an der einen Stelle zu Entdifferenzierungen kommt (hier auf der Ebene der Strukturen durch die Integration des Online-Mediums), es an anderer Stelle zu Redifferenzierungen kommt (hier auf der Ebene der Arbeitsprozesse und der Aussagenentstehung), und zwar durch den Versuch, zum anderen Medium komplementäre Leistungen anzubieten.

Jenseits einer solchen konstruktivistisch-systemtheoretischen Interpretation der Befunde sind im Kontext des vorliegenden Beitrags und vor dem Hintergrund der skizzierten Untersuchung vor allem drei methodologische Fragen relevant:

– Wie verhalten sich konstruktivistisch reinterpretierte, quantitative Inhaltsanalyse und qualitative Inhaltsanalyse zueinander?

– Was spricht über verfahrenstechnisch-pragmatische Gründe hinaus für die Kombination beider Verfahren und Forschungsphilosophien?

– Ergeben sich aus diesen Überlegungen – quasi auf dem Umweg über die qualitative Inhaltsanalyse – auch Anschlussstellen an hermeneutische Verfahren?

## Konstruktivismus als ‚Brückenbauer' zwischen quantitativer und qualitativer Inhaltsanalyse

In der empirischen Sozial- und Kommunikationsforschung werden quantitative und qualitative Verfahren ganz selbstverständlich und eher entsprechend einer pragmatisch-technischen Vorgehensweise miteinander kombiniert. Allerdings darf dies nicht darüber hinwegtäuschen, dass quantitative und qualitative Verfahren auf verschiedenen Forschungsphilosophien beruhen, die häufig mit erkenntnistheoretischen Argumenten flankiert werden. Gerade diese geraten bei der pragmatischen Kombination qualitativer und quantitativer Verfahren leicht aus dem Blick. Als Ausgangspunkt der vor allem auf der ‚qualitativen Seite' geführten erkenntnistheoretischen Diskussion dient vor allem die Behauptung, dass beide Lager unterschiedliche Vorstellungen von Wirklichkeit und von der Art und Weise, wie diese zu untersuchen sei, hätten (vgl. Sale/Lohfeld/Brazil 2002). Dies spiegelt sich auch in den immer wieder zusammengestellten Unterschiedskatalogen wider, die sich auch noch in aktuellen Publikationen zur qualitativen Forschung finden lassen (vgl. ebd.: 44ff., Denzin/Lincoln 2000: 8ff., Lamnek 1995: 6ff.). In diesem Zusammenhang gibt es allerdings auch verschiedene ‚gemäßigtere' Standpunkte, die sich – zumindest in Teilen – darum bemühen, einzelne der vielfältigen vermeintlichen Dichotomien, die zur Charakterisierung qualitativer und quantitativer Verfahren herangezogen werden (zum Beispiel Induktion/Deduktion, Erklären/Verstehen etc.) zu überbrücken (vgl. Kelle/Erzberger 2003, Meinefeld 2003, Früh 2001a: 67ff., Kelle/Kluge 1999: 16ff., Erzberger 1998).[6]

In methodisch-praktischer Hinsicht konnte besonders für die Inhaltsanalyse gezeigt werden, dass sich beide Bereiche gut miteinander kombinieren lassen, da auch bei qualitativen Verfahren häufig auf quantitative inhaltsanalytische Techniken zurückgegriffen wird und umgekehrt (vgl. Früh 2001a: 67ff., Früh 2001b: 119ff., Mayring 2001). Gerade die für die qualitative Inhaltsanalyse vorgeschlagenen Verfahren sind – für eine qualitative Methode – meist verhältnismäßig regelgeleitet angelegt und sehen zum Beispiel ebenso die Definition von Variablen und Kodierregeln vor (vgl. Mayring 2003). Auf diese Weise werden häufig Verbindungen und fließende Übergänge zwischen beiden Verfahrensweisen hergestellt, so dass viele der grundsätzlichen Probleme zwischen

---

6  Argumente zur Vereinbarkeit beider Richtungen finden sich auch in quantitativ orientierter Methodenliteratur. Vielfach sind hier die Argumente aber eher forschungstechnisch-pragmatisch und setzen sich nicht, oder nur sehr peripher, mit den erkenntnistheoretischen Prämissen auseinander (vgl. Brosius/Koschel 2001: 17ff.).

der Vermittlung quantitativer und qualitativer Verfahren speziell für die Inhaltsanalyse mittlerweile relativiert wurden.

Vor diesem Hintergrund wurde auch innerhalb des vorgestellten empirischen
Projekts zwischen quantitativen und qualitativen Phasen vermittelt. Insgesamt
wurde das bereits geschilderte schrittweise Vorgehen im Falle der quantitativen
Inhaltsanalyse auf die Identifikation von trimedialen Themen hin angelegt, was
schließlich zu sehr niedrigen Fallzahlen geführt hat. Daran hat sich schließlich
die qualitative Analyse der trimedialen Themen „Erfurt" und „Djerba" ange-
schlossen. Die qualitative Inhaltsanalyse bezog sich auf Dimensionen, die sowohl theorie- (Ableitung der Dimensionen, Variablen und Kategorien aus der
Forschungsfrage und den Hypothesen) als auch empiriegeleitet (Ausdifferenzierung des Kategoriensystems mit Bezug auf das konkrete Untersuchungsmaterial) (vgl. Früh 2001a: 141ff., Früh 2001b) ermittelt wurden – auch ein Vorgehen,
das sich für quantitative und qualitative Inhaltsanalysen gleichermaßen anbietet.
Zentral war dabei unter anderem die Bestimmung zentraler journalistischer
Thematisierungs- und Vermittlungsstrategien (wie zum Beispiel Personalisie-
rung, Hintergrund und kontextuelle beziehungsweise historische und chronolo-
gische Einbettung, Serviceorientierung usw. (vgl. Weischenberg 2001b: 44ff.))
und ihr Einsatz im Medienvergleich. Insgesamt ist das Vorgehen bei der qualitativen Inhaltsanalyse damit stark an dem von Mayring (2003) vorgeschlagenen
Verfahren orientiert, das viele Verbindungen zwischen quantitativen und qualitativen inhaltsanalytischen Techniken herstellt. Auch wenn die dafür erhobenen
Dimensionen grundsätzlich auch quantifizierbar gewesen wären, erwies sich die
qualitative Analyse vor allem aufgrund des trimedialen Vergleichs für Print, TV
und Online als fruchtbarer. Die reine Quantifizierung hätte in diesem Falle zu
viele Besonderheiten vernachlässigen müssen und so möglicherweise eher
Selbstverständlichkeiten produziert.

So wurden auch in diesem konkreten Fall die Unterschiede zwischen quantitativer und qualitativer Inhaltsanalyse zunächst nicht grundsätzlich theoretisch-
methodologisch, sondern pragmatisch-technisch und in Abhängigkeit von der
Forschungsfrage behandelt. Wenn aber (die realistische) Erkenntnistheorie (des
Kritischen Rationalismus) und Methodologie entkoppelt werden können und so
Konstruktivismus und deduktiv-nomologische Methoden zusammengebracht
werden können, müsste dies auch für qualitative und quantitative Methodologien jenseits dieser eher verfahrenstechnischen-pragmatischen Kombinations-
und Variationsmöglichkeiten möglich sein. Das gilt zumindest für die Argumente, die auf zum Teil vermeintlich unterschiedlichen erkenntnistheoretischen
Positionen aufbauen und die auf Seiten der qualitativen Forschung einen Großteil der Abgrenzungsversuche gegenüber der quantitativen Vorgehensweise

ausmachen. So geht die in diesem Zusammenhang vorgenommene konstruktivistische Reinterpretation der quantitativen Inhaltsanalyse von der Ausgangsüberlegung aus, dass die Inhaltsanalyse ein beobachterabhängiger Rezeptionsprozess ist (vgl. Loosen/Scholl/Woelke 2002: 47ff.), die Methode aber gleichzeitig Gütekriterien entwickelt hat, um diese Beobachtung zu kontrollieren
beziehungsweise intersubjektiv nachvollziehbar zu gestalten. Die gesamte Methodik vor allem der quantitativen Inhaltsanalyse ist auf diese Form der Kontrolle – jedoch nicht auf die ohnehin unmögliche Eliminierung – des subjektiven
Forscherindividuums hin angelegt und verweist damit auf die Beobachterabhängigkeit aller erzielbaren Ergebnisse (ebd.: 55ff.).

Mit dieser konstruktivistischen Interpretation einer deduktiv-nomologischen
Methode ergeben sich zahlreiche Anschlussstellen an qualitative Verfahren.
Ohnehin hat sich bereits an verschiedenen Stellen gezeigt, dass viele Charakteristika der qualitativen Methodologie mit konstruktivistischen Überlegungen
übereinstimmen. Dazu gehören zum Beispiel die Betonung der Subjektabhän-
gigkeit und die starke Relativierung von Objektivitätskriterien (vgl. Flick 2003:
161ff., Moser 2001: 105, Loosen/Scholl/Woelke 2002: 51ff.). Allerdings wurde
diese Übereinstimmung bisher nicht als Gelegenheit gesehen, den Graben zwischen qualitativen und quantitativen Methoden zu überbrücken. Einerseits
könnte eine solche Annäherung eine zusätzliche Anschlussstelle für hermeneutische Verfahren an die Inhaltsanalyse markieren. Andererseits lassen sich verschiedene Elemente des konstruktivistischen Empirieverständnisses und der
damit einhergehenden Gütekriterien empirischer Forschung weniger mit der
qualitativen als vielmehr mit der quantitativen Methodologie abgleichen.[7]

So müssen selbst Anwender und Befürworter qualitativer Verfahren konsta-
tieren, dass es für die qualitative Forschung keine allgemein akzeptierten Kriterien zur Bewertung der Wissenschaftlichkeit gibt,[8] dass diese im Gegenteil
vielfach sogar als explizit unangemessen für qualitative Forschung angesehen
werden (vgl. Mruck 2000: Absatz 30ff.):

– Dazu gehört zum Beispiel der Anspruch auf *Objektivität*, weil „die
  Subjektivität der Forschenden nicht als Störvariable eliminiert, sondern

---

[7] Vgl. Schmidt 1998: 122ff. sowie die Interpretation von Wissenschaft als „methodische *Zähmung
des Blicks*" (ebd.: 124, kursiv im Original).
[8] Allerdings sind die Fortschritte und die zunehmende Verbreitung qualitativer Verfahren gerade
darauf zurückzuführen, dass vermehrt Wert auf Transparenz und Nachvollziehbarkeit der methodischen Vorgehensweise gelegt wird und in Teilen eine Annäherung an die Qualitätskriterien quantitativer Methoden stattfindet.

für den Verständigungs- und Verstehensprozess genutzt werden soll"
(ebd.).

– Ferner wird die Erhebungssituation als singuläres Ereignis verstanden,
so dass sich jede Standardisierung zur Erhöhung der Vergleichbarkeit
verbiete und ein Anspruch auf *Reliabilität* zurückgewiesen wird, weil
sich jeder Gegenstand bereits durch den Eingriff des Forschenden ver-
ändere.

– *Validität* wird besonders im Zusammenhang mit Interpretationen und
Verallgemeinerungen mit dem Ziel diskutiert, Prozesse der Konsensherstellung in der qualitativen Forschung zu fördern. Dabei kann es
beispielsweise um Absprachen zur Konsensherstellung zwischen Ko-
dierern (in Anlehnung an die Maßnahmen zur Erhöhung der Interko-
derreliabilität bei der quantitativen Inhaltsanalyse), aber auch zwischen
Forscher und Befragtem sowie zwischen Forscher und außenstehenden
Experten oder Forscherkollegen gehen.

Insgesamt ist also nicht die Subjektzentriertheit qualitativer Methoden problematisch. Gerade diese rückt sie nah an den Konstruktivismus und damit unter
das Dach konstruktivistisch interpretierter Methoden, die diese Subjektzentriertheit quasi ins Zentrum methodologischer Überlegungen und methodischer 'Arbeitsregeln' stellen. Problematisch ist vielmehr die vielfach mangelnde Transparenz des qualitativ-methodischen Verfahrens, welche die intersubjektive Nachvollziehbarkeit erschwert, wenn nicht sogar unmöglich macht. Daraus ergeben
sich nicht zuletzt auch Probleme für die Reichweite und Repräsentativität von
auf diesem Wege gewonnenen Ergebnissen.[9]

**Inhaltsanalyse und hermeneutische Verfahren: ähnliche Ziele, unter-
schiedliche Wege?**

Wenn sich die konstruktivistische Brücke zwischen qualitativen und quantitativen Methoden, die sich auf die bis zu dieser Stelle angeführten Argumente
stützt, als tragfähig erweist, lässt sie sich vielleicht auch noch über den sehr viel

---

[9]  Aus diesem Umstand leitet die empirische Literaturwissenschaftlerin Sibylle Moser in Bezug auf
die Praxis des Interpretierens in der Literaturwissenschaft zum Beispiel auch ganz forschungspragmatische Überlegungen ab: „Die Reduktion des Begriffs der Empirie auf die Erfahrung einzelner
InterpretInnen mit einzelnen Texten ist in Anbetracht der grundsätzlichen Operationalität von Erfahrung zwar möglich, sie scheint mir jedoch angesichts der schwindenden Forschungsressourcen (...)
nur schwer sinnvoll argumentierbar zu sein." (Moser 2001: 147)

breiteren Graben zwischen Inhaltsanalyse und hermeneutischen Verfahren, die insgesamt als zentral für die Entwicklung der qualitativen Forschungstradition gelten, schlagen (vgl. Mruck 2000: Absatz 9). Mit dieser Überlegung wird der durch die skizzierte empirische Studie gesteckte Rahmen spätestens an dieser Stelle zu eng, denn zwischen der Inhaltsanalyse in der empirischen Kommunikationsforschung und der Hermeneutik gibt es nur wenige Berührungspunkte. Rückbezüge auf die empirische Studie bieten sich deshalb zwangsläufig deutlich seltener an.

,Verstehen' ist der zentrale Begriff der Hermeneutik, zu dem auch im Zusammenhang mit Konstruktivismus und Systemtheorie schon einiges an definitorischer Kleinarbeit geleistet worden ist (Kneer/Nassehi 1991, Schneider 1992, Schmidt 1994: 125ff.). In der inhaltsanalytischen Methodologie hat die Diskussion des Verstehensbegriffs hingegen keine vergleichbare Tradition, auch – will man die vermeintliche Dichotomie von ,Verstehen' und ,Erklären' zugrunde legen – weil die quantitative empirische Sozialforschung eher mit der deduktiven Vorgehensweise korrespondiert. Für Siegfried J. Schmidt, der den Begriff aus konstruktivistischer Perspektive interpretiert, ist ,Verstehen' bedeutungsgerecht kommunizieren und nicht das Erfassen des vom Sprecher Gemeinten (vgl. 1994: 140). Wenn außerdem, wie Schmidt in Anlehnung an Hörmann argumentiert „(...) Verstehen (...) ein Konstruktionsvorgang [ist], zu dem die einzelnen Wörter des Satzes das beitragen, was *hier* für den Zusammenhang gebraucht wird, nicht alles, was potentiell in ihnen steckt" (Hörmann 1980, zitiert nach Schmidt 1994: 123), ist damit ziemlich genau beschrieben, was mit der Methode der Inhaltsanalyse gemacht wird: Das inhaltsanalytische Kategoriensystem gibt als Folie den Blick auf alles in Bezug auf die Forschungsfrage Relevante frei, der Rest wird vernachlässigt. Das wichtigste Gütekriterium ist, die dabei ablaufenden Prozesse intersubjektiv nachvollziehbar zu machen.

Aber auch mit Hilfe dieses ,konstruktivistischen Brückenbaus' kommen sich Hermeneutik und Inhaltsanalyse auf dem Fundament eines derart definierten Verstehensbegriffs nicht sehr viel näher. Im Unterschied zu hermeneutischen Verfahren findet die Interpretationsleistung bei der Inhaltsanalyse nicht in Bezug auf den gesamten Text statt, sondern stets auf Basis der durch das Kategoriensystem gewonnenen Daten; das gilt vielfach auch für die qualitative Inhaltsanalyse. Das heißt jedoch nicht, dass man durch das Kategoriensystem blind für den Text wird, denn die Kategorienbildung erfolgt in der Regel nicht nur theorie-, sondern auch empiriegeleitet. Dabei werden die zu analysierenden und vielfach vorläufig entwickelten Variablen mit ihren Kategorien am Untersuchungsmaterial getestet und modifiziert (vgl. Früh 2001b). Das Kategoriensystem – immer wieder als Herzstück der Inhaltsanalyse bezeichnet – entsteht somit in einem rekursiven Prozess ganz nah am Material, das die Operationalisierung immer wieder irritieren kann. Theorie- und empiriegeleitete Kategoriebildung findet sich sowohl im Rahmen der qualitativen als auch der quantitativen Inhaltsanalyse, wenn auch in unterschiedlich starker Ausrichtung an der einen oder anderen Seite. Dabei können – vor allem bei der qualitativen Inhaltsanalyse – auch Passagen aus dem Analysematerial zur Be- oder Widerlegung bestimmter Deutungen herangezogen werden. Bei der quantitativen Inhaltsanalyse geht das Analysematerial quasi im Kategoriensystem auf, im Original ist es nur über die genauen Angaben zur Bestimmung der Stichprobe und die Archivierungspflicht verfügbar. Wenn die Daten erst einmal vorliegen, ist das zugrunde liegende Material praktisch nicht mehr Gegenstand der Betrachtung – es sei denn indirekt hinsichtlich der Beurteilung der Stichprobe. Anschlussdiskussionen beziehen sich im Wesentlichen auf Angemessenheit und Güte der Methode im Hinblick auf die jeweilige Fragestellung.

Auf der anderen Seite erinnert einiges in der Terminologie und Zielsetzung etwa der „sozialwissenschaftlichen Hermeneutik" (vgl. Soeffner 2003, Hitzler/Honer 1997a) auch an die sozialwissenschaftliche Inhaltsanalyse. Innerhalb der sozialwissenschaftlichen Varianten der Hermeneutik gilt subjektives ‚Nachfühlen' weder als notwendig noch als hinreichend (vgl. Soeffner 2003, Bortz/Döring 2002: 303), Empathie gilt hier nicht (mehr) als verlässliche Methode (vgl. Moser 2001: 103). Schon allein in dieser Hinsicht erscheint ein Blick auf Veränderungen und Erweiterungen der Hermeneutik lohnenswert. Unter dem Dach der sozialwissenschaftlichen Hermeneutik werden beispielsweise verschiedene Ansätze und Verfahren zusammengefasst, die

> „(...) darauf abzielen, methodisch kontrolliert durch den oberflächlichen Informationsgehalt des Textes hindurchzustoßen zu tieferliegenden (d.h. in gewisser Weise ‚latenten' beziehungsweise ‚verborgenen') Sinn- und Bedeutungsstrukturen und dabei diesen Rekonstruktionsvorgang intersubjektiv nachvollziehbar zu machen beziehungsweise nachvollziehbar zu halten." (Hitzler/Honer 1997b: 23)

Die hier über Begriffe wie „methodisch kontrolliert", „intersubjektiv nachvollziehbar" und „latent" anklingenden Annäherungen an die Inhaltsanalyse[10] werden dann allerdings wieder durch zum Teil missverstandene und missverständliche Verfahrenskritik gestört. So kritisieren die Autoren an der Inhaltsanalyse

---

[10] Als Beleg für die Verwendung dieser Begriffe können hier im Prinzip die beiden Standardwerke zur Methode der Inhaltsanalyse in der empirischen Sozialforschung gelten: Früh 2001a sowie Merten 1995, in denen es insgesamt – und wie in der empirischen Sozialforschung allgemein – um methodisch kontrolliertes und intersubjektiv nachvollziehbares empirisches Arbeiten geht. Speziell zur Diskussion um die Begriffe ‚manifest versus latent' vgl. Merten 1995: 23ff. und 56f. sowie die an diesen Stellen genannten Aspekte aufgreifend Loosen/Scholl/Woelke 2002: 48ff.

unter anderem den „systematischen Datenverlust" sowie die sowohl für quantitative als auch für qualitative Verfahren geltende zwangsläufige Unterstellung einer „(...) Bedeutungsäquivalenz der vom Textproduzenten verwendeten und der vom Analytiker gebrauchten Begrifflichkeiten" (ebd.).

Beide Einwände müssen jedoch relativiert werden: Die vermeintliche Schwäche des „systematischen Datenverlustes" ist die eigentliche Stärke vor allem der quantitativen Inhaltsanalyse. Der Text interessiert im Rahmen einer Inhaltsanalyse nie als Ganzes, sondern lediglich hinsichtlich ganz bestimmter forschungsleitender Dimensionen – ansonsten wäre der inhaltsanalytische Prozess nicht komplexitätsreduzierend. Beim zweiten Einwand bleibt unklar, ob hiermit auf das Verständnis der Inhaltsanalyse als inferenzielle und/oder als reaktive Methode angespielt wird; gleichwohl scheinen beide Aspekte mit dem Begriff der „Bedeutungsäquivalenz" zumindest tangiert: Zwar galt die Inhaltsanalyse im Vergleich zum Interview und zur teilnehmenden Beobachtung lange als reaktivitätsfrei, weil sich ihre Untersuchungsobjekte durch die Analyse nicht verändern; der Kommunikationswissenschaftler Klaus Merten hat aber überzeugend nachgewiesen, dass auch die Inhaltsanalyse als reaktives Erhebungsinstrument einzustufen ist, weil die Gewinnung von Daten aus einem Text erst durch den selektiven Zugriff eines Kodierers möglich ist (vgl. 1995: 92ff.). Reaktivität entsteht in diesem Falle zwischen Kodierer und Text, weil dieser nur in Abhängigkeit einer wahrnehmenden – und damit konstruierenden Instanz – hinsichtlich der jeweils relevanten Dimensionen verarbeitet werden kann. Sie bezieht sich damit also nicht nur auf die *Interaktion* zwischen Forscher und Befragtem/Beobachtetem, sondern auch auf die notwendige *Interpretation* des Textes durch den Forscher (ebd.: 92f.). Dieser Preis muss gezahlt werden, wenn man einem Text ‚soziale Komponenten' zugestehen will, gerade *weil* dieser keine objektive Bedeutung in sich trägt – erst das macht aus der Inhaltsanalyse mehr als eine reine Textanalyse. In einem konstruktivistischen Textverständnis kann man folglich

> „(...) Texte beschreiben als – syntaktisch und semantisch – hochgradig konventionalisierte strukturreiche *Anstöße* zur Durchführung kognitiver Operationen (...), deren Resultate (Kommunikate) nicht allein vom Text, sondern vom jeweiligen Gesamtzustand des kognitiven Systems in konkreten Situationen abhängen (...)." (Schmidt 1994: 139, kursiv im Original)

Genau auf diesem Umstand basiert auch die Unterstellung von Inferenz als dem Rückschluss vom Inhalt auf soziale Wirklichkeit,[11] der eben ohne diese „hoch-

---

[11] Der Inferenzschluss kann den Schluss auf Intentionen des Kommunikators, auf Wirkungen beim Rezipienten oder auf die soziale Situation zur Entstehungszeit des Textes beinhalten (vgl. Merten 1995: 23ff.).

gradig konventionalisierten strukturreichen Anstöße" keine Basis hätte. Die konkrete Situation der Kommunikatbildung wird im Verlauf der Inhaltsanalyse methodisch kontrolliert, um die Nachvollziehbarkeit des Vorgehens zu gewährleisten. Die Inhaltsanalyse als sozialwissenschaftliche Methode und die durch sie zustande kommenden Daten brauchen also keine Referenz darauf, ‚was der Text wirklich bedeutet'. Sie ist bereits in ihrer gesamten Anlage hochgradig konstruiert und damit selbst ein Konstrukt. So ist methodische Kontrolle für Nassehi/Saake (2002) unter diesen Bedingungen dann auch

> „(...) kein Eindeutigkeitsgenerator mehr, sie sediert nicht den Beobachter, was wohl der Traum aller Präzision simulierenden Statistik ist. Methodische ‚Kontrolle' meint auch nicht mehr die (vergebliche) Suche nach gegenstandsadäquaten Methoden, konstituieren diese doch ihre Gegenstände. Methodische ‚Kontrolle' kann dann nur noch heißen: Einsicht in die epistemologische Verschlingung von Forschung und Gegenstand sowie Folgenabschätzung von Begriffs- und Unterscheidungsunterstellungen." (ebd.: 81)

Selbst beim Inferenzschluss vom Text auf den Kommunikator (vgl. Merten 1995: 23ff.) muss die von Hitzler und Honer kritisierte „Bedeutungsäquivalenz" zwischen den Begrifflichkeiten des Kommunikators und des Inhaltsanalytikers nicht zwangsläufig unterstellt werden. Vielmehr kann ein solches schließendes Vorgehen über den Vergleich – zum Beispiel von Beiträgen verschiedener Tageszeitungen zu einem Thema – gerechtfertigt werden. So können Aussagen darüber gemacht werden, inwieweit sich die Aussagen der Kommunikatoren (Tageszeitungen) unterscheiden, oder, wenn der Zeitfaktor mit einbezogen wird, wie sie sich in einem bestimmten Zeitabschnitt entwickelt haben (ebd.: 24f.). Auf diese Weise werden dann Rückschlüsse auf Kommunikatoren und auf Unterschiede zwischen ihnen möglich. Auf der pragmatischen Ebene nach der Intention beziehungsweise Wirkungsabsicht eines Kommunikators zu fragen, berührt demgegenüber sehr viel grundsätzlichere Aspekte zum Wirkungsbegriff, denn

> „Intentionen bzw. Wirkungen sind nicht Eigenschaften *des* Kommunikators bzw. *des* Rezipienten, sondern sie sind *situational* und damit *relational* bedingte Variablenkonstellationen, deren Eintreten von ganzen Bündeln von Variablen abhängig ist." (ebd.: 266, kursiv im Original)

Der Schluss auf Autorintentionen und Wirkungsabsichten kann also – wenn überhaupt – höchstens vor dem Hintergrund von Wirkungsmodellen plausibilisiert werden, und auch die Rezeption durch den Inhaltsanalytiker ist bedingt durch diese „situational und damit relational bedingten Variablenkonstellationen", die völlig anders disponiert sind als diejenigen des Autors; für den Begriff der „Bedeutungsäquivalenz" ist also auch hier kein Platz.

## Inhaltsanalyse und hermeneutische Verfahren: Die Relevanz der Inhalte

Gemeinsam haben hermeneutische Verfahren der Textanalyse mit der Inhaltsanalyse die zentrale Rolle von ‚Texten', wobei damit in beiden Bereichen verschiedene Formen von Kommunikationsinhalten gemeint sein können. Diese Gemeinsamkeit korrespondiert auch mit der von Merten/Ruhrmann (1982) als Paradoxon charakterisierten Entwicklung der Inhaltsanalyse:

> „Damit zeigt die Entwicklung der Inhaltsanalyse ein recht bemerkenswertes Paradoxon: Benutzte man die Inhaltsanalyse zunächst eher als marginale Methode, weil damit Strukturen sozialen Handelns, freilich in fossilierter Form, erhoben werden konnten, so versucht man heute umgekehrt soziales Handeln, insonderheit Kommunikationsprozesse, vorsätzlich durch Vertextung zu fossilieren, weil nur so, durch jederzeit wiederholbare und damit methodisch kontrollierte Analyseprozeduren, die Gültigkeit der Analyse sicher gestellt werden kann." (Merten/Ruhrmann 1982: 712)

Das liest sich wiederum kaum anders als die Konzeptionalisierung der Sozialwissenschaft im Rahmen eines hermeneutischen Ansatzes durch den Soziologen Siegfried Lamnek, der Sozialwissenschaft als Textwissenschaft beschreibt:

> „Ausgehend von der ‚Zeichenhaftigkeit' menschlicher Produkte und des natürlichen Umfeldes der diese Symbole deutenden Akteure, wird dem ‚Text' als Dokumentation dieses Symbolgehalts der sozialen Realität eine herausgehobene Bedeutung für die sozialwissenschaftliche Analyse und Theoriebildung zugewiesen." (Lamnek 1995: 90)

Diese Gemeinsamkeit kann allerdings nicht den Umstand überdecken, dass hermeneutische Verfahren insgesamt eine deutlich stärkere Textorientierung aufweisen, während die Kommunikationsforschung eine ausgesprochene Kontextorientierung hat. Auch dies lässt sich anhand des hier vorgestellten Untersuchungsdesigns illustrieren: In der empirischen Kommunikationsforschung werden vielfach (journalistische) Medienangebote Gegenstand inhaltsanalytischer Untersuchungen. Nicht nur in Systemtheorie und Konstruktivismus gelten Medien „als primäre Generatoren von Wirklichkeit" (Weber 2000: 42) und als dementsprechend relevant werden Medienaussagen für gesellschaftliche Kommunikations- und Verständigungsprozesse eingestuft. Vor allem Arbeiten zur konstruktivistischen Systemtheorie (vgl. Scholl/Weischenberg 1998, Weber 2000) sind dabei der Forderung nachgekommen, dass Medienforschung Systemorientierung braucht, „und zwar sowohl bei der Gegenstandsbestimmung als auch bei der Methodenwahl" (Schmidt 1996: 3). Dazu gehört auch die Überlegung, dass

„[sich] die Analyse von Medienangeboten nicht werkimmanent – nach hermeneutisch-
semiotischer Tradition – allein auf das jeweilige Medienangebot konzentrieren [kann], sondern
[dass sie] – differenztheoretisch – den mediensystemischen Kontext hinreichend mit berücksichtigen [muss]." (ebd.: 4)

In der vorliegenden Studie erfolgt eine solche Berücksichtigung des ‚mediensystemischen Kontextes' zum Beispiel auf Basis des System/Umwelt-Paradig-
mas der konstruktivistischen Systemtheorie, das sich auf ein Modell zur systematischen Erfassung von Faktoren, die ein Journalismussystem konstituieren,
stützt. Die Journalismusforschung verdankt dieser Perspektive zahlreiche Einsichten in Kontexte und Faktoren, die Journalismus als System konstituieren,
sowie die Identifikation verschiedener Einflüsse, welche zum Beispiel die journalistische Aussagenentstehung tangieren können (vgl. Scholl/Weischenberg
1998: 20ff.). Vor dem Hintergrund der hier vorgestellten Fragestellung sind
damit verschiedene *Kontexte* des Journalismussystems angesprochen:

–   Der für *Mediensysteme* westlichen Typs charakteristische Doppelcha-
    rakter von Medien als Unternehmen und Institutionen verschiebt sich
    zugunsten der wirtschaftlichen Aktivitäten. Die fortschreitende Ent-
    wicklung computergestützter Kommunikation wandelt die gesell-
    schaftlichen Rahmenbedingungen und trägt so wesentlich zur Be-
    schleunigung dieses Prozesses bei.
–   Die Ausdifferenzierung medialer Angebotsstrukturen im inter- und
    intramediären Rahmen korrespondiert mit einem sich verschärfenden
    Wettbewerb. Dieses Phänomen lässt sich zum einen auf der Ebene der
    *Medieninstitutionen* beobachten als Mehrfachverwertung von journa-
    listischen Leistungen im Rahmen eines synergetischen Produktions-
    modells und zum anderen an den
–   *Medienaussagen* selbst, an denen die verschiedenen Formen von Mehr-
    fachverwertung direkt empirisch beobachtbar sind. Voraussetzung für
    intermediäre Mehrfachverwertung sind Entdifferenzierungen journa-
    listischer Leistungen, die unmittelbar Konsequenzen für
–   *Medienakteure* und die an sie gestellten Arbeitsanforderungen mit sich
    bringen, wenn Aussagen für verschiedene Medien tauglich sein müs-
    sen.

Allein mit der Inhaltsanalyse können diese verschiedenen Kontexte natürlich
nicht empirisch untersucht werden. Gleichwohl können Inhaltsanalysen, die in
einem solchen theoretischem Kontext angesiedelt sind, auch ohne Methodenkombinationen zu sehr viel aussagekräftigeren Ergebnissen kommen als Analy-

sen, die lediglich ‚werkimmanent' und weniger theoriegeleitet verfahren. Da
journalistischer Output zentral für die gesellschaftspolitisch und systemtheoretisch modellierte Funktion von Journalismus ist, haben gerade inhaltsanalytische
Untersuchungen journalistischer Medienangebote besondere Relevanz. Zudem
handelt es sich um hochkonventionalisierte Inhaltstypen (zum Beispiel in Form
von Mediengattungen, Berichterstattungsmustern und Darstellungsformen),
deren gesellschaftlich geprägte Muster der Produktion und Rezeption für Orientierung und voraussetzbares intersubjektives Wissen sorgen (vgl. Schmidt/Wei-
schenberg 1994: 212ff.). Besonders diese (Rück-)Kopplungen zwischen Kommunikatoren und Rezipienten machen aus Inhaltsanalysen von Medienangeboten mehr als *nur* Textanalysen und sorgen für – vielleicht noch eher als in Bezug
auf andere Kommunikationsinhalte – plausible Inferenzen.

Dennoch kann die Inhaltsanalyse die Prozesse (beobachtbar mit der Methode
der Beobachtung) und Kontextbedingungen (beobachtbar mit der Befragung),
unter denen Inhalte entstanden sind, nicht vollständig rekonstruieren, weil sie ex
post ansetzt.[12] Auch in dieser Hinsicht ist für die Interpretation inhaltsanalytisch
ermittelter Daten der theoretische Überbau umso wichtiger, weil sie ohne diesen
stärker als erforderlich auf der deskriptiven Ebene verhaftet bleibt. Die Nachrichtenwertforschung sucht zum Beispiel mit Hilfe von Inhaltsanalysen nach
journalistischen Programmen, welche die Selektion von Nachrichten beeinflussen, die als Nachrichtenfaktoren der Berichterstattung identifiziert werden (vgl.
Loosen 1998) – gesucht wird also nach Indizien, mit deren Hilfe journalistische
Operationsweisen rekonstruiert werden können. Diese Informationen werden
zwar vom Text nicht *mitgeteilt*, können aber dennoch *verstanden* werden (vgl.
Kneer/Nassehi 1991: 350). Zwar ist speziell an der Nachrichtenwertforschung
kritisiert worden, dass Inhaltsanalysen keine direkten Selektionsprozesse nach-
zeichnen können (Loosen 1998: 46ff.). Ihre Plausibilität konnte aber immer
wieder bestätigt werden, wobei sowohl anhand theoretischer als auch methodischer Erweiterungen der Erklärungsanspruch der Nachrichtenwertforschung
teilweise modifiziert wurde (ebd.: 199ff.). Gerade das Beispiel der Nachrichtenwertforschung macht deutlich, in welchem Umfang theoriegeleitete Inhaltsanalysen Aussagefähigkeit und Reichweite ihrer Ergebnisse erhöhen können.

Ein solches Plädoyer für die theoriegeleitete Empirie scheint allerdings zunächst die noch instabile Brücke zwischen qualitativen und quantitativen Methoden erneut ins Wanken zu bringen: Die besondere Perspektive qualitativer
Sozialforschung wird häufig auch dadurch beschrieben, dass sie zu Beginn ihrer

---

12 Ein anderes methodisches Design entsteht bei Input-Output-Analysen. Aber auch hier setzen die
Inhaltsanalysen beim fertigen Produkt an und begleiten nicht die Entstehungsprozesse.

Untersuchungen auf die systematische Ableitung von Hypothesen aus Theorien verzichtet. Damit soll das Vorwissen, das sich, so die Argumentation, negativ auf die Offenheit des Vorgehens auswirken könne, möglichst weitgehend eliminiert werden (Flick 2002: 16ff.). Allerdings wird mittlerweile von anderer Seite auch in der qualitativen Forschung die Formulierung von Hypothesen – mit guten Gründen und unter Anerkennung der Tatsache, dass Vorwissen nicht aus Beobachtungsprozessen eliminiert werden kann – nicht mehr ausgeschlossen (vgl. Meinefeld 2003: 271ff.). Die Zirkularität von Beobachtungen/Hypothesen/ Theorien lässt sich also praktisch weder für qualitative noch für quantitative Forschung auflösen. Vorwissen steuert alle Wahrnehmungs- und Verstehensprozesse (vgl. Schmidt 1994: 122ff.), egal ob es explizit in Form von Hypothesen vorliegt oder nicht. Die Entscheidung für oder gegen die Formulierung von Ex-ante-Hypothesen verläuft also nicht notwendigerweise entlang der Unterscheidung von qualitativ und quantitativ (vgl. Meinefeld 2003: 274). Auch Sibylle Moser ist der Ansicht, dass darin nicht das Spezifische qualitativen Vorgehens liegen kann:

> „So stimmt es zwar, dass Vorverständnis und Hypothesengenese, ja der gesamte Forschungsprozess auf den Erfahrungs- und Erlebniswelten wissenschaftlicher BeobachterInnen basieren, eine unvermittelte authentische Innensicht ist aus erkenntnistheoretischen Gründen nicht möglich. Darin jedoch einen spezifischen Zugang zur Datengenese oder gar zur Aussagenüberprüfung zu sehen, scheint mir fragwürdig. Jede wissenschaftliche Beobachtung durchläuft als Kommunikationsprozess Phasen der Verbalisierung und Intersubjektivierung." (Moser 2001: 109)

Zudem spricht auch dies wiederum nicht gegen die Standardisierung und Kontrolle methodischen Vorgehens, sondern macht diese vielmehr zu dessen Voraussetzung (ebd.).

Die Frage, ob sich mit der zentralen Rolle des ‚Textes‘ beziehungsweise anderer Kommunikationsinhalte die Suche nach Gemeinsamkeiten zwischen konstruktivistisch interpretierter Inhaltsanalyse und hermeneutischen Verfahren schon erschöpft hat, ist auch deswegen so schwer zu beantworten, weil es eine Fülle unterschiedlicher hermeneutischer Verfahren gibt. Sowohl qualitative als auch quantitative Inhaltsanalysen sind – nach mehr oder weniger standardisierten Regeln – zur Reduktion der zugrunde gelegten Kommunikationsinhalte konzipiert, während hermeneutische Verfahren eher umfassende Deutungs- und Interpretationsprozesse anstellen und dabei neue, meist sehr viel umfangreichere Texte erstellen. Während inhaltsanalytische Kategoriensysteme Trennschärfe als wesentliche Maßgabe vorschreiben, lassen hermeneutische Verfahren auch Mehrdeutigkeiten zu, was wiederum die intersubjektive Nachvollziehbarkeit so gewonnener Erkenntnisse problematisch macht.

Unter die sozialwissenschaftliche Hermeneutik wird beispielsweise auch die 'objektive Hermeneutik' subsumiert (vgl. Hitzler/Honer 1997a). Sie wurde Anfang der 1970er Jahre von dem Soziologen Ulrich Oevermann entwickelt und versteht sich als „eine theoretisch begründete Methodologie und (...) eine forschungspragmatische Kunstlehre für die systematische Auswertung jeglichen Datentyps (...)" (Oevermann/Burkholz/Gärtner/Zehentreiter 2000). Im Kontext des vorliegenden Beitrags eignet sich die objektive Hermeneutik aus verschiedenen Gründen zur intensiveren Auseinandersetzung: 1.) Das Konzept der objektiven Hermeneutik gilt als einer der prominentesten Ansätze in der qualitativen Sozialforschung (vgl. Reichertz 2003: 516) 2.) Durch die Subsumtion der objektiven Hermeneutik unter das Dach der qualitativen Sozialforschung und der sozialwissenschaftlichen Hermeneutik lassen sich – eher als bei anderen Hermeneutiken – Anknüpfungsmöglichkeiten an andere sozialwissenschaftliche Methoden vermuten. 3.) Die zentrale Rolle des Begriffes 'Objektivität' innerhalb dieses Ansatzes fordert gerade unter einer konstruktivistischen Perspektive mit einer Auseinandersetzung heraus, da das mit dem Konstruktivismus verbundene Empirieverständnis unter anderem auch eine Umdeutung des Begriffs der 'Objektivität' beinhaltet (vgl. Schmidt 1998: 122ff.): Unter konstruktivistischen Vorzeichen ist 'Objektivität' am ehesten das, was Humberto R. Maturana das „criterion of validation of scientific explanations" (2002: 21) nennt. Speziell für die Inhaltsanalyse wurde in diesem Zusammenhang versucht zu zeigen, dass quasi das gesamte inhaltsanalytische Procedere der Beobachterabhängigkeit und der Reaktivität während des Kodiervorgangs Rechnung trägt. Innerhalb dieses Procederes findet eine schrittweise Form der 'Objektivierung' statt, die als „methodisch-funktionales Ritual" bezeichnet werden kann (vgl. Loosen/Scholl/ Woelke 2002: 56).

Versucht man allerdings Anspruch und Begrifflichkeiten der objektiven Hermeneutik vor dem Hintergrund der Methoden der empirischen Sozialforschung einzuordnen, ist dies – trotz der offensichtlich bewussten Anlehnung an dort übliche Terminologien – weitgehend zum Scheitern verurteilt. Am deutlichsten wird dies an der Verwendung des Begriffs der 'Objektivität': So ist innerhalb der objektiven Hermeneutik zwar die 'wahre' Intention des Autors eines Textes (wobei die objektive Hermeneutik ein sehr weites Textverständnis hat, das zum Beispiel auch Malerei und Architektur beinhaltet) unerheblich, wichtig ist vielmehr „die objektive Sinnstruktur eines Textes in einer bestimmten Sprach- und Interaktionsgemeinschaft" (Reichertz 2003: 514). Das Attribut 'objektiv' bezieht sich zudem auch noch auf den Geltungsanspruch der gewonnen Ergebnisse:

> „Indem die objektive Hermeneutik sich, unabhängig davon, welchen konkreten Gegenstand sie zu analysieren hat, immer primär auf die Rekonstruktion der latenten Sinnstrukturen bzw. objektiven Bedeutungsstrukturen derjenigen Ausdrucksgestalten richtet, in denen sich der zu untersuchende Gegenstand oder die zu untersuchende Fraglichkeit authentisch verkörpert, kann sie in demselben Maße Objektivität ihrer Erkenntnis bzw. ihrer Geltungsüberprüfung beanspruchen wie wir das selbstverständlich von den Naturwissenschaften gewöhnt sind. Dies einfach deshalb, weil jene zu rekonstruierenden Sinnstrukturen durch prinzipiell angebbare Regeln und Prozeduren algorithmischer Natur präzise überprüfbar und lückenlos am jederzeit wieder einsehbaren Protokoll erschlossen werden können." (Oevermann 2002: 5)

Obwohl der Begriff der Objektivität stark erkenntnistheoretisch besetzt ist, wird er damit zum Dreh- und Angelpunkt gemacht und an dieser Stelle sogar explizit an der ‚Objektivität' der Naturwissenschaften ausgerichtet.[13] Nicht ohne Folgen wird damit ein besonders belasteter Begriff ins Zentrum gerückt. Auch die enge Arbeit an Texten zur objektiven Hermeneutik macht nicht deutlich, ob es sich um eine völlige Neuinterpretation des Objektivitätsbegriffs handeln soll, auch wenn es an Beschreibungen des Objektiven nicht mangelt:

> „Latente Sinnstrukturen und objektive Bedeutungsstrukturen sind also jene abstrakten, d.h. selbst sinnlich nicht wahrnehmbaren Konfigurationen und Zusammenhänge, die wir alle mehr oder weniger gut und genau ‚verstehen' und ‚lesen', wenn wir uns verständigen, Texte lesen, Bilder und Handlungsabläufe sehen, Ton- und Klangsequenzen hören und alle denkbaren Begleitumstände menschlicher Praxis wahrnehmen, die in ihrem objektiven Sinn durch bedeutungsgenerierende Regeln erzeugt werden und unabhängig von unserer je subjektiven Interpretation objektiv gelten. Die objektive Hermeneutik ist ein Verfahren, diese objektiv geltenden Sinnstrukturen intersubjektiv überprüfbar je konkret an der lesbaren Ausdrucksgestalt zu entziffern, die Ausdrucksmaterial als Protokoll ihrerseits hör-, fühl-, riech-, schmeck- oder sichtbar ist." (ebd.: 2)

Entsprechend beschreibt auch der Pädagoge Andreas Wernet die Ausrichtung der objektiven Hermeneutik:

> „Die zentrale forschungslogische Ausrichtung der Objektiven Hermeneutik ist durch den Umstand gegeben, dass ein Text Bedeutungsstrukturen generiert, die jenseits von Selbstverständnis und Selbstbild einer sozialen Praxis liegen und sich nicht in den Meinungen, Intentionen oder Wertorientierungen erschöpfen." (Wernet 2000: 18)

Trotz dieser ‚forschungslogischen Ausrichtung' wird aber gleichzeitig durch die von Oevermann selbst vorgenommene Charakterisierung der objektiven Hermeneutik als Kunstlehre, die Nichtstandardisierbarkeit des forschungspraktischen

---

13 Bezeichnenderweise hat gerade der Konstruktivismus – und damit der Abschied von der subjektunabhängigen ‚Objektivität' – seine Ursprünge unter anderem in den Naturwissenschaften, wie die Herkunftsdisziplinen verschiedener seiner namhaften Urväter und Vertreter belegen: Humberto R. Maturana (Neurobiologie), Heinz von Foerster (Physik) und Ernst von Glasersfeld (Kognitionspsychologie).

Vorgehens betont (vgl. ebd.: 9). Nicht zuletzt deswegen existieren verschiedene methodische Varianten (vgl. Reichertz 2003: 516f.), so dass es nahezu unmöglich erscheint, das tatsächlich *methodisch Invariante* der objektiven Hermeneutik zu extrahieren. Dies lässt sich eigentlich nur damit erklären, dass Begriffe wie ‚Methode' und ‚methodisches Vorgehen' aber auch solche wie ‚Daten' und ‚Datenerhebung' innerhalb der objektiven Hermeneutik völlig anders besetzt werden, als dies in der empirischen – zum Teil sowohl in der quantitativen als auch in der qualitativen – Sozialforschung der Fall ist.

Texte als ‚Protokolle der Wirklichkeit' sind also der zentrale Untersuchungsgegenstand der objektiven Hermeneutik – damit scheinen die Gemeinsamkeiten zur Inhaltsanalyse allerdings schon erschöpft. Die Antwort auf die Frage, wie sich denn Qualität und Stellenwert von solchen Protokollen überprüfen lasse (vgl. Wernet 2000: 12), ist schließlich überhaupt nicht mehr nachzuvollziehen:

> „Wie kann (...) die Adäquanz eines Protokolls hinsichtlich der Wirklichkeit, die es protokolliert, bestritten werden? Die Antwort ist einfach: nicht etwa durch einen unmittelbaren Zugriff auf die ‚wirkliche Wirklichkeit', sondern ausschließlich durch ein besseres, wirklichkeitsadäquates Protokoll." (ebd.)

Der Verzicht auf den direkten Zugriff auf die ‚Wirklichkeit' ist also nur ein scheinbarer. Vielmehr wird offensichtlich unterstellt, dass es nur eine Frage der größtmöglichen Sorgfalt sei, mit der sich dann ein „wirklichkeitsadäquates Protokoll" erstellen lasse.

Verschiedene Beispiele zur objektiv-hermeneutischen Textanalyse (vgl. ebd.: 39ff.) machen weiterhin deutlich, wie wenig methodisch-praktische Überschneidungen mit dem Vorgehen sowohl quantitativer als auch qualitativer Inhaltsanalysen vorliegen. Das muss auch daran liegen, dass eine Auseinandersetzung mit der Methodenliteratur zur empirischen Sozialforschung nicht stattzufinden scheint. Diesen Eindruck legt beispielsweise die fahrlässige Behauptung nahe, dass die „statistisch-subsumierenden Auswertungsverfahren" im Gegensatz zur objektiven Hermeneutik bei der methodischen Kontrolle von Interviews beziehungsweise von Befragungen die Interviewfrage außer Acht ließen (vgl. ebd.: 62). Vielmehr ist das Gegenteil der Fall: Ein Großteil des methodischen Aufwands und der Kontrolle der Befragung und ihrer verschiedenen Formen und Varianten bezieht sich auf Frageformulierungen, -typen, -techniken und -formen, da genau diese das Kernstück der Operationalisierung ausmachen.[14] Die Frage, „was (...) es [heißt], so und nicht anders gefragt zu

---

[14] Vgl. anstelle diverser einschlägiger Methodenbücher Scholl 2003a: 139ff.

haben" (ebd.: 62) wird also bei weitem nicht exklusiv von der objektiven Hermeneutik behandelt, sondern beschreibt vielmehr das Programm der umfassenden Reaktivitätsforschung zur Befragung (vgl. Scholl 1993).

## Qualitativ, quantitativ und hermeneutisch: Wenige Gemeinsamkeiten, viele Unterschiede?

Ein wesentliches Problem bei der Beleuchtung des Verhältnisses qualitativer und quantitativer Methoden sind die vielfältigen inhaltlichen Vermischungen innerhalb der einschlägigen Diskussionsbeiträge, die nur selten explizit zwischen methodologisch-theoretischen und methodisch-praktischen Auseinandersetzungen und Argumenten hinsichtlich beider methodischen Herangehensweisen unterscheiden. Auf diese Weise werden vor allem die forschungsphilosophischen Unterschiede betont, die allerdings nicht mit den forschungspraktischen Gemeinsamkeiten beider Methodenformen korrespondieren (vgl. Scholl 2003a: 25f.). Dabei fällt auf, dass es vor allem bei der qualitativen Methodenliteratur quasi zum Credo gehört, gerade den wissenschafts- und erkenntnistheoretischen Grundlagen einen sehr breiten Raum einzuräumen, der die methodisch-praktischen Bereiche meist sogar deutlich dominiert, während bei quantitativen Methodenbüchern das genaue Gegenteil der Fall ist beziehungsweise erkenntnistheoretische Grundlagen meist allenfalls implizit mitlaufen. Erkenntnistheorie wird in diesen Fällen meist auch dann nicht explizit thematisiert, wenn qualitative Verfahren mit in die Darstellung integriert werden, sie werden dann eher als Variationen und Modifikationen quantitativer Techniken behandelt.

Zudem ist der Kanon qualitativer Methoden überaus vielfältig. Da sich qualitative Forschung aber nicht auf Erhebungs- und Auswertungsverfahren reduzieren lassen will (vgl. Flick/von Kardoff/Steinke 2003: 106), werden zum Teil qualitative Verfahren für spezielle Fragestellungen und Gegenstandsbereiche kombiniert und neu zugeschnitten, so dass themenspezifische Varianten entstehen, die nicht wie standardisierte Methoden ohne weiteres auf andere Bereiche übertragbar sind. So kommt es, dass sich qualitative und quantitative Forschung vielfach mit ganz unterschiedlichen Fragestellungen beschäftigt, welche die gegenseitige Beobachtung und Kenntnisnahme unwahrscheinlicher macht. Das gilt noch mehr für viele hermeneutische Verfahren, so dass man an dieser Stelle nicht ausschließlich über die Gräben zwischen Methoden und Verfahren reden muss, sondern vielmehr über solche, die sich über die Grenzen von Disziplinen hinaus ergeben – nicht ergeben müssen. Derartige Gräben lassen sich über ein unterschiedliches Methodenverständnis hinweg nicht eben leichter überbrücken.

Diese Problematik lässt sich insgesamt recht gut mit dem beschreiben, was Norbert Groeben für den ‚Spezialfall' der Empirischen Literaturwissenschaft formuliert hat:

> „(...) Die Empirische Literaturwissenschaft [nimmt] eine Mittelstellung zwischen den beiden Kulturen der literarischen und szientifischen Intelligenz ein, zwischen Gegenstandsmanie auf der einen und Methodenfixierung auf der anderen Seite – und wird sich deshalb auf absehbare Zeit auch noch die Geringschätzung aus beiden Lagern gefallen lassen." (Groeben 1995: 62)

Qualitative und quantitative Sozialforschung einander jenseits pragmatischer Verfahrenskombinationen auch erkenntnistheoretisch-methodologisch mit Hilfe einer ‚konstruktivistischen Brücke' näher zu bringen, ist eine erste Idee, die weiteren Überprüfungen und Diskussionen unterzogen werden muss. Dazu gehört auch die Frage, wie sich diese Überlegungen grundsätzlich in den Kanon von Erkenntnistheorien einfügen lassen. Weitere Schritte in diese Richtung erscheinen aber auch insofern aussichtsreich, weil es (heute) vor allem (noch) erkenntnistheoretische Argumente sind, welche die Diskussionen über Verhältnis, Vereinbarkeit, Stellenwert und Reichweite qualitativer und quantitativer Methoden anheizen. Auf methodischer Ebene ist man längst bereit, die Dichotomie quantitativ/qualitativ zugunsten eines pragmatischen Umgangs aufzugeben. Auf der anderen Seite müsste dies auch zu der Forderung führen, die empirischen Arbeiten zugrunde liegenden erkenntnistheoretischen Prämissen zumindest soweit explizit zu thematisieren, dass deutlich wird, welches Verhältnis zwischen empirisch ermittelten ‚Daten' und sozialer ‚Realität' unterstellt wird. Dies geschieht gerade in der quantitativen Forschung verhältnismäßig selten.

Allerdings müsste auf diesem Weg dann auch die konstruktivistische Fundierung qualitativer Forschung radikalisiert werden, denn

> „interpretieren qualitative MethodologInnen induktive Erkenntnis als unbedarftes Herangehen an die Wirklichkeit, so fallen sie hinter die Annahmen ihres eigenen Paradigmas zurück. Der Wirklichkeitsauffassung vieler qualitativer MethodologInnen scheint eine Vorstellung vom Durchbruch ‚zu den Dingen selbst' zugrunde zu liegen." (Moser 2001: 108).[15]

---

[15] Ähnlich argumentiert auch Meinefeld (2003) in Bezug auf den Stellenwert von Hypothesen und Vorwissen in der qualitativen Sozialforschung und der damit verbundenen „(...) Idealisierung der ‚Unvoreingenommenheit' des Forschers und der Vorstellung einer ‚direkten' Erfassung der sozialen Realität [, die] erkenntnistheoretisch nicht zu halten [sind]" (269).

Damit wird die eigene Argumentation aber wieder aufgeweicht, denn

> „die qualitative Sozialforschung (...) nimmt nun keineswegs einen größeren Realitätsausschnitt in den Blick, letztlich nicht einmal einen *anderen* Realitätsausschnitt, sondern operiert unter denselben epistemologischen Voraussetzungen." (Nassehi/Saake 2002: 71, kursiv im Original)

Es erscheint allerdings auch nicht völlig ausgeschlossen, dass am Ende dieser Diskussion die Überzeugung steht, dass qualitative und quantitative Verfahren jenseits verfahrenstechnisch-pragmatischer Kombinationen nicht miteinander kompatibel gemacht werden können, weil sie letztlich vielleicht doch „(...) a different view of reality and therefore a different view of the phenomenon under study" (Sale/Lohfeld/Brazil 2002: 43) haben.

## Literatur

Beuthner, Michael (2003): Wie wenig Zeit braucht guter Journalismus? Echtzeitberichterstattung zwischen Aktualitätsdruck, Sorgfaltspflicht und Bilderflut. In: Beuthner, Michael et al. (Hrsg.): Bilder des Terrors – Terror der Bilder? Krisenberichterstattung am und nach dem 11. September. Köln: Halem, 134-157.

Blöbaum, Bernd (1994): Journalismus als soziales System. Geschichte, Ausdifferenzierung und Verselbständigung. Opladen: Westdeutscher Verlag.

Bortz, Jürgen/Döring, Nicola (2002): Forschungsmethoden und Evaluation für Human- und Sozialwissenschaftler. Berlin u.a.: Springer.

Brosius, Hans-Bernd/Koschel, Friederike (2001): Methoden der empirischen Kommunikationsforschung. Eine Einführung. Wiesbaden: Westdeutscher Verlag.

Denzin, Norman K./Lincoln, Yvonna S. (2000): Introduction: The Discipline and Practice of Qualitative Research. In: Denzin, Norman K./Lincoln, Yvonna S. (Hrsg.): Handbook of Qualitative Research. Thousand Oaks, London/New Delhi: Sage Publications, 1-28.

Erzberger, Christian (1998): Zahlen und Wörter. Die Verbindung quantitativer und qualitativer Daten und Methoden im Forschungsprozess. Weinheim: Deutscher Studien Verlag.

Flick, Uwe (2002): Qualitative Sozialforschung. Eine Einführung. Reinbek bei Hamburg: Rowohlt Taschenbuch Verlag.

Flick, Uwe (2003): Konstruktivismus. In: Flick/Kardorff/Steinke (2003), 150-164.

Flick, Uwe/Kardorff, Ernst von/Steinke, Ines (Hrsg.) (2003): Qualitative Forschung. Ein Handbuch. Reinbek bei Hamburg: Rowohlt Taschenbuch Verlag.

Früh, Werner (2001a): Inhaltsanalyse: Theorie und Praxis. Konstanz: UVK.

Früh, Werner (2001b): Kategorienexploration bei der Inhaltsanalyse. Basiswissengeleitete offene Kategorienbildung (BoK). In: Wirth, Werner/Lauf, Edmund (Hrsg.): Inhaltsanalyse: Perspektiven, Probleme, Potentiale. Köln: Halem, 117-139.

Görke, Alexander/Kohring, Matthias (1997): Worüber reden wir? Vom Nutzen systemtheoretischen Denkens für die Publizistikwissenschaft. In: Medien Journal 21, H.1, 3-14.

Groeben, Norbert (1995): Methodenprobleme der Empirischen Literaturwissenschaft. In: Schmidt, Siegfried J. (Hrsg.): Empirische Literatur- und Medienforschung. Beobachtet aus Anlaß des 10jährigen Bestehens des LUMIS-Instituts 1994. Siegen: LUMIS-Schriften, 56-71.

Heddergott, Kai/Loosen, Wiebke (2000): Ins Netz gegangen? Eine Inhaltsanalyse im Umfeld der Fußball-WM 1998 im World Wide Web. In: Brosius, Hans-Bernd (Hrsg.): Kommunikation über Grenzen und Kulturen. Konstanz: UVK Medien, 209-224.

Hitzler, Ronald/Honer, Anne (Hrsg.) (1997a): Sozialwissenschaftliche Hermeneutik. Opladen: Leske und Budrich.

Hitzler, Ronald/Honer, Anne (1997b): Einleitung: Hermeneutik in der deutschsprachigen Soziologie heute. In: Hitzler/Honer (1997a), 7-27.

Kelle, Udo/Erzberger, Christian (1999): Integration qualitativer und quantitativer Methoden. Methodologische Modelle und ihre Bedeutung für die Forschungspraxis. In: Kölner Zeitschrift für Soziologie und Sozialpsychlogie 51, H. 3, 509-531.

Kelle, Udo/Kluge, Susanne (1999): Vom Einzelfall zum Typus. Fallvergleich und Fallkontrastierung in der qualitativen Sozialforschung. Opladen: Leske und Budrich.

Kneer, Georg/Nassehi, Armin (1991): Verstehen des Verstehens. Eine systemtheoretische Revision der Hermeneutik. In: Zeitschrift für Soziologie 20, H. 5, 341-356.

Kohring, Matthias (2000): Komplexität ernst nehmen. Grundlagen einer systemtheoretischen Journalismustheorie. In: Löffelholz, Martin (Hrsg.): Theorien des Journalismus. Ein diskursives Handbuch. Wiesbaden: Westdeutscher Verlag, 153-168.

Lamnek, Siegfried (1995): Qualitative Sozialforschung, Band 1: Methodologie. Weinheim: Beltz, PsychologieVerlagsUnion.

Lauber, Maria (2002): Italien als Eckpfeiler der Professionalisierungsforschung. Professionelle Defizite und Autonomiemangel trotz des gesetzlich geregelten Berufszugangs. In: Medien & Kommunikationswissenschaft 50, H. 1, 125-134.

Lippmann, Walter (1922): Public Opinion. New York, NY: Harcourt.

Loosen, Wiebke (1998): Die Medienrealität des Sports. Evaluation und Analyse der Printberichterstattung. Wiesbaden: Deutscher Universitäts-Verlag.

Loosen, Wiebke (2001): Mediale Synergien – Crossmedia-Markenstrategien und Konsequenzen für den Journalismus. In: Beck, Klaus/Schweiger, Wolfgang (Hrsg.): Attention please! Online-Kommunikation und Aufmerksamkeit. München: Fischer, 237-248.

Loosen, Wiebke/Scholl, Armin (2002): Entgrenzungsphänomene im Journalismus: Entwurf einer theoretischen Konzeption und empirischer Fallstudien. In: Baum, Achim/Schmidt, Siegfried J. (Hrsg.): Fakten und Fiktionen. Über den Umgang mit Medienwirklichkeiten. Konstanz: UVK, 139-151.

Loosen, Wiebke/Scholl, Armin/Woelke, Jens (2002): Systemtheoretische und konstruktivistische Methodologie. In: Scholl, Armin (Hrsg.): Systemtheorie und Konstruktivismus in der Kommunikationswissenschaft. Konstanz: UVK, 37-65.

Marcinkowski, Frank (1993): Publizistik als autopoietisches System. Politik und Massenmedien. Eine systemtheoretische Analyse. Opladen: Westdeutscher Verlag.

Maturana, Humberto R. (2002): Autopoiesis, Structural Coupling and Cognition: A history of these and other notions in the biology of cognition. In: Cybernetics & Human Knowing 9, H. 3-4, 5-34.

Mayring, Philipp (2003): Qualitative Inhaltsanalyse. Grundlagen und Techniken. Weinheim u.a.: Beltz – UTB.

Mayring, Philipp (2001): Kombination und Integration qualitativer und quantitativer Analyse. In: Forum Qualitative Sozialforschung 2, H. 1, 31 Absätze. Elektronische Publikation: <http://qualitative-research.net/fqs-texte/1-01/1-01mayring-d.htm> (05.08.03).

Meinefeld, Werner (2003): Hypothesen und Vorwissen in der qualitativen Sozialforschung. In: Flick/Kardorff/Steinke (2003), 265-275.

Merten, Klaus (1995): Inhaltsanalyse. Einführung in Theorie, Methode und Praxis. Opladen: Westdeutscher Verlag.

Merten, Klaus/Ruhrmann, Georg (1982): Die Entwicklung der inhaltsanalytischen Methode. In: Kölner Zeitschrift für Soziologie und Sozialpsychologie 34, H. 4, 696-716.

Merten, Klaus/Schmidt, Siegfried J./Weischenberg, Siegfried (Hrsg.) (1994): Die Wirklichkeit der Medien. Eine Einführung in die Kommunikationswissenschaft. Opladen: Westdeutscher Verlag.

Moser, Sibylle (2001): Komplexe Konstruktionen: Systemtheorie, Konstruktivismus und empirische Literaturwissenschaft. Wiesbaden: Deutscher Universitäts-Verlag.

Mruck, Katja (2000): Qualitative Sozialforschung in Deutschland. In: Forum Qualitative Sozialforschung 1, H. 1, 54 Absätze. Elektronische Publikation: <http://qualitative-research.net/fqs-texte/1-00/1-00mruckmey-d.htm> (30.08.03).

Nassehi, Armin/Irmhild Saake (2002): Kontingenz: Methodisch verhindert oder beobachtet? Ein Beitrag zur Methodologie der qualitativen Sozialforschung. In: Zeitschrift für Soziologie 31, H. 1, 66-86.

Oevermann, Ulrich (2002): Klinische Soziologie auf der Basis der Methodologie der objektiven Hermeneutik – Manifest der objektiv hermeneutischen Sozialforschung. Frankfurt/M., 33 Seiten. Elektronische Publikation: <http://www.ihsk.de/Manifest.PDF> (21.08.03).

Oevermann, Ulrich/Burkholz, Roland/Gärtner, Christel/Zehentreiter, Ferdinand (2000): Forschungsbeiträge aus der Objektiven Hermeneutik, Text zur Vorstellung der Publikationsreihe „Forschungsbeiträge aus der Objektiven Hermeneutik". Elektronische Publikation: <https://ssl.humanities-online.de/download/reihe.html> (28.08.03).

Pasternack, Gerhard (1995): Wissenschaftsphilosophische Probleme der Empirischen Literaturwissenschaft. In: Schmidt, Siegfried J. (Hrsg.): Empirische Literatur- und Medienforschung. Beobachtet aus Anlaß des 10jährigen Bestehens des LUMIS-Instituts 1994. Siegen: LU-MIS-Schriften, 41-55.

Reichertz, Jo (2003): Objektive Hermeneutik und hermeneutische Wissenssoziologie. In: Flick/Kardorff/Steinke (2003), 514-524.

Rössler, Patrick (1997): Standardisierte Inhaltsanalysen im World Wide Web. Überlegungen zur Anwendung der Methode am Beispiel einer Studie zu Online-Shopping-Angeboten. In: Beck, Klaus/Vowe, Gerd (Hrsg.): Computernetze – ein Medium öffentlicher Kommunikation? Berlin: Spiess, 245-267.

Sale, Joanna E./Lohfeld, Lynne H./Brazil, Kevin (2002): Revisiting the quantitative-qualitative debate: implications for mixed-methods research. In: Quality and Quantity 36, H.1, 43-53.

Schmidt, Siegfried J. (1994): Kognitive Autonomie und soziale Orientierung. Konstruktivistische Bemerkungen zum Zusammenhang von Kognition, Kommunikation, Medien und Kultur. Frankfurt/M.: Suhrkamp.

Schmidt, Siegfried J.(1996): Die Welten der Medien. Grundlagen und Perspektiven der Medienbeobachtung. Braunschweig/Wiesbaden: Vieweg.

Schmidt, Siegfried J. (1998): Die Zähmung des Blicks: Konstruktivismus – Empirie – Wissenschaft. Frankfurt/M.: Suhrkamp.

Schmidt, Siegfried J./Weischenberg, Siegfried (1994): Mediengattungen, Berichterstattungsmuster, Darstellungsformen. In: Merten/Schmidt/Weischenberg (1994), 212-236.

Schneider, Wolfgang Ludwig (1992): Hermeneutik sozialer Systeme. In: Zeitschrift für Soziologie, 21, H. 6, 420-439.

Scholl, Armin (1993): Die Befragung als Kommunikationssituation. Zur Reaktivität im Forschungsinterview. Opladen: Westdeutscher Verlag.

Scholl, Armin (2001): Systemtheorie und empirische Sozialforschung: Wechselseitige Bereicherung oder Behinderung bei der Erforschung von öffentlicher Meinung? Vortrag gehalten auf der Tagung „Die Politik der Gesellschaft" vor der Sektion Politische Theorien und Ideengeschichte der Deutschen Vereinigung für Politische Wissenschaft (DVPW) vom 29. bis 31. März 2001 in Berlin, unveröffentlichtes Manuskript, 16 Seiten.

Scholl, Armin (2002): Einleitung. In: Scholl, Armin (Hrsg.): Systemtheorie und Konstruktivismus in der Kommunikationswissenschaft. Konstanz: UVK, 7-18.

Scholl, Armin (2003a): Die Befragung. Sozialwissenschaftliche Methode und kommunikationswissenschaftliche Anwendung. Konstanz: UVK.

Scholl, Armin (2003b): Steuerung oder strukturelle Kopplung? Kritik und Erneuerung theoretischer Ansätze und empirischer Operationalisierungen. In: Altmeppen, Klaus-Dieter/Röttger, Ulrike/Bentele, Günther (Hrsg.): Schwierige Verhältnisse. Interdependenzen zwischen Journalismus und PR. Wiesbaden: Westdeutscher Verlag (im Druck).

Scholl, Armin/Weischenberg, Siegfried (1998): Journalismus in der Gesellschaft. Theorie, Methodologie und Empirie. Opladen/Wiesbaden: Westdeutscher Verlag.

Schulz, Winfried (1976): Die Konstruktion von Realität in den Nachrichtenmedien: Analyse zur aktuellen Berichterstattung. Freiburg u.a.: Alber.

Soeffner, Hans-Georg (2003): Sozialwissenschaftliche Hermeneutik. In: Flick/Kardorff/Steinke (2003), 164-175.

Weber, Stefan (2000): Was steuert Journalismus? Ein System zwischen Selbstreferenz und Fremdsteuerung. Konstanz: UVK Medien.

Weischenberg, Siegfried (2001a): Das Ende einer Ära? Aktuelle Beobachtungen zum Studium des künftigen Journalismus. In: Kleinsteuber, Hans J. (Hrsg.): Aktuelle Medientrends in den USA. Wiesbaden: Westdeutscher Verlag, 61-52.

Weischenberg, Siegfried (2001b): Nachrichten-Journalismus. Wiesbaden: Westdeutscher Verlag.

Wernet, Andreas (2000): Einführung in die Interpretationstechnik der Objektiven Hermeneutik. Opladen: Leske + Budrich.

*Theo Hug*

# Konstruktivistische Diskurse und qualitative Forschungsstrategien

## Überlegungen am Beispiel des Projekts *Global Media Generations*

Der Beitrag ist im Spannungsfeld von Methodologie und Methodik angelegt und geht von grundlegenden Fragen nach den Optionen konstruktivistischen Forschens aus. Im Anschluss an einige Reflexionen zur Vielfalt konstruktivistischer Positionen und deren Relevanz für die empirische Forschung werden einige ausgewählte Bezüge zur Konzeption des internationalen Forschungsprojekts *Global Media Generations* diskutiert.

### Kann man nicht-konstruktivistisch forschen?

Der Titel des Sammelbandes verleitet zur sorgfältigen Überlegung der Startoperationen. Was meint „konstruktivistisch Forschen" und was kann sinnvollerweise überhaupt darunter verstanden werden? Ist damit eine besondere Eigenschaft des Forschungshande(n)ls oder des forschenden Tätigseins gemeint? Geht es mehr um die Explikation spezifischer forschungsleitender Basisunterscheidungen? Handelt es sich hier um ein Selbstmissverständnis, ähnlich der Rede von „konstruktivistischen Websites" in den verflachten Teilen der E-Learning-Debatten? Wird mit dem Titel in provokativer Weise auf ein Diskursfeld angespielt, das bis dato unzureichend bearbeitet worden ist? Oder wird mit dem handbuchartigen Untertitel „Methodologie, Methoden, Beispiele" gar ein kohärenter Argumentationszusammenhang behauptet, der sich nach Jahren der parallelen Entwicklung verstreuter Diskursstränge nun endlich bündeln und klar beschreiben lässt? Ist im Titel gleichsam ein Augenzwinkern eingelagert, das sich gegen method(olog)ische Normierungen wendet und auf die Kritik des einschlägigen Mainstreams abhebt? Fragen über Fragen, deren Beantwortung für sich bereits einen ‚Prolog' im Umfang eines Sammelbandes erfordern würde. Ich werde im Folgenden versuchen, meine Sicht der Dinge zu skizzieren und einige Anhaltspunkte zu geben, um dann auf dieser Basis am Beispiel des Forschungsprojekts *Global Media Generations* die Relevanz konstruktivistischer Theoreme für die qualitative empirische Forschung zu verdeutlichen.

*Konstruktivistische Forschung zwischen Alles- und Nichts-Argumentationen*

An Kritik konstruktivistischer Denkfiguren besteht kein Mangel. Manchmal sind die Einwendungen differenziert[1], manchmal sehr selektiv (vgl. zum Beispiel Kügler 2002), manchmal simpel und undifferenziert. Letztere sind im wissenschaftlichen Alltag weit häufiger anzutreffen als in der wissenschaftlichen Literatur. Exemplarisch sei hier auf Aussagen einiger Kolleg/innen verwiesen:

- – „Seit Kant ist jede Forschung ‚konstruktivistisch‘.“
- – „Der Konstruktivismus ist nur eine Modeströmung und wissenschaftlich ohne Bedeutung.“
- – „Der Konstruktivismus ist eine sich selbst aufhebende Doktrin.“
- – „Der Konstruktivismus bietet nichts Neues, das hat Mead auch schon alles gesagt.“

Diese Aussagen basierten nicht auf umsichtigen Auseinandersetzungen. Ganz im Gegenteil: Die jeweiligen Akteure artikulierten sich vielmehr auf der Basis „aufgeschnappter Kürzel“ oder simplifizierter „Theoreme“, die sie „vom Hörensagen ‚irgendwie‘ mitbekommen“ hatten. Abgesehen davon, dass in der Hälfte der hier angedeuteten Einwände der Kontext der Ressourcenkürzung in geistes- und kulturwissenschaftlichen Forschungsfeldern eine gewichtige Rolle gespielt haben dürfte, haben wir es nicht mehr mit überzeugenden Argumentationen und wissenschaftlichen Erwägungskulturen, sondern eher mit Durchsetzungsmentalitäten und wissenschaftspolitischen Kämpfen um Anerkennung und Mittelzuweisungen zu tun. Dabei geht es nicht nur und vermutlich nicht einmal in erster Linie um die effektvolle individuelle oder kleingruppenweise Platzierung von Namen, Themen und Ismen. Solche mikropolitischen Formen der Ein-Satz-Abfertigung komplexer Themenfelder, die im wissenschaftlichen Alltag auf allen Ebenen der akademischen Hierarchie vermehrt anzutreffen sind, dürften mehr mit einer neuen Unsicherheit des symbolischen Eigenwerts der vormaligen Universitas zusammenhängen als mit mangelnder Diskussionsbereitschaft, individueller Unfähigkeit oder mit dem überzogenen Selbstwertgefühl einzelner Vertreter/innen spezifischer ‚Logien‘. Der befürchtete und auch der faktische

---

1 Vgl. die Beiträge in der Zeitschrift „Ethik und Sozialwissenschaften“ 9, Heft 4, die sich mit der Wissenstheorie von Ernst von Glasersfeld (1998) auseinandersetzen.

Ausverkauf des kulturellen Kapitals aufgrund der tendenziellen Verabsolutierung technologischer und marktorientierter Leitdifferenzen wirkt nach außen und nach innen gleichermaßen, und er verstellt den Blick auf zukunftsorientierte Optionen „nützlicher Nutzlosigkeit" (vgl. Kappus 2002) in den Geistes-, Kultur- und Sozialwissenschaften.

Aber auch dann, wenn obige Aussagen das Ergebnis ernsthafter Studien wären, würde sich die Frage nach der Relevanz konstruktivistischen Denkens im Forschungsprozess nicht erübrigen:

– Wer jede erkenntnistheoretische und methodologische Position, die sich vom naiven Abbildrealismus distanziert, als ‚konstruktivistisch' bezeichnet, verwendet einen denkbar vagen Konstruktivismusbegriff und bleibt hinter dem *State of the Art* historischer und zeitgenössischer Diskussionen zurück.

– Wer oberflächliche Slogans aus der Berater/innenszene oder schlechte Beispiele aus der Tertiärliteratur als Beurteilungsgrundlage heranzieht, vermischt Gattungen, Genres und Diskursebenen auf unzulässige Weise. Dies gilt auch dann, wenn solche Slogans und Beispiele die Rede von konstruktivistischen Modeströmungen rechtfertigen.

– Wer in den konstruktivistischen Neigungen zur Herstellung von Selbstbezüglichkeiten, zur Anwendung reflexiver Strukturen und zur Auseinandersetzung mit Paradoxien und Antinomien bereits den Beleg für eine Selbstaufhebung sieht, übersieht die Voraus-Setzungen, die in ein solches Urteil eingehen. Wer damit auf ältere Modalitäten der ‚Fundierung' des Konstruktivismus durch neurobiologische Grundlagen anspielt, wiederholt bestenfalls eine Selbstkritik, die längst zu weiterführenden Überlegungen Anlass gegeben hat (vgl. Mitterer 1992: 144f., Schmidt 1994: 17ff.).

– Bei aller Sympathie für die seinerzeitigen Innovationen von George H. Mead: Wer den Konstruktivismus im Denkhorizont des Symbolischen Interaktionismus aufgehoben sieht, blendet nicht nur 70 Jahre Theorieentwicklung, sondern auch einschlägige differenzierte Auseinandersetzungen mit dem Werk von Mead aus (vgl. Reich 1998: 265ff.).

Nachdem sowohl die „ALLES-ist-sowieso-in-der-einen-oder-anderen-Form-konstruktivistisch"-Positionen als auch die „NICHTS-im-konstruktivistischen-Diskurs-hat-wissenschaftliche-Bedeutung"-Positionen keine ernstzunehmenden wissenschaftlichen Positionen markieren, sollte es sich lohnen, das Feld zwischen solchen Extremen näher unter die Lupe zu nehmen.

*Zur Vielfalt konstruktivistischer Positionen und deren Relevanz für die empirische Forschung*

Die Verwendungsweisen des Begriffs ‚konstruktivistisch' sind mehrdeutig und teilweise inflationär geworden. Die Vielfalt konstruktivistischer Positionen lässt sich mit einem kurzen Blick auf die Geschichte und Gegenwart leicht verdeutlichen. Eine der ersten expliziten Verwendungen von ‚Konstruktion' findet sich in der Rhetorik des Marcus Tullius Cicero (106-43 v.Chr.). Die „constructio verborum" meint dort die kunstvolle Verbindung und Gliederung von Wörtern und Sätzen zur Gestaltung einer gelungenen Rede. Konstruktivistische Ideen und Denkfiguren sind allerdings älter. Sie tauchen explizit bereits in der Mathematik der griechischen Antike auf, wenn beispielsweise Konstruktionen als Existenzbeweise für mathematische Gegenstände gefordert wurden. Der Sache nach, wenn auch nicht ausdrücklich mit der Bezeichnung ‚konstruktivistisch' versehen, treffen wir einschlägige Argumentationen bei den Vorsokratikern und den antiken Varianten des Skeptizismus. Pyrrhon von Elis (360-270 v.Chr.) zum Beispiel, der seinerseits vermutlich von sehr frühen Ansätzen des indischen Skeptizismus beeinflusst war, wandte sich unter anderem mit dem Argument, dass die Dinge für unsere Erkenntnis unzugänglich seien, gegen den metaphysischen Dogmatismus vorhergehender philosophischer Schulen. Inwieweit die Beobachterproblematik, die für konstruktivistische Diskurszusammenhänge in besonderer Weise bedeutsam ist, auch in frühen afrikanischen und lateinamerikanischen Konzeptionen auftaucht, muss an dieser Stelle offen bleiben. Sie findet sich zumindest schon in den ältesten Texten der Vedanta (ca. 500 n.Chr.), wenn etwa Shri Gaudapada (o.J.) in seinen Lehrstrophen zu den Upanishaden (ca. 750-550 v.Chr.) die Unterscheidungsmöglichkeiten zwischen Wahrnehmungen im Traum und solchen im Wachzustand problematisiert oder in Shankaras (vermutlich 788-820 n.Chr.) Illusionstheorie über das „verformende" Prinzip in allem Wirklichen und die unfassbare „Maya", die in Täuschung und Nicht-Wissen besteht und die weder als real noch als irreal charakterisiert werden kann. In der griechischen Philosophie waren es vor allem Demokrit (460-371 v.Chr.) und Sextus Empiricus (200-250 n.Chr.), die das zentrale Argument entfaltet haben, dass man im Prozess der Wahrnehmung nicht zugleich hinter die Wahrnehmung zurück kann, um so die Angemessenheit der Repräsentation der Wahrnehmung beurteilen oder wahre von falschen Erkenntnissen unterscheiden zu können.

In der abendländischen Geschichte sind in der weiteren Folge zahlreiche Konstruktivismusbegriffe und -positionen entwickelt worden, so etwa

- in einschlägigen philosophischen Arbeiten von Gottfried Wilhelm Leibniz (1646-1716), Giovanni Batista Vico (1668-1744), George Berkeley (1684-1753), David Hume (1711-1776), Immanuel Kant (1724-1804), Friedrich Nietzsche (1844-1900), Charles Sanders Peirce (1839-1914), Hans Vaihinger (1852-1933), Henri Poincaré (1853-1912), John Dewey (1859-1952) und Hugo Dingler (1881-1954);
- in der intuitionistischen Mathematik von Luitzen Egbertus Jan Brouwer (1881-1966) und Arend Heyting (1898-1980) mit ihrer Forderung nach der Rückführbarkeit aller mathematischen Konstruktionen auf das Zählen, sowie
- in der Architektur, Bildhauerei und Malerei des russischen Konstruktivismus[2] zu Beginn des 20. Jahrhunderts, für den Richtlinien der puristischen Ästhetik, die Verwobenheit von Problemen der Kunst mit sozialen Problemen und Ansprüche der Erziehung, Gestaltung und Veränderung der Gesellschaft charakteristisch sind.

In den verschiedenen geistes-, kultur- und sozialwissenschaftlichen Disziplinen wird der Ausdruck „Konstruktivismus" seit den 1970er Jahren weiter ausdifferenziert und entsprechend vielfältig verwendet, so zum Beispiel im Zusammenhang mit

- der Frage nach sozialen Konventionalisierungen im Anschluss an Alfred Schütz (1971), Peter L. Berger und Thomas Luckmann (1969) und dem konstruktionistischen Ansatz von Kenneth J. Gergen (2002),
- dem „Laborkonstruktivismus" (vgl. Knorr-Cetina 1984), der die „Entscheidungsgeladenheit" wissenschaftlicher Fakten im Sinne eines komplexen Zusammenspiels lokaler, historischer, situativer und transepistemischer Dimensionen als soziale Konstruktion beschreibt,
- der forschungslogischen Verbindung des historisch-hermeneutischen, des erfahrungswissenschaftlichen und des gesellschaftskritisch-ideologiekritischen Ansatzes in der „kritisch-konstruktiven Erziehungswissenschaft" von Wolfgang Klafki (1971),
- der genetischen Erkenntnistheorie von Jean Piaget (1896-1980) und seiner bekannt gewordenen Formel, dass der Verstand die Welt organisiert, indem er sich selbst organisiert, sowie seiner handlungstheoretischen Konzeption von Erziehung (vgl. Piaget 1972, Piaget 1973),

---

2  Vgl. die Arbeiten von Iwan Leonidow (1902-1959), Wladimir Tatlin (1885-1953), El Lissitzky (1890-1941) und Aleksandr Rodtschenko (1891-1956).

- dem Radikalen Konstruktivismus von Ernst von Glasersfeld (1996, 1998), der Wissen als Konstruktion begrifflicher Gebilde in der Erlebenswelt modelliert,
- der neurobiologisch fundierten Erkenntnistheorie (vgl. Maturana 1994), in der Kognition als biologisches Phänomen im Sinne eines erfolgreichen Umgangs mit ‚störenden' Einflüssen aufgefasst wird, sowie deren Fusion mit systemtheoretischen Optionen in soziologischer Absicht bei Luhmann (1990),
- der „Kulturhistorischen Schule", deren ‚Troika' Lev S. Vygotskij (1896-1934), Alexander R. Lurija (1902-1977) und Alexej N. Leontjew (1903-1979) die Realisierung kulturhistorischer Existenzbedingungen durch Interaktion und Kommunikation im Kontext gemeinsamer Tätigkeit sowie die Entwicklung des kindlichen Sprechens und Denkens untersucht,
- der Auseinandersetzung mit der Kritischen Psychologie von Klaus Holzkamp (1972),
- dem Programm des schrittweisen, überschaubaren, nicht-zirkulären und argumentierenden Vorgehens der konstruktiven Wissenschaftstheorie von Paul Lorenzen (1915-1994) und Wilhelm Kamlah (1905-1976),
- „Weisen der Welterzeugung" (Goodman 1995) und der Konzeptionierung von Theorien als Welt-Entwürfen.

Die Liste ließe sich fortsetzen bis hin zum Abschied vom Konstruktivismus in der „Geschichten&Diskurse"-Theorie von Schmidt (2003). Im Detail unterscheiden sich die einschlägigen Konstruktivismusvarianten erheblich, wobei sich die einzelnen Positionen tendenziell jeweils stärker an erkenntniskritischen, wissenschaftstheoretischen, methodologischen, forschungsmethodischen, (inter-)disziplinären, gegenstandstheoretischen oder themenbezogenen Fragestellungen und Gesichtspunkten orientieren können. Entsprechend stehen jeweils andere Grundannahmen, diskursive Verortungen und (meta-)theoretische Anbindungen im Vordergrund. So können unter anderem radikal konstruktivistische und kybernetische, kognitionswissenschaftliche und neurobiologische, systemtheoretische, sozio-kulturalistische, (sozial-)psychologische und psychotherapeutische, (wissens-)soziologische und philosophische Konstruktivismusvarianten unterschieden werden (vgl. Abbildung 1).

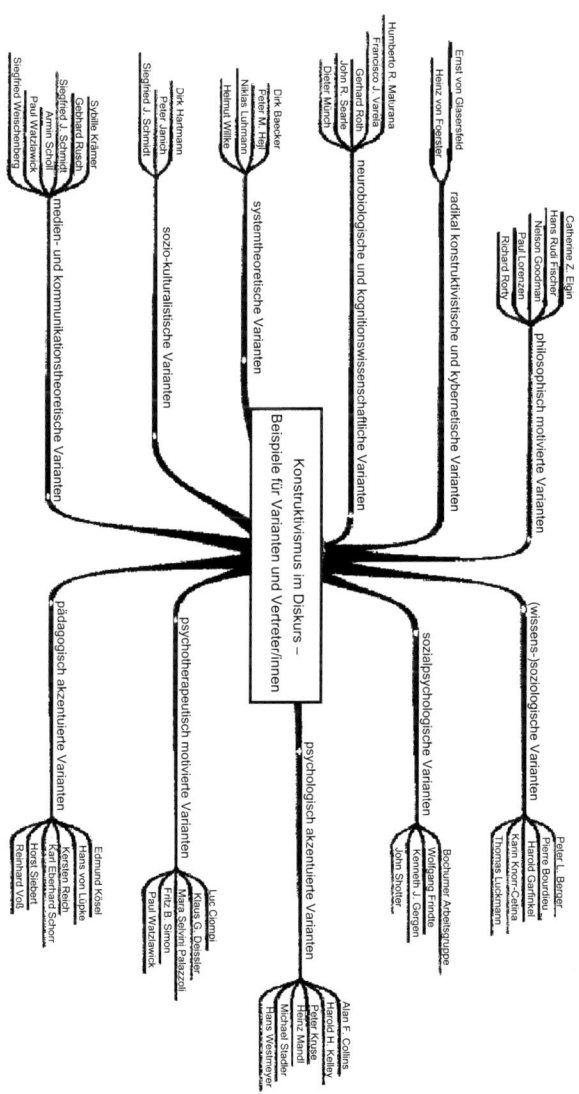

Abb. 1: Konstruktivismus im Diskurs – Beispiele für Varianten und Vertreter/innen.

Die Mind Map ließe sich in mancher Hinsicht modifizieren, ergänzen und zu einer mehrdimensionalen Matrix ausbauen, wobei unter anderem zwischen empirischen und philosophischen Ansprüchen und Zugängen unterschieden werden müsste. Eine konzeptionelle, institutionelle oder personelle Geschlossenheit ‚des' Konstruktivismus käme dabei nicht in Sicht. Vielmehr lassen sich unterschiedliche Diskursstränge ausmachen, die sich zum Teil überschneiden und ergänzen, zum Teil auch widersprechen oder relativieren, und die sich häufig in einem ungeklärten Verhältnis zueinander befinden. Entsprechend komplex gestaltet sich die Frage nach den Optionen des konstruktivistischen Forschens im Feld zwischen den angedeuteten Alles-oder-Nichts-Extremen.

Ungeachtet dieser Komplexität scheint mir die Beantwortung der Ausgangsfrage perspektivenabhängig zu bleiben: Vor dem Hintergrund diffuser, vager oder sehr weiter Konstruktivismusbegriffe kann man nicht nicht-konstruktivistisch forschen, da alle gegenwärtig vertretenen Ansätze, Strategien und Verfahren in der einen oder anderen Weise im weitesten Sinne *auch* mit der Gemachtheit von Ergebnissen zu tun haben. Ähnlich verhält es sich im Fall verabsolutierter oder zumindest sehr vehement vertretener spezifischer Positionen. Sobald die konzeptspezifischen Kriterien für alle Ansätze und Zugänge verbindlich gemacht werden (sollen), gibt es nur noch mehr oder weniger gute oder schlechte konstruktivistische Forschung und es entsteht jede Menge ‚Aufklärungs'- um nicht zu sagen ‚Missionierungsbedarf'. Im Falle abwägender und differenzierter Perspektiven ergeben sich hingegen zahlreiche Möglichkeiten nicht-konstruktivistischer Forschung etwa im Zusammenhang hermeneutischer, phänomenologischer oder diskursanalytischer Ansätze, von denen sich konstruktivistische Positionen besonders aus epistemologischer Perspektive unterscheiden und entsprechend abgrenzen lassen.

In meinen Augen können die verschiedenen veritablen Konstruktivismusvarianten (vgl. etwa Knorr-Cetina 1984, Rusch 1987, Schmidt 1994, Goodman 1995, Glasersfeld 1996, Reich 1998) als unterschiedliche Interpretationen der Beziehungen von Wissen und der Produktion von Wirklichkeit verstanden werden, wobei je nach Akzentuierung die Gemachtheit der Tatsachen, des Wissensaufbaus, der Wirklichkeit, der Geschichte, des Verhaltensmusters, der Handlungstypik, der Deutungsschemata oder der gesellschaftlichen Verfasstheit im Vordergrund steht. Als kleinsten gemeinsamen Nenner dieser Varianten erachte ich ⓐ die Annahme der unhintergehbaren Perspektivität jeder Erkenntnis beziehungsweise jeglichen Wissens und ⓑ den Verzicht von Aussagen über die ‚Wirklichkeit an sich'. Anders ausgedrückt: Beobachtungen werden von beobachtenden Instanzen (Menschen, Individuen, Akteuren, Systemen, usw.) gemacht, die im Prozess der Beobachtung nicht zugleich die ‚blinden Flecken'

(Ausgangspunkte, Perspektiven, Kontextbedingungen, usw.) der Beobachtungen beobachten können (Beobachtungstheorem).

Was bedeutet dies nun für die empirische Forschung im Allgemeinen und für qualitative Forschung im Besonderen? Ich will meine Sicht der Dinge in vier Thesen zusammenfassen:

## 1. Vom Streben nach Subjektunabhängigkeit zur Subjekt- und Kontextgebundenheit

In der Geschichte wissenschaftlicher Empirieverständnisse im Anschluss an die beiden Physiker Galileo Galilei (1564-1642) und Isaac Newton (1643-1727) und vor allem an die 1637 erstmals erschienene „Abhandlung über die Methode" (1995) von René Descartes (1596-1650) gab es zahlreiche Versuche die Forscher/innen aus dem Forschungsprozess gleichsam ‚wegzukürzen'. Im Unterschied zu religiösen, ästhetischen oder alltagsförmigen Erkenntnisweisen sollten sich die wissenschaftlichen Methoden durch Subjektunabhängigkeit auszeichnen. Wissenschaftliche Erkenntnisse sollten von den zufälligen Umständen einzelner Biografien unabhängig sein und nach allgemein gültigen Regeln gewonnen und dargestellt werden. Im 20. Jahrhundert sind auch die Nachfolgemodelle der klassisch-neuzeitlichen Wissenschaftsvorstellung in verschiedenen Hinsichten kritisiert worden, so zum Beispiel im Hinblick auf die Selektivität der Themenhorizonte, die Relation von Qualität und Quantität, das Verhältnis von Abstraktion und Konkretion, die Beschränkung auf eine (tendenziell mathematische) Sprach- und Darstellungsform, die Vernachlässigung von leiblichen und kulturellen Aspekten sowie von lebensweltlichen Dimensionen, unreflektierte Herrschaftsansprüche, die Gesellschafts-, Geschichts- und Geschlechtsblindheit der Wissenschaftsbemühungen. Diese Kritiken basieren häufig auf dem „Landkarten-Modell" (vgl. König/Bentler 1997: 88), demzufolge Fakten, Daten, Ordnungen, Strukturen unabhängig von den Forscher/innen vorhanden sind. Im Forschungsprozess geht es dann wesentlich darum, diese ‚an sich' vorhandenen Objekte oder Teilwirklichkeiten zu entdecken, zu erklären oder zu verstehen und so die „weißen Flecken" auf der Landkarte sukzessive zu beseitigen. Konstruktivistische Forschung folgt demgegenüber dem Beobachtermodell (vgl. ebd.: 88ff.), demzufolge Fakten, Daten, Ordnungen oder Strukturen nicht ‚an sich' gegeben, sondern in spezifischen kulturellen, historischen und gesellschaftlichen Kontexten im Lichte bestimmter Perspektiven von forschenden Aktanten gemacht werden. Forschungsprozesse bleiben dem Beobachtungstheorem zufolge allemal mit den forschenden Instanzen und den genannten Kontexten verknüpft.

## 2. Von Methodenunabängigkeit zur Perspektivengebundenheit der Ergebnisse

Die Vorstellung, dass Forscher/innen auf verschiedenen Wegen zu denselben Ergebnissen gelangen können, solange formale Regeln und Abfolgen wohldefinierter Arbeitsschritte konsequent eingehalten werden, setzt die Annahme methodenunabhängiger Untersuchungsgegenstände voraus. Abgesehen von der Problematik dieser Vorstellung unter den Gesichtspunkten der soziologischen Wirklichkeitskonstitution und des Forschungshandelns als sozialem Prozess (vgl. Kriz 1985) werden hier auch konzeptionelle Brüche unterschiedlicher Wirklichkeitsbereiche unter der Hand geglättet und operationale Dimensionen des Wissenserwerbs (vgl. Rusch 1987: 255) vernachlässigt. Die verschiedenen methodischen Zugänge eröffnen unterschiedliche Optionen der kommunikativen Stabilisierung von Wirklichkeitsbereichen, die mit entsprechenden Horizonten von Forschungsfragen korrespondieren. Wie diese Wirklichkeitsbereiche konzipiert werden, hängt auch mit forschungsmethodischen Perspektiven zusammen.

## 3. Überwindung fruchtloser Frontstellungen und Dichotomien

Konstruktivistische Forschung ist prinzipiell offen für qualitative und quantitative Forschungsstrategien sowie deren Vernetzung. Die methodologischen Aspekte konstruktivistischer Diskurszusammenhänge liegen gewissermaßen quer zu diesen Strategien,[3] die sich als nützliche operative Fiktionen auffassen lassen. Mehr noch: Sie stellen eine grundsätzliche Differenz natur- und sozialwissenschaftlicher Verfahren einerseits (vgl. Knorr-Cetina 1984: 245ff.) und die Unterscheidung zwischen Natur- und Geisteswissenschaften andererseits (vgl. Schmidt 1998: 118) massiv in Frage. Hier wie dort haben wir symbolisch-interpretative Qualitäten und keine uninterpretierten Fakten. Auch wenn bereichsspezifische Routinen und Stilprinzipien, disziplininterne Kontrollmechanismen und Qualitätsmaßstäbe oder unterschiedliche Grade der Rigidisierung oder Offenheit als Belege für traditionelle Unterscheidungen erscheinen mögen, im Allgemeinen haben sie heute mehr mit Verteilungskämpfen und mit Standespolitik als mit umsichtigen wissenschaftsphilosophischen Argumentationen zu tun. Erkenntnistheoretisch gesehen geht es aber nicht um die Alternative zwischen sinnhaftem versus logischem Aufbau der Welt (vgl. Schütz 1932, Carnap

---

3   Die Argumentation von Gary Shank (1993), die auf eine postkonstruktivistische Überwindung von Wirklichkeitskonstruktionen abhebt, vermischt Subjektivität mit Subjektgebundenheit. Weder die Frage nach den Modalitäten von Wirklichkeitskonstruktionen noch das Erfordernis vorgefertigte Konstruktionen ,lesen' zu müssen bedeuten, dass Wirklichkeitskonstruktionen eine Sache des freien Willens oder eines sklavischen Verhältnisses zur ,Realität' wären.

1928), sondern um nachvollziehbare Formen der expliziten Beschreibung verschiedener Weisen der Wirklichkeitskonstruktion und die kritische Analyse individueller und kollektiver Wissensfabrikation in soziokulturellen und historischen Zusammenhängen. Der alte Gegensatz ‚materialistisch' versus ‚idealistisch' erweist sich damit zumindest als irreführend.

**4. Konstruktivistische als qualitative Forschung – qualitative als konstruktivistische Forschung?**

Das wechselseitige Interesse von Vertreter/innen qualitativer und konstruktivistischer Forschungsansätze an ihren Konzeptionen hält sich bis dato sehr in Grenzen. Von Ausnahmen abgesehen (vgl. Rusch/Schmidt 1993, Flick 2000, Nassehi/Saake 2002) sind in der einschlägigen Literatur zwar manchmal Gelegenheitsargumentationen anzutreffen, eine systematischere diskursübergreifende Bearbeitung ist allerdings bis dato ausständig. Und bei den Ausnahmen rückt jeweils nur ein bescheidener Ausschnitt konstruktivistischer Diskurszusammenhänge ins Blickfeld. Analoges gilt für Argumentationen, die auf einer Opposition beharren und für „Rekonstruktion statt Konstruktivismus" (Soeffner 1992) plädieren. Es ist erstaunlich, wie hier einerseits für Wie-Fragen plädiert wird und von „Rückwirkungen der gesellschaftlichen Konstruktionen auf ihre Konstrukteure" (ebd.: 477) die Rede ist, und wie andererseits der Anspruch einer Soziologie, die

siehe auch S. 138

> „die menschliche Zugangsweise zur Welt, die Entstehung, Tradierung und Veränderung unseres Wissens über die Welt, unsere Mitmenschen und uns selbst, die Konstituierung der Intersubjektivität aus dem Geist und der Perspektive der Subjektivität und die spiegelbildlich darauf bezogene Entstehung der ‚sozialen Identität von Individuen' im Horizont auferlegter ‚Vergesellschaftung' und eines soziohistorischen Apriori." (ebd.)

beschreibt, zugleich nicht weiter auf seine epistemologischen Voraussetzungen untersucht wird. Mit welcher Begründung sollten den soziologischen Konstruktivismusvarianten eine Vorrangstellung gegenüber (sozial-)psychologischen, (neuro-)biologischen oder philosophischen Varianten eingeräumt werden? Meines Erachtens stellt die Problematisierung von „Zugängen zur Welt" und von Referenzen auf „die Realität" oder die „wirkliche Wirklichkeit" allemal ein Charakteristikum konzeptioneller Konstruktivismusvarianten dar. Dabei mögen die Unterschiede zu den diversen qualitativen Ansätzen weniger in einzelnen methodischen Schritten, sondern mehr in den mit ihnen verknüpften Ansprüchen liegen. Und wenn es mit Blick auf die sozialen Welten der Bürger/innen und die Systemtheorie heißt, „wir erfahren statt dessen, wie Gesellschaften das herstellen, was sie zu wissen glauben, und worin sie leben" (ebd.), dann gilt aus metatheoretischer Perspektive Analoges für die Welten der Soziolog/innen, was – nebenbei bemerkt – mit dem Anspruch der kontrollierten Abstraktion des „Interpreten von den eigenen kulturellen Fraglosigkeiten und der eigenen historischen Perspektive" (Soeffner 2000: 171) kollidiert. In diesem Sinne muss zwischen qualitativer Forschung und konstruktivistischer Epistemologie unterschieden werden: Nicht jede qualitative Sozialforschung ist notwendig konstruktivistisch orientiert.

## Globale Mediengenerationen – methodologische und forschungsmethodische Aspekte

Mit den bisherigen Überlegungen ist deutlich geworden, dass sich aus den konstruktivistischen Diskurszusammenhängen in vielerlei Hinsicht diskussionswürdige Punkte für die empirische Forschung im Allgemeinen und für qualitative Forschung im Besonderen ergeben. Ich will hier exemplarisch einige dieser Bezugspunkte im Kontext der method(olog)ischen Konzeption des internationalen Forschungsprojekts *Global Media Generations* behandeln.

### *Global Media Generations – Eine Projektskizze*

Die aktuellen Medienentwicklungen und mehr noch der intensivierte Wettbewerb um Aufmerksamkeit und Anerkennung bringen Veränderungen in der individuellen und gesellschaftlichen Wissensorganisation mit sich. Mit den neuen Formen des ‚In-der-Welt-Seins' korrespondieren neue Formen der Orientierung und des Weltwissens. So wird an der Schwelle zum 21. Jahrhundert deutlich, dass Faktoren wie das Zusammenwachsen der Märkte, die Satellitenkommunikation, die zunehmende Mobilität und die überregionalen Dimensionen verschiedener Risiken und Krisen nach und nach ein neues Bewusstsein globaler Vernetzung und ‚virtueller Gemeinschaft' ermöglicht haben. Dieser Zusammenhang wird im Forschungsprojekt *Global Media Generations* im Zuge einer Analyse von Medienereignissen des 20. Jahrhunderts als Bausteine kollektiver Erinnerungen untersucht. Ziel ist unter anderem die Beschreibung der Wissensarchitektur verschiedener globaler Generationen im familiären und interkulturellen Kontext. In Abgrenzung von älteren Deutungen einer globalen Vereinheitlichung, die von der ‚Welt' im Sinne eines homogenen Ganzen ausgingen, werden dabei jene Dimensionen herausgearbeitet, die der Gleichzeitigkeit und Verhältnismäßigkeit parallel verlaufender Globalisierungsprozesse Rechnung tragen (vgl. Robertson 1992). Entsprechend geht es bei der Analyse der Rezeption und Verarbeitung globaler Medienereignisse darum, die ‚Gleichzeitigkeit der Ungleichzeitigkeit' im Zusammenspiel lokaler, kulturspezifischer und globaler Dimensionen zu reflektieren.

Diese Ausgangslage wurde bereits exemplarisch im Zusammenhang einer qualitativen Pilotstudie illustriert und weiter konkretisiert (vgl. Volkmer 1998). Diese Studie hatte zum Ziel, explorativ einen Ansatz zu finden, mit dem Generationen im Hinblick auf Dimensionen der Kollektivität innerhalb spezifischer biografischer Stadien beschrieben werden, in denen Weltwissen als wichtiges Element von Generationenidentität aufgebaut wird. In dieser Pilotstudie, die 1993 an der Universität Bielefeld durchgeführt wurde, wurden drei Studenten und vier Studentinnen aus Marokko, Japan, der Türkei, China, Korea und Taiwan befragt. Die Fragestellungen konzentrierten sich darauf, inwiefern – trotz erheblicher räumlicher und kultureller Distanz – dieselben medial vermittelten Ereignisse in dem gemeinsamen ‚Lebenszeitraum' Kindheit erinnert werden. Neben dieser zentralen Frage sollten auch die Unterschiede, die speziellen Wissensprofile, innerhalb der unterschiedlichen, durch die Interviewten repräsentierten Weltregionen deutlich werden. Im Zuge dieser Befragung stellte sich unter anderem heraus, dass ein kollektives Weltwissen durch zwei Nachrichtenereignisse getragen wird: Kennedys Ermordung und die erste Mondlandung.

> „Neben diesen ‚globalen' Medienereignissen, die von fast allen Befragten erinnert werden, sind die nachgefragten Welt-Ereignisse des Internationalen Almanach nur an der Peripherie dieser ‚Nachrichtengeneration' angesiedelt. Den Befragten sind zwar häufig die Namen der an den nachgefragten Nachrichtenereignissen Beteiligten bekannt, sie haben dieses Wissen jedoch zeitversetzt, in einer biographisch späteren Lebensphase (z.B. während des Studiums) erworben. Genaueres Nachfragen nach dem Kontext-Wissen zeigte, dass selbst Fragmente des Ereignisses nur vage bekannt sind und der weitere Ereignisverlauf zum Teil nur grob referiert werden kann." (Volkmer 1998: 176)

Für das laufende internationale Kooperationsprojekt *Global Media Generations* wurde im Zuge der Vorarbeiten folgende Ereignistafel zusammengestellt, die jeweils noch regionenspezifische Ergänzungen erfährt:

| Events during 1935 – 1945 | Events during 1965 – 1975 | Events during 1989 – 1999 |
|---|---|---|
| 1.   War in Spain | 1.   Photos of Mars | 1.   Gulf War |
| 2.   Abdication of Edward VIII | 2.   Cultural Revolution in China | 2.   Fall of Eastern Block |
| 3.   Berlin Olympics | 3.   1968 Student Revolutions | 3.   Beijing Massacre |
| 4.   Kristallnacht | 4.   Prague Spring | 4.   Reunification of Germany |
| 5.   Beginning of World War II | 5.   Independence movements in Africa | 5.   Economic Crisis in Asia |
| 6.   Salt March in India | 6.   OPEC Crisis | 6.   Princess Diana's death |
| 7.   Fall of Singapore | 7.   Vietnam | 7.   Liberation of Nelson Mandela/South Africa's return to international fold |
| 8.   Pearl Harbour | 8.   Rise of PLO | 8.   OJ's trial/Rodney King |
| 9.   Atom Bombs | 9.   Watergate | 9.   Closer - European Monetary-Union |
| 10.   Auschwitz | 10.   Woodstock | 10.   Clinton's personal life |

Abb. 2: Ereignistafel im Projekt *Global Media Generations*.

Hinsichtlich der Altersstruktur wurden vor dem Hintergrund medientechnischer Entwicklungen sowie auf der Basis von Vorvermutungen über die Relevanz der aufgelisteten Ereignisse drei Gruppen ausgewählt:

| Gruppe | Alter (im Jahr 1999) | mit Bezug auf die Jahre |
|---|---|---|
| 1 | 70 – 35 | 1935 – 1945 |
| 2 | 40 – 45 | 1965 – 1975 |
| 3 | 15 – 20 | 1989 – 1999 |

Abb. 3: Altersstruktur der untersuchten Gruppen.

In der Untersuchung, die parallel in elf Ländern auf allen Kontinenten durchgeführt wird, geht es nun darum, herauszufinden, inwieweit die Medienereignisse als Bestandteil biografischer Erinnerungen der Befragten beschrieben werden können. Dabei gehen wir davon aus, dass sich Generationen nicht nur formal als bevölkerungsstatistischer Durchschnittsabstand zwischen den Geburtsjahren der Eltern und ihrer Kinder (25 bis 30 Jahre) oder inhaltlich als Aggregat benachbarter Altersgruppen mit charakteristischen Verhaltensmerkmalen, die sich jeweils von anderen Altersgruppen unterscheiden, beschreiben lassen. Als Anknüpfungspunkt dient entsprechend der Generationenbegriff von Karl Mannheim (1964: 509ff.), über den er bereits 1928 publiziert hat. Mannheim kritisiert die einseitigen romantisch-historischen und mehr noch die positivistischen Zugänge einer vereinfachend schematisierenden Psychologie und die Suche nach verteilungsstatistischen Gesetzmäßigkeiten. Seine im weitesten Sinne qualitativ ausgerichteten Bemühungen zielen auf die Beschreibung von Erlebnis- oder Erfahrungsgemeinschaften sowie auf „Zeitgenossenschaften".

*„Dieselbe Jugend, die an derselben historisch-aktuellen Problematik orientiert ist, lebt in einem ‚Generationszusammenhang', diejenigen Gruppen, die innerhalb desselben Generationszusammenhangs in jeweils verschiedener Weise diese Erlebnisse verarbeiten, bilden jeweils verschiedene ‚Generationseinheiten' im Rahmen desselben Generationszusammenhangs."* (ebd.: 544; kursiv im Original)

Mannheim versteht den Generationszusammenhang als besonderen Typus sozialer Lagerung, der die Spielräume des Erlebens, Denkens, Fühlens und Handelns einerseits beschränkt und der andererseits jeweils eine spezifische, konkret beschreibbare „Tendenz auf bestimmte Verhaltungs-, Gefühls- und Denkweisen" (ebd.: 528) impliziert.

Mannheims Konzept der „Alterslagerung" von Generationen innerhalb sozio-kultureller Zusammenhänge wurde unter anderem von Strauss und Howe (1991) weiter ausdifferenziert. Sie charakterisieren den Generationenbegriff im Zusammenhang mit kulturellen Typisierungen, sozialen und kollektiven psychologischen Parametern, und führen die Kategorien der „generational biographies" und der „generational life cycles" ein, um das „Weltwissen" innerhalb einer kulturspezifischen Alterskohorte zu beschreiben. Insgesamt ist damit der Ansatz des Forschungsprojekts *Global Media Generations* im Spannungsfeld dieser und anderer Weiterentwicklungen des mannheimschen Generationenkonzepts (vgl. Schuman/Scott 1989, Strauss/Howe 1991, Volkmer 1998) und glokalisierungstheoretischen Überlegungen (vgl. Robertson 1992) angesiedelt.

*Methodologische Überlegungen*

Eine umfänglichere Explikation und Verortung des Ansatzes des Forschungsprojekts *Global Media Generations* macht dessen eigenständigen Status deutlich
(vgl. Volkmer 2000, Volkmer 2004). Von der Ausgangskonzeption her gesehen
kann er grosso modo als wissenssoziologisch-sozialphänomenologischer charakterisiert werden. Abgesehen von der generellen Problematik solcher Etiket-
tierungen sind hier die besondere Konstellation internationaler Kooperationen,
inter- und transkultureller Orientierungen, teilstrukturierter Strategien offener
Designs und individueller Orientierungen und Positionierungen zu berücksichtigen. Das bedeutet, dass sich die Forschungsstrategie durch wechselseitige Lern-
und Abstimmungsprozesse und nicht durch eine starres Konzept auszeichnet.[4]
Das Exaktheitsniveau der Festlegungen von Fragestellungen, Teilschritten und
Bearbeitungsroutinen ist so gestaltet, dass Raum bleibt für Resonanzen, Kurs-
anpassungen und Spielräume für lokale Interpretationen. Wenn ich im Folgenden einige Affinitäten zu (meinen) konstruktivistischen Orientierungen aufzei-
ge, so drückt sich darin primär meine Sicht der Dinge aus und nicht eine autori-
sierte Perspektive der gesamten Forscher/innengruppe.

Die qualitative Ausrichtung des Forschungsprojekts *Global Media Generations* zeigt sich auf forschungsmethodischer Ebene durch die Entscheidung für
Gruppendiskussionsverfahren im Erhebungskontext und qualitative Inhaltsanalysen im Auswertungskontext. Für erstere wurde ein Leitfaden erstellt, der insgesamt sechs Sequenzen vorsieht:

1.  Auftakt, Erläuterung der Forschungsmotive, Vorstellungsrunde
2.  Vorstellung des persönlichen Hintergrunds (familiärer Kontext, Schul-
    bildung, Beruf, Bekanntheitsgrade in der Diskussionsrunde)
3.  Beschreibung der Medienausstattung (auch des Zugangs zu den Me-
    dien in der Kindheit, Erinnerungen an die Mediennutzung)
4.  Spontane Erinnerungen an Medienereignisse (einschließlich sozialer
    Zusammenhang dieser Erinnerungen, internationale Ereignisse)
5.  Erinnerungen anhand einer Liste (ausgewählte „prompted events", ein-
    schließlich sozialer Zusammenhang der Erinnerungen)
6.  Schlussrunde

---

4   Die Knappheit der Ausdrucksweise möge hier nicht darüber hinwegtäuschen, dass solche koope-
rativen und entwicklungsorientierten Forschungsdesigns selten (vgl. exemplarisch Jensen 1998) und
nicht mit internationalen Kooperationen auf der Basis vorweg normierter Paradigmata oder mit a-
theoretischen, politisch motivierten Entwicklungsprojekten zu verwechseln sind.

Im Zuge der Durchführung der Gruppendiskussion, an denen jeweils drei Männer und drei Frauen teilnahmen, und der ersten Schritte der Datenaufbereitung (Erstellung der Gruppendiskussionsprotokolle) zeigte sich schnell, dass die Dramaturgie unter den Gesichtspunkten der Wissenschaftskultur und der Forschungserfahrung, des kulturellen Kontexts der ausgewählten Forschungspartner/innen („socio-economic middle class"), generationeller und geschlechterspezifischer Aspekte sowie situativer Dimensionen in den einzelnen Ländern recht unterschiedlich ausfielen. Während Gruppendiskussionen mit Jugendlichen und auch mit der Gruppe der 40-45-Jährigen in Österreich und Deutschland eher Charakteristika von Gruppengesprächen und Tendenzen zu nondirektiven, partizipierenden Leitungsstilen aufwiesen, hatten die Gruppendiskussionen mit 70-75-Jährigen in Indien oder Japan eher den Charakter von Gruppenbefragungen beziehungsweise sogar Einzelbefragungen in der Gruppe. Auch das Spektrum der Gruppendynamiken reichte von kaum zu stoppenden Gesprächsflüssen und kollektiven Inszenierungen (einschließlich spontanen Gesängen) bis hin zu eher zähflüssigen oder durch Vorsicht gekennzeichneten Interaktionszusammenhängen (zum Beispiel Tonband ausschalten an ‚problematischen' Stellen).[5] Während die geschlechterparitätische Konstellation für die Jugendlichen in allen Ländern keine Besonderheit darstellte, hatten die 70–75-Jährigen teilweise erhebliche Schwierigkeiten damit. Trotz dieser Verschiedenheiten zeigte sich bei den ersten Auswertungsdurchgängen, dass hier durchaus kollektive Orientierungsmuster und – wie zu Beginn vermutet – konjunktive Erfahrungsräume sensu Mannheim herausgearbeitet werden können (vgl. Bohnsack/Schäffer 2001: 329).

Spätestens hier stellt sich die Frage nach der Angemessenheit der methodischen Vorgaben. Während sie für an Qualia interessierte Sozialforscher/innen, die eher impressionistischen und intuitionistischen Vorgangsweisen zuneigen, bereits ein Korsett bedeuten, mögen andere, die um eine stärkere Standardisierung der qualitativen Sozialforschung bemüht sind, hier ungeachtet des Pilotstudiencharakters bereits Ansprüche der methodischen Kontrolle unerfüllt sehen. Meines Erachtens kann es hier aber nicht um verbesserte Instrumente oder Technologien gehen. Dies würde auf eine versuchsweise Ausschaltung von Kontingenzen hinauslaufen (vgl. Nassehi/Saake 2002), – ein aussichtsloses Unterfangen, das an die Geschichte von Sisyphos erinnert. Vielmehr geht es darum, die Reduktion der Komplexitäten nachvollziehbar zu machen, Exaktheits-

---

5 In einem Fall wurde nachträglich die Verwendung des bereits redigierten Gruppendiskussionsprotokolls durch die Gesprächsteilnehmer/innen untersagt, und zwar unter Verweis auf schlechte Erfahrungen mit einem Politologen und die Befürchtung, dass die Dokumente missbräuchlich verwendet werden könnten.

niveaus auf Ziele und Zwecke abzustimmen und Kontexte aller Art immer wieder reflexiv einzuholen. Jede Verschiebung oder Änderung auf welcher Ebene der Erhebungs-, Aufbereitungs-, Auswertungs- oder Verwendungskontexte läuft nolens volens auf die Handhabung neuer Komplexitäten hinaus. So kann bereits eine Geste oder der Tonfall einer einzelnen Wortmeldung thematische Horizonte öffnen oder verschließen, Artikulationsweisen tendenziell befördern oder verhindern, Musterbildungen bekräftigen oder in Chaos auflösen, kurzum: zur Erzeugung neuer Konstellationen beitragen. Analoges gilt für die Sprechakte und situativen Aspekte der Artikulation, einzelne Interaktionssequenzen und die Interaktionsdynamik zwischen Forscher/innen und Beforschten sowie der beiden Gruppen untereinander, Beziehungskonstellationen, Gruppenzugehörigkeiten, Deutungsschemata, kulturelle Muster und Regeln oder die Phänomenbereiche globaler Medienkommunikation. Wer hier angesichts der entsprechenden Kontingenzen und Komplexitäten ein methodologisches Regelwerk zur Optimierung der Objektivierungsbemühungen, zur Sicherstellung globaler Intersubjektivität oder zur präzisen Definition transkultureller Phänomenbereiche vor Augen hat, unterschätzt nicht nur den Umfang eines solchen Opus magnum, sondern mag mitunter die Themen und Forschungsfragen aus dem Auge verlieren oder affektlogische Zusammenhänge (vgl. Devereux 1984) verkennen. Exaktheit und Präzision sind außerdem kein Wert an sich. Das Anspruchs- und Exaktheitsniveau muss in Relation zum Vorhaben jeweils adäquat bestimmt werden.

Damit wird deutlich, dass es weniger um die Explikation langfristig angelegter methodologischer Basisregeln oder forschungsmethodischer Anleitungen, als vielmehr um eine zeitlich begrenzte, mehr oder weniger gelingende kommunikative Stabilisierung von Diskurszusammenhängen unter Beachtung relevanter Kontexte geht. Forschungsergebnisse werden damit als Interaktionsprodukte aufgefasst, die in diskursiver und kontextgebundener Weise hervorgebracht werden.

 Im Großen and Ganzen weist die hier vertretene Auffassung etliche Parallelen zur und Verträglichkeiten mit der rekonstruktiven Sozialforschung auf (vgl. Bohnsack 2000), auch wenn sich die inhaltsanalytischen Auswertungen im Forschungsprojekt *Global Media Generations* nicht an den einzelnen Schritten der Typenbildung der dokumentarischen Methode (vgl. Bohnsack 2000, Bohnsack 2001), sondern an kontextuellen und kategorialen Dimensionen der beschriebenen Medienumgebungen, Medienzugängen und Nutzungsweisen, Erinnerung von Medienereignissen sowie Regeln und Wissensquellen orientieren. Diese Parallelen beziehen sich auf die Konzentration auf Wie-Fragen, genetische Orientierungen, die Unterscheidung von Beobachtungen erster und zweiter Ordnung und nicht zuletzt auf konzeptionelle Aspekte der Wissenssoziologie von Mannheim (1964). Unterscheidungslinien mit Blick auf die Frage nach den globalen Mediengenerationen sehe ich beispielsweise im Zusammenhang der Modellierung von kollektiven Erinnerungen und dem Stellenwert von Medialisierungsprozessen. Hinzu kommt die bereits erwähnte globalisierungstheoretische Dimension:

–   Im Gegensatz zur „Seinsgebundenheit" (Mannheim) und der Tendenz zu ontologisierenden Redeweisen in der (Wissens-)Soziologie werden im Projekt *Global Media Generations* die Phänomenbereiche Gedächtnis *(memory)* und Erinnerung *(remembrance)* konsequent dynamisch aufgefasst *(process of remembering)*. Dabei zeigt sich einmal die Unangemessenheit von Konzeptionen, die von der Möglichkeit des mehr oder weniger vollständigen Abrufens einer mehr oder weniger authentischen Version eines einmal gespeicherten Originals ausgehen: „Memory Ain't No Fridge" (vgl. Riegler 2003). So spielen bei der Entwicklung von Bausteinen für eine integrative Theorie der Konstruktion von Erinnerung und Gedächtnis (vgl. Kumar/Hug/Rusch 2004) einerseits konstruktivistische Orientierungen (vgl. Rusch 1996, Rusch 1991) und andererseits soziale, zeitliche und politische Dimensionen eine Rolle. Entscheidend ist das dynamische Zusammenspiel von Kognition, sozialen Aspekten (sozioökonomischer Status, soziale Situationen der Ausgangserfahrung und der Gruppendiskussionen sowie soziale Auswertungskontexte), raum-zeitlichen Abständen und (Über-) Lagerungen („chronology and geography of memory") sowie von Erinnerungspolitik im doppelten Sinne der „Memory of Politics" und der „Politics of Memory". Auf diese Weise können die Einseitigkeiten materialer Erklärungsansätze kollektiver Erinnerungen genauso vermieden werden wie die scheinbaren Abkürzungswege einer unvermittelten „phänomenologischen Wesensschau".

–   Die Unterscheidung *durch* Medien und *über* Medien spielt bei der dokumentarischen Methode im Zusammenhang der Bildinterpretation eine Rolle (vgl. Bohnsack 2003: 565). Solche Unterscheidungen und auch entsprechende Figur-Grund-Verhältnisse spielen auch in den wissenstheoretischen Überlegungen im Projekt *Global Media Generations* eine Rolle. Die mediale Vermitteltheit von Erfahrung wird hier allerdings weitaus konsequenter gefasst. Dies lässt sich am Beispiel von Strukturmerkmalen des „Weltwissens" aufzeigen: Angesichts seiner fragmentarischen, simplen, spontan orientierenden und leicht verständlichen Züge kann es als Variante des Instantwissens (vgl. Hug 2003) begriffen werden. Das scheint nahe liegend zu sein, da die „Weltwissensfragmente" den Charakter von Schlüsselwörtern und Stereotypen aufweisen, die einen globalen Zeitrahmen der Parallelität von Handlungen suggerieren und die auf diese Weise einen Referenzrahmen für das Image einer globalen Gemeinschaft herstellen. Andererseits dürfte das allerdings noch nicht der Weisheit letzter Schluss sein, denn dieses Weltwissen lässt sich nicht nur im Sinne eines flüchtigen „Sofort-Wissens" beschreiben. Als verdichtetes, „sedimentiertes" Wissen kann es auch als handlungsleitendes „Hintergrundwissen" beschrieben werden. Das Weltwissen globaler Mediengenerationen wäre dann jener Teil der kollektiven, konzeptuellen Annahmen und Vorstellungen (Rusch 1987: 243), der für bestimmte Generationen im Selbst- und Weltverständnis sowie bei der Wirklichkeitsinterpretation eine ausgezeichnete Rolle spielt. Wenn das „allgemeine Weltwissen" als Inbegriff unserer Vorstellungen von der „wirklichen" Beschaffenheit der Welt, unserer Konzepte von Objekten, Zuständen, Ereignissen und deren Folgen sowie unseren Vorstellungen von Raum und Zeit konzipieren, dann besteht das Weltwissen der Generationen in jenen medienvermittelten, partiell ‚gleichgeschalteten' Wirklichkeitsvorstellungen und kulturspezifischen Vereinheitlichungen, die das Grundgefühl des ‚In-der-Welt-Seins' einer Generation, deren Verständnis von Regularitäten in der Welt sowie deren Modalitäten der Unterscheidung von relevanten und nicht-relevanten Ereignissen ausmachen. Weltwissen lässt sich damit im Sinne einer Figur-Grund-Relation in doppelter Weise konzipieren als fragmentarisches Sofort-Wissen von globalen Medienereignissen und als konzeptionelles Hintergrundwissen, das die thematischen und medialen Horizonte einer Generation ausmacht und das die typischen Weisen der Herstellung von Wirklichkeitsbezügen, Bedeutsamkeiten und Orientierungsmustern beinhaltet.

Vor allem die Relevanz des zweiten Punkts ist nicht zu unterschätzen. Die Reflexivität der Sozial- und Kulturwissenschaften unterscheidet sich zwar in vielerlei Hinsicht von der Reflexivität des Alltagsdenkens und -wissens (Form, Ansprüche sowie Grade der Abstraktion, Systematisierung, Konstruktivität, usw.), sie steht aber ihrerseits nicht auf einem dauerhaft festen Boden und sie bleibt allemal eine medialisierte und kommunikativ stabilisierte. Die Rekonstruktion wie auch die Dekonstruktion und Analyse der zeichen- und symbolhaft organisierten Wahrnehmungs-, Handlungs- und Wissensformen, die mit Common-Sense-Orientierungen verknüpft sind, mag sich ex ante oder ex post der eigenen Vorurteile und diskursiven Verortungen bewusst werden, sie bleibt nicht spurlos und sie entkommt der konstitutionellen Medialität der Kommunikation nicht. Der Traum von der vormedialen Unschuld ist auch in methodologischer Hinsicht ausgeträumt. Weder die Alltagserfahrungen noch die wissenschaftlichen Erfahrungen sagen von sich aus, was sie sind, und die Beschreibungen sind durch die Erfahrungen unterdeterminiert. Wir haben es allemal mit Versionen von medialisierten Welten und mit entsprechenden „Weisen der Welterzeugung" (Goodman 1995) zu tun und nicht mit per se authentischen, „geistigen Gebilden" (Mannheim), die mehr oder weniger korrekt erfasst oder rekonstruiert werden könnten. Die Erkenntnis wird letztendlich von konzeptionellen Perspektiven und nicht von einer erkenntnisexternen materiellen oder ideellen Realität bestimmt. Als Aufgabe der Wissenschaft bleibt die empirisch begründete, iterative (Re-)Formulierung von Weltversionen. Die Tragweite der Komplexität intermedialer Zusammenhänge und ihre Bedeutung für Forschungsstrategien muss dabei allerdings erst noch ausgelotet werden. Zukunftsweisende Anknüpfungspunkte hierfür bietet die Medienphilosophie des „medial turn" (vgl. Margreiter 1999).

Was die Relation der qualitativen Forschungsstrategien zu den konstruktivistischen Diskursen betrifft, so sehe ich hier keine Anlässe für eine Beharrung auf Oppositionen oder gravierenden Unverträglichkeiten, sondern vielmehr ein Ergänzungsverhältnis und mannigfaltige Optionen der Verständigung. Konstruktivistische Positionen können zur epistemologischen Klärung und zur Vermeidung von Selbstmissverständnissen (zum Beispiel im Hinblick auf Objektivierungsbemühungen) beitragen; umgekehrt kann so mancher qualitative Ansatz dazu beitragen, die Pferdestärken des Konstruktivismus auf die Straße der Forschungspraxis zu bringen. Was bleibt, sind die Erfordernisse der methodisch gezähmten Ordnung der wissenschaftlichen Blicke (vgl. Reich 1998, Schmidt 1998) und die Vorläufigkeit der Forschungsergebnisse. Wer es allerdings zu weit treibt mit der Ordnungsliebe und so die ‚wirkliche Wirklichkeit' erfassen will, der hat mitunter nichts mehr zum Anschauen übrig.

## Literatur

Berger, Peter L./Luckmann, Thomas (1969): Die gesellschaftliche Konstruktion der Wirklichkeit. Frankfurt/M.: Fischer.

Bohnsack, Ralf (2000): Rekonstruktive Sozialforschung. Einführung in Methodologie und Praxis qualitativer Sozialforschung. Opladen: Leske & Budrich.

Bohnsack, Ralf (2001): Dokumentarische Methode. Theorie und Praxis wissenssoziologischer Interpretation. In: Hug, Theo (Hrsg.) (2001) Bd. 3, 326-345.

Bohnsack, Ralf (2003): Dokumentarische Methode und sozialwissenschaftliche Hermeneutik. In: Zeitschrift für Erziehungswissenschaft 6, H. 4, 550-570.

Bohnsack, Ralf/Schäffer, Burkhard (2001): Gruppendiskussionsverfahren. In: Hug, Theo (Hrsg.): Bd. 2, 324-341.

Carnap, Rudolf (1928): Der logische Aufbau der Welt. Berlin-Schlachtensee: Weltkreis.

Descartes, René (1995): Abhandlung über die Methode des richtigen Vernunftgebrauchs und der wissenschaftlichen Wahrheitsforschung. Stuttgart: Reclam (frz. Org. 1637, dt. Erstausgabe 1863).

Devereux, George (1984): Angst und Methode in den Verhaltenswissenschaften. Frankfurt/M.: Suhrkamp.

Flick, Uwe (2000): Konstruktivismus. In: Flick, Uwe/Kardoff, Ernst von/Steinke, Ines (Hrsg.), 150-164.

Flick, Uwe/Kardoff, Ernst von/Steinke, Ines (Hrsg.) (2000): Qualitative Forschung. Ein Handbuch. Reinbek: Rowohlt.

Gergen, Kenneth J. (2002): Konstruierte Wirklichkeiten. Eine Hinführung zum sozialen Konstruktionismus. Stuttgart: Kohlhammer.

Goodman, Nelson (1995): Weisen der Welterzeugung. Frankfurt/M.: Suhrkamp (engl. Org. 1978).

Glasersfeld, Ernst von (1996): Radikaler Konstruktivismus: Ideen, Ergebnisse, Probleme. Frankfurt/M.: Suhrkamp.

Glasersfeld, Ernst von (1998): Die Radikal-Konstruktivistische Wissenstheorie, Ethik und Sozialwissenschaften 9, H. 4, 503-511 und 581-596.

Holzkamp, Klaus (1972): Kritische Psychologie. Frankfurt/M.: Fischer.

Hug, Theo (Hrsg.) (2001): Wie kommt Wissenschaft zu Wissen? 4 Bände/2 CD-ROMs. Baltmannsweiler: Schneider-Verlag Hohengehren.

Hug, Theo (2003): Lesarten des „Instant Knowledge". In: Hug, Theo/Perger Josef (Hrsg.): Instantwissen, Bricolage und Tacit Knowledge ... Wissensformen in der westlichen Medienkultur. Innsbruck: Studia, 135-151.

Jensen, Klaus Bruhn (Hrsg.) (1998): News of the World. World cultures look at television news. London/New York: Routledge.

Kappus, Helga (Hrsg.) (2002): Nützliche Nutzlosigkeit. Bildung als Risikokapital. Wien: Passagen.

Klafki, Wolfgang (1971): Erziehungswissenschaft als kritisch-konstruktive Theorie: Hermeneutik – Empirie – Ideologiekritik. In: Zeitschrift für Pädagogik 17, H. 3, 351-385.

Kokinov, Boicho/Hirst, William (Hrsg.) (2003): Constructive Memory. Sofia: NBU Series in Cognitive Science.

König, Eckard/Bentler, Annette (1997): Arbeitsschritte im qualitativen Forschungsprozeß – ein Leitfaden. In: Friebertshäuser, Barbara/Prengel, Annedore (Hrsg.): Handbuch qualitative Forschungsmethoden in der Erziehungswissenschaft. Weinheim/München: Juventa, 88-96.

Kriz, Jürgen (1985): Die Wirklichkeit empirischer Sozialforschung. Aspekte einer Theorie sozialwissenchaftlicher Forschungsartefakte. In: Bonß, Wolfgang/Hartmann, Heinz (Hrsg.): Entzauberte Wissenschaft. Zur Relativität und Geltung soziologischer Forschung. (Soziale Welt – Sonderband 3). Göttingen: Schwartz, 77-89.

Kumar, Keval J./Hug, Theo/Rusch, Gebhard (2004): Construction of Memory. In: Volkmer, Ingrid (Hrsg.): News in Public Memory. An International Study of Media Memories Across Generations. Frankfurt/M.u.a.: Lang, (im Erscheinen).

Luhmann, Niklas (1990): Konstruktivistische Perspektiven. (= Soziologische Aufklärung 5). Opladen: Westdeutscher Verlag.

Mannheim, Karl (1964): Wissenssoziologie. Berlin/Neuwied: Luchterhand.

Margreiter, Reinhard (1999): Realität und Medialität. Zur Philosophie des ‚Medial Turn'. In: Medien Journal 23, H. 1, 9-18.

Maturana, Humberto R. (1994): Was ist Erkennen? München: Piper.

Mitterer, Josef (1992): Das Jenseits der Philosophie. Wider das dualistische Erkenntnisprinzip. Wien: Passagen Verlag.

Nassehi, Armin/Saake Irmhild (2002): Kontingenz: Methodisch verhindert oder beobachtet? Ein Beitrag zur Methodologie der qualitativen Sozialforschung. In: Zeitschrift für Soziologie 31, H. 1, 66-86.

Piaget, Jean (1972): Theorien und Methoden der modernen Erziehung. Wien/Zürich: Molden.

Piaget, Jean (1973): Einführung in die genetische Erkenntnistheorie. Frankfurt/M.: Suhrkamp.

Reich, Kersten (1998): Die Ordnung der Blicke. Perspektiven des interaktionistischen Konstruktivismus. Bd. 1. Neuwied: Luchterhand.

Riegler, Alex (2003): Memory Ain't No Fridge: A Constructivist Interpretation of Constructive Memory. In: Kokinov, Boicho/Hirst, William (Hrsg.): Constructive Memory. Sofia: NBU Series in Cognitive Science, 277-289.

Robertson, Roland (1992): Globalization. Social Theory and Global Culture. London: Sage.

Rusch, Gebhard (1987): Erkenntnis, Wissenschaft, Geschichte: von einem konstruktivistischen Standpunkt. Frankfurt/M.: Suhrkamp.

Rusch, Gebhard (1991): Erinnerungen aus der Gegenwart. In: Schmidt, Siegfried J. (Hrsg.): Gedächtnis. Probleme und Perspektiven der interdisziplinären Gedächtnisforschung. Frankfurt/M.: Suhrkamp, 267-292.

Rusch, Gebhard (1996): Erzählen: Wie wir Welt erzeugen. Eine konstruktivistische Perspektive. In: Wimmer, Herbert J. (Hrsg.): Strukturen Erzählen. Wien: Edition Praesens, 326-361.

Rusch, Gebhard/Schmidt, S. J. (Hrsg.) (1993): Konstruktivismus und Sozialtheorie. (= Delfin 1993). Frankfurt/M.: Suhrkamp.

Schmidt, Siegfried J. (1994): Kognitive Autonomie und soziale Orientierung: Konstruktivistische Bemerkungen zum Zusammenhang von Kognition, Kommunikation, Medien und Kultur. Frankfurt/M.: Suhrkamp.

Schmidt, Siegfried J. (1998): Die Zähmung des Blicks. Konstruktivismus – Empirie – Wissenschaft. Frankfurt/M.: Suhrkamp.

Schmidt, Siegfried J. (2003): Geschichten & Diskurse. Abschied vom Konstruktivismus. Reinbek: Rowohlt.

Schuman, Howard/Scott, Jaqueline (1989): Generations and Collective Memories. In: American Sociological Review 54, 359-381.

Schütz, Alfred (1932): Der sinnhafte Aufbau der sozialen Welt. Eine Einleitung in die verstehende Soziologie. Wien: Springer.

Schütz, Alfred (1971): Gesammelte Aufsätze, Bd. 1 – Das Problem der sozialen Wirklichkeit. Den Haag: Nijhoff.

Shank, Gary (1993): Qualitative Research? Quantitative Research? What's the Problem? Resolving the Dilemma via a Postconstructivist Approach. In: Proceedings of Selected Research and Development Presentations at the Convention of the Association for Educational Communications and Technology Sponsored by the Research and Theory Division (15th, New Orleans, Louisiana, January 13-17, 1993).

Soeffner, Hans-Georg (1992): Rekonstruktion statt Konstruktivismus. 25 Jahre „Social Construction of Reality". In: Soziale Welt 43, H. 4, 476-481.

Soeffner, Hans-Georg (2000): Sozialwissenschaftliche Hermeneutik. In: Flick, Uwe/Kardoff, Ernst von/Steinke, Ines (Hrsg.), 164-175.

Strauss, William/Howe, Neil (1991): Generations. The History of America's Future 1584 to 2069. New York: Quill.

Volkmer, Ingrid (1998): ‚Hic et nunc‘ von Nachrichtengenerationen. Überlegungen zu der Kategorie des ‚Da-seins‘ aus der Sicht globaler Phänomenologie. In: Hug, Theo (Hrsg.): Technologiekritik und Medienpädagogik. Zur Theorie und Praxis kritisch-reflexiver Medienkommunikation. Baltmannsweiler: Schneider Verlag Hohengehren, 167-179.

Volkmer, Ingrid (2000): Projekt Global Media Generations 2000 – Interview mit Ingrid Volkmer. In: Hug, Theo (Hrsg.): Medienpädagogik in der Globalisierung/Media Education and Globalization. (= H. 2/2000 der Zeitschrift SPIEL). Frankfurt/M. u. a.: Lang, 302-307.

*Thomas Ohlemacher*

# Die Beobachtung sozialer Bewegung:
# Eine Annäherung von Netzwerkanalyse und Systemtheorie[1]

Was will dieser Text? Er möchte zweierlei: Zum einen möchte er Parallelen, Schnittstellen und auch Divergenzen von *Netzwerkanalyse* (als Sonderfall strukturaler soziologischer Analyse) und *Systemtheorie* (als spezieller Ausprägung konstruktivistischer Sozialtheorie) aufzeigen; zum anderen will er die Konvergenzen an einem empirischen Beispiel *sozialer Bewegung,* Bürgerinitiativen gegen militärischen Tiefflug in den 80er und 90er Jahren des 20. Jahrhunderts, deutlich machen. Netzwerkanalyse und Systemtheorie sind soziologisch besonders interessant, weil sie Ernst machen mit dem Projekt der Soziologie: Beide denken und deuten Gesellschaft radikal als das, was *zwischen* den Akteuren ist (Netzwerke, Kommunikation).

**Strukturale Analyse, Konstruktivismus und Systemtheorie**

Die Netzwerkanalyse hat sich in den 1970er Jahren als Spezialform Strukturaler Analyse aus ihren ethnologisch-soziometrischen Anfängen heraus sowohl theoretisch als auch methodisch emanzipiert und stellt mittlerweile ein differenziertes Instrumentarium für eine formalisierte Beschreibung von sozialen Strukturen zur Verfügung.[2] Begrifflich hat man sich auf einen weitreichenden Konsens derart verständigt, dass unter Netzwerken „the relations between and among social actors and institutions" verstanden werden sollten, unabhängig davon worauf diese Beziehungen beruhen (Berkowitz 1982: 3ff). Man muss nun nicht

---

1   Die empirische Studie geht auf eine Untersuchung zurück, die ich in den Jahren 1989-92 am Wissenschaftszentrum Berlin für Sozialforschung (WZB, Abteilung „Öffentlichkeit und soziale Bewegung") durchführen konnte. Diese Studie ist u.a. in der Publikation Ohlemacher 1996 in ähnlicher Form zugänglich gemacht worden. Systemtheorie und Netzwerkanalyse theoretisch und empirisch auf breiterer Basis zu verbinden, dies habe ich an anderer Stelle versucht (Ohlemacher 2000); dieser Publikation sind mit freundlicher Genehmigung des Nomos-Verlages Teile des vorliegenden Aufsatzes entnommen. Ich danke Sibylle Moser für die konstruktiven Kommentare zu einer früheren Version dieses Beitrags.
2   Vergleiche hierzu insbesondere die Weg bereitenden Arbeiten von Laumann/Pappi 1976, White/Boorman/Breiger 1976, Boorman/White 1976, Fischer et al. 1977, Fischer 1982, zusammenfassend Burt/Minor 1982.

unbedingt mit Berkowitz einer Meinung sein, der zur selben Zeit von eben dieser Netzwerkanalyse ausgehende „signals (of) the beginning of a scientific revolution" vernommen haben will (1982: 150). Viel eher ist wohl die Netzwerkanalyse als Methode zunächst als eine Familie von Datenauswertungsverfahren
zu sehen, welche mittels einer besonderen theoretischen Perspektive und somit
eher durch eine lose Verbindung von verschiedenen theoretischen Ansätzen
integriert wird (Burt 1980) – eine lose Kopplung, die jedoch über deutliche
„Nähe" zu einigen dieser theoretischen Modellentwürfe verfügt (Schenk 1984:
120ff., Diaz-Bone 1997: 37).

Den gewichtigsten Beitrag in konzeptioneller Hinsicht erbrachte die Umsetzung der Vorstellung der strukturellen Äquivalenz innerhalb von Netzwerken in
mathematisch handhabbare Modelle (vgl. hierzu die so genannten Blockmodelle
von Boorman/White 1976, White/Boorman/Breiger 1976): Ausgehend von der
Vorstellung, dass Personen nicht auf der Basis von Kohäsion (also durch den
Kontakt zu anderen Personen), sondern stärker durch die Konkurrenz mit
strukturell ähnlich verankerten Personen (vgl. Burt 1987) in ihrem Handeln beeinflusst werden, wurde ein Konzept verfolgt und operationalisiert, welches
einem dem Handelnden nicht bekannten Strukturmuster, zum Beispiel seiner
eigenen strukturellen ,Rolle', einen signifikanten Einfluss auf dessen Handeln
zubilligte. Der entscheidende Unterschied zwischen dieser Struktur und den
Vorstellungen der französischen Strukturalisten lag jedoch in der Analysierbarkeit der sozialen Struktur (zum Beispiel durch Konzepte der strukturellen Äquivalenz). Letztlich würden einige der Netzwerkanalytiker so weit gehen, eine
derart analysierte und auf diesem Wege emergierende Struktur als die eigentliche soziologische Konkretisierung von ,Gesellschaft' zu bezeichnen.

Einen weiteren Schritt nach vorne markiert die Arbeit von Emirbayer und
Goodwin (1994), eine theoretische Studie, die in den 1990er Jahren eine Klassifikation der Arbeiten der „structural analysis" vornimmt. Die beiden Autoren
unterscheiden drei Richtungen der strukturalistischen Analyse. Sie sprechen
zunächst von einer *structuralist determinist perspective* und bezeichnen damit
die ,reine Lehre' des structural approach, die nur durch die formale Beschreibung sozialer Beziehungen auf das Handeln gesellschaftlicher Akteure schlie
ßen will. Mit anderen Worten: Allein die Relationen und die sich daraus ergebenden Strukturen ,zählen', die Wirkung der Strukturen ist unabhängig von dem
durch die Akteure perzipierten Inhalt der Beziehungen. Die anderen beiden
Spielarten strukturaler Analyse sind der *structuralist instrumentalism* und der
*structuralist constructionism.* In der instrumentalistischen Variante werden jene
Ansätze erfasst, die sich auf eine Einbettung von Nutzenabwägungen zur
Handlungsentscheidung in eben diese strukturellen Arrangements konzentrieren.

Die konstruktivistische Variante geht darüber hinaus und berücksichtigt neben diesen Kalkülen auch die kulturelle Ebene in Form kultureller Deutungsmuster und Perzeptionen wie zum Beispiel *Frames* oder *kulturelle Schemata* (vgl. hierzu auch Ellingson 1995: 103f. und Reckwitz 1997: 109, 168): Sie benutzt kulturelle Elemente nicht nur zur Analyse von Handlungsentscheidungen, sondern auch zur dynamischen Betrachtung der Identitäten von Akteuren oder von Akteurskonstellationen.[3]

Der bedeutsame Aspekt ist, dass Struktur in der struktural-konstruktivistischen Variante nicht ein ausschließlich direkt wirkender Faktor zur Erklärung von Handlung bleibt, sondern durch die Verbindung von strukturellen Befunden und kulturellen Deutungsmustern erweitert wird. Nicht die Beziehung zwischen Akteuren ist von daher der allein entscheidende Faktor, sondern besonders worauf diese Beziehung basiert. Der Kontakt von Akteuren lässt sich in ihrer Relevanz für potenzielle Handlungen besser bewerten, wenn wir den reinen Strukturbefund mit Wissen über die kulturelle Fundierung der Verbindung anreichern können. Konstruktivistische Anreicherung bedeutet darüber hinaus eine Aufwertung der Perzeptionen der Akteure als Interpretationsmuster der strukturellen Beziehungen: Deutungsmuster konturieren die Filter, durch welche hindurch Strukturbeziehungen wahrgenommen werden. Deutungsmuster sind eine wichtige Grundlage zur Umsetzung der Strukturbedingungen in Normen, Einstellungen und Interessen der Akteure. Konstruktivistische Anreicherung meint von daher zunächst zweierlei: a) die stärkere Beachtung von kulturellen Deutungsmustern für die (direkte) Wirkung von Strukturen auf Handlungen und b) die Aufwertung der Perzeptionen bei der (indirekten) Erklärung des Handelns durch die Interessen/Einstellungen der Akteure.

Strukturale Analysen in ihrer konstruktivistischen Variante sind somit die am stärksten integrierende Form einer strukturalen Analyse – und nehmen somit einer Vielzahl von Opponenten den ‚kritischen Wind' einer fehlenden kulturellen Unterfütterung aus den Segeln. Konstruktivistische Anreicherung der strukturalen Analyse heißt somit, die kulturelle Einbettung struktureller Beziehungen empirisch ernst zu nehmen. Geteilte kulturelle Deutungsmuster *in ihrer Bedeutung* für die Entstehung von sozialen Beziehungsmustern *und vice versa*, dies ist der Kern eines Forschungsprogramms der strukturalen Analyse konstruktivistischer Prägung.

Mit den oben skizzierten konstruktivistischen Ergänzungen der strukturalen Analyse sind gleichsam die Enden ausgelegt, die eine Anknüpfung an radikal-

---

3 Zu einer weiterführenden theoretischen Ausarbeitung dieses Aspekts im Wechselspiel von Networks, Identities und Narrative Stories vgl. White 1992.

konstruktivistische Theorien möglich erscheinen lassen. Im Folgenden sollen eben diese Enden von systemtheoretischer Seite aufgenommen und mit den korrespondierenden Fäden verknüpft werden. Als Produkt soll eine tragfähige Konstruktion entstehen, die empirische Analysen struktural-konstruktivistischer Art systemtheoretisch interpretierbar erscheinen lässt.

Mit einigem Abstand betrachtet scheint es zunächst grundlegende Differenzen zwischen einem strukturalen und dem systemtheoretischen Ansatz zu geben. Die luhmannsche Systemtheorie hat bewusst auf die Akteurskategorie, wie sie für den strukturalen Ansatz zentral ist, verzichtet – und hat dies mit zunehmendem Selbstbewusstsein vertreten. Systemtheorie hebt alleine auf Kommunikation, dem Dreiklang von Information, Mitteilung und Verstehen, als Basiskategorie ab. Soziale Systeme „consist of communications and nothing but communications – not of human beings, not of conscious mental states, not of roles, not even of actions. They produce and reproduce communications by meaningful reference to communications." (Luhmann 1987: 113) Durch diese Selbstbezüglichkeit von Kommunikation entsteht die operative Geschlossenheit und damit die „Autopoiesis" sozialer Systeme, die zu den grundlegenden Merkmalen der luhmannschen Systemtheorie gehört.

Kommunikationen begründen somit soziale Systeme, nicht die Akteure qua Mitgliedschaft oder Teilhabe. „Psychische Systeme", „Bewusstseinssysteme" oder auch „personale Systeme" werden zur Restkategorie einer „Umwelt" für soziale Systeme und vice versa (Luhmann 1984). Alleine durch dieses unübliche, gleichwohl geniale Konstruktionselement haben sich Probleme der Rezeption für Anhänger anderer Theorien, insbesondere für Handlungstheoretiker, ergeben; es entstanden Probleme, Unverständnis und teilweise hierdurch provoziert Zurückweisungen, als Folge wiederum ein wechselseitiges Sich-Verschließen, was vielfach integrative Bemühungen von vornherein als aussichtslos erscheinen ließ.

Das Fehlen des Akteurs verweist zunächst auf dreierlei: zum ersten wird hierdurch deutlich, dass im Mittelpunkt der luhmannschen Theorie mit der „Kommunikation" eine Analyseeinheit steht, die sich von den „Beziehungsvariablen" struktualer Analyse grundlegend zu unterscheiden scheint. Kommunikation ist nicht der Prozess der Übertragung einer Nachricht, sondern beinhaltet neben dem Verstehen, der Trennung von Mitteilung und Nachricht, auch die Alternative, die verstandene Information anzunehmen oder abzulehnen und sie damit anschlussfähig zu machen (Luhmann 1995: 115, 119; instruktiv hierzu Schneider 1992: 421). Auch geht es der Systemtheorie zum zweiten nicht mehr um Handeln als dem zu Erklärenden. Vielmehr wird das systemische Prozessieren von Kommunikationen in den Mittelpunkt der Analyse gerückt. Drittens ist der luhmannsche Strukturbegriff im Vergleich zur Strukturalen Analyse ein völlig anderer: Strukturen sind bei Luhmann Erwartungsstrukturen. Systeme stabilisieren sich durch eben solche „Erwartungen" beziehungsweise „Erwartungen von Erwartungen". Erwartungen sind die Grundlage der Reproduktionsfähigkeit sozialer Systeme, indem sie Anschlussfähigkeiten herstellen, da „das Neue, das sich vom gerade Vergangenen unterscheidet, in etwa erwartbar ist." (Heidenescher 1992: 452) Sie sind eher „Regeln" statt „Regelmäßigkeiten" des Handelns (vgl. Reckwitz 1997). Systemtheorie ist damit mehr auf der Suche nach Konstrukten denn nach Konstruktionsmerkmalen. In dieser Hinsicht unterscheidet sie sich fundamental von der Strukturalen Analyse. Desweiteren war und ist Systemtheorie anders als Strukturale Analyse evolutionär und damit dynamisch gedacht: Ihr geht es um die Weiterentwicklung, die Anpassung von sozialen Systemen an wechselnde interne und externe Anforderungen.

In ihrer Gesamtheit präsentiert sich Systemtheorie zudem in einem deduktiven Zuschnitt. Dieses deduktive Vorgehen steht für den Vorrang der Theoriearbeit und die Abgeschlossenheit, ja Abschottung des systemtheoretischen Gedankengebäudes. Die Theoriearchitektur in ihrer Gesamtheit ist das Bestimmende. Bausteine werden eher an ihrer Stimmigkeit gegenüber dem Theorieganzen gemessen, denn nach ihrer Übereinstimmung mit der Empirie beurteilt.

Entscheidend und instruktiv für eine Verbindung der beiden Gedankengebäude erweist sich jedoch die Öffnung der neueren strukturalen Arbeiten für die Kategorie der kulturellen Deutungsmuster. Während Systemtheorie auf der Grundannahme der basalen Bedeutsamkeit von Deutungsmustern beruht, ist diese Kategorie erst in den letzten Jahren für die Strukturale Analyse wichtig geworden. In der luhmannschen Terminologie werden Deutungsmuster als „Schemata" oder „Skripts" bezeichnet. Schemata bezeichnen

> „(...) Sinnkombinationen, die der Gesellschaft und den psychischen Systemen dazu dienen, ein Gedächtnis zu bilden, das fast alle eigenen Operationen vergessen, aber einiges in schematisierter Form doch behalten und wiederverwenden kann. (...) Bei der Verwendung von Schemata setzt die Kommunikation voraus, daß jedes beteiligte Bewußtsein versteht, was gemeint ist, daß aber andererseits dadurch nicht festgelegt ist, wie die Bewußtseinssysteme mit dem Schema umgehen, und erst recht nicht: welche Anschlußkommunikationen sich aus der Verwendung von Schemata ergeben." (Luhmann 1997: 111)

Eine besondere Rolle bei der Konstruktion von Realität kommt nach Luhmann den Massenmedien zu, die gleichsam eine Art ‚Steinbruch' für Schemata sind. Nach Luhmann (1996) stellt sich der „rekursive" Prozess der Realitätskonstruktion durch Massenmedien wie folgt dar: Massenmedien bieten „Schemata" zur Realitätskonstruktion an, diese formt das „gesellschaftliche Gedächtnis". Dieses Gedächtnis wird durch „neue", weil bisherigen Informationen widersprechende Mitteilungen „irritiert". Die neuen Informationen beziehungsweise Irritationen

werden systemisch verarbeitet und gehen wiederum rekursiv in die Realitätskonstruktion ein. Durch die Konstruktion der Schemata erlangen Deutungsmuster im luhmannschen Gedankengebäude eine zentrale Bedeutung – sie sind, wenn sie sich auf
einem gewissen Niveau stabilisieren, einige der wenigen „Eigenwerte" von modernen Gesellschaften. Sie bieten ein Set an Deutungsmustern, eine Menge an
Kommunikationen, Konstruktionen, Regeln,

> „(...) die für das Verstehen von Handlungen beziehungsweise Kommunikationen unabdingbar
> sind und nicht allein schon durch die richtige Anwendung von Worten oder grammatischen
> Regeln, also nicht schon durch die Sprache selbst, gewährleistet sind." (Luhmann 1997: 1107)

Schemata sind zudem eine wichtige Voraussetzung, um die operative Geschlossenheit sozialer Systeme anschlussfähig zu halten an die Bedingungen ihrer
Umwelt. Die Verbindung zwischen autopoietisch operierenden sozialen Systemen geschieht nach Luhmann durch so genannte „strukturelle Kopplungen".
Mit dieser Konstruktion wird eines der widersprüchlichsten Elemente des luhmannschen Theoriegebäudes aufzulösen versucht: Zum einen behauptet Luhmann eine strikte Trennung von System und Umwelt, zum anderen sieht er
System und Umwelt gekoppelt und aufeinander aufbauend. Um diese Differenz
zu überbrücken, ordnet er das Kommunikationselement Mitteilung der Geschlossenheit des Systems in Sinne einer Selbstreferenz bei, während er gleichzeitig das Konstruktionselement der Information der Offenheit im Sinne der
Fremdreferenz beiordnet: Durch Mitteilungen bezieht das System sich auf sich
selbst, via Information „referiert" das System seine Umwelt. Die strukturelle
Kopplung mit der Umwelt bestimmt dabei nicht, ‚was im System geschieht', sie
beschränkt jedoch den Bereich des Möglichen. Instruktiv für diesen Versuch der
Überbrückung ist die Kopplung von Bewusstseins-/psychischen Systemen einerseits, und Gesellschaft andererseits. Sie geschieht über Sprache, welche
wechselseitige „Irritation" ermöglicht:

> „Der Begriff der strukturellen Kopplung erklärt damit schließlich auch, daß Systeme sich zwar
> völlig eigendeterminiert, aber im großen und ganzen doch in einer Richtung entwickeln, die
> von der Umwelt toleriert wird. Die Systeminnenseite der strukturellen Kopplung läßt sich mit
> dem Begriff der Irritation (oder Störung, oder Perturbation) bezeichnen. (...) Auch in ihrer Irri-
> tierbarkeit sind die Systeme, und zwar sowohl die Bewußtseinssysteme als auch das Kommu-
> nikationssystem Gesellschaft, völlig autonom. Irritationen ergeben sich aus einem internen
> Vergleich von (zunächst unspezifizierten) Ereignissen mit eigenen Möglichkeiten, vor allem
> mit etablierten Strukturen, mit Erwartungen. Sonst gibt es in der Umwelt des Systems keine Ir-
> ritation aus der Umwelt in das System. Es handelt sich immer um ein systemeigenes Kon-
> strukt, immer um Selbstirritation – freilich aus Anlaß von Umwelteinwirkungen." (ebd.: 118)

Diese Selbstirritationen werden im Zeitalter der elektronischen Medien beständig gesteigert (ebd.: 302). Strukturelle Kopplungen beruhen dabei auf mehrerlei,

zum einen auf der „Digitalisierung analoger Verhältnisse": Sprachliche Kommunikation macht aus einem „kontinuierlichen Nebeneinander ein diskontinuierliches Nacheinander" von Systemereignissen (ebd.: 101). Zum anderen greifen strukturelle Kopplungsprozesse auf Schemata zurück und passen somit die notwendige Kopplung psychischer und sozialer Systeme den „sich ändernde(n) Vorgaben" an (ebd.: 111).

Der Fokus auf Schemata und die mit ihnen verbundene strukturelle Kopplung bietet eine Anschlussstelle der Systemtheorie zur Theoriearchitektur der struktural-konstruktivistischen Analyse. Die Frage ist jedoch, ob sich weitergehende Parallelen in beiden Ansätzen finden lassen, die über die reine Oberfläche einer Restkategorie ‚Kultur' beziehungsweise ‚Deutungsmuster' hinausgehen. Lassen sich weitergehende ‚strukturelle Kopplungen' (in der Sprache der Systemtheorie) beziehungsweise ‚strukturelle Äquivalenzen' (im Sinne der Strukturalen Analyse) entdecken?

Strukturale Analyse und Systemtheorie stellen sich in ihrem Grundaufbau als unterschiedlich konstruierte Theoriegebäude dar, ihre Bausteine gleichen sich jedoch. Tabelle 1 illustriert den Versuch, die Elemente systematisch darzustellen. Zunächst ist die Parallelführung auf den Makro-Mikro-Ebenen herstellbar: Während Strukturale Analyse Person-Organisation-Gesellschaft als *Akteure* aufweist, finden sich analog dazu in der Systemtheorie die *Systemarten* Interaktion-Organisation-Funktionssysteme/Gesellschaft. Auch die *Grundlagen* der Systemarten und Akteure lassen sich analog setzen: Auf der Seite der strukturalen Analyse finden sich Kontakt-Mitgliedschaft-physische Existenz, denen innerhalb der Systemtheorie Anwesenheit-Mitgliedschaft-Kommunikation entsprechen. Die entscheidenden Verbindungselemente der beiden Theorien lassen sich auf der Ebene der Deutungsmuster und Schemata finden: Beide Entwürfe weisen als Grundbausteine *Deutungsmuster* entweder als kulturelle Erweiterungen (im struktural-konstruktivistischen Ansatz) oder aber als Grundlage von Kommunikation (in der Systemtheorie) auf.

|                        |            | *Makro*                          | *Meso*          | *Mikro*        |
| ---------------------- | ---------- | -------------------------------- | --------------- | -------------- |
| *Strukturale Analyse*  | Akteure    | Gesellschaft                     | Organisation    | Person         |
|                        | Grundlage  | Existenz                         | Mitgliedschaft  | Kontakt        |
|                        |            | Deutungsmuster                   |                 |                |
|                        |            | Schemata                         |                 |                |
| *Systemtheorie*        | Grundlage  | Kommunikation jeglicher Art      | Mitgliedschaft  | Anwesenheit    |
|                        | Systemart  | Funktionssysteme/ Gesellschaft   | Organisation    | Interaktion    |

Tabelle 1: Strukturale Analyse und Systemtheorie.

Es soll nun anhand des eingangs erwähnten empirischen Beispiels eine Netz-werkanalyse konstruktivistischer Art vorgestellt werden – die sodann system-theoretisch gedeutet werden soll. Die zu entwickelnde und empirisch zu über-prüfende These besteht darin, dass der Mobilisierungserfolg sozialer Bewegung eine Funktion vorher bestehender Netzwerk*strukturen* darstellt.

## Ein empirisches Beispiel: Bürgerinitiativen gegen militärischen Tiefflug

Bisherige Forschungen zu Mobilisierungen politischen Protests haben auf die besondere Bedeutung von „pre-existing (personal) networks" als eine der ent-scheidenden Variablen auf der Mikroebene hingewiesen: Bürger werden oftmals durch Freunde oder Bekannte ‚mobilisiert', sich an Protesthandlungen zu betei-ligen (McAdam/McCarthy/Zald 1988). Das Wissen um kollektive Aktionen und die entstehende Attraktivität daran teilzunehmen werden somit nicht nur durch Massenmedien, sondern auch durch persönliche Kontakte über- beziehungswei-se vermittelt. Bei den Massenmedien scheint ein gewisser Schwerpunkt auf dem reinen Informationsfluss (im Sinne der einfachen Übermittlung von Wissen um Protestaktionen) zu liegen, während ‚Überzeugung' eher die Aufgabe der per-sönlichen Kontakte zu sein scheint: Persönliche Kontakte unterstützen und überzeugen die Menschen, die aufgrund ihrer Einstellung bereits über eine Ba-sisbereitschaft zur Teilnahme verfügen. Kontakte sind besonders wichtig, wenn es gilt, eine einstellungsmäßige Nähe zu kollektiven Aktionen in eine tatsächliche Beteiligung zu transformieren. Diese Sichtweise wird durch eine Reihe von empirischen Untersuchungen bestätigt, die auf unterschiedlichen theoretischen Ansätzen basieren und sich verschiedenster Methoden bedienen.[4]

Die diversen Protestthemen, die in den Studien untersucht wurden, machen es sehr wahrscheinlich, dass persönliche Netzwerke eine wichtige, wenn nicht sogar eine zentrale Variable zur Erklärung des „how and why" von Protestteilnahme darstellen (McAdam/McCarthy/Zald 1988). Persönliche Netzwerke können als eine Art intervenierende Variable angesehen werden, da sie als strukturelle Variable insbesondere den Schritt von der Handlungsbereitschaft zur tatsächlichen *Handlung*, sprich Protestbeteiligung, erklären helfen, während andere Variablen wie zum Beispiel Werte, Einstellungen, biografische Verfügbarkeit und Erfahrung in einem stärkeren Maße in der Lage sind, die Teilnahme*bereitschaft* zur erklären.[5]

Bevor das Konzept des sozialen Relais als Netzwerkgenerator kurz vorgestellt werden wird, zunächst eine Illustration aus dem Bereich der westeuropäischen Friedensbewegung aus den 1970er und 1980er Jahren: Die neue Friedensbewegung mobilisierte viele ihrer Aktivisten über die Kirche. Gruppen aus dem kirchlichen Bereich bildeten das Fundament, auf dem sich lokale Friedensgruppen entwickeln konnten. Mobilisierungen erfolgten via diese Gruppen bis weit hinein in den traditionell zu nennenden Bereich der Kirche und Gesellschaft. Die hohe Legitimität der Kirche und ihr korrespondierendes positives Image verliehen der Protestbewegung Glaubwürdigkeit und unterstützten von daher die Bemühungen, Personen für die Bewegung zu gewinnen.

Netzwerke, die Protest generieren oder in der Gesellschaft verbreiten, sind von einer besonderen Qualität: sie sind keine ‚Face-to-Face'-Netzwerke. In Netzwerken wie sie etwa im Rahmen der Institution Kirche auftreten, ist der alltägliche Kontakt der Organisationsmitglieder nicht die Regel. Eher, um hier

---

4 Charles Bolton (1972) hat Friedensgruppen in den 1960er Jahren untersucht und die besondere Bedeutung von sozialen Beziehungen und Netzwerken herausgestellt. Seine Forderung nach einem theoretischen Modell, welches sowohl Einstellungen als auch die Netzwerkeinbettung integriert, wurde von Walsh und Warland (1983) in ihrer Analyse zur Beteiligung am Three-Mile-Island-Protest wiederholt. Sowohl auf der Basis von umfangreichen Sekundäranalysen als auch aufgrund eigener Analysen haben Snow, Zurcher und Ekland-Olsen (1980) den Befund erarbeiten können, wonach persönliche Netzwerke „(...) the richest source of movement recruits" seien (790). Aus seinen Untersuchungen zu den Freedom Summer-Kampagnen hat McAdam (1986, 1986a) gefolgert, dass die *Einstellungen* von teilnehmenden Personen als ein „push" hin zur Teilnahme fungierten, während die Integration in unterstützende *Netzwerke* als eine Art „pull" in die Aktivität hinein wirkten (1986: 88). Klandermans und Oegema (1987) haben die Netzwerkvariable in ein theoretisches Modell integriert, welches die Beteiligung an ausgewählten Friedensdemonstrationen in den 1980er Jahren in den Niederlanden zu erklären sucht.

5 Für weitere Nachweise vgl. Ohlemacher 1996.

einen Begriff von Festinger aufzugreifen, kann diese Art von Netzwerken charakterisiert werden durch ihre Fähigkeit, „passive Kontakte" zu ermöglichen. Sie geben die Möglichkeit, Menschen in von ihnen angebotenen Kontexten, zum Beispiel in den kirchlichen Gruppen, zu treffen. Sie machen es möglich, dass Menschen sich treffen, die sich zuvor fremd waren. Als Kontexte erhöhter sozialer Verdichtung bewirken sie trotzdem nicht, dass sich beispielsweise *alle* Kirchenmitglieder kennen lernen. Kennen lernen und Verbindung ist *möglich,* aber nicht unausweichlich.

Beispiele wie die kirchlichen Gruppen sind deshalb die organisatorischen Kontexte für ‚Face-to-Face'-Kontakte, da sie eher einen *Anbieter* für ‚Face-to-Face'-Netzwerke darstellen, als dass sie ein großes ‚Face-to-Face'-Netzwerk bilden. Als die organisatorische Umgebung, in denen Protest entsteht, sind sie allerdings ein wichtiger Bestandteil des Prozesses der Protestmobilisierung. Mehrere Bilder können hierfür bemüht werden: Sie sind ‚der fruchtbare Boden', auf denen Protest aufkeimen und erblühen kann; sie sind der ‚Katalysator' für Mobilisierungsbemühungen, die weit über den Entstehungskontext hinausweisen. Solche beziehungsstiftenden Kontexte sind nicht unähnlich den simmelschen „Berührungskreisen". Einen Begriff aus der Elektrotechnik entleihend kann auch von „sozialen Relais" gesprochen werden.[6] Die Charakteristika sozialer Relais können in vier Punkten zusammengefasst werden. Erstens: sie verbinden zuvor nicht verbundene Netzwerke, wirken somit als *broker* oder *transmitter* von Kontakten zwischen Fremden oder Gruppen von Fremden. Zweitens: sie bilden die Umgebung, den organisatorischen Hintergrund oder die institutionelle Einbettung einer Vielzahl von ‚Face-to-Face'-Netzwerken. Drittens: einige der Netzwerke in dieser Umgebung bilden neue Netzwerke aus, indem sie bereits bestehende Kontakte in einer neuen inhaltlichen Richtung ‚aufladen'. Viertens: Soziale Relais tragen die Mobilisierung über sich selbst hinaus. Sie sind dabei umso erfolgreicher, je höher ihre Akzeptanz in der Gesamtgesellschaft ist. Soziale Relais sind somit der Kontext von ‚Face-to-Face'-Netzwerken, sie generieren und verbreiten die Mobilisierung für neue Netzwerke. Durch soziale Relais entstehen damit neue Netzwerke, über sie und durch sie werden neue „Netzwerke von Netzwerken" (Neidhardt) geschaffen.

Im Jahre 1989 habe ich zu zwölf Bürgerinitiativen aus dem Bereich Tiefflugprotest Kontakt aufgenommen und Interviews mit ihren Kernaktivisten durchgeführt. Vier Initiativen wurden für eine weitergehendere Prüfung ausge-

---

6   Dieser Begriff wurde in der Netzwerkliteratur als eine Alternative zu *broker* benutzt und von Boissevain definiert als „(...) a relay, receiving, decoding, selecting a new channel, recoding and transmitting to the next link in the path." (1976: 152) Zum Begriff des sozialen Relais in der sozialwissenschaftlichen Massenkommunikationsforschung vgl. Schenk 1984.

wählt. In jedem der Orte oder Regionen, in denen die Initiativen angesiedelt waren, wurden wiederum circa 20 Interviews geführt. Die Interviewpartner setzten sich aus so genannten ‚lokalen Experten' zusammen. Dieser Kreis umfasste Journalisten, Priester, Politiker und Vereinsvorsitzende sowie Mitglieder der Initiative (sowohl aus dem Bereich der Aktivisten als auch passive Mitglieder).[7] Zwei Initiativen wurden für eine Befragungsaktion ausgewählt, wobei die Auswahl auf zwei Kriterien basierte: Erstens repräsentierten die beiden je einen Fall einer hohen Mobilisierung sowie einer niedrigen Mobilisierung; zweitens waren dies die beiden Fälle, die sich am ähnlichsten hinsichtlich der Ausprägungen derjenigen Variablen waren, denen ein signifikanter Effekt auf die Mobilisierungschancen zugesprochen werden konnte. Die Auswahl entsprach damit der Grundidee des *Most-Similar-Cases-Design* (Ragin 1987).

Die ausgewählten Orte ähneln sich in vielerlei Hinsicht. Beide haben inklusive aller Eingemeindungen ca. 11 000 Einwohner. Die Gemeinden selbst bieten wenig Arbeitsplätze, so ist der Anteil an Pendlern in die in etwa gleich weit entfernten Großstädte fast identisch. Das Militär hat vor Ort keine Bedeutung als Arbeitgeber. Tourismus gewinnt zunehmend an Bedeutung in beiden Gemeinden. Die politische Struktur kann am besten als die einer konservativen Hegemonie beschrieben werden. Beide Städte sind am Rande beziehungsweise innerhalb einer der Tiefflug-Areas gelegen. Obwohl sie an verschiedenen Stellen einer Area platziert sind, wurden in beiden Gemeinden jeweils maximal bis zu 200 Überflüge pro Tag gezählt. Somit können beide Gemeinden als in derselben Art und Weise von den Tiefflügen ‚betroffen' angesehen werden. Beide Initiativen wurden Mitte der 1980er Jahre (1985 beziehungsweise 1986) gegründet.

Aber trotz dieser Ähnlichkeit, was Anlass des Protests und Struktur der Gemeinde betrifft, konnte eine der Initiativen 125 Menschen als Mitglieder gewinnen (dies macht ca. 1,1% der Bevölkerung aus), während in der anderen Gemeinde lediglich 50 Bürger den Weg zur Mitgliedschaft fanden (ca. 0,5% der Bevölkerung). Zusätzlich hatte die Initiative im Hochmobilisierungsfall (HIMO) sich in verschiedenen Aktionen des zivilen Ungehorsams engagiert, während sich die Initiative mit Niedrigmobilisierung (LOMO) mit dem Auflassen von Ballons in den formal gesperrten Luftraum begnügt hatte. Diese Differenz fand ihren Ausdruck auch in der Tatsache, dass absolut und relativ betrachtet mehr Personen aus der HIMO-Initiative als aus der LOMO-Initiative sich an solchen Protestaktionen beteiligt hatten. Der HIMO-Initiative war es zudem gelungen, ein Image zu entwickeln, das als ‚parteiübergreifend' bezeichnet werden kann. Die LOMO-Gruppe hingegen galt gemeinhin – teilweise auch in der wahrge-

---

7   Diese Teil wird später als die ‚qualitative Befragung' bezeichnet.

nommenen Fremdwahrnehmung, also der Meinung der Mitglieder, was denn die übrigen Bürger über die Initiative denken – als ein „Haufen linker Spinner".[8] Experten und Mitglieder führten die Ursprünge der HIMO-Initiative auf eine Eltern-Kind-Gruppe in der lokalen Volkshochschule zurück, wohingegen die LOMO-Initiative – so die übereinstimmenden Äußerungen meiner Interviewpartner – auf zwei einzelne Bürger zurückging, die als die ‚treibenden Kräfte' der Gründung galten.

Die Basis für die folgende Netzwerkanalyse wird von den Organisationsmitgliedschaften und Netzwerkbeteiligungen auf lokaler Ebene (im weiteren kurz: Beteiligungen), so wie die Befragten diese für sich selbst und ihre Bekannten und Freunde (im weiteren: Bekannte) mitteilten, gebildet. McPherson hat für diese Art von Analyse den Vorschlag gemacht, so genannte „organisatorische Hypernetzwerke" zu bilden, die durch „interorganisatorische Verbindungen" entstehen, die auf multiplen Beteiligungen einzelner Personen basieren. In der vorliegenden Studie werden wir zunächst die *organisatorischen* Hypernetzwerke untersuchen, um dann ein *interpersonelles* Hypernetzwerk zu erstellen, welches analog auf der gemeinsamen Mitgliedschaft mehrerer Personen in derselben Organisation basiert.

Die Struktur der zugrunde liegenden Matrizen basiert auf n Zeilen (die für Personen stehen) und k Reihen (die Organisationen, Vereine und Netzwerke repräsentieren, im weiteren kurz: *Organisationen*[9]). $m_i$ steht für die Reihenhäufigkeiten, d.h. die Zahl der Beteiligungen pro Person. $i_i$ steht für die Spaltenhäufigkeiten, d.h. die Zahl der Beteiligungen pro Organisation (vgl. Abbildung 1).

---

[8]   Diese Information geht auf die Experteninterviews und ausgewählte Zeitungsberichte zurück.

[9]   Bei den erfassten *Beteiligungen* handelt es sich sowohl um Mitgliedschaften in festgefügten Organisationen (wie zum Beispiel lokalen Parteigruppen) oder Vereinen (wie dem Schützen- oder Sportverein) als auch um die Einbindung in Netzwerke (wie zum Beispiel Freundeskreise oder aktivitätenbezogene Gruppenmitgliedschaften, wie es beispielsweise ein ‚Lauftreff' sein kann). *Organisationen* ist lediglich die Kurzformel, die an den Begriff von McPherson (vergleiche oben) anknüpft.

| | k Organisationen | | | | | | | | | |
|---|---|---|---|---|---|---|---|---|---|---|
| | 0 | 1 | 0 | 1 | 1 | 1 | 0 | 1 | 1 | m1 |
| n | 0 | 0 | 0 | 0 | 1 | 0 | 1 | 0 | 0 | m2 |
| Personen | 0 | 0 | 0 | 0 | 0 | 0 | 0 | 1 | 0 | m3 |
| | 1 | 1 | 0 | 0 | 0 | 0 | 0 | 0 | 0 | m4 |
| | 1 | 1 | 1 | 1 | 0 | 0 | 0 | 0 | 1 | m5 |
| | $i_1$ | $i_2$ | $i_3$ | $i_4$ | $i_5$ | $i_6$ | $i_7$ | $i_8$ | $i_9$ | |

Abb. 1: n x k-Matrix.

Addiert man die Reihenhäufigkeiten ergibt sich die Gesamtzahl der Beteiligungen (T). Per Definition ist T ebenfalls die Summe aller Spaltenhäufigkeiten (Gleichung 1).

$$\sum m_i = \sum i_i = T \qquad (1)$$

Dividiert man T durch die Zahl der Reihen/Personen (n), ergibt sich als Resultat die durchschnittliche Zahl von Organisationsbeteiligungen pro Person (m quer).

$$\frac{T}{n} = \text{m quer} \qquad (2)$$

Durch multiple Beteiligungen einer einzelnen Person werden interorganisatorische Verbindungen hergestellt. Die Zahl der Verbindungen kann durch die Formel $m_i$ x $(m_i-1)$:2 errechnet werden, d.h. eine Person mit vier Beteiligungen stellt sechs interorganisatorische Kontakte her. Addiert man alle auf diese Weise hergestellten Verbindungen, so erhält man L als die Summe aller interorganisatorischen Verbindungen.

$$\sum \frac{m_i \text{ x } (m_i-1)}{2} = L \qquad (3)$$

In einer analogen Prozedur können Gleichungen für die interpersonellen Verbindungen erstellt werden, die auf den überlappenden Beteiligungen basieren. Indem man T, die Gesamtzahl der Beteiligungen durch k, die Zahl der Organisationen teilt, erhält man die Durchschnittszahl der Beteiligungen pro Organisation (i quer).

$$\frac{T}{k} = i \, quer \qquad (4)$$

In analoger Art zu Gleichung 3 kann man zudem die Gesamtzahl der interpersonellen Verbindungen ermitteln, die über gemeinsame Beteiligungen an Organisationen entstehen (I).

$$\sum \frac{i_i \times (i_i - 1)}{2} = I \qquad (5)$$

Teilt man L durch n und I durch k ergibt sich die durchschnittliche Zahl der Verbindungen, die entweder für Organisationen via Personen (L quer) oder für Personen via Organisationen gebildet werden (I quer).

$$\frac{L}{n} = L \, quer; \qquad \frac{I}{k} = I \, quer \qquad (6)$$

Betrachtet man nun die Beteiligungen von Mitgliedern der Tieffluginitiativen an unterschiedlichen Organisationen, so ergeben sich in beiden Fällen im Durchschnitt ungefähr drei Beteiligungen (m quer: LOMO 2.64, HIMO 3.0). Die durchschnittliche Anzahl interpersoneller Verbindungen in beziehungsweise durch Organisationen ist gleichfalls ähnlich hoch (L quer: LOMO 4.04, HIMO 4.69). Die durchschnittliche Anzahl von Beteiligungen pro Organisation ist ebenfalls nicht sehr unterschiedlich (i quer: LOMO 2.13, HOMO 3.0). Mit anderen Worten: Durchschnittlich zwei bis drei Mitglieder einer Initiative können sich jeweils auch in einer der anderen lokalen Organisationen wieder treffen – dies gilt für beide Initiativen. Nichtsdestotrotz: Eine große Differenz besteht mit Blick auf die pro Organisation hergestellten interpersonellen Verbindungen. Während dies im LOMO-Fall lediglich drei Verbindungen pro Organisation sind, ist die Anzahl mit neun Verbindungen im HIMO-Fall deutlich höher

(I quer: LOMO: 2.94, HIMO: 9.0) – d.h. es gibt offenbar einzelne Organisationen mit besonders hohen Konzentrationen an Mitgliedern der HIMO-Tieffluginitiative. Schaut man sich die HIMO-Daten in dieser Hinsicht genauer an, findet man eine Organisation mit 17 Mitgliedern, eine andere mit 15 sowie zwei mit sieben Mitgliedern aus der Tieffluginitiative mit hoher Mobilisierung. Im LOMO-Fall finden sich lediglich zwei Organisationen mit jeweils zehn beziehungsweise sechs Mitgliedern.

Ein ähnliches Bild entsteht, wenn man die Beteiligungen der Bekannten betrachtet: die durchschnittliche Anzahl an Beteiligungen pro Person in anderen Organisationen beziehungsweise pro Organisation unterscheidet sich nicht sehr stark (m quer: LOMO 2.0, HIMO 2.97; i quer: LOMO 1.79, HIMO 3.68), noch finden sich große Unterschiede in der Zahl der interorganisatorischen Kontakte (L quer: 2.35 vs. 3.72). Es ist wiederum die Zahl der interpersonellen Verbindungen, die eine Differenz aufmacht: I quer, die Zahl der interpersonellen Kontakte pro Organisation beträgt bei LOMO 1.46, bei HIMO 11.83. Auch dies weist für den HIMO-Fall auf Konzentrationen der Bekannten der Mitglieder in einigen wenigen Organisationen hin. Wenn es also einige Organisationen mit sehr vielen ‚protestnahen Personen' gibt, so sind diese zumindest statistisch gesehen potenziell ein besonders reicher, fruchtbarer Boden zur Herstellung interpersoneller Kontakte: Es gibt fünf HIMO-Organisationen mit mehr als zehn Bekannten der Initiativenmitglieder (der Maximalwert liegt bei 15), wohingegen es im LOMO-Fall lediglich eine maximale Konzentration von fünf Bekannten in einer LOMO-Organisation gibt.

Zwei Schlussfolgerungen können hieraus gezogen werden: Erstens, sowohl für die Mitglieder als auch für ihre Bekannten gibt es größere Differenzen in den interpersonellen Netzwerken – größere Differenzen zumindest als bei den Interorganisationskontakten. Zweitens sind die signifikanten Differenzen in den Netzwerken auf Konzentrationen der Mitglieder der Initiativen beziehungsweise bei ihren Bekannten in einigen wenigen, jedoch zahlenmäßig umfangreichen Organisationen zurückzuführen – und nicht auf multiple Engagements einiger weniger Personen. D.h. auch, dass im HIMO-Fall die *Organisationen* und nicht die *Personen* als ‚Broker' oder ‚Brücken' funktioniert haben könnten, um erfolgreiche Mobilisierungen zu ermöglichen. Es könnte im Kontext dieser Organisationen gewesen sein, dass sich protestbereite Personen getroffen haben; es könnten somit jene Organisationen, Vereine oder Netzwerke gewesen sein, die den Protest vorbereitet und verbreite(r)t haben.

Da wir nun einige quantitative Hinweise haben, dass soziale Relais eine Rolle in der Mobilisierung gespielt haben könnten, wollen wir versuchen, die entscheidenden sozialen Relais zu identifizieren und zu qualifizieren. Um Relais

zu identifizieren, wollen wir kurz die Merkmale eines Relais in Erinnerung ru-
fen: Erstens sie sind der Treffpunkt für möglichst viele Menschen; zweitens
sollen sie die Distanz zwischen Protest generierenden Netzwerken und dem Rest
der Gesellschaft überbrücken. Ein erster Schritt, um potenzielle Relais zu identifizieren, ist damit das schlichte Zählen von Interorganisationskontakten.

Um dies zu ermöglichen, müssen wir die Personen-Organisations-Matrize in
eine Organisations-Organisations-Matrize transformieren. Um dies zu ereichen,
tun wir Folgendes: wir „drehen die Perspektive um 90 Grad" (Knoke/Wisely
1990: 77). Wir beginnen mit einer n x k-Matrix und vergleichen sie spaltenwei-
se, d.h. in einem Vergleich von Organisation zu Organisation. Jede Person, die
Mitglied in zwei der Organisationen ist, addiert eine 1 zu der Zahl der Verbindung der beiden Organisationen. Auf diese Art und Weise gelangen wir zu einer
neuen Matrix k x k, in der jede Zelle die Zahl der Personen repräsentiert, die
gemeinsam Mitglied(er) in den jeweiligen Reihen- und Zeilenorganisationen
sind. In diesem Sinn repräsentiert die Diagonale die schlichte Zahl an Mitgliedern der jeweiligen Organisation. Abbildung 2 zeigt ein Beispiel einer solchen
Transformation.

| Personen-Organisations-Matrix | | Organisations-Organisations-Matrix |
|---|---|---|
| | k<br>Organisationen | k<br>Organisationen |
| n<br>Personen | 010111011011<br>000010100011<br>000000010000<br>110000000011<br>111100001100 | k<br>Organisationen  − | 221100001111<br>231211012122<br>111100001100<br>121211012111<br>010121111022<br>010111011011<br>000010100011<br>010111021011<br>121211012111<br>111100001100<br>120121111033<br>120121111033 |

Abb. 2: Transformation einer n x k-Matrix.

Die qualitative Feldarbeit hat gezeigt, dass es einige Organisationen gibt, die als protestnäher als andere Organisationen bezeichnet werden können. Die Orientierungen, die Deutungsmuster, die Ideologien, kurz: die *frames* hinter diesen Organisationen können als „postmaterialistisch"[10] bezeichnet werden, wohingegen die anderen Organisationen eher als „neutral" oder „traditional" angesehen werden können[11]. Um nun als ein Relais in der Mobilisierung gegen militärische Tiefflüge fungieren zu können, wäre es hilfreich für eine solche vermittelnde Institution, als außerhalb des postmaterialistischen Segments der lokalen Organisationen liegend angesehen zu werden, weil auf diese Art eine Brücke zur übrigen lokalen Gesellschaft hergestellt werden kann.

Die bisherigen Analysen können durch eine Cluster-Analyse ergänzt werden, mit deren Hilfe (a) organisatorische ‚Cliquen' entdeckt werden können[12], und (b) speziell geklärt werden kann, welche der Organisationen in der Lage sind, die Lücken zwischen den Subclustern von Organisationen (d.h. intern stärker als nach außen integrierte ‚Gruppen' von Organisationen) zu überbrücken. Alba and Kadushin (1976) haben vorgeschlagen, eine Operationalisierung vorzunehmen, die auf der „intersection of social circles" beruht. Sie bauen damit auf einer Idee von Simmel auf („Die Kreuzung sozialer Kreise"), kombinieren ihre Vorschläge mit Rossis Vorstellung eines „interpersonal environment", das auf direkten sozialen Kontakten basiert (vgl. Rossi 1966: 200), und erweitern ihn um indirekte Verbindungen. Soziale Kohäsion ist ihrer Ansicht nach nicht nur durch den Grad der Übereinstimmung bestimmt, sondern auch durch die Nicht-Übereinstimmung der jeweiligen individuellen sozialen Kreise:

---

10 Dabei wird der Begriff aufgenommen, wie er von Inglehart (1977) eingeführt wurde. Auf der Ebene individueller Einstellungen steht der Postmaterialismusindex für mehr Bürgerbeteiligung und das Recht der freien Rede. Man kann den Postmaterialismus auch als die kognitive Basis für die „neue Politik" ansehen, die solche Themen wie Ökologie, internationale Solidarität und Frauenrechte umfasst (Offe 1987). Die Kategorisierung der lokalen Organisationen (vgl. Tabelle 2) basiert auf der qualitativen Feldarbeit. Dabei werden die Wahrnehmungen der lokalen Experten als Richtlinie benutzt. Eine Organisation mit einer klaren postmaterialistischen Reputation erhält ein „**", wohingegen ein „*" reserviert ist für ein weniger ausgeprägtes postmaterialistisches Image.

11 Diejenigen lokalen Organisationen werden als „traditional" etikettiert, die mit dem Gedanken der ‚alten Politik' verbunden sind. Sie unterstützen eher materialistische Einstellungen, insbesondere einer eher rechtsgerichtete Politik (zum Beispiel was die Rolle der Frauen angeht, die Rolle der Religion und der Moral, den Status der Nation). Eine Organisation mit der klaren Reputation, „traditional" zu sein, erhält ein „++"-Rating, eine Organisation mit einem weniger ausgeprägten traditionalen Image wird markiert durch ein „+" (vgl. Tabelle 2).

12 Mit *Cliquen* beziehe ich mich auf gegenseitig abgeschottete Netzwerke von Organisationen (in strikten Netzwerktermini wäre Netzwerk*komponente* der richtige Begriff). Innerhalb einer Clique können dabei durchaus mehrere Subcluster von Organisationen existieren.

„Proximity as affiliation appears best to be measured by the extent to which social circles interpenetrate each other. In other words, proximity is measured not only by the size of the intersection of two social circles, but also by the size of their non-overlapping parts." (Alba/Kadushin 1976: 87)

Die „Überschneidung sozialer Kreise" kann nicht nur auf Personen, sondern auch auf Organisationen angewendet werden. Konsequenterweise wird die Analyse damit der Idee der Kohäsion (Kontakte) und nicht der Idee der strukturellen Äquivalenz folgen. Die Interorganisationsanalysen wurden mit dem STRUCTURE-Programm durchgeführt.[13] Selbst wenn man dabei indirekte Beziehungen mit bis zu vier Pfaden integriert und sich damit auf sehr schwache Beziehungen bezieht, zeigt sich HIMO insbesondere bei den Bekannten mit einer geringeren Zahl an Cliquen als deutlich besser integriert. Als eine Voraussetzung dafür kann das Vorhandensein von Brücken zwischen bestehenden Subclustern identifiziert werden. Dieses Ergebnis zeigt, dass die strukturellen Voraussetzungen für eine erfolgreiche Protestmobilisierung im HIMO-Fall wesentlich besser zu sein scheinen: LOMO erweist sich als deutlich fragmentierter. Im HIMO-Fall bestanden Brücken – und über diese Brücken konnten die Mobilisierungen sich entwickeln, sei es durch direkte Mobilisierungsversuche oder durch eine andere Form der Unterstützung. LOMO kann auf solche strukturellen Voraussetzungen nicht zurückgreifen.

Ein Ausdruck der Kohäsionsanalyse für den HIMO-Fall wurde erstellt, um diejenigen Organisationen identifizieren zu können, mit denen eine Überbrückung der Cluster möglich wird (Abbildung 3). Die Grafiken sollen helfen, einen Prozess zu *re*konstruieren. Die Analyse beruht auf einer Pfaddistanz von zwei Pfaden. Diese Distanz erzeugt relativ gesehen die höchste Zahl von direkten und indirekten Verbindungen. Die Spalten repräsentieren die Organisationen, die einander durch die Überschneidung sozialer Kreise ‚treffen'. Je früher beginnend am Kopf der Grafik sie sich treffen, umso höher ist der Grad an Kohäsion, d.h. die Homogenität der Überlappung sozialer Kreise, sprich: desto ‚ähnlicher' sind sie sich mit Blick auf die „Überschneidung ihrer sozialen Kreise".

Die größte Übereinstimmung findet sich in Abbildung 3 zwischen dem Schutzbund Nordschwaben und dem Elternbeirat des kirchlichen Kindergartens. Die ‚nächstähnliche' Gruppe ist der Elternstammtisch der Eltern-Kind-Gruppe der Volkshochschule. Dieses Cluster erweitert sich dann um die Badminton- und Schwimmgruppe sowie die lokale Gruppe der Grünen Partei (Subcluster 1,

---

13 Benutzt wurde die Version STRUCTURE 4.1. Vertreiber war Anfang der 1990er Jahre das Center for the Social Sciences, Columbia University, New York City.

in Abbildung 3 oben exemplarisch fett hervorgehoben). Parallel dazu entstehen weitere Subcluster: Sie umfassen beispielsweise den Heimatverein und die Vereinigung „Natur- und Gesellschaftspflege", eine Skifahrgruppe, eine Bürgerinitiative gegen die Schließung des Flussbades sowie die Landjugend (Subcluster 2); oder sie bestehen aus VHS-Kursen, dem Tennisclub, dem Sportverein, dem Frauentreffen und – später hinzukommend – der Eltern-Kind-Gruppe der VHS (Subcluster 3). Die Verbindung zwischen den Subclustern 1 und 3 wird durch ein weiteres Subcluster (4) hergestellt, das sich aus dem Rhythmik-Verband, dem Kegelclub und dem Kammerchor konstituiert. Die Verbindungsstellen sind dabei die lokalen Grünen und der Kammerchor (zwischen Subcluster 1 und 4) sowie der Kegelclub und die Eltern-Kind-Gruppe (zwischen Subcluster 3 and 4). Die weiteren Subcluster und Organisationen verbinden sich allmählich, so dass letztlich ein einziges ‚großes' Cluster entsteht.

Die folgende Interpretation basiert auf der qualitativen Feldarbeit: In den Interviews mit den lokalen Experten war für die HIMO-Initiative die Eltern-Kind-Gruppe der Volkshochschule als ‚Keimzelle' des Protests identifiziert worden. Die Feldarbeit legte nahe, dass im weiteren Mobilisierungsprozess die Volkshochschule als soziales Relais fungierte. Die Eltern-Kind-Gruppe war eine von mehreren Gruppen dieser Art in der Volkshochschule, es wurde in den Interviews aber mehrfach darauf hingewiesen, dass sich in dieser speziellen Gruppe die eher ‚linksorientierten' Personen zusammengefunden hatten. Indem die Initiatorinnen und Initiatoren des Protests andere Personen, in der Hauptsache Frauen, in der Gruppe selbst oder aus den anderen Gruppen trafen, wurde der Protest in gewisser Hinsicht ‚akzeptierbar' beziehungsweise ‚respektabel', da er authentisch erschien. Die Frauen, die sich bereits in der Initiative engagierten, waren ja tatsächlich durch die tieffliegenden Jets betroffen – und sollte es ‚nur' aus Sorge um ihre Kinder sein. Die folgende Analyse wird zeigen, dass die Hauptfunktion der VHS nicht darin bestand, ein Kontext für direkte Werbeversuche zu sein. Die Volkshochschule schien vielmehr als Ort der Mobilisierung von ‚Akzeptierbarkeit' und der Unterstützung der Initiative innerhalb der Kommune gewirkt zu haben – beides Voraussetzungen für eine erfolgreiche Protestmobilisierung, in Rahmen derer Menschen sich direkt beteiligen oder aber zumindest das Engagement anderer tolerieren.

Die Interpretation der Abbildung 3 (Seite 165) beginnt mit der bereits erwähnten Eltern-Kind-Gruppe als der vermeintlichen Keimzelle (Spalte 28, in Abbildung 3 oben und unten ebenfalls durch Fettdruck hervorgehoben) und listet die Organisationen, Gruppen und Netzwerke auf, die sich in der Abbildung in der ‚Nähe' dieser postmaterialistisch orientierten Gruppierung finden – bevor traditionale Gruppierungen erreicht werden. Zunächst finden wir für Mitglieder die Organisationen 2, 3, 14, 15, 19, 21 und 27; für die Bekannten der Mitglieder sind dies die Organisationen 1, 2, 14, 18, 19, 21 und 43. Sowohl in der Tieffluginitiative als auch bei ihren Bekannten finden sich in beziehungsweise im Umkreis der Eltern-Kind-Gruppe demnach Beteiligte folgender Gruppen: Frauen-Gruppe (2), Kegelclub (14), Sportverein (19) und Tennisclub (21).

Die ‚Starter-Gruppierung‘ der Tieffluginitiative, die Eltern-Kind-Gruppe, scheint damit eingebunden zu sein in ein Netzwerk von neutralen und postmaterialistischen Organisationen. Über diese Verbindungen war sie in der Lage, Verbindungen zu traditionalen Verbänden herzustellen. Für diese überbrückenden Funktionen scheinen die neutralen Organisationen von einer größeren Bedeutung als die postmaterialistischen zu sein: Man kann als Brücken zu den traditionalen Organisationen den Sportverein, den Tennisclub und den Kegelclub identifizieren. Diese Organisationen fungieren als ‚Broker‘ zwischen den traditionalen und den postmaterialistischen Netzwerken. Sie scheinen auch als ‚Neutralisierer‘ eines potenziell radikalen Image der Initiative („gegen die NATO“, „für den Kommunismus“) von Bedeutung gewesen zu sein, indem sie den Protest ‚respektabel‘ machten und halfen sein Image in ein ‚parteiübergreifendes‘ zu überführen. Als dieses ‚positive‘ Image etabliert war, war es sogar für die HIMO-Initiative möglich, Aktionen zivilen Ungehorsams durchzuführen, ohne an Ansehen in der Gemeinde zu verlieren.

Im Falle der LOMO-Initiative hat das Fehlen von sozialen Relais die Neutralisierung des radikalen Image unmöglich gemacht. Das strukturelle Ghetto der LOMO-Initiative korrelierte mit einem kulturellen. Verglichen mit den HIMO-Mitgliedern waren die LOMO-Mitglieder weniger aktiv in der lokalen Gemeinschaft – und wenn sie sich engagierten, dann in den postmaterialistischen Organisationen. Die HIMO-Mitglieder hingegen waren eher im Sektor der neutralen Organisationen wie zum Beispiel dem Sport- und Freizeitbereich aktiv und haben zudem durch eigene Mitgliedschaften Brücken in den traditionalen Sektor geschlagen. Diese quantitativen Befunde werden durch die Ergebnisse der qualitativen Arbeit unterstützt. Die Mobilisierung der LOMO-Initiative scheint vor allem durch die Zentralisierung der Mobilisierungsaktivitäten in den Händen einiger weniger Aktivisten, die zudem in der Gemeinde als ‚linksgerichtet‘ ansehen wurden, gelitten zu haben. Die politischen Konnotationen, die mit diesen Aktivisten verbunden waren, haben eher verhindert, dass sich potenzielle Netzwerk- oder Relaiskontakte aufgebaut haben. Konsequenterweise, so die Aussagen der kommunalen Experten, wurde somit auch die LOMO-Initiative anhaltend als ‚linksgerichtet‘ angesehen, wohingegen die HIMO-Initiative in der Lage war, ihr Image zu einem überparteilichen zu machen, von daher gelang der ‚Ausbruch‘ aus dem postmaterialistischen Segment.

```
HIMO members interassociation network (\9, social circle=2 paths)
MIN COHESION   1 2 2 3 3 3 4 4 4   1 3 2 2 4     1 2 2 2 1 1 3   1 2 2 4 4 1   1 2 3 3 3 3   4 4 1 3       1 4 4 5
 IN CLUSTER    3 0 6 7 8 9 1 5 6 7 2 2 4 3 2 3 2 9 1 7 8 4 5 3 1 8 5 9 0 3 6 4 0 2 5 6 1 4 9 7 4 1 0 5 6 8 7 8 9 0
 postmat./     *     +     +           + *   *         *       +         + +     *   + *   *   *           +
 trad.         *     +     + + + + * * +     + *   *         + *   *     *     + + + + * + + *   * * *     + + +
-------------------------------------------------------------------------------------------------------------------
   1.000       . . . . . . . . . . . . . . . . . . . . . . . . . XXX . . . . . . . . . . . . . . . . . . . . . .
   1.000       . . . . . . . . . . . . . . . . . . . . . . . . XXXXX . . . . . . . . . . . . . . . . . . . . . .
   1.000       . . . . . . . . . . . . . . . . . . . . . . . XXXXXXX . . . . . . . . . . . . . . . . . . . . . .
   1.000       . . . . . . . . . . . . . . . . . . . . . . XXXXXXXXX . . . . . . . . . . . . . . . . . . . . . .
   1.000       . . . . . . . . . . . . . . . . . . . . . XXXXXXXXXXX . . . . . . . . . . . . . . . . . . . . . .
   1.000       . . . . . . . . . . . . XXX . . . . . . . XXXXXXXXXXX . . . . . . . . . . . . . . . . . . . . . .
   1.000       . . . . . . . . . . . . XXX . . . . . . . XXXXXXXXXXX . . . . XXX . . . . . . . . . . . . . . . .
   1.000       . . . . . . . . . . . . XXX . . . . . . . XXXXXXXXXXX . . . XXXXX . . . . . . . . . . . . . . . .
   1.000       . . . . . . . . . . . . XXX . . . . . . . XXXXXXXXXXX . . XXXXXXX . . . . . . . . . . . . . . . .
   1.000       . . . . . . . . . . . . XXX . . . . . . . XXXXXXXXXXX . XXXXXXXXX . . . . . . . . . . . . . . . .
   1.000       . . . . . . . . . . . . XXX . . . . . . . XXXXXXXXXXX . XXXXXXXXX XXX . . . . . . . . . . . . . .
   1.000       . . . . . . . . . . . . XXX . . . . . . XXX XXXXXXXXXXX . XXXXXXXXX XXX . . . . . . . . . . . . .
   1.000       . . . . . . . . . . . . XXX . . . . . XXXXX XXXXXXXXXXX . XXXXXXXXX XXX . . . . . . . . . . . . .
   1.000       . . . . . . . . . XXX . XXX . . . . . XXXXX XXXXXXXXXXX . XXXXXXXXX XXX . . . XXX . . . . . . . .
   1.000       . . . . . . . . . XXX . XXX . . . . . XXXXX XXXXXXXXXXX . XXXXXXXXX XXX . . . XXX . . . . . . . .
   1.000       . . . . . . . . . XXX . XXX . . . XXX . XXXXX XXXXXXXXXXX . XXXXXXXXX XXX . . . XXX . . . . . . .
   1.000       . . . . . . . . . XXX . XXX . . XXXXX . XXXXX XXXXXXXXXXX . XXXXXXXXX XXX . . . XXX . . . . . . .
   1.000       . . . . . . . . . XXX . XXX . XXXXXXX . XXXXX XXXXXXXXXXX . XXXXXXXXX XXX . . . XXX . . . . . . .
   1.000       . . . . . . . . . XXX . XXX . XXXXXXX . XXXXX XXXXXXXXXXX . XXXXXXXXX XXX . . . XXX . . XXX . . .
    .974       . . . . . . . . . XXX . XXX . XXXXXXXXX XXXXX XXXXXXXXXXX . XXXXXXXXX XXX . . . XXX XXX XXX . . .
    .974       . . . . . . . . . XXX . XXX XXXXXXXXXXX XXXXX XXXXXXXXXXX . XXXXXXXXX XXX . . . XXX XXX XXX . . .
    .972       . . . . . . . . . XXX . XXX XXXXXXXXXXX XXXXXXXXXXXXXXXXX . XXXXXXXXX XXX . . . XXX XXX XXX . . .
    .970       . . . . . . . . . XXX . XXX XXXXXXXXXXX XXXXXXXXXXXXXXXXX . XXXXXXXXX XXX XXX . XXX XXX XXX . . .
    .947       . . . . . . . . . XXX . XXX XXXXXXXXXXXXXXXXXXXXXXXXXXXXX . XXXXXXXXX XXX XXX . XXX XXX XXX . . .
    .931       . . . . . . . . . XXX . XXX XXXXXXXXXXXXXXXXXXXXXXXXXXXXX XXXXXXXXXXX XXX XXX . XXX XXX XXX . . .
    .909       . . . . . . . . . XXX . XXX XXXXXXXXXXXXXXXXXXXXXXXXXXXXX XXXXXXXXXXX XXXXXXX . XXX XXX XXX . . .
    .900       . . . . . . . . . XXX . XXX XXXXXXXXXXXXXXXXXXXXXXXXXXXXX XXXXXXXXXXX XXXXXXX . XXX XXX XXX . . .
    .895       . . . . . . . . . XXX . XXXXXXXXXXXXXXXXXXXXXXXXXXXXXXXXX XXXXXXXXXXX XXXXXXX . XXX XXX XXX . . .
    .893       . . . . . . . . . XXX . XXXXXXXXXXXXXXXXXXXXXXXXXXXXXXXXX XXXXXXXXXXX XXXXXXX . XXX XXX XXXXX . .
    .892       . . . . . . . . . XXX . XXXXXXXXXXXXXXXXXXXXXXXXXXXXXXXXX XXXXXXXXXXX XXXXXXX . XXX XXX XXXXX . .
    .885       . . . . . . . . . XXX . XXXXXXXXXXXXXXXXXXXXXXXXXXXXXXXXX XXXXXXXXXXX XXXXXXX . XXX XXXXXXXXX . .
    .839       . . . . . . . . . XXX . XXXXXXXXXXXXXXXXXXXXXXXXXXXXXXXXX XXXXXXXXXXX XXXXXXXXXXXXX . . . . . . .
    .818       . . . . . . . . . XXX . XXXXXXXXXXXXXXXXXXXXXXXXXXXXXXXXX XXXXXXXXXXX XXXXXXXXXXXXX XXXXXXXXXXXXX . .
    .816       . . . . . . . . . XXX . XXXXXXXXXXXXXXXXXXXXXXXXXXXXXXXXX XXXXXXXXXXX XXXXXXXXXXXXX XXXXXXXXXXXXX . .
    .552       . . . . . . . . XXX XXXXXXXXXXXXXXXXXXXXXXXXXXXXXXXXX XXXXXXXXXXX XXXXXXXXXXXXX XXXXXXXXXXXXX . .
    .484       . . . . . . . . XXXXXXXXXXXXXXXXXXXXXXXXXXXXXXXXXXXXX XXXXXXXXXXX XXXXXXXXXXXXX XXXXXXXXXXXXX . .
    .167       . . . . . . . XXXXXXXXXXXXXXXXXXXXXXXXXXXXXXXXXXXXXXXXXXXXXXXXXXXXXXXXXXXXXXXXXXXXXXXXXXXXXXXXX . .
    .000       -------------------------------------------------------------------------------------------------------

HIMO acquaintances interassociation network (\9, social circle=2 paths)
MIN COHESION   1 1 1 1 1 1 1 2 2 3 3 3 4 4 4   3 2 2     2 3 2 2 3 5 4   4 5 4 4 4 3 3 5   2 3 4 1 1     1 2 2 4 4 5
 IN CLUSTER    0 1 2 3 5 6 7 2 4 4 6 7 0 8 9 7 3 5 9 5 6 0 0 3 8 0 7 3 9 2 4 5 6 5 1 1 4 7 2 1 4 8 1 2 9 1 8 3 2 3
 postmat./     *   *   *             + + +             *     + +   + + +         + +     * *         + +
 trad.         * * * *               + + + + + + *     * *         + + * + + + + + + +     + +   * *         + *
-------------------------------------------------------------------------------------------------------------------
   1.000       . . . . . . . . . . . . . . . . . . . . . . . . . . XXX . . . . . XXX . . . . . . . . . . . . . .
   1.000       . . . . . . . . . . . . . . . . . . . . . . . . . . XXX . . . XXX . . . XXX . . . . . . . . . . .
   1.000       . . . . . . . . . . . . . . . . . . . . . . . . . . XXX . XXX . XXX . . . XXX . . . . . . . . . .
   1.000       . . . . . . . . . . . . . . . . . . . . . . . . XXX . XXX . XXX . . . XXX . . . . . . . . . . . .
   1.000       . . . . . . . . . . . . . . . . . . . . . XXX . . . XXX . XXX . XXX . . . XXX . . . . . . . . . .
   1.000       . . . . . . . . . . . . . . . . . . . . . XXX . . XXX . XXX . XXX . XXX . XXX . . . . . . . . . .
   1.000       . . . . . . . . . . . . . . . . . . . . XXX . . XXX . XXX . XXX . XXX . XXX . XXX . . . . . . . .
   1.000       . . . . . . . . . . . . . . . . . . . XXX . . XXXXX . XXX . XXX . XXX . XXX . XXX . . . . . . . .
   1.000       . . . . . . . . . . . . . . . . . . . XXX . XXXXX . XXX . XXX . XXX . XXX . XXX . . . . . . . . .
   1.000       . . . . . . . . . . . . . . . . . XXX XXX XXXXX . XXX . . XXX . XXX . XXX . XXX . . . XXX . . . .
   1.000       . . . XXX . . . . . . . . . . . . XXX XXX XXXXX . XXX . . XXX . XXX . XXX . XXX . . . . XXX . . .
    .971       . . . XXX . . . . . . . . . . . . XXX XXX XXXXX . XXX . . XXX . XXX . XXX . XXX . . . . XXXXX . .
    .970       . . . XXX . . . . . . . . . . . . XXX XXX XXXXX . XXX . . XXX . XXX . XXX . XXX . . . . XXXXXXX .
    .943       . . . XXX . . . . . . . . . . . . XXX XXX XXXXX . XXX . . XXX . XXX . XXX . XXX . . . . XXXXXXXXX .
    .938       . . . XXX . . . . . . . . . . . . XXX XXX XXXXX XXXXX . . XXX . XXX . XXX . XXX . XXX . XXXXXXXXX .
    .933       . . . XXX . . . . . . . . . . . . XXX XXX XXXXX XXXXX . . XXX . XXX . XXX . XXX . XXX . XXXXXXXXX . XXX
    .900       . . . XXX . . . . . . . . . . . . XXX XXX XXXXX XXXXX . . XXX . . XXXXX . XXX . XXX . . XXXXXXXXX XXXXX
    .895       . . . XXX . . . . . . . . . . . . XXX XXX XXXXX XXXXX . . XXXXX . XXX . XXX . XXX . . XXXXXXXXX XXXXX
    .895       . . . XXX . . . . . . . . . . . . XXX XXX XXXXX XXXXX . XXXXXXX . XXX . XXX . XXX . . XXXXXXXXX XXXXX
    .875       . . . XXX . . . . . . . . . . . . XXX XXX XXXXX XXXXX . XXXXXXX . XXX . XXX . . XXXXXXXXXXXXX XXXXX
    .857       . . . XXX . . . . . . . . . . . . XXX XXX XXXXX XXXXX . XXXXXXX . XXX . XXX . . XXXXXXXXXXXXXXXXXXX
    .848       . . . XXX . . . . . . . . . . . . XXX XXX XXXXX XXXXX . XXXXXXX . XXX . XXX . . XXXXXXXXXXXXXXXXXXX
    .842       . . . XXX . . . . . . . . . . . . XXX XXX XXXXX XXXXX . XXXXXXX . XXX . XXX . . XXX XXXXXXXXXXXXXXXXX
    .833       . . . XXX . . . . . . . . . . . . XXX XXX XXXXX XXXXX . XXXXXXX . XXX . XXX . . XXX XXXXXXXXXXXXXXXXX
    .824       . . . XXX . . . . . . . . . . . . XXX XXX XXXXX XXXXX XXXXXXXXX . XXX . XXX . . XXX XXXXXXXXXXXXXXXXX
    .824       . . . XXX . . . . . . . . . . . . XXX XXX XXXXX XXXXX XXXXXXXXX . XXX . XXX . . XXX XXXXXXXXXXXXXXXXX
    .786       . . . XXX . . . . . . . . . . . . XXX XXXXXXXXX XXXXX XXXXXXXXX . XXX . XXX . . XXXXXXXXXXXXXXXXXXXXX
    .778       . . . XXX . . . . . . . . . . . . XXX XXXXXXXXX XXXXX XXXXXXXXX . XXX . XXX . . XXXXXXXXXXXXXXXXXXXXX
    .769       . . . XXX . . . . . . . . . . . . XXX XXXXXXXXX XXXXX XXXXXXXXX XXXXXXXXXXXX XXX . . XXXXXXXXXXXXXXXXXXXXX
    .765       . . . XXX . . . . . . . . . . . . XXX XXXXXXXXX XXXXX XXXXXXXXXXXXXXXXXXXXXX XXX . . XXXXXXXXXXXXXXXXXXXXX
    .762       . . . XXX . . . . . . . . . . . . XXX XXXXXXXXX XXXXXXXXXXXXXXXXXXXXXXXXXXXX XXX . XXXXXXXXXXXXXXXXXXXXX
    .760       . . . XXX . . . . . . . . . . . . XXX XXXXXXXXX XXXXXXXXXXXXXXXXXXXXXXXXXXXX XXX . XXXXXXXXXXXXXXXXXXXXX
    .750       . . . XXX . . . . . . . . . . . . XXX XXXXXXXXX XXXXXXXXXXXXXXXXXXXXXXXXXXXX XXX XXXXXXXXXXXXXXXXXXXXX
    .636       . . . XXX . . . . . . . . . . . . XXX XXXXXXXXXXXXXXXXXXXXXXXXXXXXXXXXXXXXXX XXX XXXXXXXXXXXXXXXXXXXXX
    .529       . . . XXX . . . . . . . . . . XXXXXXXXXXXXXXXXXXXXXXXXXXXXXXXXXXXXXXXXXXXXXXXXXXXXXXXXXXXX
    .421       . . . XXX . . . . . . . . XXXXXXXXXXXXXXXXXXXXXXXXXXXXXXXXXXXXXXXXXXXXXXXXXXXXXXXXXXXXXXXXX
    .000       -------------------------------------------------------------------------------------------------------
```

Abb. 3: Interorganisationsnetzwerke HIMO-Mitglieder beziehungsweise -Bekannte.

Code-Nummern

| | | |
|---|---|---|
| ** | 1 | Lokale Grüne Partei |
| ** | 2 | Frauengruppe |
| ** | 3 | BUND |
| | 4 | Landjugend |
| ** | 5 | Arbeitskreis Umwelt |
| * | 6 | Müllinitiative |
| * | 7 | Ökologische Partei Deutschlands |
| ** | 8 | „Mütter gegen Atomkraft" |
| ** | 9 | Protestgruppe gegen eine Gelöbnisfeier |
| * | 10 | Protestgruppe gegen die Schließung des Flussbades |
| ** | 11 | Bürgerinitiative gegen die Pyrolyse |
| * | 12 | Bürgerinitiative gegen eine Autobahn |
| ** | 13 | Pro Familia |
| | 14 | Kegeln |
| | 15 | Gymnastik |
| | 16 | Lauftreff |
| | 17 | Sauna |
| | 18 | Schwimmen |
| | 19 | Sportverein |
| | 20 | Squash |
| | 21 | Tennis Club |
| | 22 | Skifahren |
| | 23 | Fußballtreff |
| | 24 | Tauchverein |
| | 25 | Badminton |
| | 26 | Motorradclub |
| | 27 | VHS-Kurs |
| | 28 | Eltern-Kind-Gruppe (VHS) |
| * | 29 | Elternstammtisch (VHS) |
| | 30 | Kindergymnastik (VHS) |
| + | 31 | Gesangverein |
| + | 32 | Musikverein |
| + | 33 | Kammerchor |
| + | 34 | „örtliches Musikleben" |
| ++ | 35 | Heimatverein |
| ++ | 36 | Natur- und Gesellschaftspflege e.V. |
| ++ | 37 | Schutzbund (lokal) |
| | 38 | Photoclub |
| + | 39 | Feuerwehr |
| ++ | 40 | Schutzbund (regional) |
| + | 41 | Werbegemeinschaft |
| ++ | 42 | Stammtisch |
| | 43 | Elternbeirat kirchlicher Kindergarten |
| ++ | 44 | Missionsgesellschaft |
| ++ | 45 | freikirchliche Gemeinde |
| + | 46 | katholischer Mutterkreis |
| + | 47 | Kirchenvorstand |
| + | 48 | Kindergottesdienst-Team |
| + | 49 | Kirchenchor |
| ++ | 50 | Frei Wähler (PWG) |
| | 51 | lokale SPD |
| ++ | 52 | lokale CSU |
| * | 53 | Bürgerinitiative gegen Tiefflug |

*Skala*

**++**----------+------------------------------*-----------**

traditionell                         neutral                    postmaterialistisch

Tabelle 2: Codenummern für Abbildung 3.

Der besseren *strukturellen* Integration der hochmobilisierenden Initiative entspricht eine *kulturelle* Integration. Im Niedrigmobilisierungsfall fehlt es an Organisationen, Gruppierungen und Netzwerken, die in der Lage gewesen wären, die Lücke zwischen den Protest generierenden Netzwerken und dem Rest der Gesellschaft strukturell und kulturell zu überbrücken. Im Hochmobilisierungsfall finden wir hingegen Organisationen, die diese ‚Relaisfunktion' zu übernehmen in der Lage sind. Es lässt sich eine Struktur rekonstruieren, die am besten als eine *diversifizierte* Relaisstruktur beschrieben werden kann. Eine Reihe von Organisationen bietet in der Tat, wie oben theoretisch vermutet, einen institutionellen Hintergrund für die Entstehung einer Reihe von ‚Face-to-Face'-Netzwerken: Sie bilden Meso-Kontexte für Mikro-Mobilisationen.

Netzwerke dieser Art sind als ein Kennzeichen moderner Gesellschaften anzusehen. Die sozialen Beziehungen von Individuen sind weniger fest gefügt als sie es noch vor Jahren waren; Bündel von schwachen Beziehungen scheinen die wenigen starken Beziehungen aus der Vergangenheit zu ersetzen. Als zentrale Punkte in den „Netzwerken von Netzwerken" könnten soziale Relais durch ihre Fähigkeit zur Integration von Heterogenität an Bedeutung für Protestmobilisierungen gewinnen – insbesondere dann, wenn der Protest eine breite gesellschaftliche Basis finden will.

Der *strukturale* Befund ist damit klar und eindeutig: Strukturen auf der Mesoebene korrelieren mit dem Mobilisierungserfolg. Gelingt eine Verbindung zwischen Netzwerken, denen sehr unterschiedliche Deutungsmuster zugrunde liegen (im Sinne eines kulturellen Brückenschlages), so stellt sich auch der Mobilisierungserfolg im quantitativen Sinne ein. Gelingt die kulturelle und damit auch strukturelle Verbindung nicht, so bleibt auch der ‚Erfolg' auf der Handlungsebene aus. *Struktur* in Form der Verbindung zwischen Organisationen und Netzwerken einerseits und *Kultur* in Form von Deutungsmustern/Konstruktionen andererseits bedingen und ergänzen einander. Die Konstruktionen brauchen die Beziehungsbahnen auf der Mesoebene, um auf diese Art ‚Verbindung' miteinander aufnehmen zu können. Die Strukturen können nur, wenn sie als Kanäle für das ‚Fließen' eben jener Konstruktionen dienen, einen Einfluss auf das Mikrohandeln haben – ein Mikrohandeln zudem (Beitritt in eine Initiative), das sich wiederum auf der Mesoebene als Unterschied abbildet (in unserem Falle als *Hoch*- beziehungsweise *Niedrig*mobilisierung).

## Systemtheoretische Interpretation

Eine naheliegende Assoziation zu dem oben beschriebenen Prozess der struktu-
ralen Basis und Integration von Deutungsmustern ist die systemtheoretische
Grundformel der „Anschlussfähigkeit von Kommunikation". Erweisen sich
Kommunikationen als nicht anschlussfähig, finden sie keine ‚Verbreitung' in
der Gesellschaft oder in einem ihrer Teilsysteme – und bleiben ohne Wirkung.
Jedoch: In welchem Teilsystem befinden wir uns, wenn protestiert wird?

Akzeptiert man die luhmannsche Vorstellung, dass „soziale Bewegungen"
beziehungsweise „Protestbewegungen" ein Phänomen jenseits der erarbeiteten
und oben dargestellten basalen Typologie Gesellschaft/Interaktion/Organisation
darstellen (1984: 16, 1997: 849), so scheint es sich um Kommunikationen *spezieller Art* zu handeln (1984: 548). Luhmann bringt soziale Bewegung vor allem
mit einer *Moralkommunikation* in Zusammenhang und bestimmt ihre Kommunikation als „Protest der Gesellschaft gegen die Gesellschaft" beziehungsweise
als Vertretung der „Gesellschaft gegen ihr politisches System" (1997: 856).

*Soziale Bewegungen* binden – anders als Organisationen im engeren Sinne –
vor allem das ‚commitment' ihrer Teilnehmer; *Organisation* ist lediglich eine
„Absonderung" zur Lösung von Restproblemen, da sie Kommunikation mit
anderen gesellschaftlichen Systemen ermöglicht (ebd.: 850). Bewegungen sind
Netzwerke, ihnen fehlt Hierarchie, das Bindende für beziehungsweise bei Be-
schlüssen. Bewegungen stehen in Luhmanns Theoriearchitektur somit offenbar
*zwischen* den oben vermuteten Mikro- und Mesoebenen .

Und Luhmann kennt die Tiefflieggegner! In der Tat: In dem von uns untersuchten Fall scheinen wir es mit Vertretern jener von ihm beschriebenen Spezies zu tun zu haben, die aus „Zumutungen" der Lebenslage heraus handeln.
Soziale Bewegungen „vertreten den Anspruch (...), in den Aussichten auf
selbstbestimmte Lebensführung nicht oder nur aus einsichtigen Gründen beein-
trächtigt zu werden. Sie argumentieren als ‚Betroffene' für ‚Betroffene'." (ebd.:
852) Protestbewegungen verwenden nach Luhmann Schemata und Skripts, die
anerkannt und resonanzfähig sind (bei den Tiefflieggegnern: Kinder schützen!),
die jedoch zugespitzt würden auf Lösungen, „die nicht mehr ohne weiteres kon-
sensfähig sind" (ebd.: 854; in unserem Fall: Abschaffung aller Flüge! kein Tief-
flug-Export!). Neben der Mobilisierung von Schemata und Skripts werden
kommunikative Ressourcen mobilisiert und neue Bindungen fixiert – eben jenen
Prozess der Vernetzung von Netzwerken haben wir in dem empirischen Fallbei-
spiel beobachtet und beschrieben.

Aber erst durch die Mobilisierung auf *Ziele* hin entsteht der Protest als autopoietisches System. Durch die Aktionen des Protests wird allenfalls ein Protest-

klima reproduziert. Protest als „Form" basiert auf einer notwendigen Unterscheidung: wir und die anderen. Protestbewegungen und *Massenmedien* sind strukturell gekoppelt, wobei Bewegungen Protestereignisse für eben diese Massenmedien unter Umständen sogar zu inszenieren bereit sind. Die Medien ermöglichen es den Protestbewegungen, ihre „Realität in die Kommunikation" anderer gesellschaftlicher Teilsysteme einzuführen, um im Anschluss daran in diesen Systemen „Widerstand von Kommunikation gegen Kommunikation" zu erzeugen (ebd.: 865). Protest lebt von seinen Realitätskonstruktionen; Protestbewegungen irritieren auf diese Art und Weise die anderen Funktionssysteme qua struktureller Kopplung – unter anderem das politische System.

Vier Parallelen zur strukturalen Analyse konstruktivistischer Prägung werden nunmehr offensichtlich: (1) Das Bewusstsein, dass es sich bei sozialen Bewegungen um mehr als die Organisationen der Bewegung handelt. Es handelt sich beispielsweise um die ‚postmaterialistischen' Netzwerke/Gruppierungen/ Organisationen in der vorgestellten Analyse, um die ‚Interaktionen' in ‚Face-to-Face'-Netzwerken als Voraussetzung der Generierung von Protest sowie um die Verbindung dieser Netzwerke durch das multiple Engagement von ‚Personen'. (2) Die Betonung der Realitätskonstruktionen, der Deutungsmuster (zum Beispiel ‚postmaterialistisch') als Voraussetzung für der Erfolg einer Bewegung. (3) Der Hinweis auf die Verwendung allgemein akzeptierter Schemata (‚überparteilich'), die man anwenden muss, wenn man erfolgreich mit dem Protest sein will, verbunden mit der Absicht, sie auf Lösung, Forderung und Aktivität bis hin zum zivilen Ungehorsam zuzuspitzen. (4) Das Wissen um die besondere Bedeutung der Medien im Prozess der Mobilisierung (zum Beispiel bei der Herausbildung eines ‚überparteilichen Image').

Und trotzdem bleibt die Frage nach dem Sinn des Theorems der „operativen Geschlossenheit von Systemen", wenn die *gegenseitige* Irritation, zum Beispiel des politischen Systems durch die Protestbewegung, doch so offen auf der Hand liegt. Wie können ‚Vorfeldnetzwerke', wie wir sie in der Analyse der Tieffluggegner identifizieren konnten, mit dem „autopoietischen System" des Protests verbunden werden? Müssen soziale Systeme tatsächlich theoretisch strikt voneinander getrennt sein, wenn Interaktion/Bewegung/Organisation und Gesellschaft so offensichtlich miteinander verknüpft sind? An dieser Stelle wird ein fundamentaler Unterschied zwischen Strukturaler Analyse und Systemtheorie sichtbar: Während die Übergänge in der Strukturalen Analyse fließender sind, sind die Abgrenzungen in der Systemtheorie strikter. Strukturale Analyse ist von ihrem Grundgerüst her rigider, aber in ihrer Innenarchitektur deutlich beweglicher. Systemtheorie hingegen scheint nach außen flexibler, hat aber im

Inneren viel mehr feste Wände eingezogen, die unverrückbar erscheinen – vielleicht auch deshalb, weil eben die Gesamtstatik eine unsichere ist?

## Literatur

Alba, Richard D./Kadushin, Charles (1976): The Intersection of Social Circles. A New Measure of Social Proximity in Networks. In: Sociological Methods and Research 5, 77-102.

Bergmann, Werner (1987): Was bewegt die sozialen Bewegungen? Überlegungen zur Selbstkonstitution der „neuen" sozialen Bewegungen. In: Baecker, Dirk et al.. (Hrsg.), Theorie als Passion. Niklas Luhmann zum 60. Geburtstag. Frankfurt/Main: Suhrkamp, 362-393.

Berkowitz, Stephen D. (1982): An Introduction to Structural Analysis. Toronto: Butterworths.

Bolton, Charles D. (1972): Alienation and Action. A Study of Peace-Group Members. In: American Journal of Sociology 78, 537-561.

Boorman, Scott A./White, Harrison C. (1976): Social Structure from Multiple Networks. II. Role Structures. In: American Journal of Sociology 81, 1384-1446.

Burt, Ronald S. (1987): Social Cohesion and Innovation. Cohesion versus Structural Equivalence. In: American Journal of Sociology 92, 1287-1335.

Burt, Ronald S. (1980): Models of Network Structure. In: Annual Review of Sociology 6, 79-141.

Burt, Ronald S./Minor, Michael J. (1982): Applied Network Analysis. A Methodological Introduction. Beverly Hills/London/New Delhi: Sage.

Diaz-Bone, Rainer (1997): Egozentrierte Netzwerkanalyse und familiale Beziehungssysteme. Wiesbaden: Deutscher Universitätsverlag.

Ellingson, Stephen (1995): Understanding the Dialectic of Discourse and Collective Action. Public Debate and Rioting in Antebellum Cincinnati. In: American Journal of Sociology 101, 100-144.

Emirbayer, Mustafa/ Goodwin, Jeff (1994): Network Analysis, Culture, and the Problem of Agency. In: American Journal of Sociology 99, 1411-1154.

Fischer, Claude S. (1982): To Dwell among Friends. Personal Networks in Town and City. Chicago: University of Chicago Press.

Fischer, Claude S./Jackson, Robert Max/Stueve, C. Ann/Gerson, Kathleen/McCallister Jones, Lynne (1977): Networks and Places: Social Relations in Urban Setting. New York: Free Press.

Heidenescher, Mathias (1992): Zurechnung als soziologische Kategorie. Zu Luhmanns Verständnis von Handlung als Systemleistung. In: Zeitschrift für Soziologie 21, 440-455.

Klandermans, Bert/Oegema, Dirk (1987): Potentials, Networks, Motivations, and Barriers: Steps Towards Participation in Social Movements. In: American Sociological Review 52, 519-531.

Knoke, David/Wisely, Nancy (1990): Social Movements. In: Knoke, David (Hrsg.): Political Networks. New York u.a.: Cambridge University Press, 57-84.

Laumann, Edward O./Pappi, Franz (1976): Networks of Collective Action: A Perspective on Community Influence Systems. New York: Academic Press.

Luhmann, Niklas (1984): Soziale Systeme. Grundriß einer allgemeinen Theorie Frankfurt/M.: Suhrkamp.

Luhmann, Niklas (1987): The Evolutionary Differentiation between Society and Interaction. In: Alexander, Jeffrey C. et al. (Hrsg.), The Micro-Macro-Link. Berkeley u.a.: University of California Press, 112-131.

Luhmann, Niklas (1987a): Soziologische Aufklärung 4. Opladen: Westdeutscher Verlag.

Luhmann, Niklas (1992): Wer kennt Wil Martens? Eine Anmerkung zum Problem der Emergenz sozialer Systeme. In: Kölner Zeitschrift für Soziologie und Sozialpsychologie 44, 139-142.

Luhmann, Niklas (1995): Soziologische Aufklärung 6. Opladen: Westdeutscher Verlag.

Luhmann, Niklas (1996): Die Realität der Massenmedien. Opladen: Westdeutscher Verlag (2., erweiterte Auflage).

Luhmann, Niklas (1997): Die Gesellschaft der Gesellschaft. 2 Bände. Frankfurt/M.: Suhrkamp.

McAdam, Doug (1986): Recruitment to High-Risk Activism. The Case of Freedom Summer. In: American Journal of Sociology 92, 64-90.

McAdam, Doug (1986a): Micro-Mobilization Contexts and Recruitment to Activism. Paper prepared for the International Workshop on Participation in Social Movements, Free University of Amsterdam, June 1986.

McAdam, Doug/McCarthy, John D. /Zald, Mayer N. (1988): Social Movements. In: Smelser, Neil J. (Hrsg.): The Handbook of Sociology. Beverly Hills/London: Sage, 695-737.

Ohlemacher, Thomas (1996): Bridging People and Protest: Social Relays of Protest Groups against Low-Flying Military Jets in West Germany. In: Social Problems 43, 187-218.

Ohlemacher, Thomas (2000): Abweichung von der Norm. Netzwerkanalytische und systemtheoretische Perspektiven auf Kriminalität und Protest. Baden-Baden: Nomos Verlag.

Ragin, Charles C. (1987): The Comparative Method. Moving Beyond Qualitative and Quantitative Strategies. Berkeley/Los Angeles/London: University of California Press.

Reckwitz, Andreas (1997): Struktur. Zur sozialwissenschaftlichen Analyse von Regeln und Regelmäßigkeiten. Opladen: Westdeutscher Verlag.

Rossi, Peter H (1966): Research Strategies in Measuring Peer Group Influence. In: Newcomb, Theodore M./Wilson, Everett K. (Hrsg.): College Peer Groups. Chicago: Aldine, 190-214.

Schenk, Michael (1984): Soziale Netzwerke und Kommunikation: Tübingen: J.C.B. Mohr.

Schneider, Wolfgang Ludwig (1992): Hermeneutik sozialer Systeme. Konvergenzen zwischen Systemtheorie und philosophischer Hermeneutik. In: Zeitschrift für Soziologie 21, 420-439.

Snow, David A./Zurcher, Louis A./Ekland-Olson, Sheldon (1980): Social Networks and Social Movements: A Microstructural Approach to Differential Recruitment. In: American Sociological Review 45, 787-801.

Walsh, Edward J./Warland, Rex H. (1983): Social Involvement in the Wake of a Nuclear Accident: Activists and Free Riders in the TMI Area. American Sociological Review 48. 764-780.

Wellmann, Barry (1988): Structural Analysis. From Method and Metaphor to Theory and Substance. In: Wellmann, Barry/Berkowitz, Stephen S. (Hrsg.): Social Structures. New York: Cambridge University Press, 19-61.

White, Harrison C. (1992): Identity and Control. A Structural Theory of Social Action. Princeton/NJ: Princeton, New Jersey.

White, Harrison C./Boorman, Scott A./Breiger, Ronald R. (1976): Social Structure from Multiple Networks I. Blockmodels of Roles and Positions. In: American Journal of Sociology 81, 730-780.

*Gebhard Rusch*

# Konstruktivismus und Systemanalyse

Konstruktivismus ist – nach gut einem Vierteljahrhundert – hoffähig geworden. Sozial- und Kulturwissenschaften haben fast flächendeckend konstruktivistische Positionen adaptiert und sich die Begrifflichkeit von kognitiver Autonomie und Wirklichkeitskonstruktion, systemtheoretische Konzepte und skeptische Traditionen der Epistehmologie angeeignet. Texte der prominenten konstruktivistischen Autoren sind sogar in den Kanon der Lehrstoffe und konstruktivistische Fragestellungen in zahllose Forschungsdesigns eingegangen. Während jedoch der Neurobiologe Gerhard Roth (1994) die Ansicht vertritt, der Konstruktivismus könne und müsse als konsistentes Paradigma im empirischen Rahmen überhaupt erst noch ausformuliert werden[1], verabschiedet sich ein anderer seiner bekannten Proponenten, Siegfried J. Schmidt (2003), zurück in die Philosophien der Diskurse und Geschichten.[2] Zwischen Neuansatz und Verabschiedung des Konstruktivismus befinden sich jedoch noch nach wie vor verschiedene Varianten und Versionen konstruktivistischen Denkens und Forschens in der Diskussion. Es muss deshalb geklärt werden, von welchem Konstruktivismus in diesem Beitrag die Rede ist. Welcher Konstruktivismus ist gemeint, wenn es hier um „konstruktivistisches Forschen" geht? Es wird sich daher nicht vermeiden lassen, und liefert überdies ein wenig Hintergrundinformation, kurz auf den aktuellen Stand des konstruktivistischen Diskurses einzugehen.

In den nächsten vier Abschnitten soll deshalb zu Grundlagen des Konstruktivismus Stellung genommen werden, zunächst mit einer generellen Einschätzung aus wissenschaftshistorischer und wissenschaftsphilosophischer Perspektive, dann mit Blick auf den konstruktivistischen Diskurs und eine mögliche Zuspitzung, und schließlich mit einer Konkretion, die an eine Idee aus der Gründerzeit der Kognitionswissenschaften, nämlich Hans Ulric Neissers Konzept der

---

[1] So zuletzt in einer Diskussion im November 2003 in Siegen anlässlich der Jahrestagung des DFG-Forschungskollegs 615 „Medienumbrüche".
[2] Der Abschied fällt freilich etwas halbherzig aus, wenn man genauer hinschaut. Man muss dann sogar fragen, ob dies überhaupt ein Abschied oder nicht vielmehr eine Engführung konstruktivistischen Denkens auf sprach-, kommunikations-, diskurs- und geschichtentheoretische Konzepte ist. Es wird an anderer Stelle diskutiert werden, ob diese regressive, allerdings philosophisch tugendhafte Strategie zur Prävention von Biologismus- oder Psychologismusvorwürfen in einer transdisziplinären Wissenschaftswirklichkeit viabel sein kann.

Analyse-durch-Synthese anknüpft. Diesen ersten Teil wird der Versuch abschließen, eine konstruktivistische Position zu markieren. Im zweiten Teil werden zunächst allgemeine methodologische Orientierungen diskutiert, die sich auf der erarbeiteten Basis gewinnen lassen, um diese schließlich am praktischen Beispiel der medienwissenschaftlichen Systemanalyse zu verdeutlichen.

## Konstruktivismus als Konsequenz (natur-)wissenschaftlicher Selbst-Beobachtung

Ein Kerngedanke des Konstruktivismus, dass die menschliche Wahrnehmung, das Denken und Erinnern nicht eine äußere Realität abbilden oder repräsentieren, sondern womöglich eine eigene Wirklichkeit erzeugen, ist schon sehr alt, wahrscheinlich schon so alt wie das selbstreferenzielle beziehungsweise selbstreflexive Nachdenken und Forschen über die Natur, insbesondere über das sinnliche und intellektuelle Vermögen des Menschen.

Es würde an dieser Stelle zu weit führen, die Geschichte dieses selbstreflexiven Denkens in Philosophie und Wissenschaften auch nur in Umrissen nachzuzeichnen. Dankenswerterweise hat zum Beispiel Ernst von Glasersfeld in mehreren seiner Schriften die wichtigsten Positionen und Vertreter dieses Denkens vorgestellt (vgl. Glasersfeld 1996: 56ff.): den Skeptizismus der Pyrrhonisten, die negative Theologie und mittelalterliche Mystik, die Anfänge der Naturwissenschaft bei Galileo Galilei, den verborgenen Idealismus der Britischen Empiristen, die – wie man heute vielleicht sagen würde – Kognitionsphilosophien von George Berkeley, David Hume, Jeremy Bentham, Giambattista Vico und schließlich Immanuel Kant, William James' Pragmatismus, Hans Vaihingers Philosophie des Als-ob, die Sprachtheorie Ferdinand de Saussures und schließlich Jean Piagets konstruktivistische Theorie des Wissens (ebd.: 98ff.). Vieles wäre noch zu ergänzen: zum Beispiel unsere „Verstricktheit" in Pluralitäten von „Geschichten" wie Wilhem Schapp sie diagnostizierte, die perspektivischen Beschränkungen unserer „Sehe-Punkte", die schon Johann Martin Chladenius betonte, die Möglichkeit verschiedener „Welt-Versionen", wie sie Nelson Goodman (1990) zeigte.

Spätestens seit Jean Piagets Entwicklungspsychologie und seiner genetischen Erkenntnistheorie findet sich der Gedanke der *Konstruktivität* der Wahrnehmung und des Bewusstseins aber nicht mehr nur in der Philosophie, sondern auch in den modernen Human-, Sozial- und Naturwissenschaften, insbesondere in der Biologie und Psychologie, in der Soziologie und Linguistik sowie in den Neurowissenschaften. Das Feld war hier durch Ansätze wie die theoretische

Biologie Jakob von Uexkülls, die Gestaltpsychologie von Max Wertheimer und Wolfgang Metzger, die Gedächtnistheorien von Hermann Ebbinghaus und George A. Miller, den methodischen Konstruktivismus Hugo Dinglers, den operationalen Konstruktivismus Silvio Ceccatos, den symbolischen Interaktionismus George Herbert Meads, den Generativismus Noam Chomskys oder die kognitive Sprachpsychologie Hans Hörmanns bereitet worden. Und auf solchen Grundlagen formulierten schließlich die Kognitionsbiologie Humberto R. Maturanas, die Kognitionspsychologie Hans Ulric Neissers, der neurowissenschaftliche Ansatz Gerhard Roths und die Biokybernetik Heinz von Foersters, der philosophische Radikale Konstruktivismus Ernst von Glasersfelds, der soziale Konstruktivismus Peter L. Bergers und Thomas Luckmanns, der therapeutische Konstruktivismus Paul Watzlawicks, die konstruktivistische Sozialtheorie Peter M. Hejls und der Laborkonstruktivismus von Bruno Latour, Steven Woolgar und Karin Knorr-Cetina explizit konstruktivistische, jedoch zum Teil sehr spezifische Positionen.

Trotz ihrer Unterschiede weisen alle diese Positionen aber einige charakteristische gemeinsame Merkmale auf:

1.  Sie fragen nach dem *Wie*, nach den *Bedingungen*, nach der *Möglichkeit* und nach dem *Zustandekommen* kognitiver und sozialer Sachverhalte. Dazu bieten sie

2.  Beschreibungen und Erklärungen an, die *genetische* oder *generative Vorgänge*, Strukturen und *Prozesse der Produktion* oder *Erzeugung* der thematischen Sachverhalte darstellen, deren Geltung sie

3.  letztlich daran bemessen, ob es vermittels solcher Beschreibungen und Erklärungen gelingt, *Operationen, Prozeduren oder Modelle* zu entwickeln, die Repräsentationen der thematischen Sachverhalte oder auch diese selbst tatsächlich zu erzeugen oder mindestens ihr Eintreten vorherzusagen erlauben, als *Simulation,* als *viable Repräsentation* oder als *Gestaltung* von Wirklichkeit.

Kurz: diese Ansätze wenden letztlich *mechanische Modelle* des kausalen Zusammenwirkens von Komponenten auf die Sinnlichkeit, auf Vernunft, Verstand und Verhalten (i.e. Wissen, Handeln, Interagieren) des Menschen an.[3] Neurowissenschaftliche Ansätze explizieren in diesen Modellen die geistige Leistung

---

3   Jedoch nicht alle in gleicher Weise. Für den interaktionistischen Konstruktivismus von Berger und Luckmann gilt die mechanische Metapher nur vermittelt als „empirische Genesis" gesellschaftlicher Wirklichkeit (Berger/Luckmann 1980: XVIII), wie sie über die subjektive Konstruktion von Bedeutungen, Identität etc. in der sozialen Interaktion geleistet wird.

des Menschen als kognitive Aktivität einer Spezies von Biomaschinen (vgl. R. F. Schmidt 1979). Das von den Naturwissenschaften und ihren Anwendungsdisziplinen so erfolgreich in der Erforschung und Gestaltung der nichtmenschlichen Natur eingesetzte mechanische Modell wird in der Geschichte der menschlichen Selbstvergewisserung immer deutlicher als Referenzrahmen der Selbst-Beobachtung, Selbst-Reflexion und Selbst-Explikation eingesetzt.

Dass eine elementare physikalische und auch eine sophistizierte Feinmechanik, wie wir sie spätestens von den Maschinenmenschen der Renaissance her kennen, den bei der Modellierung menschlicher Kognition zu stellenden Ansprüchen längst nicht genügen, ist offenkundig. Deshalb kommt zum Beispiel der Evolutionstheorie, der Kybernetik erster und zweiter Ordnung, den Systemtheorien und der System-Mathematik (zum Beispiel Chaostheorie, Fuzzy Sets, Fraktale, nicht-lineare Funktionen) eine so große Bedeutung zu, gestatten sie doch mit Konzepten wie Selbstorganisation und Emergenz, Kreiskausalität und Selbstreferenzialität, Zufall und Notwendigkeit, Fluktuation und Irreversibilität eine derart komplexe ‚Mechanik' der Genese und des Funktionierens eigenwertiger, nicht-trivialer und verzeitlichter Systeme zu konstruieren, dass ihre Anwendung auf Phänomene der menschlichen geistigen und sozialen Natur nicht nur durchaus vertretbar erscheint, sondern sogar – wie Pharmazie und Medizin, Psycho- und Gruppentherapie, Ökonomie und Ökologie beweisen – zu erfolgreichen Problemlösungen führt.

Die Frage, die sich hier letztlich stellt, ist die, ob ein wissenschaftliches Verständnis von Erklären und Verstehen[4], das bei Erfahrungen des Tuns und  Handelns ansetzt, sich an Beispielen kausaler, genetischer und mechanischer Zusammenhänge schult, sich an der Stringenz des logischen Schließens und an der Wohlgeformtheit von Argumenten orientiert und sich in einer methodologisch in zahlreichen Varianten begründeten Analyse- und Synthese-Praxis übt, ob also auf der Basis einer solchen Wissenschaftspraxis eine andere als eine konstruktivistische naturwissenschaftliche Sichtweise auf den Menschen überhaupt möglich ist. Es wäre keine Überraschung, wenn eine grundlegend mechanistisch orientierte Wissenschaft zu gar keinen anderen als eben mechanistischen Beschreibungen, Erklärungen und Modellen gelangen würde.

---

4  „Wissenschaftliche Erklärung besteht darin, daß man plausible Mechanismen auffindet oder erfindet, welche die Regelmäßigkeiten der Ereignisse, die Strukturen der Dinge, die Erzeugung, das Wachstum, den Zerfall oder die Auslöschung von Dingen und Stoffen beschreiben ..." (Harré 1970: 125)

## Der Diskurs des Konstruktivismus

Es ist im Verlaufe der Ausbreitung konstruktivistischer Ideen im deutschsprachigen Raum durchaus nicht klarer geworden, wofür das Label „Konstruktivismus" heute eigentlich steht. Betrachtet man den Diskurs der letzten zehn bis fünfzehn Jahre im Überblick, so hat sich eine ganze Reihe verschiedener Konstruktivismen vornehmlich in Opposition zu Ernst von Glasersfelds „Radikalem Konstruktivismus" und dem „Siegener Konstruktivismus" (Peter M. Hejl, Wolfram K. Köck, Gebhard Rusch, Siegfried J. Schmidt), der von Glasersfelds philosophische und psychologische Argumente mit Humberto R. Maturanas Kognitionsbiologie, Heinz von Foersters Kybernetik zweiter Ordnung und Ansätzen aus der Psycholinguistik und Texttheorie, der Soziobiologie und Anthropologie, der Kommunikationstheorie und Geschichtsphilosophie zusammenführte, formiert.

In der Kritik an diesen beiden Versionen des Konstruktivismus spielten vor allem Einwände gegen einen diagnostizierten „Antirealismus" und „Biologismus" die zentrale Rolle. Vor allem die Kombination des Radikalen und des kognitionsbiologischen Konstruktivismus wurde als Selbstwiderspruch, als biologistischer Fehlschluss, mithin als Verletzung argumentationslogischer Grundregeln kritisiert. Andere Konstruktivismen haben dieses Minenfeld der Paradoxien, Regresse und Zirkel gemieden, indem sie sich epistemologischer Behauptungen ganz enthielten oder den Begriff der Konstruktion in seiner Bedeutung und Reichweite mitunter bis zur Belanglosigkeit oder auf Fälle nur bewussten beziehungsweise bewusst konstruierenden Handelns einschränkten. Als Gegen-, Alternativ- oder komplementäre Positionen sind demnach zu sehen (vgl. Wallner/Agnese 2001): der methodische Konstruktivismus mit seiner Protologik des Handelns (Lorenzen 1955, Janich 1996), der soziale und interaktive Konstruktivismus (Berger/Luckmann 1980, Charlton/Suttner 1994, Reich 1997), der psychologische Konstruktivismus (Groeben 1986, Stadler/Kruse 1992), der kommunikative und mediale Konstruktivismus (zum Beispiel Gödde 1992, Weber 1996), der institutionelle oder organisationelle Konstruktivismus (Latour/Woolgar 1979, Knorr-Cetina 1991) und der operationale, distinktionslogische Konstruktivismus (Luhmann 1987), der als Philosophie sozialer Systeme gleich seine eigene Ontologie mitbringt, in seinen empirischen Interpretationen aber ebenso wie in seinen epistemologischen Implikationen letztlich vage bleibt. Gegenüber dem Radikalen präsentieren sich diese Konstruktivismen als ‚gemäßigte' Varianten, indem sie sich zum Beispiel gegen Positionen abgrenzen, die so im Radikalen Konstruktivismus gar nicht vertreten worden sind, etwa gegen den Gedanken der Konstruktivität von Realität. So ist zum Beispiel der Siegener Konstruktivismus schon deshalb nie antirealistisch gewesen, weil er mit Humberto R. Maturanas Modell kognitiver Systeme Realität als das Medium interpretiert hat, in dem kognitive Systeme operieren. Auf dieser Basis werden dann freilich der Begriff der Realität und dessen extensionale Interpretationen als Konstruktionen sogleich problematisch. Deshalb kann ein, auch ein kritisch-rational relativierter Realismus für kognitive Systeme keine viable Erkenntnistheorie sein. Wie Ernst von Glasersfeld (1996: 96, Anm. 15) bereits ausgeführt hat, bedeutet die Annahme der Existenz von Voraussetzungen und Bedingungen (einer „ontischen Realität") für das Scheitern manchen Versuchs, ein Ziel auf eine bestimmte Art und Weise zu erreichen, keineswegs auch die Annahme der objektiven Erkennbarkeit dieser Voraussetzungen und Bedingungen. Und umgekehrt bedeutet die Ablehnung der objektiven Erkennbarkeit dieser Voraussetzungen und Bedingungen keineswegs zugleich die Leugnung ihrer Existenz. Auf Resultate der so genannten empirischen Wissenschaften muss deshalb auch nicht verzichtet werden, schließlich können auch diese Wissenschaften kein objektives Wissen über die Realität an sich, sondern bestenfalls bislang unwiderlegte Theorien und Know-how zur Verfügung stellen, die mit unseren Erfahrungen kompatibel sind.

Zu klären wäre allerdings, und hier könnte eine Zuspitzung des konstruktivistischen Diskurses gesucht werden, wie sich der Ansatz eines neurowissenschaftlichen Konstruktivismus im Rahmen einer realistischen Epistemologie (zum Beispiel Roth) oder der des Konstruktiven Realismus (zum Beispiel Neuhäuser), der sich kritisch gegen konstruktivistische Interpretationen der Entwicklungspsychologie und der genetischen Erkenntnistheorie Piagets wendet, zu den Basisproblemen einer konstruktivistischen Erkenntnistheorie verhalten.

Die Frage ist, wie weit ein wie immer relativierter Realismus beziehungsweise ein realistischer Konstruktivismus durchgehalten werden kann, wenn *reale* Menschen mit *realen* Gehirnen ihre kognitive Wirklichkeit (mit der ganzen Fülle an Phänomenen und Problemen) konstruieren. Wie ist das Verhältnis realer kognitiv konstruierter Phänomene zu nicht-konstruierten realen Entitäten zu bestimmen? Was sind beobachtete (also kognitiv-sozial konstruierte) Ähnlichkeiten oder Parallelitäten der Konstruktivität zwischen Menschen oder zwischen Menschen und anderen Spezies für die Bestimmung von ‚Realität' wert? Auch ein realistischer Konstruktivismus kann die operationale beziehungsweise pragmatische Evidenz der Viabilität gefundener Lösungen letztlich nicht überbieten. Es bleibt ihm vielleicht ein Argument, das den „Realismus" als einen – womöglich sogar (neuro-)biologisch und funktional als viabel ausgezeichneten – Spezialfall unter den Modi menschlicher Konstruktivität ausweist.[5] Die realen Gehirne sind dann als Konstrukte im basal realistischen Modus kognitiv-sozialer Konstruktivität; in ihren Wirklichkeiten enthalten sie „reale Gehirne". Die Frage ist dann, ob sie selbst diese Gehirne sein können. Wohin geraten wir hier? Wir geraten in die *Wirklichkeit des Konstruktivismus!* Wir geraten in die Wirklichkeit eines Realitätsmodells der kognitiv-sozialen Konstruktionen, der Aktivitäten, des Verhaltens, der Handlungen, Interaktionen und Wechselwirkungen von und zwischen Menschen in und mit ihren Wirklichkeiten.

In diesem Modell macht jeder Blick dem Menschen einen Zustand im Prozess seiner eigenen kognitiven (und unter anderem sozial modulierten) Wirklichkeitskonstruktion als visuelle, gestalthaft und farbig strukturierte Anmutung sichtbar, lässt in der Wahrnehmung einen Ausschnitt einer kognitiv-sozial erzeugten Welt erkennen, bietet eine menschlich-kognitive Sicht an einer Raum-Zeit-Stelle, die nach menschlichem Maß biografisch, geographisch und kalendarisch bestimmt werden mag. In den Wirklichkeiten der Menschen gibt es Entitäten, die sie als ihresgleichen betrachten und mit denen sie auf vielfältige Weise interagieren können. Schon dieser Erfahrung wegen sind sie – trotz ihrer kognitiven Autonomie – keine Solipsisten. Sie sind es aber insbesondere deshalb nicht, weil die Konstruktion der anderen bis jetzt nicht gescheitert ist, sondern sich – in der Begrifflichkeit konstruktivistischer Modelle – bislang als *viabel* (Glasersfeld) beziehungsweise als „richtig", „funktional" oder „passend" (Goodman) erwiesen hat. Für den Realismus als epistemologische Position (d.h. als Annahme der Erkennbarkeit einer kognitionsunabhängigen Realität an sich) gilt dies nicht. Ein realistischer Konstruktivismus oder konstruktivistischer Realismus müsste entsprechend den Begriff „Realismus" völlig anders, zum Beispiel wirklichkeitsimmanent bestimmen.

**Detektion durch Konstruktion – Differenz durch Identitäten**

Betrachtet man das Nervensystem mit den Sinneszellen, Nervenbahnen, dem Stammhirn und den Projektionsarealen als Detektor und Generator eigener Veränderungen, so ist als basales Detektionsprinzip die Aktivierung nachgeschalteter Nervenzellen (durch die Ableitung von Aktionspotenzialen) anzusehen (bei Maturana: „interne Repräsentation"). Das bedeutet, dass ein ‚Ereignis' (i.e das Feuern eines Neurons) als neuronale Aktivität einer nachgeschalteten Struktur

---

5    Vgl. Rusch 1987: 221f. über den basalen Realismus kognitiver Systeme auf der Basis von Als-ob-Setzungen. Dieser Gedanke eines ontogenetischen „Protorealismus" wird auch von Berger und Luckmann (1980: 146) diskutiert.

identifiziert wird. Man kann mit Ulric Neisser sagen: die Identität des Ereignisses wird durch die Aktivierung nachgeschalteter Strukturen synthetisiert, hergestellt, *konstruiert*. Oder, mit anderen Worten, das Ereignis wird als Aktivierung nachgeordneter Strukturen *analysiert*. Und es ist unter den Bedingungen unspezifischer Codierung keine Frage, dass die Identität des Ereignisses somit durch diese nachgeordneten Strukturen und deren Eigenschaften bestimmt wird und nicht mehr durch das ‚Ereignis‘. Der hohe Vernetzungsgrad neuronaler Strukturen lässt dabei nur noch eine zeitliche Korrelation des Ereignisses und seiner Identifizierung zu, nicht jedoch eine kausale oder konditionale. Die Beziehungen zwischen Ereignissen im Nervensystem und ihren identifizierenden Strukturen sind *nicht äquivalent*.

In diesem Sinne kann man sich die Leistung etwa der gestaltbildenden Strukturen in der Wahrnehmung als Identifikations- oder Analyseleistungen vorstellen, die erbracht werden, sobald Ereignisse eintreten, die sie aktivieren, unabhängig davon, was nun wiederum diese Ereignisse ausgelöst haben mag, und auch unabhängig davon, wie (zum Beispiel wie intensiv oder wie schnell) diese gestaltbildenden Strukturen aktiviert werden. Sind sie aber einmal ‚im Spiel‘ geben sie eine Art Bühne ab, auf der verschiedene Akte der Identifizierung im Wahrnehmungsdrama inszeniert werden.

Abb. 1: Leistung von gestaltbildenden Strukturen in der Synthese von Wahrnehmungen.

So nehmen wir in der Figur in Abbildung 1 zwei Dreiecke wahr, von denen eines unvollständig, das andere nur ‚virtuell‘ vorhanden ist. Auch die Lage oder Farbe dieser Dreiecke können wir bestimmen. Das erste steht auf einer Spitze, das andere auf einer Seite, das eine wird von unterbrochenen schwarzen Linien gebildet, die eine weiße Dreiecksfläche teilweise begrenzen, das andere als weiße Dreiecksfläche, die mit ihren Spitzen Segmente schwarzer Kreisflächen ausschneidet, undsofort.

Wir synthetisieren unsere Wahrnehmung durch Assimilation sensorischer Ereignisse an eine markante Gestalt beziehungsweise ein kognitives Schema (im Beispiel das Schema ‚Dreieck') als nachgeordnete Struktur und bestimmen dadurch die spezifischen Abweichungen vom Ideal der „guten Gestalt" beziehungsweise der vollständigen Erfüllung des Wahrnehmungsschemas. Wir synthetisieren beziehungsweise analysieren unsere Wahrnehmung, indem wir die Identität des Wahrgenommen in einer Art Definition aus einem genus proximum (im Beispiel das dominante Dreiecksschema) und differentiae spezificae (hier: Farbe, Lage, Gestaltgüte, etc.) bestimmen. Nochmals anders formuliert: In der Wahrnehmung wird die Identität der Wahrnehmungsgegenstände und ihrer Eigenschaften dadurch bestimmt, dass sensorische Ereignisse unter Begriffe fallen (im Beispiel: Dreieck, Lage, Farbe, Kante, Spitze, etc.). Dadurch wird nicht nur die Stiftung von Identitäten, sondern auch eine potenziell unbegrenzte Anzahl nicht nur spezifischer Differenzen möglich. Die operationale Leistung der Kognition besteht hier also darin, Identität herzustellen, letztlich um nicht scheiterndes Verhalten zu synthetisieren[6]. Erst durch die *Identifikation von etwas als Etwas* in einem ersten Schritt können Differenzen, spezifische und unspezifische, in weiteren Schritten identifiziert werden. In diesem Sinne entsteht Differenz erst durch Identifikation, entstehen Unterschiede erst durch ein Unterscheidungsvermögen, das Identifizierung(en) logisch und operational voraussetzt.

Die Distinktionslogik des so genannten operationalen Konstruktivismus Luhmanns (1987)[7], die sich auf George Spencer-Browns „Laws of Form" beruft, erweist sich nun – mit Blick auf die ‚Logik' der Wahrnehmung – gerade operational als inadäquat, und zwar in zweierlei Hinsicht: (1) Spencer-Browns initiale Order, „Draw a distinction"[8], überfordert als Startbefehl jedes kognitive System hoffnungslos. Die Aufgabe ist *überkomplex*, solange die Mittel, sie zu bearbeiten, nicht verfügbar sind oder verfügbar gemacht werden. Schon „Draw a line!" setzt komplexes Wissen, Fähigkeiten und Fertigkeiten voraus. Um wieviel mehr gilt dies, wenn mit der Aufforderung zu unterscheiden nicht auch Identifikatoren angeboten werden, also nicht gesagt wird, was wie wovon unterschieden werden kann oder soll. (2) Die luhmannsche Distinktionslogik ist letztlich nur eine Negationslogik, bestenfalls eine zweiwertige Logik. Sie bleibt damit hinter den operational verfügbaren kognitiven und sozialen Differenzierungsleistungen so weit zurück, dass sie als operational *unterkomplex* gelten muss.

---

6   So muss zum Beispiel ein Tier den Fressfeind erst erkennen bevor es flüchten kann.
7   Auch S. J. Schmidt hat diese Variante am Ende seines Konstruktivistendaseins vertreten.
8   Spencer Brown 1969: 3; die hier vorgestellte Kritik richtet sich weniger gegen Spencer Brown als vielmehr gegen die Verallgemeinerung dieses Distinktionsprinzips zu einer Systemfunktion und ihren entsprechenden Anwendungen auf psychische und soziale Systeme.

**Empirischer Konstruktivismus als Theorie kognitiv-sozialer Wirklichkeit**

Die am Siegener Konstruktivismus geübte Kritik hat Defizite in der Argumentation und Darstellung dieser Position deutlich gemacht, die durch eine weitere Akzentuierung und Präzisierung behoben werden sollen. Deshalb soll die Position, die hier vertreten wird, als *Empirischer Konstruktivismus* bezeichnet werden. Damit soll akzentuiert werden, dass dieser Konstruktivismus sich der Erfahrung bedient, um rationale und viable Lösungen für die Beschreibungs-, Erklärungs- und Gestaltungsprobleme einer Theorie kognitiv-sozialer Wirklichkeit zu finden. Die rationale Konstruktion von Begriffen, Theorieelementen, Modellen, Annahmen und Hypothesen sowie deren systematische Erprobung durch Operationalisierung im Handeln und durch Beobachtung der Handlungsverläufe und ihrer Resultate, durch Experimente und Simulationen öffnet diese Methodologie für die gesamte Methodik der empirischen Wissenschaften. Entscheidend ist dabei aber nicht, wie bereits Anke Hillebrandt und Heiko Hungerige festgestellt haben, welche Methoden im konstruktivistischen Rahmen eingesetzt werden, sondern *wie* sie adaptiert und angewendet werden (vgl. Hillebrandt/Hungerige 1997: 4). Anders als in anderen empirischen[9] Programmen ist es im Empirischen Konstruktivismus zum Beispiel kein rational begründbares Ziel, eine ontische Realität erkennen zu wollen. Begründbar ist dagegen der Versuch, mit den Mitteln rationaler Wirklichkeitskonstruktion nach viablen neuen oder alternativen Lösungen für Probleme zu suchen, die wir in und mit unseren Wirklichkeiten haben. Empirischer Konstruktivismus ist insofern als ein Forschungsprogramm zu verstehen, das sich aus seinen Befunden selbst expliziert. Das Werkzeug dieser Selbstexplikation ist eine empirische Theorie der kognitiv-sozialen Wirklichkeitskonstruktion. Diese Theorie approximiert im Verlaufe ihrer Ausarbeitung viable Varianten eines „epistemologischen Selbstbildes" (vgl. Toulmin 1983, Glasersfeld 1987) des Menschen. Die folgenden Axiome sollen die hier vertretene Position etwas genauer charakterisieren:

(1) Kognition schafft Tatsachen, die Kognition modulieren (Ontologisches Axiom)

Der lebendige Körper des Menschen generiert Sinnesempfindungen, Wahrnehmungen, Wissensstrukturen und motorische Aktivitäten, deren Identität durch seine Physis und selbstreferenzielle Funktionsweise bestimmt sind. Das Nerven-

---

9  Gewöhnlich wird der Begriff der Empirie im Rahmen einer realistischen Epistemologie interpretiert; hier im Rahmen einer konstruktivistischen.

system des Menschen erzeugt das Inventar seiner Wirklichkeit, Felder und Folgen von Sinneseindrücken, Gemische aus Visionen, Auditionen, taktilen, olfaktorischen und anderen Sensationen. Physis und Funktionalität des Nervensystems strukturieren solche Sensationen zu Konfigurationen, Formen, Verteilungen, Abfolgen, Gestalten und Mustern. Dadurch entstehen Invarianten und Identitäten, Dinge, Vorgänge, Sachverhalte, dasjenige, was wiedererkannt, benannt, berührt oder verändert werden kann. Identitätsstiftung durch Sinnlichkeit, Affekt, Begriff und Verhalten ist die Basis kognitiver Wirklichkeitskonstruktion, die unter anderem durch soziale und kulturelle Tatsachen moduliert und so zu kognitiv-sozialer Wirklichkeitskonstruktion erweitert wird. Alle Tatsachen beziehungsweise Wissensbestände sind als kognitiv-soziale Konstruktionen gleichwertig, keine ist fundamentaler als andere; sie unterscheiden sich jedoch in ihren Funktionen, Folgen und Wirkungen für Wahrnehmung, Denken und Handeln. „Unser Wissen bildet ein großes System. Und nur in diesem System hat das Einzelne den Wert, den wir ihm beilegen." (Wittgenstein)

(2) Kognition ist unhintergehbar und selbstevaluativ (Epistemologisches Axiom)

Ohne die konstative Leistung der menschlichen Kognition gibt es weder Empfinden noch Wahrnehmen, weder Wissen noch Wiedererkennen. Was nicht kognitiv konstruiert werden kann, das kann auch nicht Gegenstand oder Inhalt von Wahrnehmung, Denken oder Sprechen sein. „Alles, was gesagt wird, wird von einem Beobachter gesagt." (Maturana) „Worüber wir nicht reden können, darüber müssen wir schweigen." (Wittgenstein) Aus der Kognition kann man nicht heraustreten, um die Verhältnisse so zu erkennen, wie sie ‚an sich' sein mögen. Es ist daher menschenunmöglich, das Verhältnis menschlicher Urteile zur vom Menschen unabhängigen Realität bestimmen zu können. Menschen können nur in beziehungsweise mit ihren Kognitionsbereichen agieren. Sie können folglich nur kognitive Konstruktionen durch andere kognitive Konstruktionen repräsentieren beziehungsweise ‚erkennen'. Jede Konstruktion kann nur im Rahmen der jeweils verfügbaren kognitiven Strukturen affektiv oder funktional auf Geltung, Richtigkeit oder Passen bewertet werden.

(3) Kognition ist subjektiv und autonom, jedoch veränderbar und anpassungsfähig (Axiom der Konstruktivität)

Das kognitive Inventar eines Menschen kann nur durch eigene kognitive Konstruktionsleistungen um neue Elemente erweitert werden. Es ist nicht möglich, solche Elemente als fertige Einheiten von irgendwo her zu beziehen und in das kognitive Inventar einzufügen. Jede Empfindung, jede Wahrnehmung, jedes Wissen ist daher stets subjektiv; eine Teilmenge davon ko-subjektiv. Zum Beispiel muss das Vermögen wahrzunehmen, i.e. sozial valides Perzipieren, vom einzelnen Menschen autonom im Rahmen seines jeweils verfügbaren kognitiven Inventars aktiv ausgeprägt, gelernt werden. Durch die Ausdifferenzierung kognitiver (begrifflicher und motorischer) Leistungen durch Erfahrung und Lernen verändern sich beständig die kognitiven Bedingungen für das Erfahrungmachen und das Lernen. In diesem Sinne kann das Wissen mit neuer Erfahrung, und umgekehrt die Erfahrung mit neuem Wissen reicher und differenzierter werden. Lernen führt zu ontogenetischen Anpassungen kognitiver Strukturen und Modalitäten an Erfahrungen mit der Folge zunehmender Handlungsmächtigkeit.

(4) Kognition ermöglicht Erfahrung als und durch Selbstbeobachtung (Methodologisches Axiom)

Kognition generiert Varianten der Perzeption, des Denkens, des Verhaltens und Handelns und ermöglicht Erfahrung als Selbstbeobachtung und Selbstevaluation mittels jeweils verfügbarer kognitiver Strukturen und Modalitäten mit Blick auf Folgen, Resultate und Konsequenzen von Perzeption, Denken, Verhalten oder Handeln. Auf diese Weise können durch Erfahrung angenehme von unangenehmen, zielführende von abwegigen, förderliche von schädlichen, viable von nicht möglichen Operationen unterschieden werden. ‚Empirisch forschen' bedeutet dann, operationale (Aus-)Wirkungen rationaler Konstruktionen systematisch zu erproben, zu beobachten und zu bewerten. Erfahrung in diesem Sinne führt immer zu operationalem Wissen, d.h. zu einem Wissen davon, was wie getan werden kann, also zu *Know-how* (vgl. Rusch 1995: 103ff.).

**Methodologische Zwischenbilanz: Konstruktivistisch forschen**

Als Theorie kognitiv-sozialer Wirklichkeitskonstruktion weist der Empirische Konstruktivismus methodologische Implikationen in zwei Richtungen auf: einerseits mit Blick auf seinen Objektbereich, also die Frage nach den Gegenständen oder Inhalten, mit denen er sich auseinandersetzt, andererseits hinsichtlich der Strategie und operativen Praxis eines Forschens, das sich selbst im Sinne der theoretisch und empirisch beschriebenen Modalitäten der Wirklichkeitskonstruktion als *konstruktivistisch* begreift.

*Gegenstand* konstruktivistischen Forschens sind demnach Prozesse, Voraussetzungen, Bedingungen und Folgen der kognitiven, sozialen, kulturellen, medialen, etc. Konstruktion von Wirklichkeit(en). Im Bereich der kognitiven Konstruktion schließt das insbesonders physiologische, biologische, anthropologische Voraussetzungen, Wahrnehmungsprozesse, Informationserzeugung und -verarbeitung, Wissens- und Affektmanagement ein. Im Bereich der sozialen Konstruktion gehören soziobiologische Voraussetzungen und soziokulturelle Bedingungen von Interaktion und Kommunikation ebenso dazu wie Prozesse der Konventionalisierung und Institutionalisierung, der Etablierung von Normen, Regeln und Gesetzen, der Strukturierung (i.s. Giddens), der sozialen Figuration und Ordnungsbildung und der Entstehung sozialer Organisationen beziehungsweise der Emergenz von Ordnung in Prozessen der Selbstorganisation. Dabei müssen politische, mediale, historische, etc. Dimensionen kognitiver und sozialer Konstruktionsprozesse berücksichtigt werden[10].

Das *forschungspraktische Handeln* wird im Rahmen eines Empirischen Konstruktivismus am Grundmodus des kognitiven operationalen Lernens[11] orientiert, nämlich an der Selbstbeobachtung des Tuns mit Blick auf dessen Folgen, genauer: unter dem Aspekt der Erreichung von Absichten, Zielen oder Zwecken.[12] Damit ist das forschungspraktische Handeln faktisch und pragmatisch eingebunden in den Zusammenhang des *Handeln-Lernens* beziehungsweise die Gewinnung, die Konstruktion von *Know-how*. Der Modus dieses Lernens ist das *Erfahrungen Machen* mit erfundenen konzeptuellen Konstrukten (wie Begriffen, Schemata, Frames, Scripts, etc.) oder mit Verhaltens- oder Handlungsmodellen im (Handlungs-)Rahmen der Verfolgung jeweils spezifischer Beschreibungs-, Erklärungs- oder Gestaltungsziele.[13]

---

10 Spezifikationen des Gegenstandsbereiches nehmen auch vor: Stadler/Kruse (1992): Selbstorganisierende kognitive Prozesse; Knorr-Cetina (1991): Prozesse der Erkenntnisfabrikation.

11 In diesem Grundmodus des kognitiven operationalen Lernens fließen die aristotelischen Erkenntnisformen der Praxis und die Poiesis zusammen; genauer sie erweisen sich als Merkmale von Theorie, verstanden als Handlungsform (vgl. Rusch 2001).

12 Dazu gehört auch die Vermeidung unerwünschter oder negativer Folgen des Handelns.

13 Diese Orientierung ist der Grund dafür, dass hier von einem „Empirischen" Konstruktivismus die Rede ist. Ersichtlich geht es hier nicht um einen Erfahrungsbegriff, der sich wie im klassischen Empirismus auf Sinnesaktivitäten beschränkt, oder gar um eine Reduktion theoretischer Terme auf Sinnesdaten wie im Logischen Empirismus. Es geht auch nicht um das Konzept der Theoriebeladenheit der Erfahrung im Sinne Hansons, Feyerabends, Kuhns oder Poppers. Der hier vorgestellte konstruktivistische Begriff von Erfahrung setzt die Selbstbeobachtung im Verhalten und Handeln als Erfahrung an und schließt daher mentales und exploratives Handeln (zum Beispiel Begriffe bilden und benutzen, Vorstellungen und Modelle bilden und auf Wahrnehmungen anwenden, Handlungsplanung, etc.) und erst recht sprachliches Handeln ausdrücklich ein. Die Rede von der „Theoriebeladenheit" der Erfahrung ist irreführend, gewissermaßen zu bescheiden gedacht, weil Erfahrung erst durch konstruierte Konzepte und Operationen in der Anwendung auf Wirklichkeitsausschnitte –

Dieser allgemeine Modus des Lernens kann wissenschaftlich diszipliniert werden, indem er besonderen Anforderungen an die *Lehr- und Lernbarkeit* sowie die interpersonelle *Nachvollziehbarkeit* und *Nachprüfbarkeit* von Begriffen und Modellen, Vorgehensweisen oder Verfahren und schließlich der vorgeschlagenen Problemlösungen unterworfen wird. Das verlangt die für andere verständliche (verstehbare, widerspruchsfreie, kohärente, etc.) Explikation jeweiliger Grundannahmen und Voraussetzungen, Begriffe, Methoden und Kriterien (der Bewertung und Entscheidung), sowie die tatsächliche *Orientierung* an solchen metatheoretischen und methodologischen Reflexionen, d.h. deren Beachtung und Berücksichtigung, insbesondere die Befolgung methodischer Regeln wie zum Beispiel Regeln des logischen Schließens und Argumentierens, des Beobachtens und Dokumentierens, des Theoretisierens und Experimentierens, schließlich des Gestaltens von Wirklichkeit, etc.[14]

Das operationale Lernen durch Erfahrungen Machen schließt aber auch jenen wissenschaftlichen Handlungsbereich ein, der gewöhnlich nicht unter empirischem Aspekt betrachtet wird, nämlich die *Theorie*[15]. Dabei besteht eine Theorie – wie man im Anschluss an Joseph D. Sneeds Begriffskonzeption von Theorien[16] feststellen kann – in der Anwendung eines mathematischen Kalküls, eines semantischen Netzes oder eines operationalen Algorithmus (zum Beispiel eines Handlungsmodells) auf einen Wirklichkeitsausschnitt oder eine Problem-

---

also im Handlungsmodus von Theorie – überhaupt möglich wird. Theorie ist – so gesehen – das ‚Medium' der Erfahrung! Der konstruktivistische Erfahrungsbegriff ist also wesentlich erweitert gegenüber dem empiristisch-sensualistischen Erfahrungsbegriff und insofern problemadäquater, als er das Mittel und den Modus (Konstrukte, Operationen, Selbstbeobachtung) von *Erfahrung als Lernzusammenhang* expliziert.

14  Stadler und Kruse formulieren, verstanden als erste Annäherung, einige heuristische Regeln für eine ‚weiche Methodologie' des konstruktivistischen Experiments (vgl. Stadler/Kruse 1992: 161f.):
(1) Abwendung von der Regel stabilen Systemverhaltens, Hinwendung zu Instabilitäten und Phasenübergängen
(2) Bedingungen und Grenzen stabilen Systemverhaltens untersuchen
(3) Empirisch ermittelte Systemdynamik auf Modell einer hypothetischen Attraktorlandschaft übertragen
(4) Systemverhalten im Modell simulieren
(5) Suche nach Ordnungstendenzen in der Attraktorlandschaft für gegebene kognitive Systeme
(6) Simulation von Ordnungsbildungen
(7) Anwendung der Ordnungs- bzw. Organisationsprinzipien auf alle Elemente des Systems und Suche nach selbstähnlichen Strukturen.
Knorr-Cetina expliziert im Rahmen eines methodischen Interaktionismus und methodologischen Relativismus die „ethnographische" Methode: „ (...) mit Hilfe von teilnehmender Beobachtung, Informanteninterviews, Textauswertungen (...) Audio- und Videoaufnahmen (...) über einen längeren Zeitraum." (Knorr-Cetina 1991: 278)
15  Vgl. Rusch 2001: 106ff., besonders 112ff.
16  Dieser Ansatz wird auch als Non-Statement-View bezeichnet; vgl. Sneed 1971; dazu Stegmüller 1973.

lage, also – weitergedacht – im Vollzug einer Handlung[17]. Deren Ziel kann nun wiederum sein, diesen Wirklichkeitsausschnitt zu beschreiben, zu erklären oder zu gestalten. Der Begriff der Theorie entpuppt sich hier – operational interpretiert – als Begriff einer *Handlungsform, die mentale, observationale und aktionale Operationen so organisiert, dass handlungsrelevantes Know-how entstehen kann* davon, wie etwas beschrieben, erklärt oder gestaltet werden kann.[18] Theorie als Handlungsform ist dann als ‚Mechanismus' der empirischen Erprobung von Wirklichkeitsmodellen eine Art Wirklichkeitsmaschine. Passende beziehungsweise viable Modelle werden nämlich als Wissen über die ‚Natur' und die Beschaffenheit der Dinge und Vorgänge in der Welt inhaltlich interpretiert und konserviert.

Um eine hilfreiche theoretische Vorstellung oder Idee zu *verwirklichen*, genügt es aber nicht festzustellen, dass sie für jemanden viabel ist. Sie muss auch in die Interaktions-, Kommunikations- und Gestaltungspraxis vieler Anderer (und potenziell der ganzen Gesellschaft) eingehen, damit sie sich als ein Werkzeug gesellschaftlicher Wirklichkeitskonstruktion überhaupt etablieren kann. Erst Vermittlung und Verbreitung bis zur allgemeinen kognitiv-sozialen Praxis führt dazu, dass bestimmte Sichtweisen auf die Welt (wie zum Beispiel das heliozentrische Weltbild) schließlich als Common Sense soziale Wirklichkeiten prägen. Sie stellen dann die gesellschaftlichen Wissensplattformen mit allem technischen, Urteils- und Vorurteilsvermögen dar, auf denen Innovationen erdacht und bewertet, adaptiert oder ignoriert werden.

Methodologisch bedeutet das an dieser Stelle zweierlei: (1) Interpersonelle *Ko-Konstruktion* als Bedingung für Wirklichkeit[19] ist ein wesentlicher Grund –

---

17 Davon muss die Darstellung dieses Handlungszusammenhangs, zum Beispiel in Lehrbüchern, insbesondere der Objekte, die er integriert, unterschieden werden. Solche Darstellungen sind nämlich nicht selbst die Theorien. Betrachtet man das Grundmuster des operationalen Lernens, so ist der Handlungszusammenhang der Theorie ein Teilprozess, der um die Erprobung von Modellen beziehungsweise den Test von Hypothesen zu ergänzen ist. Theorie ist also ein Teilprozess des Forschungs- beziehungsweise Lernprozesses.

18 Die geistes- und kulturwissenschaftliche Interpretationspraxis ist daher problematisch, weil sie unter anderem aufgrund der ständigen Veränderung ihrer Metatheorien und Kriterien eine potenziell unendliche Zahl von „Lösungen" zulässt mit dem Ergebnis einer zunehmenden Diskreditierung der (Handlungs-)Relevanz dieser Lösungen. Dieses Problem heilt auch die Bezugnahme auf den pädagogischen Wert der Interpretation nicht; sie erzeugt nämlich bei den einschlägigen Zielgruppen das weitere Problem der Akzeptanz einer handlungspraktisch und problemorientiert schwer begründbaren Praxis.

19 ‚Wirklichkeit' bezeichnet ein (mindestens) zweistelliges Prädikat: „x ist wirklich für S", das extensional durch den Referenzbereich der Antworten bestimmt wird, die ein Individuum S gibt auf die Frage „Was gibt es?" beziehungsweise „Was existiert?". „x" steht für alle Entitäten, die in den Antworten auf die Existenzfrage (oder die ontologische Frage) bezeichnet oder gekennzeichnet werden. Als wirklich gelten nun all jene Entitäten, über deren Existenz Übereinstimmung unter mehreren Individuen hergestellt werden kann (in diesem Zusammenhang sei an das Beobachtbar-

und ein kognitiv bedeutender Antrieb – für das Bemühen um *Kommunalisierung* oder *Konsensualisierung* subjektiv viabler Sichtweisen und Fertigkeiten. (2) *Interpersonelle Validität* und *Konsensualität* sind als Kriterien für Wirklichkeit und Geltung auch Maßstäbe für die Forschungspraxis und Merkmale des Begriffs von Wissenschaft. So kommt also nicht nur der intersubjektiven Nachprüfbarkeit, der Lehr- und Lernbarkeit sowie der Kommunikabilität wissenschaftlicher Lösungen ein hoher methodologischer Wert zu, sondern vor allem und mit Blick auf sozialwissenschaftliche Forschung auch einer *Konsensvalidierung* schon der erhobenen Daten und nicht erst der Forschungsergebnisse.[20] Dies gilt umso mehr, wenn es bei der Beschreibung, Erklärung und Gestaltung um kognitive und soziale Wirklichkeiten geht, über die man nur etwas von den involvierten Akteuren erfahren kann. Die Bilder der kognitiv-sozialen Wirklichkeiten der Akteure, wie der Forscher sie konstruiert, sollten mit diesen abgeglichen werden, bevor sie in weitere Auswertungen einbezogen und Folgerungen aus den Ergebnissen gezogen werden.

Aus dem basalen Muster des operationalen Lernens, aus der instrumentellen und funktionalen Sicht auf den Zusammenhang von Wahrnehmen, Denken und Handeln und schließlich aus der operationalen Sicht auf Theorien ergibt sich eine systematische *Anwendungsorientierung* für Konstrukte und Konstruktionsprozesse im Rahmen der kognitiven und sozialen Fabrikation von Wirklichkeiten. Das Ziel solcher Anwendungen ist immer die Gestaltung von Wirklichkeit; der Weg dorthin ist immer die Veränderung ihrer kognitiv-sozialen Konstruktion; das Mittel ist immer der Anstoß von Veränderungen im Denken und Handeln durch Veränderung von Bedingungen kognitiv-sozialer Wirklichkeitskonstruktion. Damit begibt sich konstruktivistisches Forschen in die Verantwortlichkeit für vorgeschlagene Lösungen gegenüber den direkt Betroffenen, aber auch gegenüber der Gesellschaft. Es kommen also – nicht erst, aber spätestens an dieser Stelle – ethische Aspekte ins Spiel. Auch Anke Hillebrandt und Heiko Hungerige haben in ihren Überlegungen diesen Aspekt berücksichtigt: „Eine

---

keitspostulat in den Naturwissenschaften erinnert). Wirklichkeit kann auch nach dem Ausmaß oder Grad solcher Übereinstimmung differenziert werden (zum Beispiel in subjektiv oder objektiv, i.e. intersubjektiv). Übereinstimmung wird jedoch nicht unmittelbar beobachtet, sondern in je individueller kognitiver Autonomie subjektiv aus dem Erfolg von Orientierungshandlungen erschlossen. In diesem Sinne ist Wirklichkeit ein kognitives Konstrukt. Insofern die Vergabe des Prädikates „Wirklichkeit" aber von an anderen Individuen beobachtetem Verhalten (und der auf der Basis solcher Beobachtungen erschlossenen Übereinstimmungen mit anderen) abhängt, kann auch von sozialer Wirklichkeit beziehungsweise sozialer Konstruktion von Wirklichkeit gesprochen werden (vgl. Rusch 1996).

20 Zur Konsensvalidierung vergleiche zum Beispiel Groeben/Scheele 1984.

konstruktivistische Methodologie sollte reflexiv, pluralistisch, systemisch, dialogisch und ethisch sein." (Hillebrandt/Hungerige 1992: 10)[21]

Explizit thematisieren auch Michael Borg-Laufs und Lothar Duda (1992: 8ff) die ethische Dimension einer konstruktivistischen Methodologie, mit der sie an Heinz von Foersters Imperative und speziell an die erweiterte Version von Klaus Krippendorffs Imperativen für konstruktivistisches Forschen anschließen (vgl. 1985: 16ff.):

1. Konstruiere Deine eigene Realität, um sie zu sehen! (Ästhetischer Imperativ)
2. Mache Dich selbst zum Bestandteil Deiner Konstruktionen! (Empirischer Imperativ)
3. Gewähre Anderen, die in Deinen Konstruktionen vorkommen, dieselbe Autonomie, die Du bei ihrer Konstruktion beanspruchst! (Selbstreferenzieller Imperativ)
4. Erfinde so viele alternative Konstruktionen wie möglich, aber nicht ohne die Grenzen ihrer Verlässlichkeit zu sondieren! (Ethischer Imperativ)
5. Kommuniziere mit anderen so, dass der Bereich möglicher Entscheidungen nicht eingeschränkt wird! (Sozialer Imperativ)

,Konstruktivistisch forschen' heißt hier nun also zusammenfassend: *wissenschaftlich Erfahrungen machen mit Beschreibungen, Erklärungen und Gestaltungen von Prozessen, Voraussetzungen, Bedingungen und Folgen der kognitiven, sozialen, kulturellen, medialen, etc. Konstruktion von Wirklichkeit(en) in einer Weise, die entstehende Verantwortlichkeiten (der Begründung und Rechtfertigung sowie der sozialen Validität und Viabilität) berücksichtigt.*

Die Systemanalyse mit ihren Modellbildungen, Erhebungsverfahren, Simulations- und Interventionsmöglichkeiten ist eine Methode, die einer konstruktivistischen Orientierung in besonderer Weise entgegenkommt.

---

[21] Das bedeutet: (1) Konstruktivismus als permanente Aufforderung zur Reflexion, zum Hinterfragen („Alles was gesagt wird, wird von jemandem gesagt" (Maturana)), zur Vorsicht vor der Täuschung durch Wörter (i.S.v. Berkeley). Explikation von Bedingungen und Folgen des eigenen Handelns. (2) Pluralismus von Konzeptionen und Methoden zur Ausschöpfung von Möglichkeiten und zur Vermeidung von Indoktrination. (3) Beachtung von Zusammenhängen, Beziehungen, Rahmen und Dynamiken. (4) Den von Forschung betroffenen Personen ein Maximum an Kontrolle über die Ergebnisse ermöglichen. (5) Anerkennung des Anderen (vgl. Hillebrandt/Hungerige 1992: 10ff.).

## Systemanalyse im Rahmen einer konstruktivistischen Methodologie

Ein Phänomen wird erklärt, so hatte Humberto R. Maturana festgestellt, „wenn die Prozesse, die es erzeugen, (...) begrifflich oder konkret so reproduziert werden, dass sie das zu erklärende Phänomen erzeugen." (Maturana 1982: 139) Die Systemanalyse ist in diesem Sinne ein besonders geeignetes Verfahren für die Generierung von Erklärungen. Dabei haben diese Erklärungen nicht allein die Form von Beschreibungen der Komponenten, Prozesse und Beziehungen, sondern die Form *anschaulicher* grafischer Repräsentationen von Komponenten, Relationen und Funktionen, von Zeitstrukturen und Einflussstärken, schließlich auch die Form mathematischer Repräsentationen von Größen und ihren Wechselwirkungen. Systemanalyse zielt auf die *Konstruktion funktionierender Modelle* und verfügt damit über ein sehr rigides Kriterium („sanity check" i.S. von Richmond) für die Validität ihrer Konstrukte. Inkonsistenzen, Wissenslücken oder kontrafunktionale Annahmen lassen sich auf diese Weise zuverlässig identifizieren. In *Simulationen* lassen sich die jeweiligen (und nur diese) Basisannahmen und das Modelldesign testen, man kann mit dem Modell *experimentieren*, alternative Funktionalitäten und Systemdynamiken erforschen, alternative ‚Systemgeschichten' unter Aspekten des *System-Designs*, der Folgen- oder Risikoabschätzung oder der Kontrollierbarkeit von Veränderungen untersuchen.

Die Systemanalyse ist ein *empirisches Verfahren*, das den kombinierten Einsatz mehrerer Methoden erfordert: die *Beobachtung* von Systemkomponenten und -prozessen, die *Messung* der Häufigkeit oder Intensität von Aktivitäten als Bestimmung von Werten der betrachteten Variablen beziehungsweise Systemgrößen, insbesondere die mündliche oder schriftliche *Befragung* der Akteure in sozio-technischen Systemen, den Einsatz von *Protokollierungsverfahren* und die *Analyse von Dokumenten* (zum Beispiel mit inhaltsanalytischen Instrumenten). Systemanalyse ist in diesem Sinne als komplexes Mehrmethoden-Design anzusehen.

In der systemanalytischen Praxis meiner eigenen Forschungen[22] zur Organisations- und Unternehmenskommunikation wird das genannte Methodenrepertoire noch um Kommunikationsfluss- und Netzwerkanalysen[23] erweitert. Auf diese Weise können auf der Analyseebene der ‚physikalischen' oder „Real-Type"-Modellierung neben Arbeitsbeziehungen auch soziale Beziehungen zwi-

---

[22] An der Forschungsstelle für Interne Kommunikation (FINKOM) und im Rahmen der Forschergruppe etcom am Institut für Medienforschung der Universität Siegen werden in Kooperation mit Unternehmen system- und netzwerkanalytische Studien durchgeführt und Instrumente für das Kommunikationsmanagement entwickelt.
[23] Vergleiche dazu zum Beispiel Jansen 2003 sowie Theis-Berglmayr 2003: 305ff.

schen Akteuren systematisch berücksichtigt werden. Auch weitere, insbesondere qualitative Verfahren zum Beispiel zur Analyse von Wissensstrukturen[24] oder Organisations-Kulturen[25] können in die Forschungsdesigns eingebunden werden; Abbildung 3 auf Seite 193 zeigt den systemanalytischen Forschungsprozess in der Praxis der Siegener Medienforschung. Die Rückkopplungen betreffen zum einen die empirische Interpretation und Anpassung der Modelle an die Datenlagen im iterativen und rekursiven Durchlauf, zum anderen die Evaluation der Daten und Modelle im Hinblick auf ihre soziale Validität und Viabilität.

Seit der Erfindung der Systemanalyse in den 1950er Jahren haben sich verschiedene systemanalytische Ansätze und Techniken entwickelt, die ebenfalls sehr vorteilhaft kombiniert einzusetzen sind.

*System Dynamics*

Alles begann im Jahr 1956. Jay W. Forrester hatte an der Sloan School of Management am Massachussetts Institute of Technology ein kybernetisches Systemmodell zur Modellierung und Simulation von Produktionssystemen entwickelt, das „Industrial Dynamics", um Führungsprobleme zu untersuchen. Damit hatte Forrester einen bis heute gültigen Standard für die Systemanalyse und Simulation gesetzt: die System Dynamics. Im Ansatz ging es Forrester darum, mentale Modelle komplexer Zusammenhänge in Natur, Wirtschaft oder Politik in einer anschaulichen Repräsentation zu explizieren und die spekulative Abschätzung ihrer Entwicklung durch eine Computersimulation zu ersetzen.

> „It is my basic theme that the human mind is not adapted to interpreting how social systems behave. Our social systems belong to the class called multi-loop nonlinear feedback systems (…) Until recently there has been no way to estimate the behavior of social systems except by contemplation, discussion, argument, and guesswork. To point a way out of our present dilemma about social systems, I will sketch an approach that combines the strength of the human mind and the strength of today's computers (…) The concepts of feedback system behavior apply sweepingly from physical systems through social systems. The ideas were first developed and applied to engineering systems. They have now reached practical usefulness in major aspects of our social systems. I am speaking of what has come to be called industrial dynamics. The name is a misnomer because the methods apply to complex systems regardless of the field in which they are located. A more appropriate name would be system dynamics." (Forrester 1971: 54f.)

---

[24] Zum Beispiel die Heidelberger-Struktur-Legetechnik (vgl. Groeben/Scheele 1984) oder Semantische-Netz-Analysen und Repertory Grid-Analysen, zum Teil computerunterstützt etwa mit GPACK.
[25] Zum Beispiel ethnographische und interpretative Verfahren von der Objektiven Hermeneutik bis zur dichten Beschreibung; auch hier ist GPACK sehr geeignet.

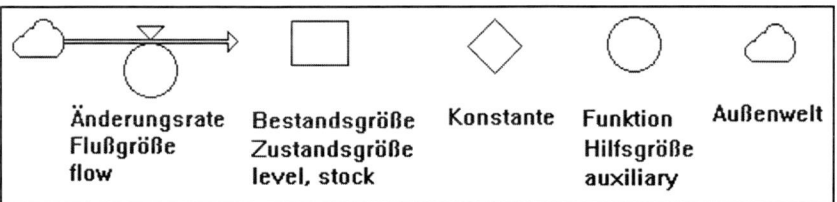

Abb. 2: Grundbausteine, Nouns & Verbs, des Operational Thinking.

Mit der Veröffentlichung der Studien des Club of Rome im Jahre 1972 oder der Global 2000-Studie aus dem Jahr 1980 wurden diese Arbeiten auch einer breiteren Öffentlichkeit bekannt. Im Auftrag des Club of Rome entwickelte Forrester 1971 das Modell *World 1*. Eine Arbeitsgruppe um D. H. Meadows erweiterte und verfeinerte das Modell zu den Varianten *World 2* und *World 3*, auf denen die Analysen zu den Grenzen des Wachstums basierten.[26]

Die Grundbausteine (siehe Abbildung 2) der System Dynamics-Modelle sind Bestands- und Flussgrößen, Hilfsgrößen, Konstanten und Systemumgebung, die in Flussdiagrammen arrangiert werden. Die Werte und Dimensionen der Bestands- und Flussgrößen sowie deren Relationen werden dann in einer Simulationssprache repräsentiert und berechnet. Inzwischen stehen mehrere, zum Teil formatkompatible Software-Pakete zur interaktiven und grafischen Entwicklung von Systemmodellen und zur Simulation komplexer Prozesse auf Basis des System-Dynamics-Ansatzes zur Verfügung (zum Beispiel POWERSIM, STELLA, VENSIM, DYNASYS).[27]

Mit dem Systemischen Denken, das solchen Softwarelösungen zugrunde liegt, sind allgemeine, nicht nur technologisch-naturwissenschaftliche Orientierungen verbunden, wie sich schon in den Begriffen des „Systems Thinking" oder des „Operational Thinking" zeigt. Barry Richmond situiert dieses systemische beziehungsweise operationale Denken in einem *selbstreflexiven Lernzusammenhang* der Konstruktion mentaler Modelle, ihrer Explikation in den Begriffen der System Dynamics, der Simulation der modellierten Systeme und Prozesse, der Kommunikation mit anderen, die an vergleichbaren Problemen und Lösungen arbeiten, und schließlich der Anwendung der gefundenen Ergeb-

---

26  Vgl. Meadows 1972; für einen Ausschnitt aus dem *World 2*-Modell vgl. Rauch 1985: 122f.
27  Vgl. POWERSIM <http://www.powersim.com>; STELLA <http://www.iseesystems.com>; VENSIM <http://www.vensim.com>; DYANSYS <http://www.hupfeld-software.de/dynasys.php>

nisse im Handeln (vgl. Richmond 2003: 3ff.). Richmond benennt acht Skills, die das Systems Thinking charakterisieren (ebd.: 11ff.):

1. „10.000 Meter"-Denken: der imaginäre distanzierte Blick aus großer Höhe, der nur das Wesentliche erkennen lässt: das „big picture", das sich nicht in Details und Nebensächlichkeiten verliert.

2. „System als Ursache"-Denken: das Modell soll solche und nur solche Elemente enthalten, deren Interaktionen zur Selbstgenerierung des betrachteten Phänomens führen.[28]

3. „Dynamisches Denken": den prozessualen Zusammenhang beziehungsweise das dynamische Muster sehen, in dem Aktionen, Operationen, Interaktionen, Produktionen, etc. stehen.

4. „Operationales Denken": das Denken in Prozessen oder Ereignissen, die etwas verarbeiten und dabei ein spezifisches Ergebnis produzieren; das Denken in Begriffen von Speichern, Zuständen, Funktionen und Flüssen.

5. „Closed Loop"-Denken: gegenüber dem seriellen Ursache-Wirkungs-Denken werden hier kreiskausale, rückgekoppelte Wirkungs-Wirkungs-Schleifen betrachtet. Nicht die Summe von kausal wirkenden Faktoren bietet eine Erklärung, sondern das System ihrer Interaktionen.

6. „Nicht-linares" Denken: durch Rückkopplungen und die Erweiterung einfacher Ursache-Wirkungs-Ketten um weitere intervenierende Variablen entsteht nicht-lineares Verhalten; ein Denken, das sich darauf einstellt, kann eher unerwartete Ergebnisse antizipieren.

7. „Wissenschaftliches" Denken: das systemische Denken von der Konstruktion mentaler Modelle über ihre Explikation, Erprobung und Verbesserung durch die Simulation und ihre Anwendung auf zu lösende Probleme verkörpert das Grundmuster des wissenschaftlichen Denkens.

8. „Empathisches" Denken: Kommunikation über disziplinäre Grenzen hinweg, Kollaboration in der Suche nach den bestmöglichen Lösungen, Kooperation in der Modellentwicklung, Offenheit für Kritik und Interesse am anderen sind grundlegend für die gegenseitige Förderung und den Lernfortschritt jedes einzelnen.

---

[28] Dies entspricht exakt Maturanas Begriff der Erklärung, der bereits oben zitiert wurde.

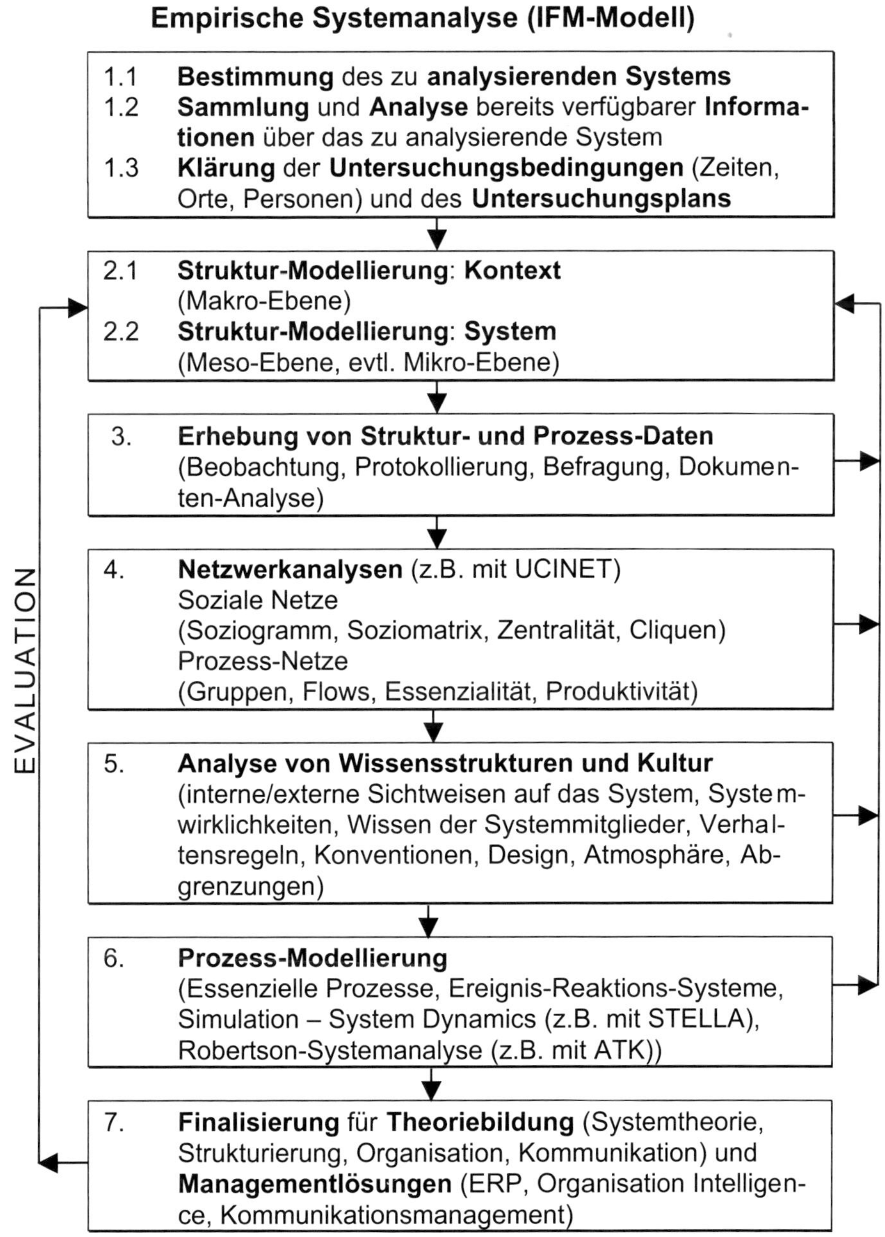

## Empirische Systemanalyse (IFM-Modell)

| | |
|---|---|
| 1.1 | **Bestimmung** des zu **analysierenden Systems** |
| 1.2 | **Sammlung** und **Analyse** bereits verfügbarer **Informationen** über das zu analysierende System |
| 1.3 | **Klärung** der **Untersuchungsbedingungen** (Zeiten, Orte, Personen) und des **Untersuchungsplans** |

| | |
|---|---|
| 2.1 | **Struktur-Modellierung**: **Kontext** (Makro-Ebene) |
| 2.2 | **Struktur-Modellierung**: **System** (Meso-Ebene, evtl. Mikro-Ebene) |

| | |
|---|---|
| 3. | **Erhebung von Struktur- und Prozess-Daten** (Beobachtung, Protokollierung, Befragung, Dokumenten-Analyse) |

| | |
|---|---|
| 4. | **Netzwerkanalysen** (z.B. mit UCINET) Soziale Netze (Soziogramm, Soziomatrix, Zentralität, Cliquen) Prozess-Netze (Gruppen, Flows, Essenzialität, Produktivität) |

| | |
|---|---|
| 5. | **Analyse von Wissensstrukturen und Kultur** (interne/externe Sichtweisen auf das System, Systemwirklichkeiten, Wissen der Systemmitglieder, Verhaltensregeln, Konventionen, Design, Atmosphäre, Abgrenzungen) |

| | |
|---|---|
| 6. | **Prozess-Modellierung** (Essenzielle Prozesse, Ereignis-Reaktions-Systeme, Simulation – System Dynamics (z.B. mit STELLA), Robertson-Systemanalyse (z.B. mit ATK)) |

| | |
|---|---|
| 7. | **Finalisierung** für **Theoriebildung** (Systemtheorie, Strukturierung, Organisation, Kommunikation) und **Managementlösungen** (ERP, Organisation Intelligence, Kommunikationsmanagement) |

EVALUATION

Abb. 3: Systemanalytischer Forschungsprozess in der Praxis des Siegener Instituts für Medienforschung (IFM); Erläuterungen dazu finden sich an verschiedenen Stellen im Text.

Auf dieser Basis – und vor dem konstruktivistischen Hintergrund unserer gesamten Überlegungen – ist nun auch die Feststellung von W. Edwards Deming
zu verstehen: „All models are wrong, some models are useful." (Richmond
2003: 5)

*Vollständige Systemanalyse*

In den letzten Jahren sind Tools entwickelt worden, die diesen Anforderungen
genügen. Beispielhaft soll hier kurz der Ansatz von Robertson/Robertson (1996)
vorgestellt werden. Sie unterscheiden verschiedene Sichten oder Modellierungen eines Systems. Das *physikalische Modell* enthält die wesentlichen System-
anforderungen. Es zeigt die aktiven Komponenten, die Prozesse durchführen.
Aus dieser Sicht kommen gewöhnlich Abteilungen, Personen und Stellenprofile
sowie Maschinenparks in den Blick. Hier liegt auch die Schnittstelle zu Netzwerkanalysen (vgl. zum Beispiel Jansen 2003).

Das *Ereignis-Reaktions-Modell*, eine Art Datenfluss-Diagramm, eröffnet
den Blick auf die essenziellen Eigenschaften eines Systems. Das *Datenmodell*
zeigt schließlich nur noch, woran sich das System erinnern können muss. Die
verschiedenen Sichten führen in der genannten Reihenfolge von einer phänomenologischen Beschreibung eines Systems hin zu einer sehr abstrakten und
mathematischen Darstellung, wie sie für die Simulation oder die Entwicklung
von Computerprogrammen notwendig ist. Auch ohne das Ziel der Simulation
oder der Programmierung von Systemprozessen erlaubt die Konstruktion physikalischer und essenzieller Modelle ein sehr gründliches und tiefes Verständnis
systemischer Zusammenhänge. Die Systemanalyse stellt sich hier als Schnittstelle zwischen empirischen Verfahren wie zum Beispiel Beobachtung, Befragung oder Dokumentationstechniken und einer Theoriebildung dar, die auf
Systemtypen, Prozessmuster (zum Beispiel Best Patterns) oder systemspezifi-
sche Funktionsprinzipien abstellt.

In den Ereignis-Reaktions-Modellen stellen die Kreise beziehungsweise
Knoten Prozesse dar, die bestimmte Inputs erhalten, bearbeiten und bestimmte
Outputs erzeugen. Neben den Ereignissen oder Prozessen gibt es noch durch
Rechtecke dargestellte Speicher als Systemkomponenten; auch Terminatoren im
Kontextdiagramm werden so dargestellt. Konstruktionsregeln sorgen dafür, dass

1. es im System nicht zu viele Teilprozesse (zum Beispiel die Regel der
   „kopfgroßen Teile" in Anlehnung am G. A. Millers „Magical Number
   Seven") gibt,
2. es keine Prozesse ohne Input oder Output gibt (Operationale Regel),

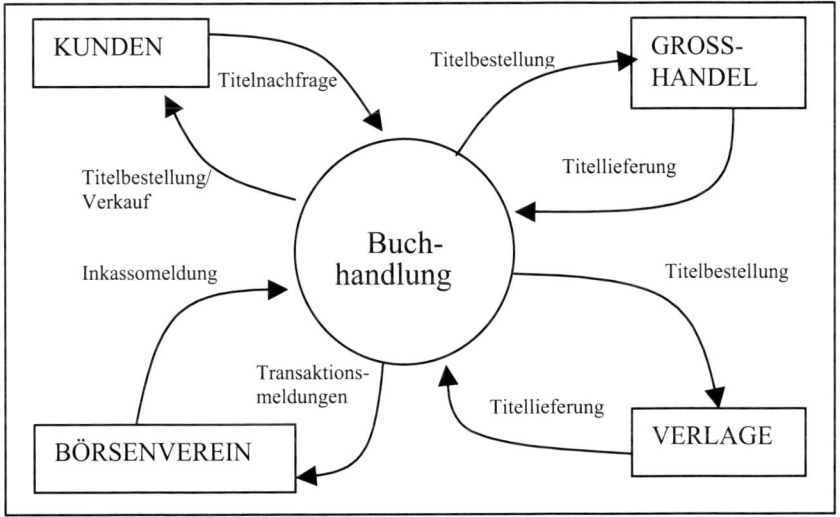

Abb. 4: Ansatz für ein Kontext-Diagramm für das System Buchhandlung.

3. keine Daten im Durchgang durch verschiedene Prozesse verloren gehen (Regel der Datenkonservierung),
4. jeder Prozess die Inputs erhält, die für die Erzeugung bestimmter Ausgabegrößen notwendig sind (Regel der Produktivität),
5. nur relevante Ereignisse mit relevanten In- und Outputs festgehalten werden („Ockham's Razor"-Regel)

Damit die Modellbildung übersichtlich, und damit die Abgrenzung des zu betrachtenden Systems durchschaubar bleibt, wird zunächst ein *Kontext-Diagramm* (siehe Abbildung 4) entwickelt, in dem das zu modellierende System als Einheit in seinen Beziehungen zu anderen Größen dargestellt wird, die nicht selbst zum zu analysierenden System gehören. Zur Konstruktion des Kontextmodells gehört also insbesondere die Bestimmung der Systemgrenzen.

Im nächsten Schritt, auf der Ebene 0, wird dann das System nach innen auf jene Hauptprozesse und Hauptkomponenten hin analysiert, die bereits mit Blick auf den Kontext betrachtet worden sind und die die Leistungen des Systems generieren (siehe Abbildung 5). Im Beispiel sind für das System Buchhandlung

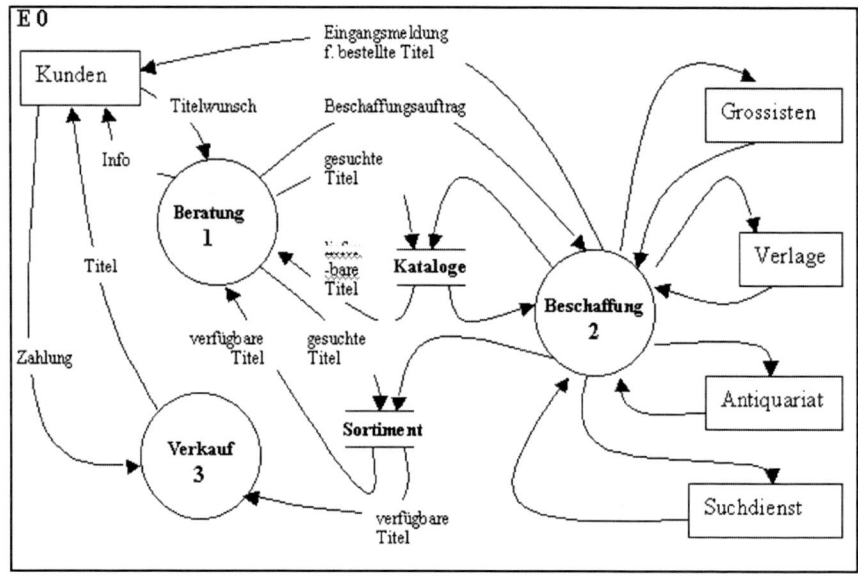

Abb. 5: Ereignis-Reaktions-Diagramm mit essenziellen Prozessen des Systems Buchhandlung.

die Teilprozesse Beratung (1), Beschaffung (2) und Verkauf (3) modelliert. Den Anforderungen an die Modellierung gemäß kann das System in weiteren Schritten beziehungsweise auf weiteren Ebenen mehrstufig immer detaillierter analysiert werden. Dabei entsteht für jeden Prozess beziehungsweise jedes Ereignis auf der höheren Ebene (zum Beispiel Ebene 0) ein neues Ereignis-Reaktions-Diagramm auf der nächstniedrigeren Ebene (zum Beispiel Ebene 1), undsofort.

Dieses Vorgehen führt also zu einer Art *Mehrebenenanalyse*, wie sie aus der systemtheoretischen Diskussion um das Dauerproblem der angemessenen Untersuchungs- und Darstellungsebenen zwischen den Vertretern handlungs- und systemtheoretischer Ansätze bekannt ist. In diesem systemanalytischen Mehrebenen-Ansatz wird das Problem der ‚richtigen' Analyseebene ganz einfach dadurch aufgelöst, dass die jeweils höheren Ebenen in die jeweils tieferen hineindetailliert werden können. Umgekehrt liegt also im Übergang zu den höheren Ebenen eine synthetische (oder generative) Beziehung. Die Wahl der Analyseebene ist dementsprechend eine Wahl von Beobachtungs-, Abstraktions- oder Aggregationsebenen und nicht in erster Linie eine Frage der ‚Systemnatur'.

*Vernetztes Denken und systemisches Management*

Auch die St. Gallener Arbeiten zum *vernetzten* und *ganzheitlichen Denken* und zum *Systemischen Management* können als außerordentlich produktiv für die Systemanalyse gelten (zum Beispiel Ulrich/Probst 1990, Probst/Gomez 1984). Sie sind methodisch reflektiert, leicht verständlich und, weil direkt auf die Unternehmenspraxis bezogen, sehr anschaulich. Gegenüber den verbreiteten betriebswirtschaftlichen systemanalytischen Ansätzen nehmen sie jüngere systemtheoretische Arbeiten der Kybernetik zweiter Ordnung (Maturana 1982, Glasersfeld 1981, Watzlawick 1981) und Ansätze aus der ökologischen Systemforschung, -modellierung und -simulation auf (Vester 1980, Vester/v. Hesler 1980, Dörner 1989). Gilbert Probst und Peter Gomez (1984) geben folgende methodische Hinweise zum Vorgehen im Rahmen des vernetzten Denkens:

1.  „Beachte den Standpunkt des Beobachters bei der Abgrenzung eines Systems. Versuche, verschiedene Systemabgrenzungen vorzunehmen. Beachte das System als Teil eines größeren Ganzen." (ebd.: 180)
2.  „Versuche, sowohl die Vielzahl der Teile als auch der Beziehungen und damit die Dynamik zu erfassen. Löse das System auf, ohne das Ganze aus den Augen zu verlieren. Analysiere und handle immer im Bewusstsein einer bestimmten Systemebene." (ebd.: 183)
3.  „Beachte die Art der Interdependenzen, die Bedeutung der Wechselwirkungsbeziehungen und die zeitlichen Abläufe eines Systems. Beachte die Zirkularitäten über mehrere miteinander verbundene Teile. Zerschneide keine Zirkularitäten. Suche nach Wirkungen, Mehrfachwirkungen, Schwellenwerten, Umkippeffekten, möglichen exponentiellen Entwicklungen usw. im Netzwerk." (ebd.: 186; siehe Abbildung 5)
4.  „Beachte Strukturen formeller und informeller Art, Regeln im weitesten Sinne, die das Verhalten eines Systems lenken. Suche Informationen und Informationsmöglichkeiten, die für die Lenkung zentral sind. Entwickle ein Lenkungsmodell für die vorliegende Problemsituation." (ebd.: 190)

Diese Empfehlungen bringen Kontexte, Wechselwirkungszusammenhänge, Details der Interaktionsdynamik, mögliche Abhängigkeiten unter den Komponenten, Stärken, Intensitäten und Zeitverhältnisse sowie schließlich die Prinzipien des Funktionierens ganzer Systeme (und somit auch die Prinzipien der Generierung von Problemen oder kontraproduktiven ‚Lösungen') in den Blick.

| PHASE | PHASEN-SCHRITT | ZENTRALE FRAGESTELLUNG/VORGEHEN |
|---|---|---|
| **Problem** | Situation erfassen | Wo liegt das Problem? Was wollen wir? |
| **erfassen** | Ziele erheben | Wer hat welche Interessen? |
| | Problem abgrenzen | Was wollen wir untersuchen? |
| | Einflussfaktoren | Welche Größen haben wesentlichen Einfluss im |
| | bestimmen | System? |
| | Zielgrößen fixieren | Welche Größen haben Zielcharakter? |
| | Dokumentieren mit | Eingabe der Faktoren und Ziele, Protokollierung |
| | GAMMA | der Definitionen |
| **System** | Elemente platzieren | Vorbereitung einer Netzdarstellung |
| **modellieren** | Elemente | Beeinflussbare Größen, Zielgrößen. |
| | charakterisieren | Kennzeichnung durch Farbe und Form |
| | Wirkungsbeziehungen | Zwischen welchen Elementen bestehen |
| | angeben | Wirkungsbeziehungen? |
| | Wirkungsintensität | Wie stark ist die jeweilige Beeinflussung? |
| | angeben | |
| | Wirkungsart angeben | verstärkend oder abschwächend? |
| | Wirkungsdauer | Fristigkeit? Zeitdauer? |
| | angeben | |
| **System** | Einflussanalyse | Welche Rolle spielt das Element? |
| **analysieren** | Wirkungskettenanalyse | Wie breiten sich Wirkungen aus? |
| | Analyse der | Positive und negative Wirkungskreise; |
| | Rückkopplungen | Teufelskreise oder Erfolgsspiralen? |
| | Zeitliche Analyse | Wann tritt Wirkung von Eingriffen ein? |
| | Teilnetze analysieren | Wirkungsketten näher betrachten |
| | Subsysteme analysieren | Wenn das Element selbst ein System ist |
| | Szenario-Variationen | Könnte es auch anders sein? Andere |
| | durchführen | Elemente/Wirkungen/Intensitäten? |
| | Indikatoren ausfindig | Woran kann früh erkannt werden, dass mit |
| | machen | Veränderungen zu rechnen ist? |
| **Eingriffe** | Mögliche Eingriffe | Bei welchen Größen haben Eingriffe |
| **bestimmen** | erkennen | besonders große Wirkung? |
| | Strategien entwickeln | Mit welchen Vorgehensweisen erreichen wir |
| | und bewerten | unsere Ziele? |
| | Strategie-Konzept | Welche Strategien zu einem abgestimmten |
| | fixieren | Bündel binden? |
| | Strategie-Umsetzung | Wie, von wem, durch welche Maßnahmen |
| | Projektmanagement | umsetzen? |

Abb. 6: Checkliste für das Arbeiten nach der GAMMA-Methodik.

Auch im Rahmen dieses Ansatzes sind interaktive, grafikorientierte Software-tools zur Unterstützung der Modellkonstruktion und zur Simulation entwickelt worden, zum Beispiel die SENSITIVITÄTSANALYSE oder das Programm GAMMA.[29] Für das Arbeiten nach der GAMMA-Methodik[30] wird zum Beispiel die in Abbildung 6 wiedergegebene Checkliste angeboten.

## Resümee

Systemanalyse im Sinne der hier erläuterten Verfahren, die ersichtlich über die Phänomenbeschreibung mit Hilfe und im Rahmen Allgemeiner Systemtheorien weit hinaus und ins Detail geht, befindet sich mit allgemeinen methodologi-schen Grundsätzen konstruktivistischer Positionen in sehr guter Übereinstim-mung. Kein einziger der in diesem Beitrag zitierten konstruktivistischen Ansät-ze verzichtet in seinen methodologischen Orientierungen auf eine systemische Perspektivierung und Ausrichtung der Forschung in Theorie und Praxis. Es dürfte aber nicht nur für das konstruktivistische Forschen, sondern auch für die Sozial- und Kulturwissenschaften, insbesondere in ihren Annäherungsfeldern wie beispielsweise in der Medienwissenschaft, generell ein Gewinn sein, sys-temanalytische Verfahren in den Methodenkanon aufzunehmen und weiterzu-entwickeln.

## Literatur

Berger, Peter L./Luckmann, Thomas (1980): Die gesellschaftliche Konstruktion der Wirklichkeit. Frankfurt/M.: Fischer.

Borg-Laufs, Michael/Duda, Lothar (1992): Zur sozialen Konstruktion von Geschmackswahrneh-mungen. Braunschweig/Wiesbaden: Vieweg.

Charlton, Michael /Sutter, Tilmann (1994): Soziale Kognition und Sinnstruktur. Oldenburg: BIS.

Dörner, Dietrich (1989): Die Logik des Mißlingens. Strategisches Denken in komplexen Situatio-nen. Reinbek bei Hamburg: Rowohlt.

Forrester, Jay W. (1971): Counterintuitive Behavior of Social Systems. In: Technology Review 73, H. 3, 52-68.

Glasersfeld, Ernst v. (1981): Einführung in den Konstruktivismus. In: Watzlawick, Paul (Hrsg.): Die erfundene Wirklichkeit. Wie wissen wir, was wir zu wissen glauben? Beiträge zum Kon-struktivismus. München: Piper, 16-38.

Glasersfeld, Ernst v. (1987): Eine Epistemologie für kognitive Systeme. In: ders.: Wissen, Sprache und Wirklichkeit. Braunschweig/Wiesbaden: Vieweg, 176-185.

---

29 Vergleiche für die Sensitivitätsanalyse: Vester 2000 und <http://www.frederic-vester.de>; für das Soft ware-Tool GAMMA siehe <http://www.unicon.de>.
30 Vergleiche UNICON: GAMMA-Tutor. Meersburg 2000: 16.

Glasersfeld, Ernst v. (1996): Radikaler Konstruktivismus. Ideen, Ergebnisse, Probleme. Frankfurt/M.: Suhrkamp

Gödde, Ralph (1992): Radikaler Konstruktivismus und Journalismus. In: Rusch, Gebhard/Siegfried J. Schmidt (Hrsg.): DELFIN 1992. Konstruktivismus – Geschichte und Anwendungen. Frankfurt/M.: Suhrkamp, 269-288.

Goodman, Nelson (1990): Weisen der Welterzeugung. Frankfurt/M.: Suhrkamp.

Groeben, Norbert (1986). Handeln, Tun, Verhalten als Einheiten einer verstehend-erklärenden Psychologie. Tübingen: Francke.

Groeben, Norbert/Scheele, Brigitte (1984): Heidelberger Strukturlegetechnik. Weinheim: Beltz.

Harré, Rom (1970): The Method of Science. London: Routledge & Paul.

Hungerige, Heiko/Hillebrandt, Anke (1992): Überlegungen zu einer konstruktivistischen Methodologie. In: Journal für Psychologie 5, H. 2, 3-21.

Janich, Peter (1996): Konstruktivismus und Naturerkenntnis. Auf dem Weg zum Kulturalismus. Frankfurt/M.: Suhrkamp.

Jansen, Dorothea (2003): Einführung in die Netzwerkanalyse. 2., erweiterte Auflage. Opladen: Leske +Budrich/UTB.

Knorr-Cetina, Karin (1991): Die Fabrikation von Erkenntnis. Frankfurt/M.: Suhrkamp.

Krippendorff, Klaus (1989/1990): Eine häretische Kommunikation über Kommunikation über Kommunikation über Realität. In: DELFIN XIII 7, H.1, 52-67.

Latour, Bruno/Woolgar, Steve (1979): Laboratory Life. The Social Construction of Scientific Facts. Beverly Hills: Sage.

Luhmann, Niklas (1987): Soziale Systeme. Frankfurt/M.: Suhrkamp.

Lorenzen, Paul (1955): Einführung in die operative Logik und Mathematik. Berlin u.a.: Springer.

Maturana, Humberto R. (1982): Erkennen: Die Organisation und Verkörperung von Wirklichkeit. Braunschweig/Wiesbaden: Vieweg.

Meadows, Dennis L. (1972): Die Grenzen des Wachstums. Stuttgart: DVA.

Neisser, Ulric (1974): Kognitive Psychologie. Stuttgart: Klett.

Probst, Gilbert J.B/Gomez, Peter (1984): Systemdenken im Management. In: Schweizerische Zeitschrift für kaufmännisches Bildungswesen 6, 179-193.

Rauch, Hans (1985): Modelle der Wirklichkeit. Simulation dynamischer Systeme mit dem Mikrocomputer. Hannover: Heise.

Reich, Kersten (1997): Systemisch-konstruktivistische Pädagogik. Neuwied u.a.: Luchterhand.

Richmond, Barry (2003): An Introduction to Systems Thinking. Lebanon, N.H.: High Performance Systems.

Robertson, James/Robertson, Suzanne (1996): Vollständige Systemanalyse. München/Wien: Hanser.

Roth, Gerhard (1994): Das Gehirn und seine Wirklichkeit. Frankfurt/M.: Suhrkamp.

Rusch, Gebhard (1987): Erkenntnis, Wissenschaft, Geschichte. Von einem konstruktivistischen Standpunkt. Frankfurt/M.: Suhrkamp.

Rusch, Gebhard (1995): The Notion of „Empirical": Knowing How. In: ders. (Hrsg.): Empirical Approaches to Literature. Siegen: LUMIS, 103-108.

Rusch, Gebhard (1996): Konstruktivismus – Ein epistemologisches Selbstbild. In: Deutsche Vierteljahrsschrift für Literaturwissenschaft und Geistesgeschichte 70, H. 2, 322-345.

Rusch, Gebhard (2001): Was sind eigentlich Theorien? In: Hug, Theo (Hrsg.): Wie kommt Wissenschaft zu Wissen. Bd. 4. Baltmannsweiler: Schneider Verlag Hohengehren, 93-116.

Schmidt, Robert F. (1979): Biomaschine Mensch. München/Zürich: Piper.

Schmidt, Siegfried J. (2003): Geschichten & Diskurse. Abschied vom Konstruktivismus. Reinbek bei Hamburg: Rowohlt.

Sneed, Joseph D. (1971): The Logical Structure of Mathematical Physics. Dordrecht: Reidel.

Spencer Brown, George (1969): Laws of Form. London: Allen und Unwin.

Stadler, Michael/Kruse, Peter (1992): Konstruktivismus und Selbstorganisation: Methodologische Überlegungen zur Heuristik psychologischer Experimente. In: S. J. Schmidt (Hrsg.): Kog-.

nition und Gesellschaft. Frankfurt/M.: Suhrkamp, 146-166.

Stegmüller, Wolfgang (1973): Probleme und Resultate der Wissenschaftstheorie und Analytischen Philosophie. Bd. II: Theorie und Erfahrung, 2. Halbband: Theorienstrukturen und Theoriendynamik. Berlin/Heidelberg/New York: Springer.

Theis-Berglmayr, Anna Maria (2003): Organisationskommunikation. Münster: LIT.

Toulmin, Stephen (1983): Kritik der kollektiven Vernunft. Frankfurt/M.: Suhrkamp.

Ulrich, Hans/Probst, Gilbert J. B. (1990): Anleitung zum ganzheitlichen Denken und Handeln. Bern/Stuttgart: Haupt.

UNICON (2000): GAMMA-Tutor. Meersburg.

Vester, Frederic (1980): Neuland des Denkens. Stuttgart: DTV.

Vester, Frederic/v.Hesler, Arne (1980): Sensitivitätsmodell. Bericht der UNESCO. Man and Biosphere. Project 11. Frankfurt/M.: Regionale Planungsgemeinschaft Untermain.

Wallner, Fritz G./Agnese, Barbara (Hrsg.) (2001): Konstruktivismen. Eine kulturelle Wende. Wien: Braunmüller.

Watzlawick, Paul (Hrsg.) (1981): Die erfundene Wirklichkeit. München/Zürich: Piper.

Weber, Stefan (1996): Die Dualisierung des Erkennens. Zu Konstruktivismus, Neurophilosophie und Medientheorie. Wien: Passagen Verlag.

## Weiterführende Literatur

Bossel, Hans (1985): Umweltdynamik. München: te-wi.

Bossel, Hans (1989): Simulation dynamischer Systeme. Braunschweig/Wiesbaden: Vieweg.

Dunckel, Heiner (1996): Psychologisch orientierte Systemanalyse im Büro. Bern u.a.: Huber.

Harbordt, Steffen (1974): Computersimulation in den Sozialwissenschaften. 2 Bde. Reinbek bei Hamburg: Rowohlt.

Koreimann, Dieter S. (1992): Grundlagen der Softwareentwicklung. München: Oldenbourg.

Krallmann, Hermann (1996): Systemanalyse im Unternehmen. Geschäftsprozessoptimierung, Partizipative Vorgehensmodelle, Objektorientierte Analyse. München: Oldenbourg.

Prigogine, Ilya (1976): Order through Fluctuation: Self-Organisation and Social Systems. In: Jantsch, Erich/Waddington, Name (Hrsg.): Evolution and Conciousness. Human Systems in Transition. Reading/Mass.: Addison-Wesley, 93-133.

*Christina Klüver*

# Die methodische Konstruktion sozialer Realität in Computermodellen

Im folgenden Beitrag geht es mir nicht darum, die einzelnen Begriffe des radikalen Konstruktivismus in ihren unterschiedlichen Auslegungen zu diskutieren, sondern aufzuzeigen, welche methodischen Möglichkeiten sich durch die Modellierung sozialer Prozesse eröffnen und welche Erkenntnisse durch die Analyse von Computersimulationen gewonnen werden können.

Einige kurze Bemerkungen sind jedoch notwendig, um Missverständnisse zu vermeiden: Die radikale Position des Konstruktivismus erwartet erkenntnistheoretische Antworten von empirischen Wissenschaften, wie der Neurowissenschaft und der allgemeinen Systemtheorie (Fischer/Peschl 1996). Es geht bekanntermaßen darum zu verstehen, *wie* das Gehirn Erkenntnis erzeugt. Nach Ansicht einiger Autoren reichen diese beiden Disziplinen aber nicht mehr für die Beantwortung dieser Frage aus (zum Beispiel Peschl 1994). Zur Neurowissenschaft müssen Kognitionswissenschaft und Sozialwissenschaft hinzutreten und auch die Bedeutung der Kommunikation darf nicht vernachlässigt werden. Wie wir häufig im Rahmen unserer Forschungsarbeiten festgestellt haben, haben alle genannten Disziplinen aber bis auf sehr wenige Ausnahmen bisher das Defizit, dass sie Probleme zwar beschreiben, aber nicht lösen. Dieses Defizit kann besonders anhand der Neurowissenschaft illustriert werden: man weiß, wo die Aktivität stattfindet (Lokalisation), nicht aber wie die Prozesse genau ablaufen. Daher soll der folgende auf Kant basierende Gedanke des Konstruktivismus bei der Modellierung sozialer Prozesse besonders berücksichtigt werden:

> „Wir können daher nur dann die Existenz eines mathematischen Objekts behaupten, wenn wir ein Konstruktionsprinzip und eine -methode besitzen." (Hügli/Lübcke 1998: 355)[1]

Dieser Gedanke muss generalisiert werden. In letzter Konsequenz bedeutet er, dass wir zum Beispiel soziale und kognitive Prozesse erst verstehen können, wenn wir sie *wissenschaftlich* konstruieren können. Dazu bedarf es entsprechender Methoden, über die die Sozialwissenschaften bisher nicht verfügten. Diese sollen im Folgenden dargestellt werden. Der leitende theoretische Gedan-

---

[1] Nachzulesen ist dies in der Kritik der reinen Vernunft B 744.

ke in den folgenden Ausführungen ist, systemtheoretische Konzepte nicht in erster Linie als empirische Beschreibungen zu interpretieren, sondern sie zur Basis der Konstruktion formaler Modelle und darauf basierender Computerprogramme zu machen. Systematisch dargestellt ist die vorgestellte Vorgehensweise in Klüver/Stoica/Schmidt 2003, wo sie als forschungsleitendes Prinzip der Essener Forschungsgruppe COBASC charakterisiert wird: COBASC – *Computer Based Analysis of Social Complexity* – hat sich die Analyse komplexer sozialer und kognitiver Prozesse mit Hilfe von computerbasierten Modellen zum Ziel gesetzt.

## Methodisches Vorgehen[2]

Eines der wichtigsten methodischen Prinzipien in den theoretischen Naturwissenschaften besteht darin, dass man von möglichst einfachen Grundmodellen ausgeht und diese sukzessive erweitert, wenn die Forschungsprozesse dies erfordern. Man kann Kuhns bekannte Charakterisierung der „normalen" Wissenschaft (1967) auch dahingehend paraphrasieren, dass normale Wissenschaft darin besteht, ein bestimmtes Paradigma in ein einfaches Grundmodell zu transformieren und dieses Grundmodell sukzessive zu erweitern. Erst wissenschaftliche Revolutionen führen dazu, das erweiterte Grundmodell aufzugeben und durch ein anderes – wieder möglichst einfaches – Grundmodell zu ersetzen. Wenn etwa Einstein und Infeld davon sprechen, dass „die moderne Physik im Grunde einfacher ist als die alte" (1956: 144), dann meinen sie genau dies damit: Die moderne Physik basiert auf einfacheren Grundmodellen als die klassische.[3]

Theoriebildungen in der Soziologie verlaufen häufig anders, nämlich so, dass man gewissermaßen versucht, die gesamte soziale Komplexität auf einmal zu erfassen. Das mag zuweilen fruchtbar sein, ist jedoch im Bereich strenger, d.h. formal-mathematischer Modell- und Theoriebildungen gewöhnlich schon aus technischen Gründen nicht realisierbar. Grundmodelle müssen zuerst einfach sein, um ihr *prinzipielles* Verhalten verstehen zu können; die Erweiterung der Grundmodelle, die bei jeder anspruchsvollen Forschung erforderlich ist,

---

2  Vergleiche dazu Klüver/Stoica/Schmidt 2003, wo wir uns sehr ausführlich mit den methodischen Implikationen mathematischer Modellierungen in den Sozialwissenschaften beschäftigt haben, daher werden hier nur zentrale Überlegungen skizziert.
3  Mir ist bewusst, dass mit dem Paradigmenkonzept noch andere Aspekte verbunden sind, insbesondere auch soziale Dimensionen des Forschungsprozesses. Unter forschungs*methodischen* Gesichtspunkten jedoch reicht es vollkommen aus, das Paradigmenkonzept so zu verwenden wie oben skizziert.

kann dann auf der Basis des grundsätzlichen Verständnisses des Modells geschehen. Das heißt nicht, dass man inhaltlich unzulässige Reduktionen vorneh-
men muss, bei denen eventuell der eigentliche Problemgehalt verloren geht,
sondern dass man die Gesamtkomplexität des jeweiligen Problems erst im
Nacheinander von Modellkonstruktion und Modellerweiterung berücksichtigt.

Daraus resultiert *methodisch*, dass für die hier vorgestellte Analyse sozialer
und kognitiver Prozesse in Computermodellen der so genannte „Bottom-up"-
Ansatz favorisiert wird, da nicht das Systemverhalten als Ganzes zum Ausgangspunkt genommen wird – wie beim klassischen „Top-down"-Ansatz –,
sondern die Ebene der einzelnen Elemente und ihre Wechselwirkungen – Interaktionen – mit jeweils anderen Elementen. Das Verhalten des Gesamtsystems,
i.e. seine Dynamik, ergibt sich bei diesem Ansatz als „emergentes" Resultat aus
den streng lokal definierten Wechselwirkungen zwischen den einzelnen Elementen. *Theoretisch* und *methodisch* bietet dieser Ansatz den Vorteil, dass man
sozusagen unmittelbar an der Ebene des *empirisch Beobachtbaren* ansetzen
kann, was ja gewöhnlich die lokalen Interaktionen einzelner Elemente sind – in
unserem Fall sozialer Akteure; *mathematisch* gewinnt man hierdurch die Möglichkeit, dass man die fast immer nichtlineare Dynamik komplexer Systeme
sozusagen in einer ‚reinen‘ Form darstellen kann, was beim traditionellen Top-
down-Ansatz gewöhnlich nur approximativ möglich ist (Holland 1998).

Ein *theoretisches* Verständnis sozialer Dynamiken gewinnt man dadurch,
dass die *sozialen Regeln,* die das Verhalten der einzelnen Akteure bestimmen,
selbst konstitutiv in die formale Analyse einbezogen werden. Mit anderen
Worten: Ein reines Top-down-Modell kann zweifellos soziale Regularitäten
*beschreiben,* ein theoretisches *Verständnis* sozialer Dynamiken lässt sich unseres Erachtens nur dadurch gewinnen, dass man auf die Regeln sozialer Interaktionen rekurriert und diese zu den logischen Grundlagen der einschlägigen Modelle macht; und dies erfordert ein Bottom-up-Modell.

### Soziale, formale Systeme und Netzwerke

Im vorgestellten Ansatz werden weder spezielle (System-)Theorien wie die von
Parsons oder Luhmann favorisiert noch bestimmte Handlungs- beziehungsweise
Akteurstheorien wie etwa ein Rational-Choice-Ansatz. Wir gehen davon aus,
dass Modellierungen und mathematische Verfahren gewissermaßen ‚theorie-
neutral‘ zu entwickeln und einzusetzen sind. Die Option für den einen oder anderen theoretischen Ansatz muss aus anderen Gründen als der Verwendung spezifischer Methoden erfolgen. Grundsätzlich gilt, dass die Methoden den For-

schungsbereichen und Forschungszielen angemessen sein müssen. Dies ist besonders hervorzuheben, da gerade bei der Modellierung sozialer Prozesse häufig die Probleme den Methoden angepasst werden, wodurch die Inhalte zu sehr simplifiziert werden. Diese Simplifizierung führt dann oft dazu, dass die Ergebnisse sowohl von der eigenen als auch von anderen Disziplinen nicht zur Kenntnis genommen werden.[4]

Das Konzept *sozialer Systeme* wird im vorliegenden Ansatz in einem grundlegenden Sinne verstanden. Soziale Systeme bestehen aus *sozialen Akteuren*, deren *materielles Handeln* und *symbolisch gesteuerte Kommunikation* das System erst konstituieren (Esser 2000). Allgemeiner kann gemäß der klassischen Systemdefinition von v. Bertalanffy (1951) ein bestimmter Gegenstandsbereich, wie zum Beispiel eine soziale Gruppe, eine Organisation oder auch eine ganze Gesellschaft, *methodisch* als ein System definiert werden, das aus Elementen und Wechselwirkungen zwischen diesen besteht. „Elemente" können natürlich ganz unterschiedlich bestimmt werden, es können soziale Akteure als Inhaber spezieller Rollen sein oder es können auch kollektive Akteure wie Parteien oder Institutionen zum Ausgangspunkt genommen werden.[5]

Die Elemente befinden sich in bestimmten Zuständen, was ebenfalls sehr Unterschiedliches bedeuten kann. Gemeint sein können damit die Übernahme einer bestimmten sozialen Rolle, ein bestimmter psychischer Zustand wie die Akzeptanz bestimmter Meinungen, ein spezielles soziales Verhalten wie „aggressiv" versus „kooperativ" und entsprechend unterschiedliche Bedeutungen auf der Ebene kollektiver Akteure. Die Wechselwirkungen bedeuten nun, dass die Zustände, in denen sich die Elemente zum Zeitpunkt t befinden, gemäß bestimmten Regeln geändert werden oder konstant bleiben. Die Gesamtheit der Zustände, in denen sich die Elemente zum Zeitpunkt t befinden, kann als der Zustand $Z_t$ des Systems definiert werden. Die Regeln der Wechselwirkung generieren die *Trajektorie* des Systems im Zustandsraum, d. h. eine Abbildung des Zustand $Z_t$ auf den Zustand $Z_{t+1}$ und durch rekursive Iteration alle weiteren Zustände. „Trajektorie" bezeichnet also gewissermaßen einen Weg im Zustandsraum, der durch die Verbindung der zeitlich aufeinander folgenden Zustände entsteht. Wenn sich die Folge der Zustände von einem Zeitpunkt ab immer in einem beschränkten Raum bewegt oder sich regelmäßig wiederholt, spricht man von *Attraktoren*. Der Extremfall eines konstant bleibenden Zustan-

---

4  Es muss nochmals betont werden, dass die Modelle unseres Erachtens am Anfang einfach sein müssen, um das Verhalten zu verstehen, dies gilt aber nicht für die Inhalte, die modelliert werden sollen.
5  Sofern der Begriff des „Systems" zu starke Assoziationen hinsichtlich spezieller Systemtheorien weckt, kann man von einem „Netzwerk" von Elementen sprechen.

des wird *Punktattraktor* genannt. Nennen wir die Gesamtheit aller Regeln der lokalen Wechselwirkung f und die n-fache Iteration $f^n$, dann gilt offenbar

$$f^n (Z_1) = Z_{n+1}$$

Ein Punktattraktor $Z_a$ der Trajektorie lässt sich jetzt einfach definieren als

$$f^n (Z_a) = Z_a$$

für beliebige n; entsprechend lassen sich einfache Attraktoren mit Perioden > 1 charakterisieren.

Dieser kurze Exkurs zu den Begriffen Trajektorie und Attraktor ist insofern wichtig, als wir damit die Komplexität eines (sozialen) Systems bestimmen beziehungsweise dessen momentanen Zustand erkennen können. Für die Analyse derartiger Modelle ist es entscheidend, sich deutlich zu machen, dass ein System häufig sehr schnell in einen Attraktor gelangen kann, was ein ungeübter Beobachter als ‚Ende' des Programms wahrnehmen kann, da sich die Systemzustände nicht mehr zu ändern scheinen. Dies ist jedoch nicht der Fall, da die Regeln nach wie vor angewandt werden, die Zustände ändern sich nicht mehr, da das System aus sich heraus *diesen* Zustand nicht mehr ändern kann. Dies gilt für viele soziale und psychische Systeme, nur dass wir bei solchen Systemen eher von Stagnationen oder Blockierungen reden.

Bei der Definition von Regeln lokaler Wechselwirkung muss man grundsätzlich zwei verschiedene Regeltypen unterscheiden. Zum einen gibt es Regeln, die *generell* gelten, d.h. sie treten jedes Mal in Kraft, wenn die Bedingungen dafür gegeben sind. Damit ist jedoch noch nichts darüber gesagt, *ob und wie häufig* sie wirksam werden, da dies vor allem davon abhängt, ob bestimmte Elemente des Systems überhaupt miteinander in Wechselwirkung treten können. Ob dies geschieht, ist eine Frage der *Topologie* beziehungsweise der *Geometrie* des Systems, die darüber entscheidet, *wer mit wem interagiert* (Klüver/Schmidt 1999). Im Fall physikalischer oder biologischer Systeme sind Wechselwirkungen häufig eine Frage des physikalischen Raumes; im Falle sozialer Systeme müssen Interaktionen durch „topologische" Regeln, die eine soziale Geometrie charakterisieren, festgelegt werden (Klüver 2000). Ein Arbeiter in einem globalen Konzern kann zum Beispiel nicht mit dem Vorstandsvorsitzenden direkt interagieren, sondern nur indirekt, d.h. über eine Kette von Verbindungspersonen. Diese Definition der Geometrie eines sozialen Systems entspricht weitgehend dem, was in der Analyse sozialer Netzwerke als „Struktur" in einem statischen Sinne bezeichnet wird (vgl. Freeman 1989). Erst in aktuellen Arbeiten wird berücksichtigt, dass diese Struktur auch Einflüsse auf die Dynamik sozialer Netzwerke hat (zum Beispiel Bonneuil 2000, Klüver/Schmidt 1999).[6]

Die Charakterisierung des Verhaltens beziehungsweise der Dynamik eines Systems als Struktur setzt voraus, dass im Beobachtungszeitraum die Regeln der lokalen Wechselwirkungen konstant bleiben. Diese Annahme ist zweifellos für viele Systeme, insbesondere in kurzen Beobachtungszeiten, gültig. Ebenso häufig gilt jedoch, dass sich Systeme auch *adaptiv* verhalten können, d.h. sie können nicht nur ihre Zustände verändern, sondern auch ihre „Struktur", d.h. die Regeln der Wechselwirkung, um bestimmten Umweltanforderungen gerecht zu werden (Stoica 2000, Klüver 2002). Die bekanntesten Beispiele für adaptive Systeme sind biologische Gattungen, die sich in der Evolution durch Variation und Selektion verändern; zweifellos haben soziale Systeme die Fähigkeit zur Adaption prinzipiell ebenfalls.[7]

Die im Titel enthaltene Frage „Wie konstruieren wir soziale Realität im Modell?" lässt sich nach den bisherigen Ausführungen folgendermaßen beantworten: Wir definieren soziale Akteure als Einheiten künstlicher Systeme oder Netze, transformieren die beobachteten Regeln sozialer Interaktion beziehungsweise Kommunikation in Regeln der Wechselwirkung innerhalb der künstlichen Systeme, wobei die Regeln auf logisch unterschiedlichen Ebenen definiert sein können, und charakterisieren die aus den sozialen Interaktionen resultierende soziale Dynamik als die in der Simulation beobachtbare Dynamik des künstlichen Systems. Soziale Einzelfälle werden definiert als bestimmte Kombinationen von Systemparametern. Durch die Variation dieser Parameter ist es möglich, wie in den Naturwissenschaften Experimente durchzuführen. Wir verstehen soziale Realität also dadurch, dass wir sie konstruktiv nachbilden und im Experiment auf ihre Regularität hin analysieren. Dies entspricht Giambattista Vicos berühmter Maxime: „Wir verstehen nur, was wir machen können."

Diesen Überlegungen folgend haben wir ein Modell konstruiert, das kommunikative Prozesse innerhalb einer Gruppe modelliert. Bei der folgenden Darstellung dieses Modells kommt es mir insbesondere auf die Hervorhebung des *methodischen* Vorgehens an, um in der abschließenden Diskussion aufzuzeigen, wie weit ein anfänglich einfaches Modell erweitert werden kann.

---

6   Generelle und topologische Regeln müssen nicht eindeutig sein, d.h. sie können den Elementen ‚individuelle' Freiheitsräume lassen.

7   Da es sich bei dem Beispiel weiter unten lediglich um eine sehr einfache Veränderung der Struktur handelt, werden nähere Details zur Beschreibung eines adaptiven Systems nicht angegeben.

*KOMMUNIKATOR*
*(gemeinsam mit Jürgen Klüver, Simon Cohnitz und Christian Dinnus)*

Da es sich bei dem Modell um die Analyse kommunikativer Prozesse in Abhängigkeit von einer bestimmten Sozialstruktur handelt, haben wir das Programm KOMMUNIKATOR genannt. Das System, eine Gruppe, besteht aus zehn „künstlichen sozialen Akteuren", deren Beziehungen untereinander durch ein soziales Netz abgebildet werden. Mit sozialen Beziehungen ist die Sozialstruktur gemeint, d.h., die Personen können in einem unterschiedlichen hierarchischen Gefüge miteinander interagieren und voneinander lernen – oder auch nicht. Beispielsweise wird der Chef einer Firma nicht ohne Weiteres von seinen Untergebenen etwas lernen, es sei denn unter bestimmten Bedingungen, umgekehrt aber täten die Untergebenen ganz gut daran, von dem Vorgesetzten dessen Wissen zu übernehmen – wenn auch nur pro forma.

Damit wird vorausgesetzt, dass jedes Gruppenmitglied über „Wissen" verfügt, das durch ein semantisches Netz repräsentiert wird. Für jede Person wird das spezifische Wissen in Form von Begriffen abgespeichert, die untereinander in Beziehung stehen. Die Begriffe werden durch einen Knoten in einem Graphen abgebildet und von den einzelnen Mitgliedern, den „Kommunikatoren", zu Sätzen kombiniert. Um verschiedene Sätze pro Person generieren zu können, müssen unterschiedlich starke Assoziationen zwischen den Begriffen möglich sein. Diese entstehen durch gewichtete Kanten und sind zwischen zwei Begriffen X, Y definiert mit:

$$w_{sem} = \{0.0,...,1.0\}$$

Je größer $w_{sem}$ zum Beispiel von X nach Y, desto stärker ist die Assoziation von X zu dem Begriff Y.

Ausgehend von dem Wort ‚Paris' werden zum Beispiel unterschiedliche Sätze assoziiert. Niemanden wird es überraschen, wenn bei vielen Personen eine Assoziation lautet: ‚Paris ist die Hauptstadt von Frankreich'. In einer Unterhaltung zwischen zwei Personen werden die bereits genannten Begriffe – bis auf den Hauptbegriff oder Startbegriff – nicht wiederholt. Jede Person trägt somit etwas zu einer Diskussion bei, wobei die Ausgangsbegriffe dafür sorgen, dass man sich innerhalb eines bestimmten Themenkomplexes bewegt. Wenn jemandem nichts zu einem gehörten Begriff einfällt, weil das Wissen dazu fehlt, dann wechselt diese Person mehr oder weniger geschickt das Thema, indem sie einen anderen Begriff als Haupt- beziehungsweise Ausgangsbegriff einbringt (zum

Beispiel ‚Hauptstadt' statt ‚Paris'), wodurch andere Themen angesprochen werden.

Bei entsprechenden Befragungen, die ich in verschiedenen kommunikationswissenschaftlichen Seminaren vorgenommen habe, ist es aber durchaus vorgekommen, dass eine Person zu dem Wort ‚Paris' die Assoziation ‚Trojanischer Krieg' oder ‚Helena' hatte, auch wenn dies eher unwahrscheinlich ist und ein anderes Wissensgebiet voraussetzt. Entsprechend dieser empirischen Erfahrungen sind in das Modell ambivalente Begriffe eingefügt – so genannte „Brückenbegriffe" –, die zu anderen Themen führen können.[8]

Ein semantisches Netz repräsentiert somit das Wissen einer Person sowie die Verbindungen beziehungsweise Assoziationen zwischen den einzelnen Begriffen. Das Wissen jeder Person unterscheidet sich gemäß dem Beispiel sowohl in der Menge der Begriffe als auch in den Assoziationen. Damit wird berücksichtigt, dass jedes Individuum die Informationen aus der Umwelt anders in seinem kognitiven System konstruiert beziehungsweise unterschiedlich semantisch abbildet (Klüver 2002, Stoica 2003). In dem hier vorgestellten Modell werden allerdings die Verbindungen zwischen den Begriffen per Zufall gesetzt, es wird also kein realer Themenkomplex abgebildet.[9]

Die Lernbereitschaft innerhalb der Gruppe ist wie bereits erwähnt abhängig von den vorhandenen Hierarchien innerhalb der Gruppe. Die Hierarchien entstehen durch gewichtete Kanten („weights", w für „Gewichte") zwischen den Personenknoten und sind zwischen zwei Personen A, B definiert mit:

$$w_{soz} = \{0.0,...,1.0\}$$

$$\text{wobei } w_{soz}(B,A) = 1.0 - w_{soz}(A,B)$$

Je größer $w_{soz}$ desto höher also die soziale Stellung der betreffenden Person. Die Normierung $w_{soz}(A,B) + w_{soz}(B,A) = 1.0$ hat technische Gründe. Sie gewährleistet, dass bei Zufallsgenerierungen der Sozialstruktur stets eine konsistente Hierarchie garantiert wird.

Um das Hierarchiemaß einer Struktur messen zu können, wurde ein so genannter „Devianz-Parameter" eingeführt, der das Ausmaß der Hierarchie in der

---

8  Ein anderer ambivalenter Begriff ist zum Beispiel ‚Maus', der sowohl mit der Tier- als auch mit der Computerwelt assoziiert werden kann.

9  In einem erweiterten Modell, das weiter unten vorgestellt wird, werden die Verbindungen nicht mehr per Zufall generiert, sondern durch die Akteure aktiv konstruiert, wodurch semantische Netze entstehen.

Gruppenstruktur beeinflusst. Die Devianz der Gruppe leitet sich aus der folgenden Formel ab:

$$dev = \sum_i \sum_j ( | w_{soz} (i,j) - w_{soz} (j,i) | )/n$$

wobei i ≠ j und n für die Anzahl der Paare steht. Etwas einfacher ausgedrückt misst der Devianzparameter die Abweichung der Sozialstruktur von der vollkommenen Egalität, bei der für zwei Kommunikatoren A und B stets w (A,B) = w (B,A) ist.

Der Kommunikationsablauf entsteht dadurch, dass ein Kommunikator eine Frage stellt, auf die ein anderer antworten muss. Frage und Antwort bestehen jeweils aus drei Begriffen. Der Fragende bildet seine Frage abhängig von einem Startbegriff, dem er die Begriffe mit den stärksten Verbindungen hinzufügt. Da es prinzipiell möglich ist, mit jeder Person zu interagieren, ergibt sich eine 100%ige „Vermaschungsrate" zwischen den Personen.

Der angesprochene Kommunikator versucht sinnvoll auf die Frage zu antworten. Beginnend mit dem ersten Wort des Fragesatzes prüft er, ob dieses in seinem eigenen semantischen Netz enthalten ist und als Startwort der Antwort dienen kann. Ist der erste Begriff in der gestellten Frage nicht in seinem semantischen Netz enthalten, so prüft er das zweite Wort usw. Wenn keiner der drei Begriffe der Frage im semantischen Netz des Antwortenden enthalten ist, kann dieser nicht antworten. In einer ersten „Initialisierungsrunde" wird deshalb dafür gesorgt, dass jeder Kommunikator den ersten Begriff der vorgegebenen Frage lernt, um sicherzustellen, dass prinzipiell eine Kommunikation zwischen den einzelnen Akteuren möglich ist. Um dies zu gewährleisten beginnt der Akteur mit dem höchsten sozialen Rang und spricht denjenigen an, der an zweiter Stelle in der Hierarchie steht undsofort.[10]

An dieser Stelle sei betont, dass es sich bei diesen Regeln um hypothetisch gesetzte Kommunikationsformen handelt. Reale Kommunikationsgruppen verhalten sich nicht unbedingt genau nach diesen Regeln. Dennoch glauben wir, dass wir eine durchaus valide Abbildung realer Prozesse vorlegen: Die Möglichkeiten Kommunikationen zu beginnen und auch zu beenden sind nun einmal von der sozialen Position abhängig. In geplanten empirischen Experimenten soll dieser Aspekt in Zukunft genauer untersucht werden. Da in den vorgestellten Computerexperimenten die Abhängigkeit der kommunikativen Prozesse von einer vorgegebenen Sozialstruktur analysiert werden soll, genügte es uns vor-

---

10  Zur Erinnerung: die Untergebenen *müssen* von höher Gestellten lernen.

erst, sozusagen nur die ‚Essenz' der Sozialdimension kommunikativer Prozesse darzustellen.

Im Unterschied zur Initialisierungsrunde bildet in allen folgenden Runden ein bereits angesprochener Kommunikator mit einem neuen zufälligen Startbegriff eine neue Frage. Dadurch verbreitet sich unterschiedliches Wissen in der Gruppe. Nach mehreren Kommunikationsschritten findet, *abhängig von der Sozialstruktur*, eine Angleichung der semantischen Netze durch das Lernen statt. Lernen bedeutet hier, dass ein Kommunikator unbekannte Begriffe in sein semantisches Netz übernimmt und Wortverknüpfungen aufbaut beziehungsweise aktualisiert. Die Stärke der Wortverknüpfungen des sozial höher Gestellten wird übernommen beziehungsweise hat einen Einfluss auf die Aktualisierung der semantischen Verbindungen. Für den Fall, dass ein Akteur B ein Wort neu lernen muss, gilt:

$$w_{lern} = (\ 1 - w_{soz}\ (B,A)\ )$$

Andernfalls wird das bestehende $w_{sem}$ um das $w_{lern}$ erhöht und falls diese Addition einen Wert größer 1.0 ergibt, wird das $w_{sem}$ auf 1.0 gesetzt. Der Sinn dieser Regel besteht darin, dass die Gewichtung eines neuen Begriffs davon abhängig sein soll, von wem der Begriff gelernt wird: Je höher der Lehrer sozial gestellt ist, desto gewichtiger sind die neuen Verbindungen.

Auf dieser Ebene untersuchen wir demnach die kognitive Dynamik einzelner Individuen, die eine Auswirkung auf die Sozialstruktur hat. Die Sozialstruktur wiederum passt sich in *Abhängigkeit von der semantischen Übereinstimmung* zweier Kommunikatoren an, wobei lediglich die Gewichte der sozial höher gestellten Akteure verändert werden. Nach jedem Kommunikationsschritt wird die Differenz d zwischen den Begriffen der ausgetauschten Sätze berechnet. Kann ein höher Gestellter viel von einem Kommunikator mit einem niedrigeren Sozialstatus lernen, verringert sich die soziale Differenz zwischen den beiden. Umgekehrt gilt natürlich, dass die soziale Distanz erhöht wird, wenn der Angesprochene mehrfach nicht oder nur unvollständig auf vorgegebene Sätze antworten kann. Wir haben hier eine zusätzliche Fallunterscheidung eingeführt: Bei dieser geht es darum, wie viele neue Begriffe der Antwortende einbringen kann – einen, zwei oder drei. Bei entsprechender Einstellung bewertet das Programm die Anzahl der neuen Begriffe unterschiedlich, d.h. die Veränderung der Sozialstruktur wird proportional zur Anzahl der neuen Begriffe vorgenommen, aber je nach Einstellung mit unterschiedlichen Werten, wie die nächsten Beispiele zeigen werden.

Zusammengefasst können wir festhalten, dass sowohl die kognitive als auch die soziale Dynamik durch den kommunikativen Austausch durch lokale Wechselwirkungen determiniert werden. Die Gesamtdynamik entsteht durch die Dialektik zwischen dem Individuellen (Kognitiven) und dem Sozialen, wobei die Kommunikation als Bindeglied zwischen beiden Ebenen fungiert. Anhand der folgenden Ergebnisse soll das vorgestellte Modell konkretisiert beziehungsweise illustriert werden.

## Ergebnisse

Eine prinzipielle Hypothese von uns als den Konstrukteuren des Modells war, dass je mehr die einzelnen Akteure voneinander lernen können, desto kleiner der Devianzwert der Gruppe wird und umso größer die semantische Übereinstimmung in der Gruppe. Wir nahmen also an, dass hierarchische Strukturen durch Lernen praktisch aufgehoben werden können.

Um die Simulationen zu starten, muss die Ausgangssituation bestimmt werden. Optional kann in dem Programm zwischen verschiedenen Devianzwerten ausgewählt werden, wobei eine radikal „demokratische" (Devianzwert 0.0) und eine „militärische" (Devianzwert 1.0) Sozialstruktur die beiden Extremwerte bilden. Zusätzlich kann wie erwähnt die Bewertung der Differenz d zwischen den Begriffen eingestellt werden, d.h. die Differenz zwischen der Frage des ersten Kommunikators und der Antwort, gemessen in den neuen Begriffen der Antwort. Dies hat Auswirkungen auf die Veränderung der sozialen Beziehungen beziehungsweise des sozialen Rangs der jeweiligen Akteure.

Bei dem Programm kann die Anzeige der Gruppe unterschiedlich eingestellt werden, je nachdem, ob das ‚Innenleben' der Akteure sichtbar gemacht werden soll (d.h. die semantischen Verknüpfungen ausgehend von einem Begriff) oder die sozialen Beziehungen beziehungsweise die semantischen Übereinstimmungen zwischen den Akteuren visualisiert werden sollen. Die semantische Übereinstimmung zwischen den Akteuren in der Ausgangssituation wird nach einer Zufallsverteilung der Begriffe auf einzelne Akteure ermittelt. Dabei wird berücksichtigt, wie viele Akteure über gemeinsame Begriffe verfügen. Daraus wird der Mittelwert für die Gesamtgruppe berechnet.

Bei dem ersten Beispiel ist die Ausgangssituation radikal demokratisch: die soziale Beziehung wird je nach Differenz zwischen den Begriffen bei dem höher Gestellten angepasst. Kennt der Antwortende keine neuen Begriffe (Differenz 0 Wörter), wird der Wert in der sozialen Beziehung um 0.2 erhöht (der

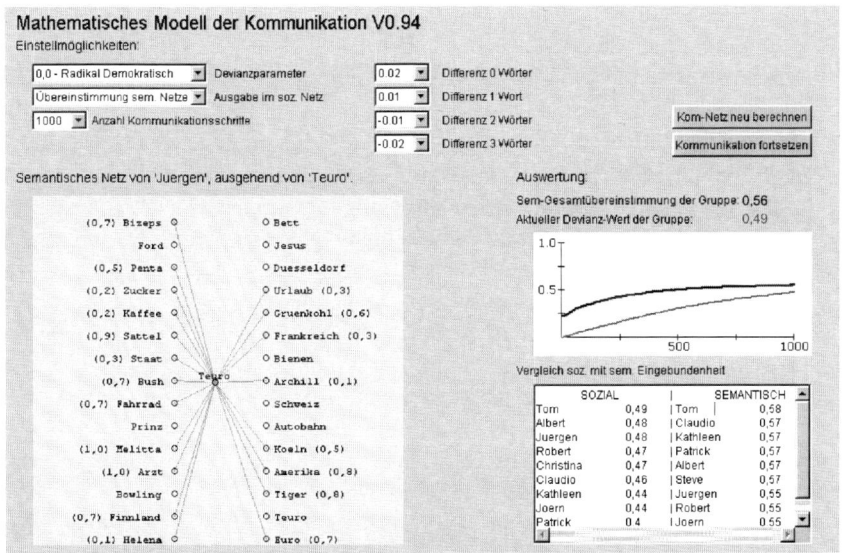

Abb. 1: Die Entwicklung einer Gruppe mit einer radikal demokratischen Gruppenstruktur.

Antwortende müsste dann eigentlich die erste Bemerkung wiederholen). Werden hingegen drei neue Begriffe eingeführt (Differenz 3 Wörter), wird der soziale Abstand kleiner, in diesem Fall um -0.2. Auch diese Werte sind optional zu verändern. Die semantische Übereinstimmung liegt in der Ausgangssituation bei 0.2.

Auf der linken Seite von Abbildung 1 haben wir einen Einblick in das semantische Netz des Akteurs „Jürgen". Der Begriff ‚Teuro' steht im Mittelpunkt. Von ihm ausgehend werden durch die gewichteten Kanten die assoziativen Verknüpfungen zu anderen Begriffen dargestellt. Die Werte in der Klammer zeigen die Stärke der Assoziationen. Auf der rechten Seite unten werden die ermittelten Werte der sozialen Beziehungen sowie der semantischen Übereinstimmungen für alle Akteure gezeigt.

Ebenfalls auf der rechten Seite wird das Ergebnis der Simulation dargestellt, nämlich sowohl die semantische Übereinstimmung als auch der aktuelle Devianzwert der Gruppe. Nach 1000 Kommunikationsschritten ist die semantische Übereinstimmung der Gesamtgruppe von 0.2 auf 0.56 gestiegen. Interessanterweise tendiert die Gruppe zu einer eher hierarchischen Struktur (Devianzwert 0.49) und auch die semantische Übereinstimmung ist entgegen der Erwartung relativ gering. Dieses Ergebnis war bei einer absolut demokratischen Anfangs-konfiguration nicht zu erwarten.

Es ist anzunehmen, dass die gemessene Differenz d zwischen den Begriffen eine entscheidende Auswirkung auf die Entwicklung der Sozialstruktur hat. Da-durch, dass sozial höher Gestellte nach dieser Anzahl von Schritten nicht viel von den Untergebenen lernen konnten und die Differenz dafür sorgt, dass die Werte der sozialen Beziehungen erhöht werden, kommt es zu einem Anstieg des Devianzwertes. Gleichzeitig hat dies eine Auswirkung auf die semantische Übereinstimmung der Gruppe: Da die sozial niedrig Gestellten auf jeden Fall lernen *müssen*, aber nicht umgekehrt, d.h. die höher Gestellten lernen nur, wenn die Untergebenen auch tatsächlich etwas Neues wissen, stellt sich keine sehr hohe semantische Übereinstimmung in der Gruppe ein. Zusätzlich ist anzuneh-men, dass sich die semantischen Regeln ungünstig auswirken. Zwei Kommuni-katoren können zwar nicht unmittelbar dieselben Begriffe verwenden; da das System aber nicht über ein Gedächtnis verfügt, kann es sein, dass sich im Laufe der Kommunikation die Wiederholungen häufen.[11]

Hat die Gruppe jedoch mehr ‚Zeit' zur Verfügung (10.000 Schritte), ändert sich die Situation, wie in Abbildung 2 zu erkennen ist. Auf der linken Seite wird eine andere Darstellungsoption demonstriert, nämlich wie hoch die anfängliche semantische Übereinstimmung von dem Akteur „Jürgen" zu anderen Akteuren ist.

Nach 10.000 Schritten ist das Ergebnis eindeutig: Die semantische Überein-stimmung erreicht einen Wert von 0.83, wobei der Devianzwert nach etwa 2000 Schritten extrem abfällt. Damit können wir annehmen, dass die Anzahl der Kommunikationsschritte bei den vorliegenden Regeln eine entscheidende Rolle spielt. Die bereits angesprochene und für weitere Modelle vorgesehene Regelva-riation ist dadurch natürlich nicht obsolet geworden.

Interessant ist auch das Ergebnis dieser Modellkonstellation mit einer zu-sätzlichen Parametervariation. Die Ausgangssituation ist wie in Abbildung 2, lediglich der Wert in der Wortdifferenz (die Veränderung in der Sozialstruktur) wird von -0.2 auf 0 gesetzt. In diesem Fall liegt die semantische Übereinstim-mung bei 0.82 und der Devianzwert steigt bis zu ca. 2500 Schritten auf 0.8 und sinkt anschließend auf 0.64. Somit bleibt eine hierarchische Struktur vorhanden, wenn wie in diesem Fall das neue Wissen der Untergebenen von den höher Ge-stellten letztlich nicht zur Kenntnis genommen wird.

---

11 Diese Annahmen sollen in den Erweiterungen des Modells berücksichtigt werden.

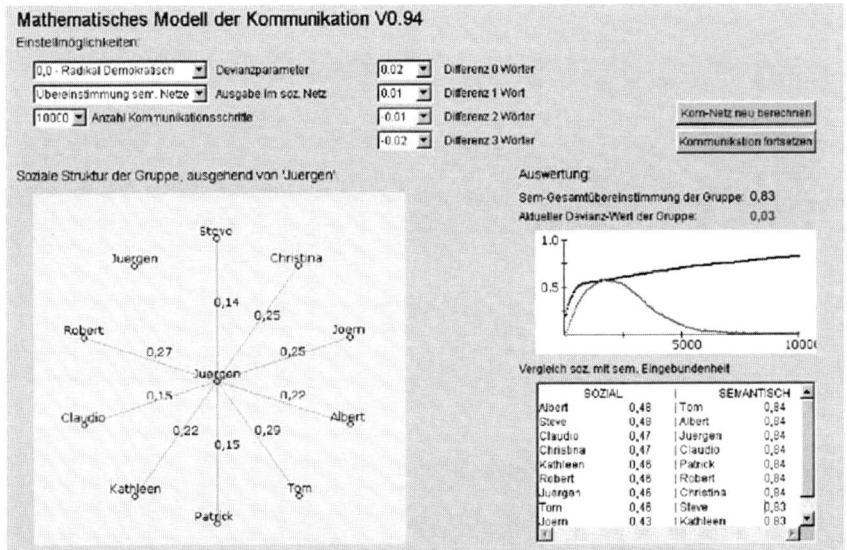

Abb. 2: Die Entwicklung einer Gruppe mit einer radikal demokratischen Gruppenstruktur nach 10 000 Kommunikationsschritten.

In dem Beispiel in Abbildung 3 auf Seite 216 wird als Ausgangssituation eine hierarchische „militärische" Struktur, angenommen, die sonstigen Einstellungen entsprechen denen im ersten Beispiel. Auf der linken Seite werden in diesem Fall, wieder ausgehend von dem Akteur „Jürgen", die sozialen Beziehungen zu den anderen Akteuren dargestellt. „Jürgen" hat demnach zu 6 anderen Akteuren eine hierarchische Beziehung, d.h. der soziale Unterschied hat den Maximalwert von 1.0. Die Ergebnisse auf der rechten Seite zeigen, dass die hierarchische Struktur kaum abnimmt und die semantische Übereinstimmung entsprechend niedriger bleibt. Das Ergebnis war in diesem Fall auch so zu erwarten, da es anzunehmen ist, dass bei einer stark hierarchischen Struktur die Lernbereitschaft nicht so stark ausgeprägt ist wie in einer demokratischen Struktur und sich aufgrund der starren Sozialstrukturen keine semantische Übereinstimmung der Gruppe einstellt.

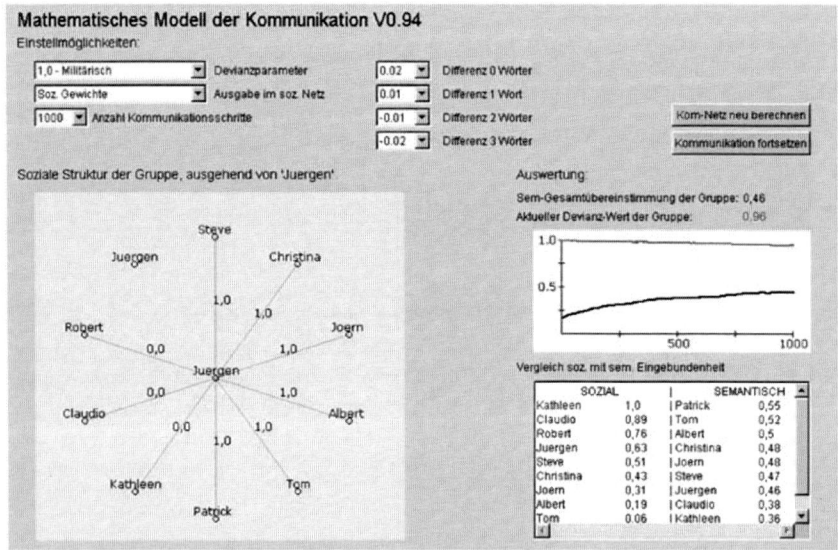

Abb. 3: Die Entwicklung einer Gruppe mit einer militärischen Gruppenstruktur als Anfangskonfiguration.

Auch in diesem Fall spielt die Anzahl der Kommunikationsschritte eine Rolle. Nach 10.000 Schritten steigt die semantische Übereinstimmung auf 0.62, der Devianzwert sinkt auf 0.39. Somit bleibt die Tendenz zu einer hierarchischen Struktur vorhanden, wobei die semantische Übereinstimmung auch nach dieser hohen Anzahl von Kommunikationsschritten keine höheren Werte erzielt.

Als vorläufiges Fazit lässt sich folgendes Ergebnis festhalten: Die Annahme, die dem Modell zugrunde liegt, war, dass Lernen von der sozialen Struktur abhängig ist und damit die semantischen Übereinstimmungen in einer Gruppe. Diese Annahme konnte offenbar bestätigt werden. Gleichzeitig zeigte sich jedoch, was so nicht zu erwarten war, dass die Übereinstimmungswerte in den meisten Fällen nicht beliebig steigerbar sind – d.h. nach einer bestimmten Zeit sprechen die Kommunikatoren praktisch nur noch über die gleichen Themen, sie wiederholen sich und greifen mögliche neue Themen nicht mehr auf. Das ist zwar einerseits sehr menschlich und insofern hat unser Modell offenbar eine gewisse Realitätsnähe. Falls man jedoch höhere Übereinstimmungswerte erzielen will, zum Beispiel für den Fall, dass die Mitglieder einer realen Gruppe wie etwa einer Schulklasse alle das gleiche Wissen haben sollen, dann müssen die skizzierten Regelanpassungen vorgenommen werden. Das Modell bietet demnach die Möglichkeit, reale Prozesse einigermaßen zu prognostizieren; gleichzeitig bietet es die Chance, die Regeln so zu verändern, dass bestimmte Sollwerte erreicht werden können. In diesem doppelten Sinn kann soziale Realität konstruktiv im Modell erzeugt werden.

## Modellerweiterungen

Es wurde mehrfach erwähnt, dass wir methodisch so vorgehen, dass wir mit einem einfachen Modell starten und dieses sukzessive erweitern. Um dieses Vorgehen zu illustrieren, werden im Folgenden eine bereits realisierte und zwei vorgesehene Erweiterungen des KOMMUNIKATORS vorgestellt.

### KOMMUNIKATOR II

Das Grundmodell des KOMMUNIKATORS dient als Basis, wobei zunächst 20 Themenkomplexe eingeführt wurden, die unterschiedlich viele Begriffe enthalten. Ein Themenkomplex besteht aus miteinander verbundenen Begriffen, die keine Verbindungen mit den Begriffen anderer Themenkomplexe aufweisen. Damit werden die semantischen Netze in Abhängigkeit von festgelegten Themen konstruiert.

Diese Erweiterung wurde auf der Basis der Annahme eingeführt, dass in einem Kommunikationsprozess die Themen nicht beliebig gewechselt werden können. In einer Gesprächsrunde bleiben die Kommunikatoren bei einem Thema, bis niemand mehr etwas zu diesem Thema beitragen kann, sei es, weil bereits alles gesagt wurde, sei es, weil kein Wissen mehr zum Thema vorhanden ist. Einen Spezialfall bilden hier „ambivalente Begriffe", die von vornherein in mehreren Themenkomplexen vorhanden sind und dadurch einen Themenwechsel ermöglichen.

In KOMMUNIKATOR II erhält jeder Kommunikator insgesamt 60 Begriffe, die jedoch nicht zwangsläufig alle Themenkomplexe abdecken. Da wir mit Zufallsverteilungen arbeiten, kann es durchaus passieren, dass ein Akteur viele Begriffe zu einem einzigen Themenkomplex hat, zu anderen Themen jedoch keine. Mit der Einführung von Themenkomplexen können wir Begriffe bestimmen, die mit einem gewissen ‚Sinn' oder ‚Zusammenhang' versehen sind, was in dem bisherigen Modell nicht der Fall war. Die Stärke der Assoziationen zwischen den einzelnen Begriffen in einem Themenkomplex wird aber erneut per

Zufall gesetzt, wodurch die Heterogenität der Kommunikation nach wie vor gewährleistet ist.

In dem bisherigen Modell konnten die Akteure die Themen wechseln, wenn sie nicht antworten konnten. Das ist in dem erweiterten Modell nicht mehr ohne Weiteres möglich, denn als neuer Parameter wurde nun die Wechselwahrscheinlichkeit mit dem Rigiditätsparameter R eingeführt. R liegt im Bereich zwischen 0 und 1 und wird für alle Themenkomplexe individuell festgelegt. Ein Rigiditätsmaß von 0.95 bedeutet eine sehr geringe Wechselwahrscheinlichkeit, die zusätzlich zur Hierarchieposition H des wechselwilligen Kommunikators in Beziehung gesetzt wird. Auch hier gilt demnach, dass je höher die hierarchische Position ist, desto größer auch die Möglichkeit ist, ein Thema zu wechseln. Zusätzlich spielen hier auch die ambivalenten Begriffe eine Rolle, da sie, sofern vorhanden, die Wechselwahrscheinlichkeit grundsätzlich um 0.1 erhöhen. Ansonsten gilt jedoch, dass jeder Kommunikator etwas Neues zu einem Thema einbringen muss, wobei das Thema nicht gewechselt werden kann, wenn der Antwortende keine Antwort weiß. Liegt der Fall vor, dass der Antwortende nichts beizutragen hat und er das Thema auch nicht wechseln kann, so muss er auf jeden Fall die vorgegebenen Begriffe lernen und entsprechend miteinander verknüpfen.

Als eine zusätzliche Erweiterung wurde der „Vermaschungsparameter" eingeführt, der sich auf die Verknüpfung einzelner Begriffe innerhalb eines Themenkomplexes bezieht. Ist der Vermaschungswert 1.0, so sind alle Begriffe im semantischen Netz innerhalb eines Themenkomplexes *direkt* miteinander verbunden, bei einem niedrigeren Wert entsprechend weniger. Damit kann etwas über die Reichhaltigkeit der Themenkomplexe ausgesagt werden, denn es nützt einem Akteur nichts – sei er menschlich oder künstlich –, wenn er zwar über viele Begriffe oder Wissen verfügt, aber keine Verknüpfung zwischen den einzelnen Wissenskomponenten vorliegen.

Diesen neuen Regeln und Parametern liegt die Annahme zugrunde, dass der Verlauf von Kommunikationen nicht nur durch die Sozialstruktur bestimmt wird, sondern auch durch die Themen, d.h. die semantische Ordnung der kommunikativen Inhalte. Es handelt sich hier demnach um Operationalisierungen semantischer Prinzipien. Damit sind im Wesentlichen die Erweiterungen dargestellt, die zu folgendem Ergebnis geführt haben: Interessanterweise entsteht auch in dem erweiterten Modell keine sehr hohe semantische Übereinstimmung innerhalb der Gruppe, hingegen steigt deren Devianzwert.

Dies sind vorläufige Resultate, da das erweiterte Modell erst kürzlich implementiert wurde. Die Auswirkung der Rigidität sowie der Vermaschung müssen auf jeden Fall noch genauer analysiert werden. Erste Ergebnisse zeigen,

dass der Vermaschungsparameter eine Auswirkung auf die semantische Übereinstimmung der Gesamtgruppe hat, der Rigiditätsparameter hingegen auf die
Devianz der Gruppe. Da dieses Modell bereits komplexer ist, müssen zukünftig
noch detailliertere Experimente durchgeführt werden, um genaue Angaben über
das Systemverhalten machen zu können.

Die Einführung neuer Parameter verdeutlicht wieder das Prinzip der sukzes-
siven Erweiterung einfacher Grundmodelle, in diesem Fall die zusätzliche Einführung semantischer Steuerungsparameter. Dass dieses Erweiterungsprinzip
nahezu beliebig anwendbar ist, zeigen die nächsten Beispiele, die freilich ebenfalls noch nicht endgültig realisiert sind.

*Der KOMMUNIKATOR in der ‚Welt' eines Zellularautomaten*

In den bisher vorgestellten Modellen wurde die Gesamtentwicklung einer Gruppe durch individuelle Lernprozesse in Abhängigkeit von einer Sozialstruktur
analysiert. Es wurde dabei nicht berücksichtigt, dass die Individuen über Sym-
pathie- versus Antipathieempfindungen verfügen, die unter Umständen zur Bildung von Subgruppen führen. Die Lernbereitschaft ist nach allgemeinen Erfahrungen nicht nur vom Sozialstatus einer Person abhängig, sondern auch davon,
ob wir eine Person mögen oder nicht. Umgekehrt reicht es für das Lernen nicht
aus, von anderen Menschen eine hohe Meinung zu haben beziehungsweise sie
als sympathisch zu charakterisieren und ansonsten inhaltlich mit ihnen nichts zu
teilen. Diese Überlegungen waren Anlass für die nächste Erweiterung des
KOMMUNIKATOR-Modells, das von Thorsten Toellner implementiert wird.
In diesem Modell wird der KOMMUNIKATOR mit einem von uns bereits
implementierten *Zellularautomaten* gekoppelt, der gruppendynamische Prozesse
simuliert (Klüver/Stoica 2003). Dieses Programm haben wir MORENO genannt, da wir von den Erkenntnissen des Sozialpsychologen Moreno inspiriert
wurden.[12]

Für die Entwicklung des Modells haben wir eine der bekanntesten Methoden
der sozialen Netzwerkanalyse und der Gruppendynamik verwendet, nämlich die
so genannte *Soziomatrix* (Moreno 1953, Freeman 1989). In der Soziomatrix
werden die positiven wie negativen Beziehungen zwischen einzelnen Gruppenmitgliedern festgehalten. Diese Grundidee kann natürlich beliebig erweitert
werden, zum Beispiel können auch die Interaktionen zwischen einzelnen Gruppenmitgliedern festgehalten werden, der relative Sozialstatus etc. Bei einer

---

[12] Unterschiedliche Implementierungen des Modells sind über unsere Homepage einzusehen:
<www.cobasc.de> oder <www.osask.de>.

Gruppe mit drei Mitgliedern A, B und C kann eine Soziomatrix der Gruppe folgendermaßen aussehen:

|   | A  | B | C  |
|---|----|---|----|
| A | 1  | 1 | 1  |
| B | -1 | 0 | -1 |
| C | -1 | 0 | 0  |

Die Werte in dieser Matrix können sehr einfach interpretiert werden. 1 steht für Sympathie, -1 entsprechend für Antipathie, 0 für Gleichgültigkeit. Somit können wir feststellen, dass A B liebt, dies aber leider nicht umgekehrt gilt. Häufig wird in der Diagonale 0 eingetragen, da die Personen zu sich selbst keine Angaben machen. Steht wie in dem Beispiel in der Beziehung von A zu A 1, so bedeutet dies, dass A eine sehr hohe Meinung von sich selbst hat – solche Personen dürften allen bekannt sein. Natürlich kann die Kodierung wesentlich differenzierter gewählt werden. Wir verwenden für die Darstellung der Beziehungen meistens reelle Werte zwischen -1 und +1. Die Soziomatrix enthält somit alle Beziehungen der Personen untereinander.

Dieses einfache Modell wurde in einen Zellularautomaten (ZA) implementiert, um die Dynamik von Gruppen zu prognostizieren (Klüver/Stoica 2003). Ein ZA bietet sich für Modellierungen von gruppendynamischen Prozessen insbesondere deshalb an, da mit ihm die lokalen Wechselwirkungen zwischen einzelnen Akteuren analysiert werden können, sie also den eingangs erwähnten „Bottom-up"-Ansatz verwirklichen. Ein ZA besteht, einfach dargestellt, aus einem Gitter mit künstlichen Zellen. Die Zellen befinden sich in bestimmten Zuständen, die von Interaktionsregeln abhängen. Von Bedeutung ist auch die Anzahl der Umgebungszellen. Gehen wir von einer Zelle aus, die lediglich vier Nachbarn hat (oben, unten, rechts, links), so handelt es sich um eine „von Neumann-Umgebung". Werden die vier „Eckzellen" ebenfalls berücksichtigt, so liegt eine „Moore-Umgebung" vor, die im Folgenden auch für das erweiterte Modell verwendet wird.

Für unsere Gruppe gelten nun folgende Regeln: Ein künstlicher Akteur, der durch eine Zelle repräsentiert wird, hat abhängig von seiner Umgebung einen positiven oder negativen Zustand zum Zeitpunkt t. Die einfache Regel besagt: befindet sich eine bestimmte Anzahl von anderen Akteuren in der Umgebung, zu denen eine gegenseitige positive Beziehung vorliegt, dann ist der Zustand des Akteurs als positiv zu bewerten, ist die nicht der Fall, so versucht er seine Position zu wechseln.

Formaler dargestellt werden die Zustände der Akteure wie folgt berechnet: Gegeben sei eine Zelle A und die korrespondierende Soziomatrix, die die emotionalen Werte von A zu den acht umgebenden Moore-Nachbarschaftszellen enthält. Dadurch erhalten wir acht Werte w (A,X) für jede Zelle X, die zu der Moore-Nachbarschaft der Zelle A gehört. Der Zustand $Z_A$ von A errechnet sich durch den arithmetischen Mittelwert:

$$Z_A = (\sum w\,(A,X) + \sum w\,(X,A))/2n,$$

wobei n die Anzahl der belegten Zellen in der Moore-Nachbarschaft darstellt.

Wurde der Zustand der Zelle A berechnet, dann ‚schaut' der künstliche Akteur, ob gegebenenfalls eine andere Umgebung für ihn noch besser ist. Dazu wird eine andere Nachbarschaft nach derselben Logik untersucht, ob diese nicht besser als die jetzige ist. Ist eine neue Nachbarschaft für den Akteur A besser, dann ‚bewegt' sich A in Richtung der neuen Nachbarschaft. Ist keine bessere Umgebung vorhanden, dann bleibt A in der aktuellen Position. Daraus resultiert, dass A in der Umgebung U nach der folgenden Formel sucht:

$$Z_{AU} > Z_A.$$

Das Modell wird nun dahingehend erweitert, dass jeder Kommunikator gemäß dem MORENO-Modell eine Moore-Nachbarschaft hat, bestehend aus anderen Kommunikatoren (Zellen im ZA). Zusätzlich zu der Sozialstruktur, die für die gesamte Gruppe gilt, werden in einer Soziomatrix die persönlichen Beziehungen (Sympathie, Antipathie) zu allen anderen Gruppenmitgliedern festgehalten.

Die Anfangsverteilung der Kommunikatoren erfolgt erneut per Zufall und in dem ersten Schritt werden gemäß der oben angeführten Formel die Zustände der Kommunikatoren jeweils errechnet. Fühlt sich ein Akteur in seiner Umgebung unwohl, versucht er seine Position zu ändern, sofern sich eine bessere Umgebung anbietet. Damit wird bereits angedeutet, dass in einem ZA Subgruppen entstehen, da jeder Akteur sich seine Umgebung aussuchen kann, die wiederum von unterschiedlicher Größe sein kann. Ist ein stabiler Zustand (Attraktor) in dem ZA erreicht worden, beginnt die Kommunikation gemäß dem KOMMU-NIKATOR-Modell.

Nun kann es – wie im richtigen Leben – passieren, dass sich ein Kommunikator in der gewählten Subgruppe ‚wohl fühlt', nach dem kommunikativen Austausch aber feststellt, dass man sich nichts zu sagen hat; zum Beispiel können die Themenkomplexe sehr unterschiedlich ausgeprägt sein, wodurch ein Kommunikator dem anderen nicht antworten kann. Aus Erfahrungen wissen wir, dass es oft nicht ausreicht, dass man sich zwar mag, sich aber nichts zu sagen hat. Dies wird in dem Modell berücksichtigt, indem die sozialen Beziehungen und die Sympathiewerte in der Soziomatrix in Relation zur inhaltlichen Übereinstimmung verändert werden. Für den Fall, dass keine gemeinsamen Themen vorhanden sind, über die kommuniziert werden kann, versuchen die Akteure, sich einer anderen Subgruppe zu attachieren und der kommunikative Prozess wird entsprechend wiederholt.

In diesem Modell können folgende Fragestellungen berücksichtigt werden: Inwiefern erfolgt eine kognitive Angleichung innerhalb einer Subgruppe, d.h. wird die semantische Übereinstimmung innerhalb der Subgruppen, die einer Dynamik in der Sozialstruktur unterliegen, schneller realisiert als in der Gesamtgruppe? Wie verhält sich das Gesamtsystem, wenn in einer Subgruppe Mitglieder aus einer anderen Subgruppe hinzukommen? Eine Vorannahme ist, dass sich dadurch neues Wissen innerhalb einer Subgruppe ausbreiten kann, die Frage ist aber, unter welchen Bedingungen dies erfolgt. Was ergibt dies schließlich für die Gesamtgruppe? Inwiefern verändert sich die Soziomatrix, d.h. die emotionalen Beziehungen der Akteure nach dem kommunikativen Austausch? Theoretisch erhoffen wir uns durch diese methodische Erweiterung, dass wir die unterschiedlichen Dynamiken in Hinsicht auf die Differenzierung der Sozialstruktur, kognitiver Entwicklung und der Änderung sozialer Beziehungen (im Sinne von Empfindungen anderen gegenüber) besser analysieren und letztlich auch verstehen können.

*Das ‚Gehirn‘ des KOMMUNIKATORs*

In den vorgestellten Modellen wurden die Begriffe vorgegeben und die Verknüpfungen zu anderen Begriffen, die für mögliche Assoziationen stehen, per Zufall festgelegt. Dies entspricht natürlich nicht der Realität, denn wir bilden begriffliche Assoziationen nach bestimmten Kriterien (Kontext, Ähnlichkeiten zwischen Objekten oder Situationen etc.), die die Grundlage für einer *systemimmanente Selbstorganisation* bilden (vgl. Schmidt 1992, Schmidt 1996, Scholnick 1999, Newen/Vogeley 2000). Zusätzlich wird Wissen nicht nur von anderen übernommen, was mit dem Begriff des sozialen Lernen charakterisiert wird (Bandura 1971), sondern Wissen entsteht auch durch die Beobachtung und die tätige Auseinandersetzung mit der materiellen Natur (Piaget 1972, Rogoff 1990). Mit diesen Problemen haben wir uns im Rahmen anderer Forschungsprojekte beschäftigt, in denen wir bereits ein Modell zur Analyse kognitiver Ontogenese entwickelt haben (Klüver 2002, Stoica 2003). Für die nächste Erweiterung des KOMMUNIKATORS, die von Gregor Kaczor implementiert wird, übernehmen wir ein Basismodell der kognitiven Ontogenese, dass wir mithilfe eines künstlichen *Neuronalen Netzwerks* (NN) entwickelt haben, einer „Selbstorganisierenden Karte" (SOM)[13], die ursprünglich von Ritter und Kohonen (1989) entwickelt wurde.

Künstliche Neuronale Netze sind einfach ausgedrückt durch Flexibilität, Lernfähigkeit und Umgang mit unvollständigen Daten charakterisiert. Es gibt eine große Anzahl von unterschiedlichen Merkmalen, die hier nicht näher erläutert werden können. Die SOM zeichnen sich dadurch aus, dass sie zu den „nicht überwacht lernenden" Netzwerken gehören. Nicht überwacht ist der Lernprozess deshalb, weil sie keine vorgegebenen „Lernziele" enthalten, die nach einer Trainingsphase erreicht werden müssen, wie dies bei den meisten NN der Fall ist. Das Ergebnis der Karte ist deshalb selbstorganisiert und nicht durch Vorgaben bestimmt.

Es werden anfangs Vektoren vorgegeben, die wir als „Attributsvektoren" bezeichnen, da sie bestimmte Eigenschaften repräsentieren, wie Farbe, Größe, Nutzen, etc. Den Attributsvektoren werden Konzepte zugewiesen (Begriffe, Regeln etc.), wobei nur diese in der Ausgabe erscheinen. Die Aufgabe dieses NN besteht darin, dass es die Konzepte nach Ähnlichkeitskriterien anordnen soll, wodurch „Cluster" entstehen, also Zusammenfassungen einzelner Begriffe zu Begriffskomplexen. Die Gesamtheit der Cluster bildet ein semantisches Netz.

Entscheidend ist, mit welchem Konzept die SOM startet und welche Attribute als „Startzustand" gewählt werden. Nachdem bestimmt wurde, welches „Konzept" gewonnen hat, werden andere Konzepte, die über einige Überschneidungen mit dem Eigenschaftsvektor (x-Vektor) verfügen, in der unmittelbaren Umgebung angeordnet. Dies ist ebenfalls empirisch nachvollziehbar, da Individuen kognitive Strukturen unterschiedlich entwickeln, je nachdem, welche Reize aus der Umwelt wahrgenommen werden und wie diese verarbeitet werden. Da die Attribute praktisch ‚unsichtbar' sind, ist es für einen Benutzer nicht immer nachvollziehbar, warum die SOM als Endergebnis eine bestimmte Anordnung beziehungsweise Clusterung hat.

Technisch erfolgt die Clusterung nach den folgenden Kriterien, wobei hier bewusst auf sämtliche Details verzichtet wird.[14] Die „Lernregel" für diesen

---

[13] Kohonen hat die von ihm entwickelte Basistechnik als „Self-Organized Map" bezeichnet, daher das M in der Abkürzung.
[14] Mathematisch desinteressierte Leser können die folgenden Passagen überspringen. Erfahrungsgemäß sind NN generell nicht ohne weiteres zu verstehen, da sie technisch nach anderen als konventionellen Prinzipien arbeiten; die gilt meines Erachtens insbesondere für die SOM, daher gehe ich davon aus, dass mehr Details das Verständnis eher nur erschweren würden.

Netzwerktypus ist die „Winner-Take-All"-Regel, in der die Beziehungen zwischen den einzelnen Einheiten als Gewichte w festgehalten werden:

$$w_{ij}(t+1) = w_{ij}(t) + \varepsilon\,(o_j - w_{ij}(t))$$

o ist die Ausgabe (Output) eines Elements und $\varepsilon$ steht für die Lernrate (meistens eine reelle Zahl), die für die Änderung der Gewichtswerte eine besondere Rolle spielt.

Gewinnt eine Einheit beziehungsweise ein „Neuron", wird ein „Zentrum" bestimmt und ein Radius $\sigma_z$ errechnet, in dem die Gewichte der „Nachbarn" h, d.h. Begriffe, die die größten Ähnlichkeiten mit dem Gewinner aufweisen, verändert werden. Die Gewichtsänderung findet dann nach der folgenden Formel statt:

$$w_{ij}(t+1) = w_{ij}(t) + \varepsilon * h_{iz} * (\,x(t) - w_{ij}(t)\,),\ j \in \sigma_z$$

wobei x den Inputvektor repräsentiert. Damit wird gewährleistet, dass in einem Cluster die Begriffe vorhanden sind, die über die größten Überschneidungen mit dem Attributsvektor (x-Inputvektor) verfügen, wobei die „benachbarten" Cluster geringere Überschneidungen mit den Konzepten am „Rand" des vorherigen Zentrums aufweisen.

Die Verknüpfung mit dem KOMMUNIKATOR hat hier die Bedeutung, dass 1) die Begriffe aus der sozialen wie ‚materiellen' Umwelt gelernt werden müssen und 2) – was jetzt wesentlich ist – die Assoziationen nicht mehr per Zufall festgelegt werden, wie in dem bisherigen Modell, sondern von den einzelnen Individuen gemäß ihrer eigenen (kognitiven) Selbstorganisation konstruiert werden. Die Clusterung der Begriffe erfolgt nach Kriterien, die zum Beispiel mit „Aufmerksamkeit" oder „Bedeutung" beschrieben werden können. Wir können beispielsweise lernen, Tiere nach den Ordnungskategorien ‚niedlich', ‚gefährlich', ‚groß' oder ‚klein' zu unterscheiden. Neu gelernte Begriffe müssen ebenfalls in vorhandene Clustern integriert werden, da gemäß theoretischer und empirischer Annahmen neues Wissen in bereits vorhandene Strukturen eingebunden wird. Dies ist kein triviales Problem, denn schließlich darf das bereits Gelernte nicht vergessen oder völlig neu strukturiert werden, wie dies normalerweise bei der Verwendung dieser Neuronalen Netzwerk-Technik geschieht. Die Veränderung eines semantischen Netzes durch einen neuen Begriff darf demnach lediglich lokal erfolgen.

In dem skizzierten Modell soll zusätzlich eine gewisse „Autonomie" der Akteure berücksichtigt werden, die sich insbesondere auf das Lernverhalten auswirkt. Wie in den bisherigen Modellen festgestellt wurde, ist die Entwicklung des Gesamtsystems stark von der Sozialstruktur abhängig. Sozial höher gestellte Akteure bestimmen wie die Verknüpfungen zwischen einzelnen Wissenskomponenten auszusehen haben, was eine Konkretisierung der bekannten marxschen Maxime „das herrschende Wissens ist das Wissen der Herrschenden" darstellt. In diesem Modell soll im Gegensatz dazu die Möglichkeit der kreativen und eigenständigen Entfaltung berücksichtigt werden. Zusätzlich soll eine ‚eigene' Entscheidung darüber getroffen werden können, ob das Wissen eines höher gestellten Akteurs übernommen wird oder nicht.

Neu ist in dieser Modellerweiterung also, dass Lernen nicht nur als Übernahme von Wissen von anderen Kommunikatoren bestimmt wird, sondern auch als eigenständige, aktiv-konstruktive Tätigkeit. Es ist natürlich zu erwarten, dass diese kognitive Autonomie Einflüsse auf die kommunikativen Prozesse hat. Ebenso kann durch eigenständige Informationsverarbeitung, d.h. durch die Bildung neuer Begriffe, neues Wissen in die gesamte Gruppe eingebracht werden. In diesem Fall wird also explizit berücksichtigt, dass kognitive Systeme nicht nur Strukturen wie semantische Netze aufweisen, sondern selbstorganisierende Systeme mit „eigenständigen" Dynamiken sind. Natürlich wirken sich die restlichen Regeln nach wie vor auf das soziale System aus.

**Fazit**

Letztendlich kann man alle vorgestellten Programme miteinander kombinieren (Klüver 2002, Klüver et al. 2004), d.h. die einzelnen Akteure, die mit Neuronalen Netzen modelliert werden, interagieren nach den Regeln eines Zellularautomaten, wodurch wir die Bildung von Subgruppen analysieren können und gleichzeitig auch die unterschiedliche kognitive Entwicklung in Relation zu dem Wissen innerhalb der Gruppe. Der KOMMUNIKATOR wird demnach sukzessive erweitert, so dass wir ein immer adäquateres Modell von der Auswirkung von Kommunikationen innerhalb einer Gruppe erhalten. Gleichzeitig zeigt diese Vorgehensweise, dass wir *methodisch* zunächst mit einem sehr einfachen Modell beginnen müssen, um einzelne Wechselwirkungen zwischen einzelnen Komponenten analysieren zu können. Die einfachen Modelle werden immer mehr erweitert, um sozialen Beobachtungen gerecht werden zu können. Mit anderen Worten: Es findet eine ständige dialektische Wechselbeziehung statt zwischen theoretischen Vorannahmen, Modellkonstruktion, Testen des Modells in Simulationen, Überprüfung der Testergebnisse an realen, empirisch zu beobachtenden Fällen, Revision des Modells sowie notwendige Erweiterungen oder gegebenenfalls auch Revision der Vorannahmen undsofort. Die Modelle zur Prognose von Gruppenprozessen wurden beispielsweise von Examenskandidaten überprüft, die reale Gruppen von Kindern und Jugendlichen beobachteten, einschlägige Soziomatrizen in unsere Programme eingaben und das reale Verhalten der Gruppe mit den Prognosen der Modelle verglichen. Die sehr einfachen Modelle hatten dabei einen erstaunlich hohen Prognosewert (Klüver/Stoica 2003). Am vorletzten Beispiel war zu sehen, in welche Richtungen diese Modelle ausbaufähig sind.

Offenbar gehen in Modelle wie den KOMMUNIKATOR konstruktivistische Prinzipien in zweifacher Weise ein. Zum einen wird die soziale Realität (re)konstruiert, d.h. in einer virtuellen Welt neu erzeugt. Diese Neukonstruktionen sind, wie immer in der Wissenschaft, nicht beliebig, sondern versuchen das Beobachtete möglichst unmittelbar in die jeweiligen Modelle zu transformieren. Dadurch nähert sich Sozialwissenschaft dem theoretischen und methodischen Vorgehen der Naturwissenschaft, die die physikalische Realität ja nie nur einfach beobachtet, sondern konstruktiv im Experiment und in mathematischen Modellen neu erzeugt.

Zum anderen wird die modellierte und neu erzeugte soziale Realität selbst als Ergebnis konstruktiver Prozesse der beteiligten Akteure beziehungsweise Kommunikatoren verstanden und diese werden ebenfalls als konstruktiv vorgehende Systeme modelliert. In beiden Fällen haben wir es mit der konstruktiven Modellierung sozialer Realität zu tun, die als Konstruktionsergebnis von individuellen Systemen, die Realität konstruktiv erfassen und durch ihre soziale Interaktion soziale Realität „gesellschaftlich konstruieren", verstanden wird (Berger/Luckmann 1969). Computermodelle repräsentieren diese gesellschaftliche und kognitive Konstruktion von Realität in den kommunikativen und kognitiven Vorgehensweisen der künstlichen Akteure. Ich glaube, dass Vico hierin eine Bestätigung seines weiter oben zitierten Prinzips gesehen hätte, auch wenn ihn die methodischen Mittel sicher etwas erstaunt hätten.

## Literatur

Bandura, Albert (1971): Social Learning Theory. New York: Prentice Hall.
Berger, Peter/Luckmann, Thomas (1969): Die gesellschaftliche Konstruktion der Wirklichkeit. Frankfurt/M.: Fischer.
Bertalanffy, Ludwig von (1951): Zu einer allgemeine Systemlehre. In: Biologia Generalis. Archiv für die allgemeinen Fragen der Lebensforschung 19, 114 -129.
Bonneuil, Noël (2000): Viability in Dynamic Social Networks. In: Journal of Mathematical Sociology 24, 175-192.
Einstein, Albert/Infeld, Leopold (1956): Die Evolution der Physik. Reinbek: Rowohlt.

Esser, Hartmut (2000): Soziologie. Spezielle Grundlagen. Bd. 2: Die Konstruktion der Gesellschaft. Frankfurt /M.: Campus.

Fischer, Hans R./Peschl, Markus (1996): Konstruktivismus. In: Strube, Gerhard (Hrsg.) (1996): Wörterbuch der Kognitionswissenschaft. Stuttgart: Klett-Cotta, 329-331.

Freeman, Linton C. (1989): Social Networks and the Structure Experiment In: Freemann, Linton C./White, Douglas R./Kimball, Romney A. (Hrsg.): Research Methods in Social Network Analysis. Fairfax: George Mason University Press, 11-40.

Hügli, Anton/Lübcke, Poul (Hrsg.) (1998): Philosophielexikon. Reinbeck: Rowohlt.

Holland, John R. (1998): Emergence. From Chaos to Order. Reading (MA): Addison Wesley.

Klüver, Jürgen/Schmidt, Jörn (1999): Control Parameters in Cellular Automata and Boolean Networks Revisited. From a Logical and a Sociological Point of View. In: Complexity 5, H. 1, 45-52.

Klüver, Jürgen (2000): The Dynamics and Evolution of Social Systems. New Foundations of a Mathematical Sociology. Dordrecht: Kluwer Academic Publishers.

Klüver Jürgen (2002): An Essay Concerning Sociocultural Evolution. Theoretical Principles and Mathematical Models. Dordrecht: Kluwer Academic Publishers.

Klüver, Jürgen/Stoica, Christina/Schmidt, Jörn (2003): Formal Models, Social Theory and Computer Simulation: Some Methodical Reflections. In: Journal of Artificial Societies and Social Simulation 6, H. 2, <http://jasss.soc.surrey.ac.uk/6/2/8.html>.

Klüver, Jürgen/Malecki, Rouven/Schmidt, Jörn/Stoica, Christina (2004): Cognitive Ontogenesis and Sociocultural Evolution. In: Klüver, Jürgen (Hrsg): On Sociocultural Evolution. Special Issue of CMOT (Computation and Mathematical Organizational Theory. Kluwer (im Erscheinen).

Kuhn, Thomas S. (1967): Die Struktur wissenschaftlicher Revolutionen. Frankfurt/M.: Suhrkamp.

Moreno, Jacob L. (1953): Who Shall Survive. New York: Beacon House.

Newen, Albert/Vogeley, Kurt (Hrsg.) (2000): Selbst und Gehirn. Menschliches Selbstbewußtsein und seine neurobiologischen Grundlagen. Paderborn: Mentis.

Peschl, Markus F. (1994): Repräsentation und Konstruktion. Kognitions- und neuroinformatische Konzepte als Grundlage einer naturalisierten Epistemologie und Wissenschaftstheorie. Braunschweig/Wiesbaden: Vieweg.

Piaget, Jean (1972): The Principles of Genetic Epistemology. London: Routledge.

Ritter, Helge/Kohonen, Teuvo (1989): Self-Organizing Semantic Maps. In: Biological Cybernetics 61, 241-254.

Rogoff, Barbara (1990): Apprenticeship in thinking: Cognitive development in social context. New York: Oxford University Press.

Schmidt, Siegfried J. (Hrsg.) (1992): Gedächtnis. Probleme, Perspektiven der interdisziplinären Gedächtnisforschung. Frankfurt/M.: Suhrkamp.

Schmidt, Siegfried J. (1996): Kognitive Autonomie und soziale Orientierung. Konstruktivistische Bemerkungen zum Zusammenhang von Kognition, Kommunikation, Medien und Kultur. Frankfur/M.: Suhrkamp.

Scholnick, Ellin K. (Hrsg.) (1999): Conceptual Development. Piaget's Legacy. London: Lawrence Erlbaum Associates Publishers.

Stoica, Christina (2000): Die Vernetzung sozialer Einheiten. Hybride interaktive neuronale Netzwerke in den Kommunikations- und Sozialwissenschaften. Wiesbaden: DUV.

Stoica, Christina (2003): A Model of Cognitive Ontogenesis in Dependency of Social Contexts. In: Frank Detje/Dörner, Dietrich/Schaub, Harald (Hrsg.) (2003): The Logic of Cognitive Systems. Proceedings of the Fifth International Conference on Cognitive Modeling (ICCM), Bamberg: Universitätsverlag, 299-301.

*Claudia Schmid*

# Raumdesign mit Autonomen Agenten

Der vorliegende Beitrag stellt eine Designmethode vor, in der speziell entwickelte Computerprogramme unter der Einbeziehung von Beobachterstandpunkten virtuelle Räume generieren. Neben einer allgemeinen Verortung der Rolle des Computers im Architekturentwurf werden die der Designmethode zugrunde liegenden Prinzipien erläutert. Diese stützen sich zum einen auf Algorithmen aus der *Artificial Life*-Forschung, insbesonders so genannten „Autonomen Agenten", zum anderen auf systemtheorethische und konstruktivistische Ansätze, die auf den computergestützten Entwurfprozess angewandt werden. Anhand von illustrierten Beispielen werden die Prozesse näher erklärt und ein Ausblick auf weitere Entwicklungen gegeben. Vorweg sei noch angemerkt, dass die Beschreibung des Designprozesses durch die direkte Beobachtung am Bildschirm eine Erfahrung darstellt, die ein schriftlicher Beitrag nicht leisten kann.[1] Genau das ist auch meine Motivation mit digitalen Prozessen zu arbeiten. Sie eröffnen Erfahrungsräume, die herkömmliche Methoden nicht bieten können.

## Computer Aided Architectural Design (CAD)

Die Tätigkeiten von ArchitektInnen werden auf unterschiedliche Art und Weise durch den digitalen Bereich unterstützt. Neben der Anwendung des Computers als Mittel zur Darstellung von Plänen und zum Austausch von Daten, kann man zwischen zwei grundsätzlich verschiedenen Tendenzen unterscheiden, den Computer als entwurfsbestimmendes Instrument einzusetzen.

### Computerunterstützter Entwurf

Viele ArchitektInnen lernen ihre Entwurfstechniken aus ihren konkreten Erfahrungen und entwickeln im Laufe der Zeit eine individuelle, oftmals intuitive Herangehensweise beim Entwurf, die sich nur schwer explizit rekonstruieren lässt. Für diese Art des Entwerfens ist der Computer auch nur partiell einsetzbar,

---

[1]  Bildbeispiele für Simulationen können unter <http://www.c2s2.at/simulationen> eingesehen werden.

denn was sich nicht explizieren lässt, kann auch nicht programmiert werden. Viele ArchitektInnen lassen sich in diesem Sinn von bestehender Software, die intuitives Vorgehen erlaubt, inspirieren oder animieren. Fündig werden sie dabei vor allem bei Animationssoftware, die Tricks und Tools anbietet, die die Imagination erweitern können und ein ständiges Eingreifen der UserIn in das Computerprogramm erlauben, bis das gewünschte Ergebnis erzielt wird (häufige Schnittstellen Mensch/Computer). Entscheidend dabei ist nicht der Prozess selbst, sondern lediglich ob das Ergebnis der Softwareanwendung für die Ideenfindung beim Entwurf geeignet ist.

*Computergenerierter Entwurf*

Völlig anders verhält es sich beim computergenerierten Entwurf. Aus einer ursprünglich intuitiven Vorgangsweise werden Parameter herausgefiltert, die den Ablauf und die Struktur des Entwurfes bestimmen sollen und im Anschluss an diese Rekonstruktion in einem Programm umgesetzt werden. Der Entwurf wird dann von diesem Programm ausgeführt beziehungsweise generiert, ist beliebig oft wiederholbar und kann je nach Parameterveränderung unzählige verschiedene Ergebnisse hervorbringen. Der Mensch greift während des Ablaufs des Programmes kaum ein (wenige Schnittstellen Mensch/Computer). Für gewünschte Veränderungen im Ergebnis muss das ganze Programm geändert werden. Programme, die speziell für die Generierung architektonischer Entwürfe entwickelt werden, werden häufig als Plug-ins für bestehende Software geschrieben, um deren aufwändige grafische und mathematische Oberflächen nutzen zu können.

Ebenso wie sich ArchitektInnen bei herkömmlichen Designpraktiken anderer Wissensbereiche bedienen, orientieren sich auch computergenerierte Entwürfe an anderen Wissengebieten beziehungsweise Theorien:

- *Morphologie:* Einwirkung äußerer Kräfte beziehungsweise Umweltfaktoren auf den Designprozess, Simulationsstudien, die den Verlauf von Kräften in Strukturen sichtbar machen
- *Evolutionstheorie:* Übertragung von Wirkprinzipien der Natur in den technischen Bereich, Ausdifferenzierung und Optimierung von Formen durch Selektion und Rekombination, Übergang zu dem Prozess, der die Form hervorbringt, Herausbildung wünschenswerter Entwurfseigenschaften mithilfe der Evolutionsmechanismen Selektion und Rekombination

– *Selbstorganisationstheorie* beziehungsweise *Artificial Life-Forschung:*
Bottom-up statt Top-down-Programmierung, bei der aus der Interakti-
on einfacher, lokal definierter Regeln ein globales, unvorhergesehenes
Entwurfsergebnis ensteht

Viele dieser Techniken bieten zwar formal erstaunliche Ergebnisse, sind aber
für die Anforderungen eines Architekturentwurfes nicht unbedingt geeignet. Für
mich sind bei der Auswahl digitaler Praktiken zwei Kriterien entscheidend: *In-
novationspotenzial* und *Flexibilität* beziehungsweise Anschlussfähigkeit an die
Notwendigkeiten und Erfordernisse eines Architekturentwurfs. Beide Kriterien
sind meiner Ansicht nach im Bereich der *Artificial Life*-Algorithmen verwirklicht, und dort besonders beim Programmieren von Autonomen Agenten.

**Artificial Life Algorithmen**

„(....)The key concept in Artificial Life is emergent behavior. Natural life emerges out of the
organized interaction of a great number of non-living molecules, with no global controller
responsible for the behavior of every part. Rather, every part is a behavior itself, and life is the
behavior that emerges from all of the local interactions among individual behaviors. It is this
bottom-up, distributed, local determination of behavior that AL employs in its primary methodological approach to the generation of lifelike behaviors." (Langton 1989: 3)

*Allgemeine Prinzipien der Artifical Life-Forschung*

Die Basis von *Artificial Life*-Algorithmen bilden einfache Regeln („low level"
oder „local" rules). Durch die Interaktion dieser Regeln entstehen komplexe
Verhaltensweisen („global complex behaviors"), die aus den einfachen Regeln
nicht ersichtlich sind oder erwartet werden können. Für menschliche BeobachterInnen ist das Phänomen, dass komplexes Verhalten nicht unbedingt komplexe
Wurzeln braucht, sehr erstaunlich, besonders wenn bei der Implementation dieser Regeln Zufallsgeneratoren angewandt werden.

Computerprogramme, die in der *Artificial Life*-Forschung entwickelt werden
und eine hohe Rechnerkapazität benötigen, helfen solche komplexen Phänomene zu verstehen. Einer der Nachteile des synthetischen Ansatzes von *Artifical
Life* liegt in dem großen Interpretationsspielraum und dem beschränkten Erklä-
rungspotenzial des Modells. Diese Nachteile werden aufgrund der emergenten
Eigenschaften dieser Programme in Kauf genommen.

*Emergenz*

Ein Hauptmerkmal von *Artificial Life*-Modellen lässt sich im Anschluss an Christopher Langton unter dem Begriff der „Emergenz" zusammenfassen. Vom Phänomen der Emergenz wird dann gesprochen, wenn durch die Interaktion von lokalen, zumeist einfach definierten Parametern neue Verhaltensweisen, Eigenschaften oder neue Strukturen entstehen. Keine der anfangs installierten Parameter oder „low-level instructions" sind so global definiert, dass sie das Endergebnis bestimmen könnten. Das globale Ergebnis wiederum hat einen Einfluss auf die lokalen Interaktionen indem es den Kontext für die Anwendung derselben bildet.

Ein typisches und einfaches Beispiel für solche Systeme ist das *Game of Life* (vgl. Gardner 1970). Innerhalb eines zumeist zweidimensionalen Rasters beziehungsweise „Universums" fällt die Entscheidung ob eine Zelle ‚lebt' oder ‚stirbt' je nach Kontext der Zelle, das heißt je nach der Anzahl und dem Status ihrer benachbarten Zellen. In der Natur entspricht dieser Prozess dem Verhalten von Individuen, das sich ausschließlich an einem lokalen Kontext orientiert, beispielsweise einem Vogelschwarm, in dem sich das Flugverhalten der einzelnen Vögel jeweils an der Position ihrer Nachbarn orientiert.

*Vorteile von emergenten Berechnungen*

Wenn das emergente Verhalten auf expliziten Algorithmen basiert (vgl. Forrest 1990), spricht man von „emergenten Berechnungen" („emergent computation"). Emergente Berechnungen weisen einige Vorteile gegenüber traditionellen Rechenvorgängen auf (vgl. Langton 1989). Traditionelle Modelle mit einer zentralen Kontrollstruktur sind weniger effizient als Modelle mit einer dezentralisierten Architektur. Jeder Versuch intelligenter Systeme mit sich schnell und dynamisch verändernden Umwelten fertig zu werden wird an dem Umstand fehlender Instruktionen eines globalen Plans in der Umwelt selbst scheitern. Ein dezentrales System mit emergenten Verhaltensmustern ist deshalb viel besser dazu geeignet sich einer ändernden Umwelt anzupassen. Nonlineare und komplexe Systeme sind vom globalen Standpunkt aus betrachtet kaum zu formalisieren.

*Was ist ein Agent?*

Einen Schwerpunkt der theoretischen und computerwissenschaftlichen Grundlagen der *Artificial Life*-Forschung bildet die Untersuchung der Dynamik von

Agentennetzwerken. Agenten sind Programmstrukturen, die homogen oder heterogen sein und je nach Modell unterschiedliche Einheiten repräsentieren können wie beispielsweise

- Komponenten einer Reihe von Computerprozessoren
- Zellen im menschlichen Immunsystem
- individuelle Spezies in ökologischen Systemen
- individuelle Konsumenten in der Ökonomie

Agenten bilden die Basiseinheit von adaptiven Agentennetzwerken. Ein Agent kann jede beliebige Aktionseinheit in einem System darstellen, eine Einheit, die dazu imstande ist, Ereignisse zu generieren, die das eigene und das Verhalten der anderen Agenten beeinflussen können. Das Verhalten dieser Netzwerke entwickelt sich relativ zu den Strategien, die von den einzelnen Agenten in der Interaktion mit anderen Agenten in einer sich ändernden Umwelt angewendet werden. Agentsysteme sind vor allem dazu geeignet, empirische Daten über Verhaltensweisen und Handlungen in Simulationen einzusetzen, da sie auf unterschiedliche, individuelle Charakteristiken Bezug nehmen können, die mit herkömmlichen Programmiermethoden nur schwer formal umsetzbar sind. Die Ereignisse werden durch einen Aktionsplan, der bestimmt in welcher Art und Weise sie stattfinden, durchgeführt.

*Struktur eines Agentensystems*

Beim Aufbau eines Agentensystems sollten folgende Aspekte berücksichtigt werden (vgl. Casti 1997):

- *Wiedergabegüte:* Das Modell sollte fähig sein, die Realität in dem Maße abzubilden wie es notwendig ist, die Fragen zu beantworten, für die das Modell gebaut wurde.
- *Einfachheit:* Probleme sollten auf das absolut Notwendige reduziert und vereinfacht werden, um die Fragen beantworten zu können, die gestellt werden. Die Kompaktheit des Modells bemisst sich an der Anzahl der Variablen und der Komplexität der Verbindungen zwischen den Subsystemen. Die Simulation sollte so weit wie möglich vereinfacht werden.
- *Klarheit:* Das Modell sollte einfach verständlich sein. Die Voraussagen beziehungsweise Erklärungen, die das Modell für die realen Phänomene bietet und die Regeln, die von den Agenten angewandt werden, um

zu dem beobachteten globalen Verhalten des Systems zu führen, sollten einfach sein.

– *Machbarkeit:* Die Computerressourcen, die notwendig sind, um die Voraussagen und Erklärungen des Modells zu liefern, sollten im Rahmen des Möglichen sein.

– *Daten und Statistiken*: Das Programm sollte immer wieder mit verschiedenen Einstellungen des Zufallsgenerators ablaufen und von jedem Ablauf Daten und Statistiken gesammelt werden. Zusätzlich sollten immer wieder die Parameter des Systems geändert werden um die Quellen des Verhaltens zu identifizieren und die Folgen der verschiedenen Parameter-Settings festzuhalten.

## Konstruktivistische und systemtheoretische Prinzipien in der Architektur

Im Folgenden werde ich Überlegungen aus dem Bereich der Systemtheorie und des Konstruktivismus vorstellen, die für den digitalen Entwurfsprozess mit Autonomen Agentennetzwerken fruchtbar gemacht werden können.

### Menschen als Beobachter

„Anything said is said by an observer. In his discourse the observer speaks to another observer, who could be himself; whatever applies to the one applies to the others as well. The observer is a human being, that is a living system, and whatever applies to living systems applies to him." (Maturana /Varela 1980: 8)

Menschen sind lebende Systeme mit der Fähigkeit, durch Interaktionen Beobachtungen zu machen und diese Beobachtungen innerhalb ihrer sprachlichen Bereiche zu beschreiben. Sie können ihre eigenen Beschreibungen (als Resultat von Selbst-Beobachtung und Selbst-Bewusstsein) sowie die Beschreibungen von anderen Beobachtern beschreiben.

Nach George Spencer-Brown besteht Beobachten ist dem Vorgang, eine Unterscheidung zu treffen und dadurch etwas zu bezeichnen. Beobachten ist nicht möglich ohne eine Unterscheidung zu treffen.

### Eine Unterscheidung treffen

„We take as given the idea of distinction and the idea of indication, and that we cannot make an indication without drawing a distinction. We take, therefore, the form of distinction for the form." (Spencer-Brown 1979: 1)

Der Vorgang des Beobachtens vollzieht sich mit dem Einsetzen einer Unterscheidung in einen Raum, der unmarkiert bleibt. Der Beobachter muss also eine Unterscheidung verwenden, um diesen Unterschied zwischen unmarkiertem und markiertem Raum und zwischen sich selbst und dem, was er bezeichnet, zu erzeugen. Die Unterscheidung dient nur dazu, etwas im Unterschied zu etwas Anderem zu bezeichnen.

Es gibt unzählige Formen möglichen Unterscheidens. Wenn mehrere Beobachter eine bestimmte Unterscheidung wählen, operieren sie im Sinne einer Gemeinsamkeit, die außerhalb der Form erzeugt wird (vgl. Luhmann 1997).

*Basales Element der Architektur: Abschirmung*

Im Falle der Architektur, besonders im Falle der Programmierung von Elementen, die man als architektonische bezeichnen kann, stellt sich nun die Frage, was unterschieden werden kann, um von Architektur sprechen zu können. Die basale Unterscheidung der Architektur, die jeder Seite eines Elements einen Wert gibt, der ohne diese Unterscheidung nicht existieren würde, ist die Abschirmung (vgl. Baecker 1992). Abschirmungen treten in verschiedensten Erscheinungsformen mit jeweils anderen Unterscheidungen auf:

- innen/außen → Wand
- oben/unten → Decke
- frei/überdacht → Dach
- kalt/warm (heiß/kühl) → geschlossener Raum

Die Frage, wie diese basalen Elemente gekoppelt sind beziehungsweise die Unterscheidung von Medium/Form, wie sie von Luhmann (1997) vorgeschlagen wird, ist der nächste Schritt meiner systemischen Betrachtungsweise von Architektur.

*Medium*

Der Begriff des Mediums bezeichnet die lose Koppelung von Elementen, d.h. die Offenheit einer Vielzahl von möglichen Verbindungen. Das Medium ist die Bedingung der Möglichkeit Formen bilden zu können. Im Falle der Architektur ist das Medium die Mannigfaltigkeit aller möglichen Abschirmungen.

*Form*

Formen werden in einem Medium durch die feste Koppelung seiner Elemente gewonnen. Formen, die durch die feste Koppelung der Möglichkeiten eines Mediums gebildet werden, unterscheiden sich jeweils von den anderen Möglichkeiten, die das Medium bietet. Ein Beispiel im Falle der Architektur wäre die Innenseite eines Gebäudes im Gegensatz zu seiner Außenseite. Formen sind immer informativer als das Medium selbst. Basale Elemente der Abschirmungen beinhalten selbst nur wenig Information, weil die Information, die die Architektur auszeichnet, erst durch Formbildung gewonnen wird. Erst die Formbildung bewirkt Überraschung und garantiert Varietät, weil es für jede Gestaltung mehr als nur eine Möglichkeit gibt und dadurch die Anregung entsteht, sich andere Möglichkeiten zu überlegen. Die Formbildung erfüllt außerdem die wichtige Funktion der Unterscheidung von Erinnern und Vergessen – was häufiger zur Formbildung verwendet wird, wird erinnert.

Für die Programmierung von Architekturentwürfen ergeben sich aus diesen Überlegungen folgende Fragestellungen: Wie können individuelle Beobachtungsstandpunkte in einen Entwurf integriert werden? Welche Art der Formbildung kann gewählt werden? Bevor ich diese Fragen anhand eines konkreten Simulationsbeispiels diskutiere, werden im Folgenden noch raumphilosophische Aspekte der Beobachtungsproblematik und der Unterscheidung Medium/Form skizziert, die für die Programmierung von Autonomen Agenten und meine digitalen Entwürfe mithilfe von *Artifical-Life*-Algorithmen von entscheidender Bedeutung sind.

**Autonome Agenten bewegen sich durch den Raum, beobachten und formen**

*Nurb-Surfaces und Topologische Landschaften*

Seit CAD und Animationsprogramme für ArchitektInnen einfach zugänglich sind, werden die Modi, in denen architektonisches Design beschrieben und hervorgebracht wird, neu überdacht. Die Herausforderung der zeitgenössischen Architekturtheorie und von Designprozessen wird es auch sein, das Vorhandensein und die Verwendung dieser Tools in einer differenzierteren Weise verstehen zu lernen, anstatt nur eine neue Reihe von Formen mit ihnen zu produzieren.

Der Architekt und Architekturtheoretiker Greg Lynn (1999) hat in diesem Zusammenhang einen sehr interessanten Ansatz entwickelt, der Bewegung und

Kraft in seiner Arbeit integriert. Er versucht, die Denkweise in der architektonischen Praxis, die auf Trägheit und Statik basiert, zu überwinden. Gregs theoretischer Ansatz basiert auf der Debatte zweier verschiedener Gravitationsmodelle die durch die Philosophien von René Descartes und Gottfried Wilhelm Leibniz repräsentiert werden.

Descartes isolierte und reduzierte die Elemente in einem dynamischen System auf deren konstitutive Bestandteile um eine Gleichung des stationären Kosmos („steady-state equation") zu schaffen: er eliminierte Zeit und Kraft aus dieser Gleichung, um eine exakte Position eines Körpers zu berechnen. Leibnitz untersuchte im Gegensatz dazu die Komponenten innerhalb ihres kontextuellen Umfelds von Einflüssen und innerhalb eines sich entwickelnden zeitlichen Kontinuums. Er legte fest, dass eine Position im Raum nur kontinuierlich als vektorieller Fluss berechnet werden kann. Den Begriff, den er jeder temporär reduzierten Komponente beziehungsweise jedem primitivem Element zuschrieb, ist der der „Monade".

Mit dem Begriff des Integrals formulierte Leibniz die Idee, dass in jeder Monade der Kern der gesamten Gleichung angelegt ist. Jede Monade hat die Fähigkeit eine „mögliche Welt" zu entfalten. Diese Vorstellung von Gravitation als Integral beinhaltet die Uminterpretation des Raums als neutraler und zeitloser Einheit in eine temporalisierte Dynamik. Die Konsequenz dieser Raumvorstellung ist der Wechsel von fixierten Punkten im neutralen Raum zu einem Raum, der durch Vektoren definiert ist. Dadurch ergeben sich völlig neue Möglichkeiten Architektur zu entwerfen und zu gestalten.

Jede noch so einfache CAD-Software ist mit topologischen Oberflächen ausgestattet. Topologische Einheiten werden durch einen Kalkül definiert. Anstatt einzelne Punkte an der Oberfläche eines Volumens (eines Körpers) werden verschiedene Werte definiert, die den Körper sozusagen ‚tragen'. Diese flexiblen Oberflächen werden „ Nurb-Surfaces" genannt und setzten sich aus so genannten „splines" zusammen. Im Gegensatz zu Linien sind splines durch Vektoren, die in eine Richtung weisen, definiert. Diese Vektoren sind an Linien mit hängenden Gewichten aufgehängt, die den spline modellieren. Die Gewichte hängen von kontrollierenden Eckpunkten („Kontrollpunkten"), die in einem Raum lokalisiert sind, der durch x-, y- und z-Achsen definiert ist. Die Richtung und Stärke der Gewichte entwickelt entlang der Oberfläche aus einer Sequenz von Eckpunkten heraus eine Spannung.

Obwohl die Kontrollpunkte in einem kartesiansischen Raum, der auf Punkten basiert, festgelegt sind, werden die splines nicht als Punkte sondern als „Flüsse" definiert. Die spline-Kurve unterscheidet sich von einer Linie oder einem Radius insofern, als ihre Form nicht auf exakte Koordinaten reduzierbar ist. Sie wird als Konstellation von gewichteten Kontrollpunkten modelliert und jede Position im Rahmen der kontinuierlichen Serie dieser Punkte kann nur durch die relative Position innerhalb einer Sequenz von Gewichtungen bestimmt werden.

Die ästhetische Konsequenz dieser Raumkonzeption sind Deformationen und Transformationen von Oberflächen, die häufig Formen der Natur ähneln und manchmal auch als „organische Architektur" oder als „komplexe Landschaften" bezeichnet werden. Lynn merkt in diesem Zusammenhang an:

> „The organic appearance of what will later be discussed as a system of interaction and curvilinearity is a result of organizational principles based on differentials. The formal organizations that result from the sequential mathematical calculation of differential equations are irreducible open in terms of their shape. They are often interpreted as organic, because of the inability to reduce these shapes to an ideal form (…)." (Lynn 1999: 19)

Eine Landschaft ist allgemein ein System, in dem sich Veränderungen in fließenden Übergängen über eine Oberfläche verteilen, so dass ihr Einfluss nicht an einem diskreten Punkt lokalisiert werden kann. *Splines* sind ein konstitutives Element topologischer Landschaften. Weiters impliziert eine topologische Landschaft auch eine ‚geo-logische' Zeitskala der Formung, insofern als ihre Form trotz ihrer statischen Erscheinungsweise in einem bestimmten Moment das Produkt eines langen, sich über weite Zeiträume erstreckenden historischen Entwicklungsprozesses darstellt.

*Experimente mit Agenten in Microstation*

Die philosophischen Überlegungen zur Dynamik von Räumen beziehungsweise zu topologischen Landschaften wurden in einer Serie von Experimenten mit Agentensystemen, die in Microstation Basic innerhalb der dreidimensionalen Umgebung des CAD-Programmes Microstation programmiert wurden, umgesetzt.

Ausgangspunkt aller Experimente war die Entscheidung, durchgehend mit dreidimensionalen Formen beziehungsweise Räumen zu arbeiten. Aufgrund der einzigartigen Eigenschaften der oben beschriebenen „Nurb-Surfaces", auf denen beliebige Formtransformation durchgeführt werden können, wurden diese als Medium für die architektonische Formbildung ausgewählt (siehe Abbildung 1). In einem zweiten Schritt wurden Agenten als Aktionseinheiten, die mit dem Medium beziehungsweise mit den Oberflächen interagieren, definiert.

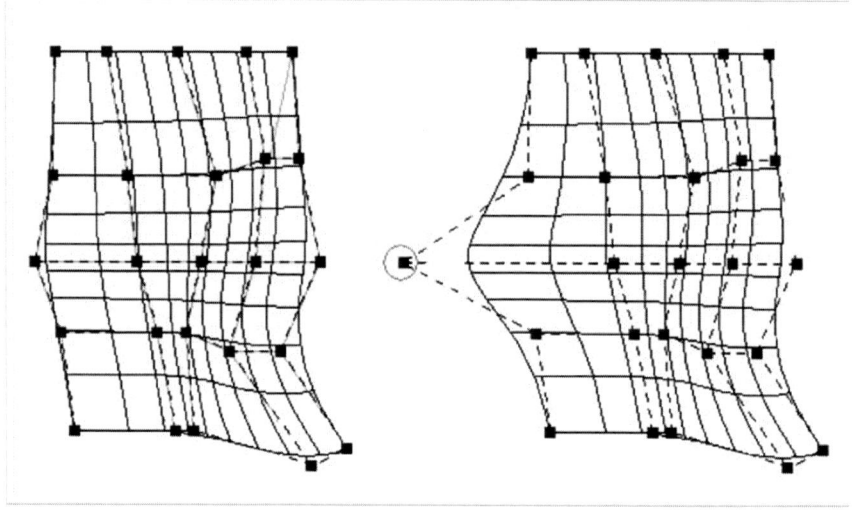

Abb. 1: Nurb-Surfaces mit gewichteten Kontrollpunkten, die durch Agenten verformt werden.

Die Agenten, mit denen die ersten Experimente durchgeführt wurden, definierten sich als Aktionseinheiten, die die Fähigkeit hatten, sich in eine bestimmte Richtung zu bewegen und die Umgebung nach Unterscheidungen wie horizontal/vertikal zu untersuchen. Diese Agenten wurden durch eine Linie und eine Richtung im x-, y-, z-Koordinatenraum repräsentiert. Mit jedem Simulationsexperiment wurden die Fähigkeiten der Agenten erweitert.

*Simulation A*

Durch die Interaktionen der Agenten untereinander und mit der Oberfläche entstehen komplexe Raumhüllen. Die Agenten sind durch folgende Merkmale gekennzeichnet:

- Die Fähigkeit des Agenten sich in eine bestimmte Richtung zu bewegen, repräsentiert durch eine Position im Raum („data point") und eine Linie.
- Jeder Agent weicht, durch einen Zufallsgenerator bestimmt, leicht von der bestimmten Richtung ab (was bedeutet, dass nicht vorhersehbar ist, wohin sich der Agent genau bewegt).

- Nach dem Eintreffen einer bestimmten Bedingung, in diesem Fall dem Aufeinandertreffen mit einem anderen Agenten, können sich die Agenten reproduzieren.
- Je nach zugeteilten Eigenschaften und dem Eintreffen von bestimmten Ereignissen können die Agenten die Oberfläche verformen und falten.

Der Aktionsplan dieses Experiments lässt sich wie folgt beschreiben: Eine bestimmte Anzahl von Agenten startet von definierten Punkten in Richtung einer zunächst flachen Oberfläche. Durch Zufallsgeneratoren weichen sie leicht von ihrer Richtung ab. Sobald sie auf die Oberfläche treffen, beginnen sie diese zu verformen indem sie den nächst gelegenen Kontrollpunkt in eine bestimmte Richtung bewegen. Je nach dem für jeden Agenten anders definierten Wert und je nach Beschaffenheit der Oberfläche selbst wird diese leicht oder massiv verformt.

Sobald sich zwei Agenten im Bereich der Oberfläche begegnen, ensteht ein neuer Agent. Der neue Agent ist zusätzlich mit der Fähigkeit ausgestattet, die Oberfläche zu erweitern und zu falten. Jede Interaktion der Agenten untereinander beziehungsweise mit der Oberfläche schafft wieder andere, neue Bedingungen für die weiteren Interaktionen. Das entstehende Ergebnis ist eine komplex gefaltete Oberfläche, die in ihrer Beschaffenheit und Formgebung jedes Mal neu entsteht und nicht vorhersehbar ist. Mit ein- und demselben Programm können durch die Veränderung des Zufallsgenerators unzählige verschiedene Ergebnisse erzielt werden nur (siehe Abbildung 2).

*Simulation B*

Im nächsten Experiment wurden mehrere Oberflächen verwendet, die in einen räumlichen Kontext gestellt wurden. Weites wurden die Fähigkeiten der Agenten erweitert. Zu den oben genannten Fähigkeiten kommen folgende hinzu:

- Jeder Agent besitzt ein Blickfeld, repräsentiert durch eine Perspektive in Augenhöhe.
- Innerhalb dieser Perspektive hat jeder Agent einen vordefinierten Aktionsrahmen.
- Jeder Agent hat die Fähigkeit, die Oberflächen innerhalb der Pespektive zu verformen, repräsentiert durch einen Vektor, der in eine bestimmte Richtung weist.
- Jeder Agent hat die Fähigkeit, die dreidimensionale Umgebung anhand

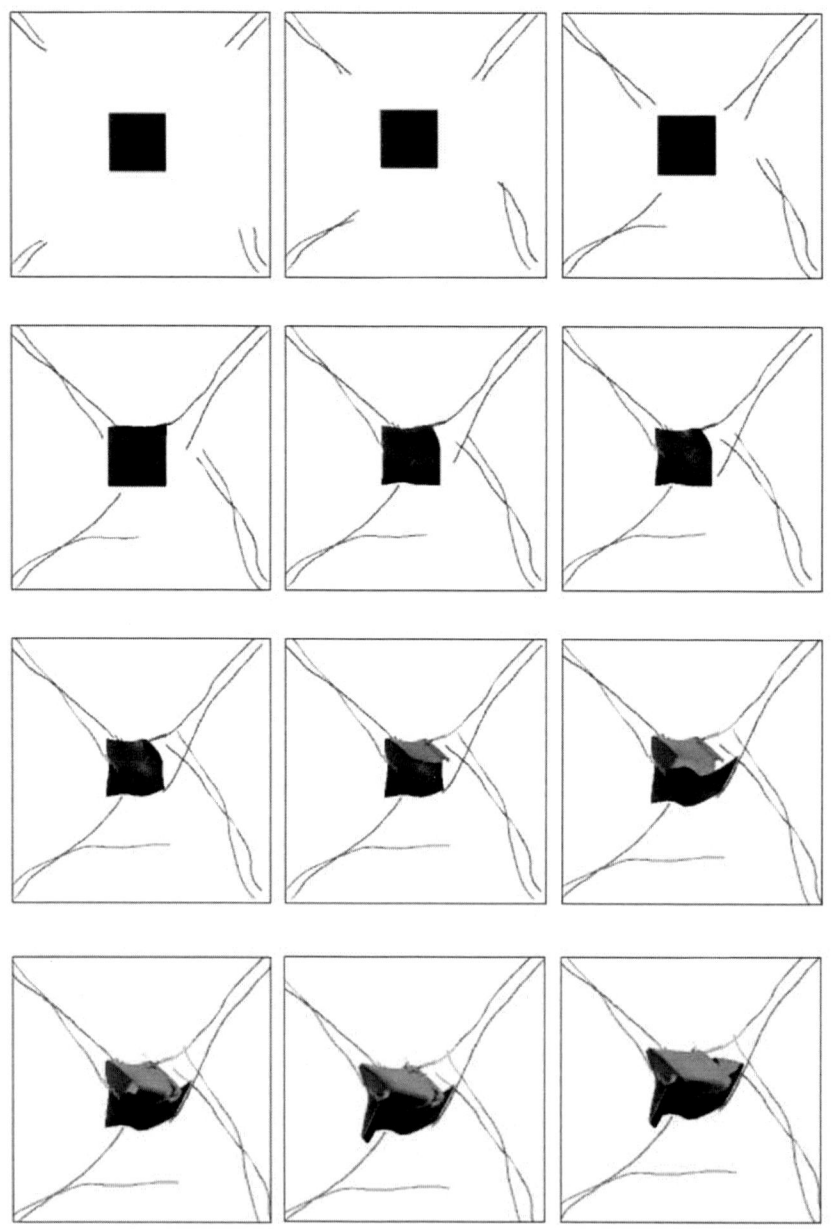

Abb. 2: Schrittweise Verformung einer Nurb-Oberfläche durch die Interaktion von Agenten.

von Faktoren beziehungsweise Unterscheidungen wie horizontal/vertikal zu erkennen. Diese Faktoren werden durch Zahlen repräsentiert, die als Verformungs-Multiplikatoren dienen (Beispiel: Hat der Agent in seinem Gesichtsfeld ein sehr hohes Gebäude, ‚darf‘ seine Verformung in vertikaler Richtung entsprechend größer ausfallen.)

Die Parameter, die in der dreidimensionalen Umgebung das Verhalten der Agenten mitbestimmen, wurden nach den Vorstellungen der Gestaltpsychologie Rudolf Arnheims (1977) definiert. Die visuelle Wahrnehmung von dreidimensionalen Formen wurde entsprechend entlang folgender Unterscheidungen analysiert:

- horizontal/vertikal
- innen/außen
- Frontalität/Tiefe
- festgesetzt/erhöht
- massiv/hohl
- Ganzes/Teile
- Verbundenheit/Isolation

Der grundlegende Gedanke, auf dem diese Analyse beruht, ist die Vorstellung, dass die Wahrnehmung von Raum prinzipiell relativ ist. Architektonische Objekte werden also nicht als isolierte Einheiten wahrgenommen, sondern nur in Beziehung zueinander beobachtet.

Der Aktionsplan dieses Experiments lässt sich wie folgt beschreiben: Ausgehend von zufälligen Positionen im Raum bewegen sich die Agenten in Richtung flacher Oberflächen, die in mehreren Ebenen horizontal übereinander geschichtet sind. Mit jeder Bewegung wird folgendes Aktionsschema durchgeführt:

- Eine Perspektive in Augenhöhe in der Verlängerung der Bewegungsrichtung wird eingerichtet (Kameraposition).
- Innerhalb dieser Perspektive wird ein Ausschnitt gewählt, der den erlaubten Aktionsrahmen markiert.
- Innerhalb dieses Aktionsrahmens sucht der Agent nach weiteren Parametern, die in den Kontext eingebettet sind und seine Aktivitäten verändern (siehe Abbildung 3).

Abb. 3: Entstehung einer mehrschichtigen topologischen Landschaft durch Agenten, die über eine Perspektive verfügen, die ihren jeweiligen Aktionsrahmen definiert.

## Simulation C

Als letzter Durchgang in dieser Serie von Experimenten wurde das Programm auf einen Entwurf für ein Grundstück neben der Tower Bridge in London angewandt. Ausgangspunkt der Simulation im Rahmen eines dreidimensionalen Modells des Grundstücks bildete die Einrichtung von horizontal geschichteten Nurb-Surfaces, die verschiedene funktionale Bereiche wie etwa Wohnbereich (Appartments), Versammlungsbereiche (Konferenzsaal), eine Reihe von Freizeitbereichen (Kunst- und Sporteinrichtungen) und einen Arbeitsbereich (Büros) repräsentierten. Zusätzlich wiesen die verschiedenen Oberflächen je nach Aktivität eine eigene Rasterung (sehr eng bis weit) auf. Diese Rasterung beeinflusste das Ausmaß der Transformationen. Eine enge Rasterung bedeutete weniger Transformationsgrad als eine weite Rasterung. Angewandt auf verschiedene Oberflächen hatten dieselben Parameter eines Agenten demnach verschiedene Auswirkungen. Der jeweilige Startpunkt für die Bewegungen der Agenten orientierte sich an dem vorhandenen Bewegungssystem des Grundstücks.

Die Simulation wurde auf einem Bildschirm mit vier Fenstern dargestellt, die jeweils dieselbe Situation simultan aus unterschiedlichen Blickwinkeln zeigen: eine Ansicht von oben, eine Vorderansicht, eine Ansicht von schräg oben und eine Ansicht aus der Perspektive des Agenten (siehe Abbildung 4). Alle Agenten definierten sich durch folgende Fähigkeiten:

- Die Bewegung eines Agenten in eine bestimmte Richtung, ausgedrückt durch eine Position im Raum („data point") und eine Linie.
- Die geringfügige Abweichung in eine bestimmte Richtung.
- Die Fähigkeit die Nurb-Surfaces zu modifizieren, ausgedrückt durch eine Position im Raum und einem Vektor in eine bestimmte Richtung.
- Das Gesichtsfeld des Agenten, ausgedrückt durch eine geometrische Perspektive auf Augenhöhe.
- Die Begrenzung eines Aktionsrahmens innerhalb einer Perspektive.
- Die Fähigkeit, die Nurb-Surfaces innerhalb der Perspektive zu modifizieren, ausgedrückt durch einen Datenpunkt und einen Vektor in eine bestimmte Richtung.
- Die Fähigkeit, Aspekte der dreidimensionalen Datenumwelt wie zum Beispiel die Unterscheidung horizontal/vertikal zu erkennen, ausgedrückt durch Zahlen, die als Multiplikatoren der modifizierenden Vektoren fungieren.
- Die Beschränkung der Art von Oberflächen, mit denen die Agenten interagieren können.

Mehrere aufeinander folgende Durchgänge, die unterschiedliche Konfigurationen von Agenten involvierten, transformierten die ebenen Oberflächen allmählich in komplexe miteinander verwobene Hüllen (siehe Abbildung 4, 5 und 6).

Die Möglichkeit, die Strukturen permanent auf Augenhöhe, aus der Perspektive, wie sie durch die Agenten repräsentiert wird, zu beobachten, erlaubt es, die Räume, die entwickelt werden, im Hinblick auf ihre Beschaffenheit besser zu beurteilen. Mit den in die räumliche Umgebung eingebetteten Parametern, wie sie oben beschrieben wurden, wird die prozessuale Gestaltung neuer Formen zu dem umgebenden Kontext in Beziehung gesetzt. Die spezifische Form der Simulation wurde in der Absicht entwickelt, Einsicht in die dreidimensionale Wahrnehmung des architektonischen Raums, der von einem menschlichen kognitiven System mit sensumotorischem Verhalten abhängt, zu geben. Relativ zu diesen Wahrnehmungen und Verhaltensweisen entwickeln sich beziehungsweise „emergieren" neue Hüllen.

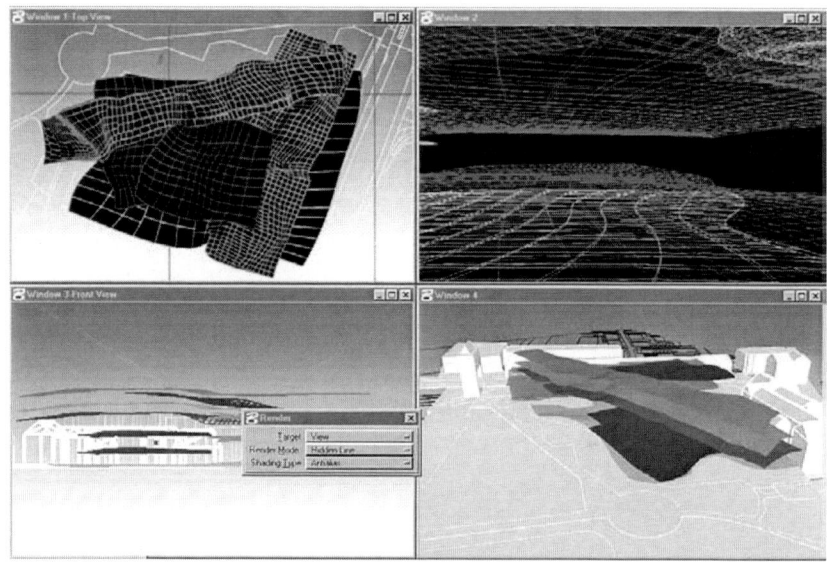

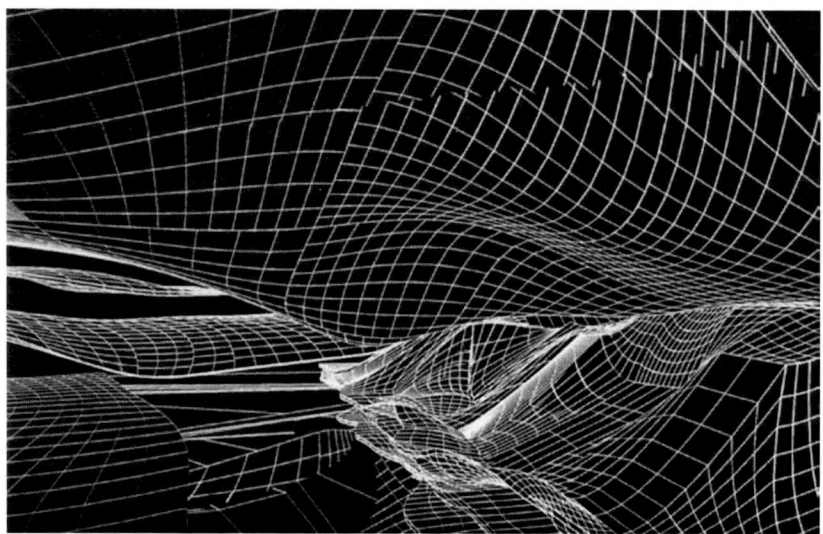

Abb. 4 und Abb. 5: Generierung eines Gebäudekomplexes aus Nurb-Surfaces beobachtet aus vier verschiedenen Blickwinkeln (oben) und im Detail (unten).

Abb. 6: Generativer Gebäudekomplex in der Umgebung der Tower Bridge in London.

Ziel all dieser Experimente, die den Computer für die Hervorbringung eines Designs nutzen, war es, ein Set aufeinander folgender Gestaltungsschritte zu entwickeln, die intersubjektiv nachvollziehbar sind. Ein weiteres wichtiges Merkmal der Erfahrung von Architektur als Einheit ist die Tatsache, dass keine architektonische Einheit jemals von einem Menschen als Ganze realisiert werden kann. Jedes ‚Stück' Architektur erfordert einen Beobachter, der sich um das Gebäude herum und innerhalb des Gebäudes bewegt, ebenso wie es individuelle kognitive Prozesse braucht, um die einzelnen Ereignisse zu einem komplexen Ganzen zusammenzufügen. Die BetrachterInnen selbst haben in diesem Sinn konstitutiv Anteil an der Realisation der Architektur als einer Einheit.

**Fazit und Ausblick**

*Vorteile von generativen Designprozessen*

Ein Designprozess, der auf den Methoden der *Artifical Life*-Forschung basiert, weist meiner Ansicht nach eine Reihe von Vorteilen auf:

- Die Regeln und Parameter, auf denen der Prozess basiert, müssen von Anfang an expliziert werden.
- Nachdem das Programm entwickelt worden ist, können diese Regeln und Parameter modifiziert und eine Vielzahl verschiedener Resultate erzielt werden.
- Normalerweise wird das Resultat eines Designprozesses auf die eine oder andere Weise mystifiziert und mit einem originären Künstlergenie in Verbindung gebracht. Mit generativen Computertools verlagert sich das Interesse auf die Diskussion des Prozesses, d.h. auf die Frage, wie etwas zustande kommt, und orientiert sich deshalb nicht primär an der Exklusivität beziehungsweise Einzigartigkeit eines einzelnen Ergebnisses.

*Mehr Intelligenz für die Agenten*

Aktuell entwickeln sich Forschungsgebiete wie die Sozionik (vgl. Lüde/v. Moldt/Valk 2003), die Gesellschaftstheorien auf ihre Anwendbarkeit im Kontext der Agententechnologie untersuchen. Dabei spielen Konzepte des Handelns und vor allem des sozialen Handelns eine zentrale Rolle. In Verbindung mit diesen Konzepten lassen sich auch verschiedene Ansätze zur Modellierung emotionaler Agenten in der Informatik betrachten. Dabei werden überwiegend kognitionspsychologische Emotionstheorien herangezogen, um Handlungswahl und Entscheidungsfindung sowie benutzerorientiertes Interaktionsvermögen zu modellieren.

Bei den oben beschriebenen Simulationen können die Agenten zwar mit ihrer Umgebung interagieren, aber nur mittels der Fähigkeiten, die ihnen anfangs von der Programmiererin zugeschrieben wurden. Ziel der neu entstehenden Simulationsmodelle ist es, die Agenten dazu zu befähigen, während der Simulation neue Interaktionseigenschaften zu erwerben, um dadurch noch besser auf die Umwelt und die anderen Agenten reagieren zu können. Die Agenten werden demnach zunehmend in der Lage sein, ihre Fähigkeiten der Raumbildung für die Hervorbringung eines architektonisch sinnvollen Raumes zu adaptieren. Die bisherigen Simulationen waren in ihrer Beurteilung der geschaffenen Räume auf eine externe Beobachterin angewiesen, die nach jedem Durchgang entscheidet, ob das Ergebnis sinnvoll ist oder nicht. Um die Agenten in Richtung auf eine solche Beurteilung programmieren zu können, bedarf es weiterer Grundlagenforschungen zum Verhältnis von Raumwahrnehmung und architektonischer Qualität, deren Implementierung es den Agenten erlaubt, die entstandenen Räume eigenen Beurteilungsprozessen zu unterziehen. Diese Entscheidungsfin-

dung müsste besonders auch emotionale Faktoren, die in Bezug auf die Raumwahrnehmung auftreten (wie etwa die Beurteilung eines Gebäudes bei wieder-
holter Konfrontation als vertraut im Gegensatz zu überraschend und neu),
miteinbeziehen.

## Literatur

Arnheim, Rudolf (1977): The Dynamics of Architectural Form. Berkeley: University of California
    Press.
Baecker, Dirk (1992): Die Dekonstruktion der Schachtel. Innen und Außen in der Architektur. In:
    Luhmann, Niklas/Bunsen, Frederick D./Baecker, Dirk 1990: Unbeobachtbare Welt. Über
    Kunst und Architektur, Bielefeld: Cordula Haux Publishing House, 67-104.
Casti, John L. (1997): Would-Be Worlds: How Simulation is Changing the Frontiers of Science.
    New York: John Wiley and Sons.
Gardner, Martin (1970): Mathematical Games. The fantastic combinations of John Conway's new
    solitaire game „life". In: Scientific American 223, 120-123.
Forrest, Stephanie (Hrsg.) (1991): Emergent Computation: self-organizing, collective, and coopera-
    tive phenomena in natural and computing networks. North-Holland: MIT Press.
Langton, Christopher G.(1989): Artificial Life. In: ders. (Hrsg.): Artificial Life. The Proceedings of
    an interdisciplinary workshop on the synthesis and simulation of living systems, held Sep-
    tember 1987, in Los Alamos, New Mexico. Redwood City: Addison-Wesley Publishing
    Company, 1-47.
Luhmann, Niklas (1997): Die Kunst der Gesellschaft. Frankfurt/M.: Suhrkamp.
Lüde, Rolf/ v.Moldt, Daniel /Valk, Rüdiger (2003): Sozionik – Modellierung soziologischer Theo-
    rie. Münster u.a.: Lit. Verlag.
Lynn, Greg (1999): Animate Form. New York/Princeton: Architectural Press.
Maturana,Humberto R./Varela, Francisco J. (1980): Autopoiesis and Cognition: The Realization of
    the Living. Dordrecht: D. Reidel.
Spencer-Brown, George (1979): Laws of Form. New York: Dutton.

## Weiterführende Literatur

Boden, Margret A. (Hrsg.) (1995): The Philosophy of Artificial Life. Oxford: Oxford University
    Press.
Foerster, Heinz von (1981): Observing Systems. Seaside/Niederzissen: Intersystems Publications.
Frazer, John (1995): An Evolutionary Architecture. London: Architectural Association Publication
Jencks, Charles (1997): The architecture of the jumping universe: a polemic: how complexity scien-
    ce is changing architecture and culture. Revised edition. London: Academy Editions.
Langton, Christopher G. (Hrsg.) (1995): Artificial Life. An Overview. Cambridge: MIT Press.
Schmidt, Siegfried J. (1998): Die Zähmung des Blicks. Frankfurt/M.: Suhrkamp.
Weibel, Peter/Gerbel, Karl (Hrsg.) (1994): Intelligente Ambiente. Ars Electronica 1994. Wien: PVS
    Verlag.

# AutorInnen

*Theo Hug,* geb. 1960, Dr. phil., Studium der Psychologie, Pädagogik, Mathematik und Philosophie in Innsbruck, derzeit Professor für Erziehungswissenschaften mit Schwerpunkt Medienpädagogik und Kommunikationskultur sowie Sprecher des interfakultären Forums Innsbruck Media Studies an der Universität Innsbruck.
*Arbeitsschwerpunkte:* Medienpädagogik und Kommunikationskultur, Allgemeine Erziehungswissenschaft, Wissenstheorie und Methodologie.
*Ausgewählte Publikationen:* Wie kommt Wissenschaft zu Wissen? (Hrsg., 4 Bände/2 CD-ROMs, Baltmannsweiler 2001); Phantom Wirklichkeit (Hrsg. mit Hans Jörg Walter, Baltmannsweiler 2002); Instantwissen, Bricolage und Tacit Knowledge (Hrsg., mit Josef Perger, Innsbruck 2003); Media Communities (Hrsg. mit Brigitte Hipfl, Münster 2006); Didactics of Microlearning (Hrsg. Münster 2007); Mediatic turn – Claims, Concepts and Cases (Hrsg., Frankfurt/M. u.a. 2009); Medien - Wissen - Bildung (Hrsg. mit Ronald Maier, Innsbruck 2010); Visuelle Kompetenz (Hrsg. mit Andreas Kriwak, Innsbruck 2011).
*Web:* www.hug-web.at
*E-Mail:* theo.hug@uibk.ac.at


*Jürgen Kriz,* geb. 1944, Dr. phil., Studium der Psychologie, Astronomie und Philosophie in Hamburg und Wien, Professor (em.) für Psychotherapie und klinische Psychologie an der Universität Osnabrück; Approbierter Psychotherapeut; Gastprofessuren unter anderem in Wien, Zürich, Riga, Moskau und USA.
*Arbeitsschwerpunkte:* „Personzentrierte Systemtheorie": Verbindung von Strukturwissenschaft (Synergetik) und Psychotherapie/Psychopathologie; sozialwissenschaftliche Forschungsmethodik.
*Ausgewählte Publikationen:* Methodenkritik empirischer Sozialforschung (Stuttgart 1981); Chaos und Struktur (München 1992); Systemtheorie für Psychotherapeuten, Psychologen und Mediziner (Wien 1997); Chaos, Angst und Ordnung (Göttingen 1997); Grundkonzepte der Psychotherapie (6. Aufl., Weinheim 2007); Reihe „Basiswissen Psychologie" (Hrsg., ca. 40 Bände, Wiesbaden), „Gestalt-Theory" und „Psychotherapie: Ansätze und Akzente" (Mithrsg.).
*Web:* www.jkriz.de
*E-Mail:* juergen.kriz@uni-osnabrueck.de

*Wiebke Loosen,* geb. 1966, Priv.-Doz., Dr. phil., M.A., Studium der Publizistik-
und Kommunikationswissenschaft, Psychologie, Germanistik und Betriebs-
wirtschaftslehre in Münster, derzeit Senior Researcher am Hans-Bredow-Institut
für Medienforschung an der Universität Hamburg.

*Arbeitsschwerpunkte:* Journalismusforschung, Online-Kommunikation, Methoden empirischer Kommunikationsforschung.

*Ausgewählte Publikationen:* Systemtheoretische und konstruktivistische
Methodologie. In: Scholl, Armin (Hrsg.), Systemtheorie und Konstruktivismus
in der Kommunikationswissenschaft (mit Achim Scholl und Jens Woelke, Konstanz 2002); Zur ‚medialen Entgrenzungsfähigkeit' journalistischer Arbeitsprozesse. In: Publizistik 50/3 (2005); Entgrenzung des Journalismus: empirische
Evidenzen ohne theoretische Basis? In: Publizistik 52/1 (2007); Paradoxien des
Journalismus. Theorie – Empirie – Praxis (Hrsg. mit Bernhard Pörksen und
Armin Scholl, Wiesbaden 2008); Methodenkombinationen in der Kommunikationswissenschaft (Hrsg. mit Armin Scholl, Köln 2011, im Druck).

*Web:* www.hans-bredow-institut.de/de/mitarbeiter/pd-dr-wiebke-loosen
*E-Mail:* w.loosen@hans-bredow-insitut.de

*Sibylle Moser,* geb. 1969, Mag. phil., Dr. phil., Studium der Vergleichenden
Literaturwissenschaft, Sprachwissenschaft, Philosophie und Germanistik in
Innsbruck, Wien und Siegen, derzeit freiberufliche Medienforscherin und Me-
dienberaterin sowie Leiterin von „Sense. Institut für Medienforschung & Multi-
sensorik" in Wien.

*Arbeitsschwerpunkte:* Sprachwahrnehmung im Multimediakontext, Medien-
und Kommunikationstheorien, transdisziplinäre Forschungsmethodologien.

*Ausgewählte Publikationen:* Komplexe Konstruktionen. Systemtheorie,
Konstruktivismus und empirische Literaturwissenschaft (Wiesbaden 2001);
„Empirische Theorien", In: Sexl, Martin (Hrsg.), Einführung in die Literatur-
theorie, München (2004); Interpretation in Empirical Studies of Literature and
Media, In: Journal of Literary Theory 2/2 (2008); ‚Walking and Falling'. Lan-
guage as Media Embodiment, In: Constructivist Foundations 3/3 (2008); Mul-
timedia-Site <www.sprachmedien.at> (Wien 2009) (mit K. Gsöllpointner u.a.);
Mediales Embodiment. Medienbeobachtung mit Laurie Anderson (München
2010); Sprachgewohnheiten. Benjamin Lee Whorfs ‚Sprache, Denken, Wirklichkeit', In: Pörksen, Bernhard (Hrsg.), Schlüsseltexte des Konstruktivismus
(Wiesbaden 2011).

*Web:* www.sibyllemoser.com
*E-Mail:* sm@sense.or.at

*Thomas Ohlemacher,* geb. 1962, Dipl. Pol., Dr. phil. habil., Studium der Soziologie und Politikwissenschaft in Marburg, Birmingham und Hamburg, derzeit Professor für Kriminalwissenschaften an der Norddeutschen Hochschule für Rechtspflege, Lehre und Forschung an der Polizeiakademie Niedersachsen; Privatdozent an der Universität Hildesheim (Institut für Soziologie).

*Arbeitsschwerpunkte:* Politische Soziologie, Netzwerkanalyse (Structural Analysis), Abweichendes Verhalten, Empirische Polizeiforschung, Evaluationsforschung.

*Ausgewählte Publikationen:* Soziologie der Kriminalität. Theoretische und empirische Perspektiven (mit Christian Lüdemann, Weinheim/München 2002); Racketeering and Restaurateurs in Germany. Perceived Deficiencies in Crime Control and Effects on Confidence in Democracy, In: British Journal of Criminology 42 (2002); Polizei im Wandel? Organisationskultur(en) und Organisationsreform (Hrsg. mit Anja Mensching und Jochen-Thomas Werner, Frankfurt/Main 2007); Torn Between Two Targets: German Police Officers Talk about the Use of Force. In: Crime, Law and Social Change 52 (2009) (mit Astrid Klukkert und Thomas Feltes).

*Web:* www.empirische-polizeiforschung.de/autor6.php
*E-Mail:* thomas.ohlemacher@polizei.niedersachsen.de

*Thomas Pfeffer,* geb. 1964, Mag. rer. soc. oec., Dr. phil., Studium der Soziologie und Wissenschaftstheorie in Wien und Bielefeld sowie Gruppendynamik in Klagenfurt, derzeit wissenschaftlicher Mitarbeiter des Departments für Weiterbildungsforschung und Bildungsmanagement an der Donau-Universität Krems sowie des Instituts für Wissenschaftskommunikation und Hochschulforschung der Universität Klagenfurt, Standort Wien.

*Arbeitsschwerpunkte:* Universitätsorganisation und Hochschulpolitik, Internationalisierung von Bildungssystemen, Virtualisierung von Universitäten durch neue Informationstechnologien, Soziale Innovation u. Organisationales Lernen.

*Ausgewählte Publikationen*: Virtualisation of Universities. Digital Media and the Organisation of Higher Education Institutions (New York u.a. 2011, im Erscheinen); Handbuch Organisationsentwicklung: Neue Medien in der Lehre. Dimensionen, Instrumente, Positionen (mit Alexandra Sindler, Ada Pellert, Michael Kopp, Münster 2005); Das zirkuläre Fragen als Forschungsmethode zur Luhmannschen Systemtheorie (Heidelberg 2004, 2. Aufl.).

*Web:* thomas-pfeffer.wikispaces.com
*E-Mail*: thomas.pfeffer@uni-klu.ac.at

*Gebhard Rusch,* geb. 1954, Dr. phil., Studium der Literaturwissenschaft und Linguistik, Geschichte und Philosophie in Bielefeld und Siegen; derzeit außerplanmäßiger Professor für Kommunikations- und Medienwissenschaften im Institut für Medienforschung der Universität Siegen.

*Arbeitsschwerpunkte:* Kommunikations- und Medientheorie, Erkenntnis- und Wissenschaftstheorie, Systemtheorie und Systemanalyse, Unternehmenskommunikation; Sicherheitsforschung und Sicherheitskommunikation.

*Ausgewählte Publikationen:* Erkenntnis, Wissenschaft, Geschichte. Von einem konstruktivistischen Standpunkt (Frankfurt/M. 1987); Empirical Approaches to Literature (Hrsg., Siegen 1995); Wissen und Wirklichkeit. Ernst von Glasersfeld zum 80. Geburtstag (Heidelberg 1999); Einführung in die Medienwissenschaft (Hrsg.; Opladen 2002); Theorien der Neuen Medien (Hrsg. mit H. Schanze, G. Schwering; Paderborn 2007); Projektkommunikation. Kommunikationsstrategien für soziale Systeme im Ausnahmezustand (mit Matthias Freitag, Christiane Müller und Thomas Spreitzer; Opladen 2011).

*Web:* www.ifm.uni-siegen.de

*E-Mail:* rusch@ifm.uni-siegen.de

*Claudia Schmid,* geb. 1966, Dipl. Arch. MSc., Studium der Architektur in Innsbruck, Wien und London, 1998 bis 2005 Arbeitsgemeinschaft mit Christian Stefaner-Schmid als C2S2 (<http://www.c2s2.at>) im Multimediabereich; 2001 bis 2004 Arbeitsgemeinschaft mit DI Dr. techn. Andrea Sonderegger im Architekturbereich.

*Arbeitsschwerpunkte bis 2005:* Computergeneriertes Design, Raumwahrnehmung, Architektur und Systemtheorie, Plattform zur Vernetzung von Open-Source Programmen für generative Architektur, Vorgefertigtes Bauen.

*Ausgewählte Publikationen bis 2005:* Agent Based Modelling (mit Paul S. Coates, CAAD Conference, Liverpool 1999), <http://vga.sourceforge.net/ THE_LIVERPOOL_PAPER/agentnotes_the_paper398.pdf>; Teilnahme an der Ausstellung „Trespassing: Konturen räumlichen Handelns", Wiener Secession; Katalog herausgegeben von Angelika Fitz, Sandrine von Klot und Matthias Hermann (Wien 2002).

*E-Mail:* info@kraftderseele.at

*Christina Klüver*, geb. Stoica 1965, Dr. phil., Studium der Erziehungswissenschaft und Informatik für Geisteswissenschaften in Essen und Bochum, Promotion im Fach Kommunikationswissenschaft und Habilitation im Fach Informatik mit dem Thema „Soft Computing und bottom-up Modelle" an der Universität Duisburg-Essen.

*Arbeitsschwerpunkte:* Computerbasierte Analyse sozialer und kognitiver Komplexität, Entwicklung und Implementation mathematischer Modelle, die zur Simulation sozialer, kommunikativer, kognitiver und ökonomischer Prozesse eingesetzt werden.

*Ausgewählte Publikationen:* Soziale Einzelfallstudien, Computersimulationen und Hermeneutik. Eine Einführung in die Modellierung des Sozialen (mit Jürgen Klüver und Jörn Schmidt, Witten 2006); On Communication. An Interdisciplinary and Mathematical Approach (mit Jürgen Klüver, Dordrecht/New York u.a. 2007); Die Modellierung von Komplexität durch naturanaloge Verfahren: Soft Computing und verwandte Methoden (mit Jürgen Klüver und Jörn Schmidt, Wiesbaden 2009); Programmierung naturanaloger Verfahren. Soft Computing und verwandte Methoden (mit Jörn Schmidt und Jürgen Klüver, Wiesbaden 2010); Social Understanding. On Hermeneutics, Geometrical Models and Artificial Intelligence (mit Jürgen Klüver, Dordrecht/New York u.a. 2011); IT-Projektmanagement mit KI-Methoden und andere naturanaloge Verfahren (mit Jürgen Klüver, Wiesbaden 2011).

*Web:* www.cobasc.de

*E-Mail:* c.stoica-kluever@uni-due.de